“高速铁路工程技术创新丛书”
专家委员会

“高速铁路工程技术创新丛书”
编委会

高速铁路工程技术创新丛书
国家铁路局组织编写

软土地区
高速铁路建造技术

苏伟 崔维孝 等编著
郑健 主审

中国铁道出版社有限公司
2021年·北京

内 容 简 介

本书是高速铁路工程技术创新丛书之一，由国家铁路局组织编写。书中全面系统地阐述了软土地区高速铁路基本设计及建造技术。全书共分10章，包括绪论、工程地质勘察、桥梁基础设计、桥梁基础沉降控制、路基地基设计、常用地基处理方法与设计、施工技术、区域地面沉降对高速铁路的影响、沉降监测与评估、沉降过程分析及应用等内容。

本书将软土地区高速铁路建造技术与工程实践相结合，具有较高的理论水平和实用价值，可供从事软土地区高速铁路建造科学研究、设计、施工及运营管理的工程技术人员以及高等院校师生参考。

图书在版编目(CIP)数据

软土地区高速铁路建造技术 / 苏伟等编著. —北京：中国铁道出版社有限公司，2021.6

（高速铁路工程技术创新丛书）

ISBN 978-7-113-28039-0

Ⅰ. ①软… Ⅱ. ①苏… Ⅲ. ①软土地区-高速铁路-铁路施工 Ⅳ. ①U238

中国版本图书馆 CIP 数据核字(2021)第111901号

书　　名：软土地区高速铁路建造技术

RUANTU DIQU GAOSU TIELU JIANZAO JISHU

作　　者：苏　伟　崔维孝　等

策　　划：金　锋

责任编辑：李露露　邱金帅　**编辑部电话：**(010)51873240　**电子信箱：**790970739@qq.com

封面设计：高博越

责任校对：孙　玫

责任印制：樊启鹏

出版发行：中国铁道出版社有限公司（100054，北京市西城区右安门西街8号）

网　　址：http://www.tdpress.com

印　　刷：北京盛通印刷股份有限公司

版　　次：2021年6月第1版　2021年6月第1次印刷

开　　本：787 mm×1 092 mm　1/16　**印张：**22.5　**字数：**570千

书　　号：ISBN 978-7-113-28039-0

定　　价：135.00元

主要编著者简介

苏伟，1969年5月出生，西南交通大学桥梁工程专业本科毕业，工学学士，现任中国铁路设计集团有限公司土建工程设计研究院总工程师，中国土木工程学会桥梁及结构工程分会理事、中国铁道学会标准化（桥梁）专业技术委员会副秘书长、中国铁道学会桥隧委员会委员。主要研究领域包括高速铁路桥梁工程勘测设计、科研、标准规范编制。主编铁道行业标准《铁路桥涵设计规范》《铁路桥涵地基和基础设计规范》和企业标准《铁路工程旋挖挤扩灌注桩技术规程》，承担《高速铁路设计规范》《城际铁路设计规范》等铁道行业标准的桥涵专业主编。承担"铁路预应力混凝土连续梁节段预制拼装法建造关键技术研究"等多项国铁集团重大科研课题。获得国家科学技术进步奖二等奖1项，中国铁道学会铁道科技奖一等奖6项，中国交通运输协会科学技术奖一等奖1项，中国工程建设标准化协会标准科技创新奖一等奖1项。

崔维孝，1969年10月出生，青岛海洋大学港口航道及治河工程专业本科毕业，北京交通大学建筑与土木工程领域工程硕士学位，现任中国铁路设计集团有限公司土建工程设计研究院副总工程师，中国铁道学会标准化（路基）专业委员会委员。主要从事铁路路基工程技术研究，主要研究方向包括深厚软弱地基路基沉降控制、季节冻土地区路基冻胀变形控制及膨胀岩土路基设计技术等。主持了京津城际、哈齐、京沈等高速铁路路基工程设计，参与编制了《高速铁路设计规范》《城际铁路设计规范》等铁路行业标准。研究成果获国家科学技术进步奖一等奖1项，天津市科技进步奖一等奖1项，教育部科技进步奖一等奖1项，中国铁道学会铁道科技奖特等奖2项、一等奖4项、二等奖4项、三等奖2项；勘察设计成果获全国优秀工程勘察设计金奖1项，铁道部优秀工程设计奖特等奖1项、一等奖1项；标准编制成果获中国工程建设标准化协会标准科技创新奖一等奖1项。

序

铁路是国民经济大动脉、关键基础设施和重大民生工程，是综合交通运输体系的骨干和主要交通方式之一，在我国经济社会发展中的地位和作用至关重要。高速铁路集聚了现代工业文明的丰硕成果，以其安全、便捷、舒适、环保等技术经济优势，显示出强大生命力。我国高度重视发展高速铁路，经过几代人的不懈努力，实现了从无到有、从探索到突破、从制造到创造，特别是党的十八大以来，我国高速铁路快速发展，已建成世界上最现代化的高铁网络，成为高铁运营里程最长、在建规模最大、高速列车数量最多、商业运营速度最高、高铁技术体系最全、运营场景和管理经验最丰富的国家。“复兴号奔驰在祖国广袤的大地上”。截至2020年底，我国高速铁路已达3.8万公里，占世界高铁总里程的三分之二以上。四通八达的高铁网，在服务国家重大战略、支撑经济社会发展、满足人民群众美好生活需要、助力“一带一路”建设、推动世界铁路发展等方面做出了巨大贡献。

我国高速铁路借鉴世界高铁发展的成功经验，通过原始创新、集成创新、引进消化吸收再创新，坚定不移地走出了一条符合国情路情、具有中国特色的自主创新道路。系统掌握了艰险山岭、风沙戈壁、黄土湿地、高寒酷热等各种复杂地质及气候条件下高速铁路建造成套技术，建成了一大批世界级标志性工程；创建了成套的高速铁路列车运行控制技术标准体系、认证体系和仿真平台，具备从列控系统设计、生产制造到工程实施的全过程能力；具有成熟的高速动车组设计、制造、测试技术，构建了科学的高速动车组技术标准体系，打造了规模强大的生产基地和完整的产业链；形成了适应复杂路网条件下长距离跨线运行的高铁运营管理成套技术，构建人防、物防、技防“三位一体”的高铁主动安全保障机制。我国高速铁路技术已经走在世界前列，成为推动世界高速铁路发展的重要力量。

习近平总书记指出：“我国自主创新的一个成功范例就是高铁，从无到有，从引进、消化、吸收再创新到自主创新，现在已经领跑世界。要总结经验，继续努力，争取在‘十四五’期间有更大发展。”今年，习近平总书记对发展职业教育做出重要指示。国家铁路局坚决贯彻习近平总书记重要指示精神，牵头组织铁路行业科研和工程技术人员编写了“高速铁路工程技术创新丛书”（以下简称“丛书”），旨在全面梳理创新成果，系统总结建设经验，进一步厚植技术优势，持续推进高质量发展；旨在集聚行业智慧，丰富教学载体，助力高铁专业人才培养；旨在分享我国高铁科技创新成果，促进各国铁路合作交流，服务“一带一路”建设。丛书共31册，涵盖高速铁路规划设计、土木建筑、装备制造、生态保护、运营管理、安全工程等高速铁路工程技术全产业链、全寿命周期。丛书力求全面反映我国高速铁路科技创新发展成就，体现铁路行业科技创新水平；阐述高铁工程基础理论、规律、机理，呈现技术、方法、路径，可验证，可复制，可传承；汇集专业积累和经验积淀，源于实践，指导实践；涵盖高铁主要工程技术领域，内在统一、自成体系。丛书坚持理论与实践、规范与实证、传承与创新相结合，着力构建"理论＋技术＋实践"三位一体的高铁工程技术框架，矢志推动建立反映时代特征、体现中国特色、具有世界高度的高铁工程技术创新体系。丛书得到了国家出版基金的大力支持，已列为2021年度资助项目。

我们深刻地认识到，我国高速铁路科技创新能够取得丰硕成果，是以习近平同志为核心的党中央坚强领导亲切关怀、铁路全行业攻坚克难实干奉献的结果，是集中力量办大事的社会主义制度优势的突出体现，是坚持改革开放强国之路的最好例证；得益于中央各部门和地方政府的协同奋战、通力合作，得益于广大人民群众的广泛参与、大力支持。丛书编著人员来自于我国高铁各领域一线，长期从事高铁技术研究与实践，具有深厚理论功底和丰富实践经验，是我国高速铁路建设发展的亲历者、见证人，是铁路各专业具有代表性和影响力的领军人物。丛书专家委员会由行业内具有崇高威望、为我国高速铁路发展做出重大贡献的资深权威专家组成，全程指导丛书编著，并进行审定把关。丛书既是高铁工作者的智慧和汗水的结晶，更是追逐梦想、奋发有为的写照。

当今世界正经历百年未有之大变局，我国正处于两个百年奋斗目标的历史交汇期，开启了全面建设社会主义现代化国家的新征程，立足新发展阶段，贯彻新发展理念，构建新发展格局，实现高质量发展，铁路面临新形势、新使命。我们必须坚决贯彻习近平新时代中国特色社会主义思想，全面落实《交通强国建设纲要》，不忘初心、牢记使命，传承守正、培元固本，继续推进高速铁路创新发展，高质量建设铁路强国，为全面建设社会主义现代化国家当好先行。

国家铁路局"高速铁路工程技术创新丛书"编委会

2021年6月

前　言

党的十八大以来，我国高速铁路快速发展，取得了举世瞩目的成就。为了全面梳理我国高铁工程技术创新成果、系统总结建设经验、推进高铁持续创新，国家铁路局组织一批具有深厚理论功底和丰富实践经验的科研和工程技术人员编写了“高速铁路工程技术创新丛书”，并请高铁工程领域资深权威专家全程指导、审定把关。丛书共31册，本书为丛书之一。

本书介绍了我国软土地区高速铁路从地质勘察、路基与桥梁基础结构及地基处理设计、施工、检验、监测与评估等相关技术，并结合工程实例对软土地区高速铁路工程设计及建造技术进行了全面叙述和讲解。本书基本涵盖了软土地区高速铁路建造技术主要内容，并对路基和桥梁基础设计及沉降控制技术做了更加详尽的阐述。

第1章梳理并总结软土地区高速铁路设计理念及建造关键技术，并列举具有代表性的五项软土地区高速铁路建设实例，帮助读者建立我国高速铁路在软土地区设计及建造技术宏观概念。

第2章介绍了软土和松软土的定义、成因、分布、工程性质及地质勘察等内容，让读者了解软土的基本概念、工程性质及其对工程的影响，掌握软土和松软土地区的勘察内容和方法。

第3～6章详细阐述了软土地区高速铁路桥梁桩基础设计、沉降计算理论及控制方法；路基设计要求和设计原则，路基稳定性及沉降、承载力计算方法；以及常用地基处理方法等，并列举了工程实例。

第7章主要选取软土地区路基、桥梁常用基础形式和地基处理方法，并对其施工技术和装备进行说明。

第8章就软土地区区域地面沉降成因、分布进行介绍，分析说明其对高速铁路的影响和危害，总结提出了勘察设计工作注意事项及工程应对措施。

第9章对高速铁路监测和评估、基桩检测、试桩技术及软土地基基坑防护等做了介绍。

第10章介绍了软土地区高速铁路在设计、建设及运营管理各阶段，对路基和桥梁地基基础沉降具有时效性的全过程预测技术，并对软土地区新建工程临近既有高速铁路时，相关变形监测与评估工作列举实例予以说明。

本书由中国铁路设计集团有限公司苏伟、崔维孝等编著，中国国家铁路集团有限公司总工程师郑健任主审。本书编写分工如下：第1章（陈继太、王俊杰、冷景岩），第2章（周正礼、赵建峰），第3章（陈继太、张珍、李坤衡、姚连凯、曹吉星），第4章（陈继太、乔晋飞、张珍、王俊杰），第5章、第6章（冷景岩、孟伟超、陶明安），第7章（曹吉星、冷景岩、徐健强、黄宗根、张珍），第8章（周正礼、陈文奇、陈继太、冷景岩、徐源强），第9章（顾津申、徐源强、匡团结、冷景岩、刘洪占)，第 10 章(张珍、顾津申、冷景岩、陈继太)。编写过程中，得到了张雷、申全增、张文建、王洪波、张海、林鸿洸、邢子琦、张磊、孙付鑫、赵琦、展宏跃等同事的协助，在此向所有作者及编审人员的辛勤付出表示感谢！

本书在编写过程中参考了一些文献资料并参考引用了其他科研工作者和工程技术人员部分研究成果，在此向其作者表示衷心的感谢！

由于作者水平有限，书中难免有疏漏和不足之处，恳请广大读者批评指正！

编著者

2020 年 10 月

目　　录

1 绪　论

我国地域辽阔，各类地形地貌及地质呈多样性。在平原地区、沿海地区、江河沿岸及盆地区域，大多人口密集，经济发达，分布有大量高速铁路。而在这些地区，往往广泛分布有深厚的软土及松软土地层，这些土层多以河相、海相、湖相沉积为主，以淤泥、淤泥质土、黏性土、粉土和砂土相间成层，覆盖厚度较大。

软土一般指孔隙比大、天然含水率高、压缩性高、灵敏度高、渗透性低、抗剪强度低的细粒土。松软土指软土以外一些基本承载力低，沉降不能满足工程要求的地基土。由于高速铁路列车运行速度快，对线路结构的稳定性提出了很高要求，为保证列车运行的安全性和舒适性，铁路线路必须具有结构连续、平顺、稳定、耐久和少维修的性能。因此，在软土及松软土地层上修建高速铁路，对工程的设计、施工、检测、维护等方面都提出了新的挑战。

1.1　软土地区高速铁路设计理念及建造技术

我国高速铁路建设经历了从技术引进、消化吸收到自主创新、技术引领的全产业发展不断成熟的过程，逐步形成了一套适应我国国情和满足时代需求的高速铁路建设理念。例如，高速铁路线下工程应具有足够的强度和刚度、可靠的稳定性和轨道的高平顺状态，以保证轨道在承受较大的动力作用时，具备良好的受力特性；充分重视建设地区的环境因素特点，解决不同自然环境条件下路基、桥梁等结构选型、构造措施、材料选用等问题；重视节约林地、耕地，以及减振降噪等环保措施，注重桥梁美学设计，形成与环境的和谐关系；在受岩土、水文、气象等因素影响而发生侵蚀、破坏的地区做好耐久性设计；遵循易施工、快施工、保证施工质量，交付后少维修、易维护的原则，为运输管理创造便利的基础条件等。

1.1.1　设计核心理念

在软土及松软土地区修建高速铁路，其线下工程主要由路基、桥梁及过渡段等构筑物组成。这些构筑物自身及相互衔接的状态，直接影响其上轨道结构的形态，进而影响列车运行的安全性与舒适性。我国高速铁路大多采用无砟轨道主要是为了保证轨道结构满足高平顺性、高可靠性、高稳定性和长寿命的技术要求，相对于有砟轨道来说，无砟轨道对线下工程的刚度、沉降等更加敏感，对线下工程的沉降控制标准要求也更加严格。高速铁路路基除应具备一般铁路路基的基本性能之外，也对线下工程提出了新的性能要求：路基基床强度高、刚度大，地基沉降小、无突变以及沿线路方向的刚度变化尽可能平缓；高速铁路桥梁桥跨结构的竖向、横向和抗扭刚度必须足够大，动力性能足够良好，限制温差和混凝土徐变产生的上拱变形，以保证线路的高平顺性和避免不良的车、桥动力响应；墩台的纵向刚度必须足够大，以限制桥上无缝线路轨道的附加应力和制动时梁—轨相对位移，进而保证线路的稳定；桥梁基础的工后沉降必须控制在严格范围内，尤其是铺设无砟轨道的桥梁，对工后沉降（指铺轨工程完成之后发生的沉降）的要求更高。

软土及松软土地区，土层强度相对较低，压缩性高、地基固结持续时间长，位于该地区结构的总沉降量及工后沉降与其他地区相比较大。在该地区建设高速铁路，除应遵循前文普遍理念外，还必须根据其所处软土地区地域地质特征，采取具有针对性的特殊措施对症下药，综合治理。

有别于其他地区，软土地区修建高速铁路中设计及建造的关键就是沉降控制问题。为了保证路基、桥梁及过渡段等构筑物满足高速行车的要求，需要特别重视对软土和松软土工程特性的研究，在建设和运营期间，采取有针对性的技术措施，严格控制线下工程沉降变形，确保轨道高平顺性，这是在软土和松软土地区修建高速铁路应遵循的最核心的设计理念。

1.1.2 设计技术特点

我国高速铁路相关技术人员基于对软土和松软土特性不断深入的认识，以及对该类地区线下工程严格控制沉降变形的设计理念，通过不懈的探索和实践，形成了一套适应性强、经济实用、安全可靠，适用于软土及松软土地区建设高速铁路的设计技术体系。

1. 沉降控制——重视地基加固技术及严格控制路桥工程竖向变形

为了保证高速铁路轨道的平顺性，高速铁路设计技术对路基地基处理、路基工后沉降、桥梁预应力混凝土梁部结构的徐变变形和桥梁基础的工后沉降等方面提出了更加严格的要求。

在地层为软土、松软土的地区建设高速铁路，沉降是桥梁基础设计和路基地基处理的主要控制因素之一，对工程投资影响巨大。为了减少工后沉降量，桥梁基础大量采用深长钻孔灌注桩（部分采用预制管桩）基础，设计采用“分层总合法”对桥梁群桩基础沉降进行分析计算，并通过对大量实测数据进行沉降曲线与沉降趋势的分析比较，提出合理的铺轨时机。此外，采用可调高支座，为后期消除部分过量的工后沉降预留整治条件。

高速铁路路基作为土工结构物，其强度、刚度与沉降变形控制对列车安全、高速与平稳运行至关重要，故需将其严格控制在容许范围内。路基结构的变形一般主要由路基本体变形和地基变形两部分组成。对于地基，特别是深厚软弱地基变形控制，需要采用切实可靠的地基加固技术，必要时还需采取静置、预压、排水固结、监测评估等一系列综合技术手段和措施。

此外，考虑到地质条件的复杂多变性，地基土参数难以准确确定、地基土质分布不匀、地下水位变动等影响，应加强地质勘察及地基试验，采取必要的工程试桩及加强基桩检测工作；当沿线经过地区的软土或松软土层较深厚时，还应开展软弱土条件下的路基、桥梁基础沉降控制、监测、预测与评估等工作。

2. 以桥代路——采用长大桥梁取代路基，更好地控制工程质量及沉降变形

采用以桥代路的形式，主要有以下优势：

(1)可以减少路基—桥涵结构间频繁的刚度变化，保证列车行车安全和舒适度。路基段为满足立交、排灌的需要必须设置有较多桥涵，而频繁的路桥、路涵变化，不仅不利于保证轨道结构的刚度和平顺性，还会影响行车安全和乘车舒适度。

(2)有利于控制工程质量。桥梁结构施工技术成熟,下部结构均采用混凝土浇筑,材质均匀,性能差异小,上部结构一般采用预制简支梁,施工质量易于控制。而路基工程的施工受人为因素影响较大,而且检验困难,一旦出现疏漏,就可能造成路基工程的质量隐患。

(3)有利于保证软土地基工后沉降控制。天然的软土地基承载力不足,压缩性大,高速铁路路基需采取加固措施,而目前软土的有效加固深度一般不超过 15～30 m,其加固措施直接影响承载力及沉降控制效果,因此对深厚软土地基一般应优先选择以桥代路,从而避免路基地基处理措施过强导致的不经济,或者沉降控制效果不佳导致的不安全。

(4)有利于缩短建设工期。软土地基路基填筑完成后的静置和预压时间,一般不少于 6 个月,特殊情况甚至达到 18 个月,以便达到密实度要求和沉降稳定。而桥梁结构可上下部同时施工,且无须基础静置和预压。

此外,以桥代路还可减少建设用地,节约土地资源;减少对城市的切割,方便沿线城市规划及便利沿线人民生产生活;减少路基填筑,避免填料远距离运输;提高工程建设进度,降低运营期养护维修成本等优势。

3. 设置路桥过渡段——严格控制结构非弹性变形,保证路桥间平顺过渡

在桥涵结构物与路基的结合部位,由于路基与桥涵结构物间的刚度和沉降变形不一致,会造成"跳车"现象的发生,因此规范要求在桥台后要设置路基—桥梁过渡段。当相邻桥梁的两桥台之间净距离过近时,会造成短时间内出现两次"跳车",影响旅客乘车的舒适性,因此,两桥台间也需设置过渡段。但当两桥台间的距离过近,剩余的普通路基长度很短时,在两桥台间设置过渡段和两桥连起来相比,在经济上已没有多大差别,此时宜将两桥合为一桥。对于涵洞,规范也要求设置过渡段。

4. 高架桥式车站——满足经济发达地区城市规划需要

目前高速铁路规划设计中,采用高架结构的车站越来越多。在我国软土、松软土广泛分布的东部及沿海地区,因其经济发达、人口稠密、用地紧张,地方政府对高速铁路设置高架车站的需求尤为明确和强烈。在高架车站的设计中既要考虑城市的规划设计,同时也要结合好整个车站的站房设计。结构设计不仅要满足安全、实用的需要,还要考虑景观要求。

5. 方便运营维护,为后期变形调整预留条件

软土地区土层的特性决定了在工程建设及运营阶段,地基沉降将随时间逐步发展,同时,该类地区多存在区域地面沉降问题。为保证高速铁路全生命周期轨道高平顺性,更好满足高速列车安全平稳运行和舒适性的要求,在设计阶段需要采取相应措施,以便运营维护,并为后期变形调整预留条件。

(1)线路纵断面预留拟合调整空间。高速铁路线下路基和桥梁工程建设完成后,在轨道铺设之前或运营期间,当差异沉降过大时,除结合监测成果分析清楚沉降发生的原因并采取相关措施外,还需采取线路纵断面调整措施,对轨面高程进行拟合,进而指导线下结构及轨道的差异沉降整治工作。例如,在线路架梁桥或铺轨前,复测桥梁墩顶高程、工点过渡段高程、重要控制点高程,根据测量结果并结合路、桥、轨道等专业意见调整纵断面,将施工期误差、施工期区域沉降消除;在线路运营后,加强对线路沉降的观测,建立合理的纵断面调整周期,当运营期发生差异沉降且超过轨道或支座调节能力时,为了减少设计轨面高程与模拟轨面高程的抬降值,应尽量采用较小的坡段长进行拟合,从而保证线路的平顺及稳定。

(2)选用的桥梁结构形式应能适应变形影响。我国高速铁路采用了如简支梁、连续梁、组合梁、刚架及拱等桥跨结构，但优先采用预应力混凝土简支箱梁，除因其造价经济、受力明确、形式简洁、外形美观、抗扭刚度大、施工速度快、噪声小等优点外，另一个重要因素是因为预应力混凝土简支箱梁对基础差异性沉降的适应性强，建成后的桥梁养护工作量小。即使发生较大的差异沉降，也可以通过梁体抬升的办法，结合线路调坡、轨道扣件调整等综合措施，安全地解决差异沉降造成的影响。正因简支箱梁结构优越的适用性，其在软土地区高速铁路长大桥梁中得到了广泛应用。

(3)通过桥梁支座构造预留调高功能。桥梁支座是连接桥梁上部结构和下部结构的重要部件。目前我国桥梁支座已经形成了多种材料系列化定型产品，同时也完成了系列化设计、加工、安装、养护维修等技术规程的制定。为满足高速铁路桥梁更高的精度需求、适应某些区域沉降地区特点、预留建成后沉降的调整条件，我国已研发了可调高盆式橡胶支座、球型钢支座等，可通过梁体顶升，加设调高钢垫片的方式，实现 0～20 mm 的调高功能；而位于区域沉降区、地下水降落漏斗区的高速铁路，调高量为 20 mm 的普通调高支座已无法满足调高要求，为此，我国研发了调高量达 60 mm 的球型钢支座，可以更好地适应软土地区部分区段桥梁墩台差异沉降量大的情况。

此外，还在轨道类型(如局部采用有砟轨道)、无砟轨道扣件、区域地面沉降综合治理等方面，采取针对性措施，综合考量，多措并举，以保证软土地区高速铁路长久、平稳、安全地运营。

1.1.3　建造关键技术

经过高速铁路工程实践，以及施工技术、施工装备的研发应用，我国高速铁路的路桥施工技术已日趋成熟，这里仅对与软土地区高速铁路路桥工程特殊性相关的建造关键技术做简要概述。

1. 软土地区高速铁路高架长桥快速施工技术及装备

已经完成和正在建设的高速铁路桥梁长度占线路长度的比例远远大于既有普速铁路，并大量出现长度大于 10 km，甚至达到上百千米的特长高架桥。标准跨度简支梁一般采用在沿线现场预制梁厂集中预制，并以配套运架设备逐孔架设的施工方法；特殊跨度的连续梁采用原位浇筑的施工方法。通过工程实践，我国形成了一系列成熟的标准梁制造、运输、架设工艺，并具备与其相配套的装备，实现了特长桥梁高质量、高速度地建造。

为了解决 32 m 整孔预制箱梁的运架施工问题，我国自主研制了多种形式的 450 t 级提梁机、900 t 级架桥机，900 t 级运梁车、900 t 级移动模架造桥机等，从建场、制梁、移运、架设等方面摸索出整套建造技术，具有较高的施工效率、安全性与可靠性。目前 40 m 简支箱梁 1 000 t级制运架技术也在积极探索中。

2. 软土地区高速铁路路基和桥梁基础及地基加固技术

软土地区高速铁路有别于其他地区最显著的特点是，软土地区由于其地基软弱的特性，迫使该地区的桥梁和路基在设计时除满足本体工程所需结构强度和刚度外，还需控制其与邻近结构间的刚度差。这就需要除了加强对各自基础的设计外，还需对软弱地基进行必要的加固以便将其不均匀变形控制在允许范围之内，例如桥梁大量采用深长桩基础，路基采用桩板结构地基处理等。因此，软土地区高速铁路设计及建造的关键在于结合工程经验、现场试验及理论分析，确定适用于在软土地区软弱土地基上基础的类型选择、计算理论、地基加固原则、施工方法及工艺等，使基础设计及地基加固技术体系更趋完善。此外，针对新建高速铁路上跨、下穿、邻近运营高速铁路的双向微变形控制难题，高速铁路技术人员进行了研究并提出了相应的设计标准和特殊地基的处理措施。

3. 软土地区高速铁路路基和桥梁变形及沉降控制技术

高速铁路路基和桥梁除必须满足规范规定的结构强度、刚度等外，还应满足软土地基的沉降控制标准。目前各行业在总结大量实验及工程实践经验的基础上，针对不同的工程设计形成了各自的沉降计算理论及控制原则，其基本原则虽大同小异，但尚未形成系统、普遍通用的理论成果。我国高速铁路技术工作者在现行规范提供的计算方法的基础上，通过大量现场试验和反演分析，验证了铁路规范在高速铁路沉降计算的适用性，取得了不同地基的总沉降计算修正系数、压缩层厚度的判定标准、不同地基施工期中的沉降完成比例等一系列成果。

4. 软土地区高速铁路路基和桥梁施工沉降监测及评估技术

软土及松软土地区高速铁路在施工和运营期间，受到多种因素的影响，不可避免地会产生沉降变形，而超出规定限值的变形将危及铁路运营安全。为了保证高速铁路结构状态安全，我国对大部分软土、松软土地区高速铁路都开展了沉降监测和评估工作。

沉降监测工作是确保高速铁路轨道铺设质量和运营状态良好的关键环节。施工期间通过沉降监测可监测路基、桥涵工程的变形，分析、推算线下工程的最终沉降量和工后沉降量，从而合理确定轨道铺设时间。运营期间通过沉降监测可以及时发现这些构筑物在竣工验收后新出现的不良变化，进而及时整治，以确保轨道结构平顺性满足运营要求。

沉降变形评估是高速铁路建设中提出的另一项技术要求，建立科学、系统的沉降变形观测与评估系统，对铺设轨道前的沉降变形观测数据进行回归分析，以预测线下工程是否满足铺设轨道的条件。此外，开展新建工程对邻近运营高速铁路附加沉降影响的评估和监测工作，对保证运营高速铁路的安全具有十分重要的意义。

1.2　软土地区高速铁路建设实践

以建成时间为顺序，列举五个穿越软土、松软土地区具有代表性的铁路项目，介绍其设计及建造成果。

1.2.1　广深铁路(提速改造)——我国第一条准高速铁路

广深铁路原名广九铁路，建于1907—1911年，于1988年完成双线改造，1994年经过对线路的提速改造和增建第三线轨道，广州和深圳之间形成了两条时速160 km、一条时速120 km的三线并行铁路，形成联络珠江三角洲广佛都市圈与东岸城市群的快速通道，让三座现代化城市融入1小时生活圈，是当时我国旅客列车运行时速最高的线路，也是当时我国自行设计和施工的第一条“准高速铁路”。

广深铁路地处珠江三角洲平原，全长147 km，需双绕增建线路和加大曲线半径的地段长约45 km，其余地段均利用既有线路进行改造。其中新塘站至石龙站区间长约25 km，作为时速达 200 km 的试验段。广深铁路集科研和建设于一体，是我国发展高速铁路的试验基地，并为发展高速铁路提供经验和设计参数。并且，提速经验随后陆续推广到京广、京沪、陇海等铁路干线，为我国铁路后来的大提速打下了基础。

1. 建设历程

早在 20 世纪 80 年代末，我国开始将目光投向高速铁路，铁道部研究决定从实际国情出发，把时速 160 km 的准高速铁路作为突破口，为将来的高速铁路建设与运营积累经验。最终选定广深铁路作为试点，研究高速铁路技术。

1989 年铁道部成立了广深铁路提速联合专家组，由铁道科学研究院和广州铁路局组成，15 个重点技术攻关研究计划开始全面执行，其中八项专题列入“八五”国家科技攻关计划。

1991 年 12 月 28 日，广深准高速铁路技术改造工程在石龙特大桥正式动工，改造的两个重点为：改造既有小曲线半径和换铺 60 kg/m 的重型无缝钢轨。

1994 年 9 月 21 日开始夜间综合试验，同年 12 月 8 日，完成了历时 79 天的提速试验，试验中准高速列车最高时速达到 174 km。

1994 年 12 月 22 日正式开通，成为我国第一条准高速铁路。而现在，“准高速”这一称呼早已随着我国高速铁路的发展湮没在历史的记忆里。

2. 技术创新

广深铁路的提速改造对于我国铁路而言，是一次重要探索。广深铁路因在国内率先采用一些新技术，被视为我国高速铁路的试验基地和当时展示中国铁路发展的“窗口”。

(1)系统研究了线路标准，包括时速 160～200 km 条件下线路的最小曲线半径，允许欠超高、过超高，缓和曲线的线型选择、长度计算和铺设保养方法，竖曲线类型、半径选择及相关标准、铺设条件，夹直线及圆曲线最小长度等。

(2)在轨道结构方面，集中国内最新科研成果，力求轨道结构全面配套和系统化，将全长淬火无缝线路、单开可动心轨道岔及弹条扣件用于广深铁路线上。

(3)准高速铁路要求提高路基基床弹性模量和路基承载力，因而必须提高路基的压实标准，在原路基规范标准的基础上提高一个档次，基床厚度由 1.2 m 提高到 2.5 m，其中基床表层由 0.5 m 提高到 0.7 m，取消了细粒土、黏砂和粉砂作为基床表层填料，明确规定基床表层材料为细粒土含量小于 15%且级配良好的碎石土，并将反应路基强度特性的 K_{30} 平板荷载试验作为广深线的主要检测手段。

(4)既有线路存在许多需要解决的问题，如线间距、曲线半径加大地段存在路基帮宽问题，既有基床强大已达到准高速要求的路基，仍须采取换填、注浆或打设灰土挤密短桩予以强化；对于修建在软土地基上的不能满足要求的既有路基，采取修建变线桥、打碎石桩及化学注浆等进行加固处理。

(5)桥梁优先考虑采用道砟桥面、钢支座，并对双线桥增设横向联结，以增加横向刚度。新建桥梁除满足 1985 年版桥涵设计规范标准外，还采取一系列加强措施，如：梁部结构跨中最大允许挠度要求小于 $L/1\,400$；跨度 100 m 以内的钢梁，水平自振周期小于 $0.009L$，预应力混凝土梁的横向挠度小于 $L/5\,000$；多孔桥梁的各相邻桥跨宜有不同的自振频率，避免高速行车时发生共振；桥上无缝线路必须考虑作用力；采用全封闭，桥梁不设人行道，但设置了作业通道等。

(6)工程还采用很多新技术、新设备、新材料。如在国内首次采用了吸声式声屏障，治理噪声效果比较理想；接触网首次采用 TJ-127＋Agcu-120 承力索和接触线，采用 35 kN 张力全补偿简单链形悬挂，三线并行区段采用硬横跨，采用国际上先进的无交叉线岔，高稳定性的水平腕臂支持结构，采用预留弛度的整体吊弦，新型锚段关节和电连接等。还引进了英国、德国、美国、日本、法国等国的装置、设备、零部件，极大地提高了供电设备的技术质量和接触网供电的安全可靠性。

1.2.2 秦沈客运专线——我国第一条以高速铁路理念建设的客运专线铁路

秦沈客运专线从 1986 年开始研究，到 1999 年开工建设、2003 年建成通车，历时 17 年，经历了中国铁路从满足运输能力到满足运输质量、建设方案从以货运为主到客运专线、从研究高速铁路到初步实践高速铁路的历史过程。作为我国第一条以高速铁路理念建设的客运专线，在解决进出关客货运输紧张状况的同时，将我国铁路的技术水平向前推进了一大步，对我国高速铁路的技术发展起到了极其重要的作用。

1. 技术储备

1998 年初，国家决定加快建设秦皇岛至沈阳的客运专线，铁道部科技司组织铁道科学研究院、铁道部第三勘测设计院、铁道部第四勘测设计院、铁道部专业设计院、大桥工程局和西南交通大学集中研究，并于 1998 年 10 月提出《时速 200 公里新建铁路线桥隧站设计暂行规定》，及时指导了秦沈客运专线站前部分的初步设计和技术设计。

作为第一条新建客运专线，秦沈客运专线是我国铁路 21 世纪初标志性工程，建设需要采用一批新技术、新工艺、新材料和新装备。铁道部科技司在 1998 年 11 月召开了“秦沈客运专线线桥工程关键技术研究会”，运用系统工程的观点，对秦沈客运专线科研、设计、施工和运营等阶段进行全面分析，拟定科研计划并加以实施。

选定先期建设的综合试验段(山海关站至绥中北站，总长 66.8 km)，把秦沈客运专线各项科研专题与路桥工程、弓网系统和信号设备的设计、施工、监理、运营等密切结合起来，结合 200 km/h 国产机车车辆进行综合试验，预定试验速度达到 250 km/h，同时在部分区段内力争最高试验速度达到 300 km/h，测试列车动载作用下线桥工程、弓网系统、信号设备和机车车辆的各项动力学指标，为建设京沪高速铁路做好技术储备。

秦沈客运专线工程地质条件较弱的地段为凌海至沈阳段，该段线路大部分位于辽河冲积平原，地势平坦，工农业发达，村镇稠密，人口众多。地貌单元为第四系冲洪积平原，且冲洪积层较厚，土性以黏土、砂黏土以及砂类土为主，黏性土稠度呈软塑至硬塑状态，中间夹有流塑状态的透镜体，砂类土为粉、细、中砂及粗砂，部分较深层为砾砂，一般为中密至密实，局部夹松散粉细砂，个别地段有较薄的地震可液化层。

2. 建设实施

1999—2003 年是秦沈客运专线的建设实施阶段。1999 年 2 月完成立项，同年 8 月全线正式开工建设，2000 年线下主体工程全部完成，2002 年 6 月全线铺通，2003 年 10 月 12 日秦沈客运专线正式开通运营。

2001 年 12 月至 2002 年 11 月，我国自行设计研制的内燃、电力动车组分别在综合试验段上进行了3次不同列车开行条件下的路基、轨道、桥梁、牵引供电、通信、信号等技术装备及相互间配合的安全性试验。综合试验表明，秦沈客运专线的路、桥工程达到了设计要求，工程各项动力参数符合安全评判标准，能够满足时速200 km的安全平稳运行。其中，第三次综合试验中“中华之星”电力动车组最高速度达到321.5 km/h。

秦沈客运专线是我国历史上第一条实行客货分开、时速200 km的铁路，它的建成开启了我国干线铁路采用小编组、高密度、高质量的列车开行方式，充分满足了旅客对乘车旅行速度、安全、舒适、方便、可靠和全天候的要求。同时作为第一条高速度、高标准的客运专线，秦沈客运专线的研究和建设，加速了对时速200 km及以上铁路的关键技术的认识和实践，积累了设计、施工、制造和调试的经验，为我国快速客运铁路的发展提供了最有价值的借鉴。

3. 技术创新

为了建设秦沈客运专线，研究团队研究编制了《时速200公里新建铁路线桥隧站设计暂行规定》、《秦沈客运专线路基设计暂行规定》、《秦沈客运专线铁路路基施工细则》、《秦沈客运专线跨区间无缝线路设计暂行规定》、《秦沈客运专线跨区间无缝线路施工测量细则》、《秦沈客运专线综合试验段沙河和狗河特大桥无砟轨道设计技术条件》、《秦沈客运专线双何特大桥无砟轨道设计技术条件》、《秦沈客运专线预制后张预应力混凝土简支梁技术条件》以及《秦沈客运专线桥梁制造与架设施工技术细则》等技术标准。

作为开启高速铁路建设大潮与新技术试验的平台，秦沈客运专线在铁路经济运量预测、行车组织、信号列控、客运服务、灾害监控、线路轨道、桥梁路基、建筑规划、节能环保等专业领域均取得了重大技术突破。正因秦沈客运专线标准高、概念新颖，但技术储备不足、行业底气不足，很多工作都创造了“第一次”。比如，在秦沈客运专线设计和建造的实践中，采用高速铁路设计理念，强化桥涵结构、路基基床结构设计，加强软土地基路、桥结构沉降控制，设置路桥过渡段等，对后续高速铁路建设影响巨大。

第一次采用高速铁路设计理念，对荷载标准的应用及结构变形控制进行了探索。采用ZK活载，在桥梁梁部、墩台、基础设计中，对结构变形、变位和自振频率限值均较普速铁路提出了更高要求；对刚度和结构变形及基础沉降做了大量的研究和比选，并在工程实践中取得了满意的效果。

第一次在铁路桥梁设计中采用动力学分析作为控制设计的参考标准。统一组织并完成桥梁动力性能综合试验、桥梁纵向力综合试验、整孔简支箱梁工艺试验研究、24 m预应力混凝土双线整孔实体箱梁静载试验研究、多片式T形梁综合试验研究、桥涵基础工后沉降试验研究等多项桥梁综合试验研究，取得了丰富的成果，为工程建设顺利实施提供了技术保证，为客运专线和高速铁路桥梁标准体系发展及设计理论、施工建设，提供了实践经验。成功设计并应用了预应力混凝土连续梁、钢筋混凝土斜交刚构连续梁、钢—混结合连续梁等特殊结构桥梁。其中，斜交刚构连续梁是我国在铁路上首次采用的一种新型结构形式，解决了斜交通道设桥布孔的特殊难题。

第一次在路基基床表层采用了级配碎石材料，压实标准要求地基系数$K_{30} \geqslant 190$ MPa/m，孔隙率$e < 15\%$。基床底层填筑A、B组填料及改良土，压实标准要求地基系数$K_{30} = 110 \sim 150$ MPa/m，压实系数$K \geqslant 0.95$，孔隙率$e < 20\%$。

第一次在铁路软弱地基设计、施工过程中采用了工后沉降控制动态设计。严格控制路基工后沉降量，要求一般地段不大于 15 cm，台尾过渡段不大于 8 cm，沉降速率不大于 4 cm/a。全线共设置了 720 个变形观测断面，根据沉降观测资料及沉降发展趋势、工期要求等，动态调整工程措施，如调整预压土高度、确定预压土卸荷时间、提出基床底层顶面抬高值、决策铺轨时间等。

第一次在路堤与桥(涵)间设置一定长度的过渡段，以控制轨道刚度的逐渐变化，并最大限度地减少因路基与桥涵的沉降不均匀而引起的轨面变形，保证列车高速、安全、舒适运行。

第一次系统确定了一般路基地段采用排水固结法结合堆载预压为主、路桥过渡段采用复合地基法的路基地基加固原则，在设计中采用了垫层、强夯、塑料排水板、袋装砂井、砂桩、碎石桩、粉喷桩、搅拌桩、旋喷桩等多种地基加固措施。

第一次采用 600 t 无轨运输的运、架梁设备。24 m 的双线箱梁质量达 550 t，32 m 单线整孔箱梁质量超过 400 t，而当时采用的架桥机的起吊能力均未超过 200 t。因此，国内外多部门、公司参与并研制出了多种运梁车、架桥机，解决了 600 t 级整孔箱梁设计、制造、运输、架设成套技术。此外，根据运架条件，特殊设计了跨度 32 m 移动模架造桥机节段拼架和原位现浇双线整孔箱梁，并成功研发应用了满堂支架和移动模架、节段拼装造桥机施工技术，在辽河、小凌河特大桥首次应用。

第一次在高标准线路桥梁上采用无砟轨道。在沙河、狗河和双何特大桥分别铺设板式无砟轨道和长枕埋入式无砟轨道，掌握和发展了具有我国自主知识产权的无砟轨道设计技术，实现了客运专线轨道结构的创新。研究制定的《秦沈客运专线综合试验段沙河和狗河特大桥无砟轨道设计技术条件》《秦沈客运专线双何特大桥无砟轨道设计技术条件》为无砟轨道的发展积累了经验。

第一次建造了真正意义上的桥梁声屏障。传统的 T 形桥梁结构多是在角钢支架人行道外侧设置钢板并辅以各种隔、吸声材料形成声屏障结构，但其安全性和耐久性较差。秦沈客运专线在箱形梁上设置了插板式的声屏障，真正实现了安全可靠的隔、吸声效果，也为之后桥梁上大范围设置插板式声屏障奠定了基础。

秦沈客运专线从实践上验证了我国前期高速铁路路基与桥梁结构、过渡段、建筑材料、施工控制指标、成套装备、工后沉降控制标准等主要技术标准的合理性，推动了我国高速铁路技术标准的发展，为我国客运专线和高速铁路路基、桥梁工程建设提供了示范和技术支撑。

1.2.3 京津城际铁路——我国第一条具有自主知识产权、国际一流水平的高速铁路

京津城际铁路是我国第一条具有自主知识产权和国际一流水平的高速铁路，采用了最先进的无砟轨道技术。项目于 2004 年 9 月经国家发改委批准立项，2005 年 7 月 4 日开工建设，2007 年 12 月全线铺通，于北京奥运会开幕前的 2008 年 8 月 1 日开通运营。

京津城际铁路起点站为北京南站，终到站为天津站，全长 120 km，设计、建设和运营中始终贯彻资源节约、环境友好要求，确保高速条件下列车的安全性、舒适性和稳定性，并遵循适应环境、服务运输和综合效益的设计理念。列车运行最高时速 350 km，最小发车间隔 3 min，最大输送能力 18 000 人/h，30 min 走完全程。2008 年 6 月 24 日，国产“和谐号”CRH3 型动车组在京津城际铁路运行试验中创造出 394.3 km/h 的世界运营列车最高时速

纪录，线桥质量、动车组性能、各系统间的配合达到了世界一流高速铁路标准。

京津城际铁路项目位于华北平原，沿线城镇经济发展、交通发达、软土覆盖层分布广泛（北京六环以内深层为砂卵石地基，六环以外则均为软土及松软土地基），该项目大量采用“以桥代路”的建筑形式，桥梁总长 101 km，约占线路长度的 87.7%，其中最长桥梁为杨村特大桥，全桥长 35.8 km。全线以高架桥为主，不仅大大提高了线路基础稳固程度，有效减少了铁路对沿线城镇的切割，更重要的是节省了大量土地。在铁路的设计建设过程中，同步实施了桥下植被绿化、边坡绿色防护等措施，既有效防止了水土流失，又美化了沿线环境。对全线的桥梁、站房、雨棚、站区等建筑，首次进行了“景观设计”，力求与既有建筑和谐相融。京津城际铁路开通之后，两地“同城化”效应明显，有力拉动了区域经济的发展，改变了人们的生活观念和生活方式。

京津城际铁路通过开展近百项的技术创新、科技攻关，攻克了多项技术难题，先后解决了线路设计、空间定位、行车动力学检算、无砟轨道设计、桥梁基础沉降控制、路基沉降控制、沉降观测及评估，大跨度桥梁的徐变控制、长钢轨铺设、环境保护及减振降噪、客运服务、防灾安全监控、四电系统集成及联调联试、施工组织设计等诸多难题，形成了一系列创新性成果。

1. 铁路建设理念创新方面

(1)全线大部分地段选择高架桥取代了路基方案，大量节省了铁路建设用地。采用长桥可减少路涵、路桥的频繁过渡，有利于提高旅客的舒适度。以桥代路有效地减小了铁路对沿线城市的切割，方便沿线人民的生产生活，并为未来发展预留了空间。

(2)全线进行了景观设计，力求与既有建筑和谐相融。在桥梁设计中，充分考虑桥梁的整体景观效果，使桥梁景观与周边环境相协调，在细节上下功夫，突出桥梁体现时代风貌。如北京环线特大桥跨四环主路采用的(60+128+60)m 拱加劲连续梁结构，就是本线工点景观设计的典范，梁与拱有机结合，与周边建筑相呼应，体现出建筑协调之美。

(3)注重环境保护，在噪声敏感区段安装了声屏障，有效降低了噪声污染。

2. 结构创新方面

(1)全线采用无砟轨道，对路基及桥梁梁部变形控制(收缩徐变)、桥梁基础沉降等提出了更高的要求。对各种形式、不同跨度的简支梁、混凝土连续梁及系杆拱连续梁等桥梁结构的变形、施工监控开展研究，使设计理论计算结果在施工过程的监测中得到验证，为桥梁顺利建成提供技术保障，为桥上铺设无砟轨道板提供技术支持与依据。

(2)开展桥梁动力仿真研究，对不同类型桥跨结构进行了车—线—桥耦合动力仿真分析，确保桥梁的各项技术指标均能满足时速 350 km 高速列车安全平稳运行和旅客乘坐舒适性要求。

(3)更好地发挥 CFG 桩和预制管桩承载能力强的优点，针对京津地区深厚压缩层，采用了桩板结构，实现了路堤荷载向高强度桩体的充分传递，地基沉降控制效果可靠，能够满足无砟轨道铺设条件。通过采用优质填料、加强路基填筑压实控制，减少了路堤本体变形。通过加强过渡设计，保证了不同结构物变形的协调与纵向刚度的平顺性。

(4)高路堤采用新型挡墙结构，路堤较高地段采用了扶壁式挡土墙结构，能够有效减小路基底宽，节约用地，增加美观效果，同时提高地基沉降控制效果。

(5)设置路桥过渡段,使不同土建结构间匀顺过渡。过渡段的设置主要是保证不同结构物变形的协调与纵向刚度的平顺性。

3. 沉降控制方面

沉降控制是京津城际铁路软土地基路基和桥梁设计的关键技术问题,是铺设无砟轨道的主要控制因素。

(1)加强路基结构设计,控制工后沉降。无砟轨道结构对于路基变形控制要求较高,通过采用强化的基床结构、桩板结构复合地基和过渡设计,加强路基填料控制和压实质量控制,实施沉降变形观测与评估等技术措施,有效控制了深厚压缩层地基条件下路基工后沉降。

(2)采用新型地基加固措施,引入了桩身强度高、变形控制能力强的 CFG 桩和预制管桩复合地基,沉降控制取得良好效果。

(3)设计中吸收国内外桥梁沉降计算理论及沉降研究成果,结合沿线的实际情况,合理确定本线沉降控制标准,全面采用深长钻孔灌注桩基础,并结合施工开展桥梁不同施工阶段连续的沉降变形观测与评估,提出铺设无砟轨道的时机。

(4)为了有效地解决桥梁不均匀沉降问题,研究开发了适用于速度为 350 km/h 客运专线可调高支座。

(5)考虑到后期堆载、抽取浅层地下水对路桥基础可能的影响,设计要求在施工完成后桥墩周围及线路两侧禁止堆载,线路范围左右 200 m 禁止抽取地下水。

4. 桥梁设计及建造技术方面

(1)大量采用 32 m 双线无砟轨道整孔箱梁,开展了主跨 128 m 系杆拱连续梁、主跨 128 m 预应力混凝土连续梁及其他多种大跨度预应力混凝土连续梁、跨度 72 m 简支系杆拱桥、小半径曲线上双线整孔简支箱梁、钢混结合梁等众多特殊桥梁设计研究。其中,(60+128+60)m 系杆拱连续梁和(80+128+80)m 预应力混凝土连续梁在我国铁路客运专线属首次应用,为后期我国高速铁路相关规范研究提供了直接的技术参考。

(2)进一步完善和发展了桥梁建造技术,开发了 900 t 级整孔箱梁设计、制造、架设成套技术,我国在铁路桥梁技术方面取得了新突破。

此外还设置试验段,开展相关试验工作。结合试验段具体情况,选取具有代表性的路基、桥梁工点,对不同桥式桥跨基础、路基地基处理的沉降计算成果与长期观测结果对照分析。通过归纳、分析,并对路基、桥梁基础沉降计算公式进行分析验证,进而确定合理的桩基形式、地基处理方案及施工措施。

通过建立完善的路基、桥梁变形监测系统,加强变形监测与评估,开展信息化施工,为无砟轨道铺设提供可靠的决策依据。对桥梁尤其是连续梁加强长期的沉降观测,一方面检查沉降是否有突变,另一方面检查相邻桥墩的沉降差是否满足轨道平顺要求和结构受力要求。在每个桥墩及一定间距的路基断面设置了沉降观测标,用来观测路基及墩台的沉降,通过长期的观测,预测地基沉降趋势。及时发现有沉降异常的点位,并采取相应的处理措施。

京津城际铁路的建设和运营,为形成我国高速铁路技术标准体系奠定了基础,是我国铁路建设史上的一座里程碑。

1.2.4 沪杭高速铁路——我国第一条全线位于软土地区的高速铁路

沪杭高速铁路于2010年10月26日通车运营，其正线全长158.8 km，设计速度目标值为350 km/h，是我国"四纵四横"中沪昆高速铁路的组成部分，是我国长三角地区第一条高速铁路。全线正线桥梁长138.639 km，占线路总长87.3%；路基长14.850 km，占线路总长9.7%。桥梁基础主要采用钻孔柱基础，跨度32 m以下的桥梁基本采用简支箱梁结构，40 m以上跨度立交桥大量采用连续梁结构，部分大跨度桥梁采用特殊连续梁结构，余杭南站采用高架桥建站方案。

该项目全线位于海积和海湖积平原区，第四系堆积层深厚。软土及松软土地基是控制沿线工程地质条件的主要特殊岩土，因其沉积时间、沉积环境不同，软土的工程性质也有差别：(1)上海至嘉善段表层硬壳为第四系全新统海积褐黄、褐灰色黏土、粉质黏土，硬塑～软塑，厚2～3 m；其下第一层软土为第四系全新统滨海相沉积，以褐灰、深灰色淤泥质粉质黏土为主，局部为淤泥质黏土，流塑，厚5～15 m，具高压缩性，低强度，一般为正常固结，局部欠固结；第二层软土为第四系全新统浅海相沉积，灰色、深灰色淤泥质黏土，局部为粉质黏土，流塑，厚5～10 m，软土层成层稳定，一般为正常固结。(2)嘉善至杭州段线路经过地区为杭州湾北部冲海积海湖积平原区，表层硬壳为第四系全新统湖海积褐黄、褐灰色黏土、粉质黏土，可塑～软塑，或为稍密粉土、粉砂，常见厚3～7 m；其下第一层软土为褐灰、深灰色淤泥质黏土，流塑，厚4～12 m，具高压缩性，低强度，一般为正常固结，局部欠固结；第二层软土为第四系全新统海积灰色、深灰色淤泥质黏土、粉质黏土，软塑～流塑，厚5～15 m，成层稳定，一般为正常固结。两层软土之间冲海积黏土或粉土，软塑，厚3～15 m。

针对本地区软土地基的特征，沪杭高速铁路设计及建设中采取了以下主要工程措施：

(1)沿线土源匮乏，除杭州地区余杭境内有部分土源外，其他均通过远运而至，主要来源于浙江省湖州地区。沿线海积、冲湖积平原区大部分地段以桥梁形式通过，基底软土和松软土厚度可达35～90 m，局部可达100 m以上；以路基形式通过的主要为车站及其相邻区间段，软土、松软土厚度可达5～35 m。

(2)沿线软土分布广泛，成因复杂，根据具体情况分别采用旋喷桩、水泥搅拌桩、混凝土薄壁管柱等加固措施；正线无砟轨道软土路基地基采用管柱＋钢筋混凝土筏板的处理方式，管桩直径为0.4 m和0.5 m，设计间距2.4 m，正方形布置，筏板采用C30钢筋混凝土现浇，板厚0.5 m。

(3)桥梁基础一般采用钻孔灌注桩基础(最大桩长达129 m)，在地处空旷地带、周边100 m以内无既有建筑物、墩高较矮的简支梁桥桥墩，适当采用了大直径预应力混凝土管桩，桩径1.0 m，壁厚130 mm，桩长52～69 m不等。

(4)为减少路基不均匀沉降及满足工后沉降的要求，高速铁路无砟轨道路基进行超载预压，一般地段按2.5 m设计、桥路过渡段预压高度按2.5～3.0 m设计，具体预压高度根据沉降计算确定。

(5)当下穿既有公路桥、高压线时，考虑施工机具高度限制，采用桩板结构通过；新建线路基坡脚靠近既有线并行，沪杭高速铁路加固区距离既有线中心较近时，为避免地基加固时产生挤土效应影响既有线正常运营，局部采用钻孔桩＋筏板结构处理。

(6)在高速铁路上首次采用筏板结构路基。为减小对地下构筑物的影响，确保地下构筑物安全，沪杭高速铁路在跨越上海地铁9号线、A15公路承台地段，采用了柱板结构进行跨越，该结构在软土地区为首次应用；设计人员从桩板结构路基的沉降特性及其静动力响应、长期沉降测试等方面进行理论分析、模型试验、施工图设计及变形观测，为今后的高速铁路设计提供了“范本”。

(7)对全线路基、涵洞、桥梁等结构物的沉降进行监测和评估。全线路基共有有效观测断面330个，测点906个，桥梁有效观测点200个，通过大量沉降数据分析、评估，指导路基预压工作及提出全线铺轨时机。

1.2.5 京沪高速铁路——世界上一次建成线路最长、标准最高、规模最大的高速铁路

1990年，修建京沪高速铁路的相关可行性研究提上议程，同年12月完成了《京沪高速铁路线路方案构想报告》，开启了我国客运专线铁路(高速铁路)的发展历程。可以说，中国人的“高铁梦”开始于京沪高速铁路，京沪高速铁路的建成通车也代表了中国人“高铁梦”的实现。无论从最初的技术引进和研究、标准论证，抑或是引起全国范围要不要修建高速铁路、要不要采用轮轨技术、要不要引进动车组技术等大争论，还是前述的既有铁路提速改造、多条客运专线—城际—高速铁路的建设实践，无不是为了实现这个“高铁梦”做的准备和铺垫。

京沪高速铁路起始于北京南站，终到上海虹桥站。线路走行于我国东部沿海经济最发达地区，两端连接我国两个较大的经济带——环渤海经济带和沪宁杭长江三角洲经济带，途经北京、天津、河北、山东、安徽、江苏、上海共7省市，连接北京、天津、济南、徐州、南京、上海6大铁路枢纽。在路网中，是我国《中长期铁路规划网》“四纵四横”客运专线的南北向主骨架。正线线路长度1 318 km，设计速度350 km/h，于2011年6月30日开通运营，是目前世界上一次建成标准最高、线路最长、规模最大的高速铁路。

京沪高速铁路沿线有分布较为广泛的软土和松软土地区、湿陷性黄土区、膨胀土分布地段、岩溶和岩溶塌陷区，人工挖掘的坑塘众多，沉降控制问题非常突出。沿线所经地区经济发达，人口众多，人均耕地面积少，土地资源紧张，城市规划、道路交通发展迅速，既有道路、高速公路、铁路四通八达，水利设施多、航运繁忙，地下管线星罗棋布。

沿线经由大城市和超大城市多，经济发达地区的占地和征地拆迁成本高，设置桥梁能有效节省土地资源，因此，京沪高速铁路线下工程大量采用桥梁结构，桥梁所占的比例高，长桥多，正线桥梁总长1 060.6 km，占线路总长的80.5%，桥梁上部结构一般采用预应力混凝土结构，梁型以简支箱梁为主，简支梁桥总长956 km，占桥梁总长的90.1%。

通过对建设京沪高速铁路的研究，建立和完善了我国高速铁路技术标准体系，确定了我国高速铁路的发展方向；枣庄至蚌埠试验段列车试验速度达到了486.1 km/h，创造了我国高速列车最高试验速度；突破了复杂工程环境下高速铁路基础设施建设关键技术；创立了高速、深水、大跨、六线长江大桥等系列复杂结构桥梁建造技术；创新了超长高架桥上无砟轨道无缝线路建造技术和刚性桩复合地基沉降控制技术；构建了多种交通方式高效协调运行的大型综合交通枢纽技术；建立了大张力接触网体系，研制了高强高导接触线；形成了时速350 km高速铁路建造标准体系和成套技术。

正因为京沪高速铁路设计速度高、标准高，为了维持线上列车运行的高平顺性、高稳定性、高安全性和高舒适性，对线下结构工程的变形要求非常严格，因此，京沪高速铁路对深厚软土、松软土地基的路桥沉降控制成为该项目成败的重要技术基础和关键控制因素。设计及建设中采取了以下主要工程措施：

(1)桥梁大量采用简支结构，主要以 32 m 和 24 m 简支箱梁为主；采用可调高支座，为后期解决不均匀沉降预留一定条件；桥梁均采用钻孔灌注桩基础，桩长普遍达到 40～50 m，桩端尽量置于中等压缩土层以减小基础沉降值。

(2)以桥代路，提高桥梁比例，减少路基，节省用地。相对于桥梁工程而言，路基工程对沉降的控制难度更大。另外，经济发达地区的占地和征地拆迁成本高，设置桥梁能有效节省土地资源，景观效果也相对较好。因此，京沪高速铁路线下工程大量采用桥梁结构，桥梁所占的比例高，长桥多。全线超过 3 km 以上的特大桥 43 座，合计 950 余千米，占全线桥梁的 90%。桥长超过 10 km 的桥梁 20 座，达 860 余千米。桥长超过 100 km 的桥梁 3 座，达 380 余千米，其中丹阳至昆山特大桥长达 164.8 km，是目前世界上最长的单座铁路桥梁。

(3)加强软土路基段落的地基处理。由于高速铁路沉降变形控制标准的提高，在深厚压缩层地基条件下采用了高强度桩型控制地基沉降。京沪高速铁路在路基沉降控制设计中采用了 CFG 桩、预应力管桩，并首次在铁路路基沉降控制中引入了载体桩。

(4)严格控制设计总沉降量和差异沉降量。设计根据土工试验及压缩层压缩模量等参数，调整桩长，在有效减小总沉降量的基础上，也将相邻基础沉降量控制在规范限值以内。在临近上海区段还采用了桩基注浆加固土体的措施。

(5)采取措施加速路基地基沉降固结完成速度。一般采用堆载预压的方式，在路基本体上额外施加载荷，使高压缩地基土能在短期内(1 年左右)加速完成绝大部分的固结过程，以减少工后沉降量，缩短建设周期。

(6)全面开展沉降监测和无砟轨道铺设评估工作。全线路桥工程均开展了沉降观测、监测工作，并对监测数据进行归纳分析，对沉降发展过程及趋势开展回归分析，进而对无砟轨道铺设时机进行评估和建议。

(7)依托本工程开展科学研究工作。对路基、桥梁基础的沉降开展全面的试验验证、理论推导、计算比较及分析研究工作，形成了丰硕的成果，不仅为京沪高速铁路建设提供了翔实的理论依据，也为此后类似地区的高速铁路工程提供了实践经验。

通过在广深准高速铁路、秦沈客运专线、京津城际铁路、沪杭高速铁路及京沪高速铁路等工程中路基、桥梁建设方面的探索实践，尤其是一系列在软土、松软土地区的高速铁路建设经验成果，在此后的高速铁路工程中得以大量推广和应用，为我国高速铁路建设做出了巨大贡献。

2 工程地质勘察

在我国的平原地区、沿海地区、江河沿岸及盆地区域，广泛分布有深厚的软土及松软土地层。作为高速铁路工程设计和建设的基础性工作，在该地区采用恰当的勘察方法和试验手段，选取准确的地基参数，为高速铁路设计和建造工作提供基础数据，其正确与否甚至会决定工程的成败。因此，软土地区地质勘察工作是高速铁路建造过程中十分重要的基础环节。

2.1 软土及松软土定义

软土一般指孔隙比较大，天然含水率高、压缩性高、灵敏度高、渗透性低、抗剪强度低的以灰色、浅灰色为主的细粒土。软土地区是指在建筑场地及场地周边一定范围存在一定厚度的软土，并对工程建设可能产生不良作用的地区。

《岩土工程勘察规范》(GB 50021—2001)将软土划归为“特殊性岩土”，规定“天然孔隙比大于或等于 1.0，且天然含水率大于液限的细粒土应判定为软土，包括淤泥、淤泥质土、泥炭、泥炭质土等”。

《铁路工程地质勘察规范》(TB 10012—2019)规定：“对于在静水或缓慢流水环境中沉积形成的粉土、黏性土，具有含水率大($w \geqslant w_L$)、孔隙比大($e \geqslant 1.0$)、压缩性高($a_{0.1\sim0.2} \geqslant 0.5\ \mathrm{MPa^{-1}}$)、强度低($P_s < 800$ kPa)等特点，应按软土进行勘察”。“软土按其物理力学特征，可分为软黏性土、淤泥质土、淤泥、泥炭质土及泥炭等类型。当粉土大部分指标满足软土指标时，可定为软粉土。”

松软土是铁路行业针对高速铁路工程提出的地基土分类标准，其特征是将一些基本承载力低，沉降不能满足路基工程要求但不属于传统意义上的软土的地基土包括在内，是高速铁路需进行工程处理的各种地基土的统称。松软土不属于地质学意义上的岩土分类。松软土按土质分类包括黏性土、粉土和新黄土，还有松散的砂类土等。

2.2 软土及松软土成因类型与分布特征

2.2.1 软土及松软土成因与分类

按照软土的成因环境，分为沿海软土、内陆软土和山区软土(含斜坡软土、洞穴软土)。沿海软土分布比较广泛，厚度较大，土质疏松；内陆和山区软土则分布零散，沉积厚度小，性质差别大。我国软土的主要成因类型见表 2.1。

表 2.1 软土成因类型

地貌特征	成因类型	沉积特征
滨海平原	滨海相	土质不均匀,极疏松,常与砂砾层混杂
	泻湖相	颗粒细、孔隙比大、强度低,常夹有泥炭薄层
	溺谷相	孔隙比大、结构疏松、含水率高
	三角洲相	分选性差,结构疏松,多交错层理
湖积平原	湖相	沉积物中粉土颗粒成分高,呈明显的层理。结构松软,表层硬壳厚度不均匀
河流冲积平原	河漫滩相	成层情况较复杂,成分不均一,以淤泥及软黏土为主,间与砂或泥炭互层
	牛轭湖相	
山间谷地	谷地相	软土呈片状、带状分布,靠山边浅,谷地中心深,厚度变化大。颗粒由山前到谷地中心逐渐变细。下伏硬底坡率大
泥炭沼泽地	沼泽相	以泥炭沉积为主,且常出露于地表。孔隙极大,富有弹性。下部有淤泥层或薄层淤泥与泥炭互层

《铁路工程特殊岩土勘察规程》(TB 10038—2012),将软土分为软黏性土、淤泥质土、淤泥、泥炭质土、泥炭等不同的类型,其物理力学特征见表 2.2。

表 2.2 软土分类及物理力学特征

指　　标	软黏性土(软粉土)	淤泥质土	淤　泥	泥炭质土	泥　炭
有机质含量 W_u/%	$W_u<3$	$3\leqslant W_u<10$		$10\leqslant W_u\leqslant 60$	$W_u>60$
天然孔隙比 e	$e\geqslant 1.0$	$1.0\leqslant e\leqslant 1.5$	$e>1.5$	$e>3$	$e>10$
天然含水率 w/%	$w\geqslant w_L$			$w\geqslant w_L$	
渗透系数 $K/(\mathrm{cm\cdot s^{-1}})$	$K<10^{-6}$			$K<10^{-3}$	$K<10^{-2}$
压缩系数 $a_{0.1\sim0.2}/\mathrm{MPa^{-1}}$	$a_{0.1\sim0.2}\geqslant 0.5$			—	
不排水抗剪强度/kPa	$c_u<30$			$c_u<10$	
静力触探比贯入阻力/kPa	$P_s<700$			—	
标准贯入试验锤击数/击	$N<4$	$N<2$		—	

注:1. 软土及其类型划分,应以天然孔隙比、天然含水率及有机质含量为主,并结合其他指标综合判别。外业勘察时,可用 P_s 作为初判标准。
2. 有机质含量测试应采用灼失量法。

松软土地基根据地基土的性质可分为粉、细砂,粉土及黏性土,新黄土等四类,多为第四系全新统和上更新统冲洪积、海积、风积等成因。如广泛分布于黄淮冲积平原和杭嘉湖平原,呈“千层饼”状的粉土与粉质黏土互层,属松散软弱地基;广泛分布于长江冲积平原,呈软塑状的黏性土,属松软黏性土地基;丘间洼地分布的冲积、湖沼积粉质黏土和混砂黏性土,属于松软地基;黄土地区广泛分布的新近沉积黄土亦多为松软地基。满足表 2.3 所列条件的地基定为“松软土场地”。

表 2.3 松软土场地的判定条件

岩土种类	地基土条件
粉、细砂	P_s<5 MPa 或 N<10
粉土	P_s<3 MPa(不含软土)或[σ]<150 kPa
粉质黏土、黏土	P_s<1.2 MPa(不含软土)或[σ]<150 kPa
新黄土	P_s<3 MPa 或[σ]<180 kPa

注:P_s 为静力触探比贯入阻力;N 为标准贯入试验锤击数;[σ]为基本承载力。

2.2.2 软土及松软土分布

我国沿海地区广泛分布以三角洲相为主的软土,典型的软土常见于长江、瓯江、闽江和珠江三角洲等地。当河流接近海洋时,流速急剧减小,河水所携带的泥沙物质沉积在陆相和海相环境的交接地区,江河与海洋相互作用逐步发展形成三角洲。其主要特点是厚度比较大,黏性土和砂土、粉土相间成层,土层的厚度和工程性质一般比较均匀。沿海地区的软土,除了三角洲相,还分布有潟湖相、滨海相和滩涂溺谷相等,其中在封闭海湾静水沉积的潟湖相、滩涂相软土多为淤泥、淤泥质土,强度极低且厚度变化大,底部多为基岩,纵横向坡率均较大,沿海通道甬温铁路、温福铁路所经软土地区多属这种类型。

内陆地区的河流相沉积软土及松软土,主要分布在河流改道泛滥期形成的河岸附近或河流冲积平原区。其特征是具有层理和纹理特征,有时夹细砂层,分布的范围较小,土层厚度变化较大,偶遇较厚的均匀黏土层。在湖泊边缘和古湖泊、冰湖附近分布的湖相沉积软土,主要分布在太湖、洞庭湖、洪泽湖、鄱阳湖和古云梦泽湖区的边缘地带以及昆明的滇池地区。

山区谷地的软土,一般可从下列几个方面进行分析鉴别:

(1)从沉积环境分析,在沟谷的开阔、山间洼地、支沟与主沟交汇、冲沟与河流汇合、河流两侧山洼、河流弯曲、河流漫滩等地段,往往有软土分布。

(2)从水文地质条件分析,在泉水出露,特别是潜水溢出泉出露处,水草发育,土体长期浸水呈饱和状态,往往有软土分布;在潜水位较浅的黄土及粉质黏土地区,也有软土分布。

(3)从古地理环境分析,在古河道、古湖沼、暗浜、管道等地段,往往有软土分布。

(4)从地表特征分析,在地势低洼,排泄条件不良,有湿地、沼泽、喜水植物(如芦苇、蒲草等)发育的地段往往有软土分布。特殊情况下在山地的舒缓分水岭地区、有地下水埋藏的斜坡地段也有软土分布。

(5)从人类活动分析,人工蓄、输水构筑物(水库、水塘、水渠)大量漏水或泄水的地段,人为掩埋的池塘地段等,工厂及生活污水的排泄、溢流地段,往往有软土分布。

松软土分布的地域,除黄土外一般与软土分布的地域相同,多分布在冲积平原、湖积平原、海积平原和河流阶地。广泛分布于第四系全新统以及部分上更新统地层。

2.3 软土及松软土工程性质

软土的工程性质取决于其成因和成分,也取决于其地层结构即土层厚度、埋藏深度及其与上覆或下卧相对坚硬土层的相互位置。在研究软土的工程性质时,必须注意其成因类型及结构特征。松软土的工程性质一般优于软土但略差于一般土类，经过简单处理即可满足除高速铁路桥涵、路基以外的其他工程的地基要求。

2.3.1 一般工程性质

软土具有天然含水率高、大孔隙、低渗透性、高压缩性，中、高灵敏度，低密度、低强度等特点。在软土地区进行工程建设，需要特别重视和研究其工程特性，采取有针对性的技术措施，提高建设工程的经济合理性和使用安全性。

1. 天然含水率高

软土的天然含水率一般大于液限，呈软塑～流塑状态。液限一般在40%～60%，天然含水率大于35%，最高可达80%～90%，饱和度一般大于95%。

2. 大 孔 隙

软土的孔隙比大于1.0，一般介于1.0～2.0之间，最大可超过2.0。谷地相、滩涂相、沼泽相的软土孔隙比要更大一些，如滨海滩涂相软土的孔隙比最大值可达到2.5。

3. 低渗透性

软土的透水性能差，渗透系数一般为$1\times10^{-8}\sim1\times10^{-6}$ cm/s，固结系数为$1\times10^{-5}\sim1\times10^{-3}$ cm^2/s。垂直方向的渗透系数通常比水平方向的渗透系数要小一些，对地基排水固结不利，常使建筑物沉降延续时间加长；在加载初期，地基土中出现较高的超孔隙水压力，影响地基的强度。

4. 高压缩性

软土属高压缩性土，压缩系数$a_{0.1\sim0.2}>0.5$ MPa^{-1}，且其压缩变形大部分发生在垂直压力为0.1 MPa左右时。对工程的直接影响是建筑物基础沉降量大，从而影响到建筑的使用功能，甚至是安全性。

5. 结 构 性

土的结构性是土的粒度和孔隙的性状、排列形式以及颗粒之间力的相互作用。在地层形成之后，由于物理、化学作用，如次固结、卸荷、风化及淋滤等因素都会改变原来的结构而形成新的结构性。软土的结构性具有下列特点：

(1)力学特性与应力水平有密切关系。应力水平较低时，土的压缩性亦较低；应力水平较高时结构性受到破坏，压缩性较高，二者可以相差3～4倍，甚至更高。

(2)结构性是不可逆的，一旦破坏则恢复很难，土的压缩量随结构的破坏而增加。

(3)应力—应变关系具有一定的剪缩特性。

6. 触 变 性

软土一经扰动，其强度将被削弱、降低，若静置不动，则土的颗粒和水分子及离子会重新组合排列，形成新的结构，强度又得到一定程度的恢复。这种含水率和密度不变，土因重塑而软化，又因静置而逐渐硬化强度有所恢复的性质，称为土的触变性。触变性的大小常用灵敏度表示，原状土样的无侧限抗压强度与重塑土样的或称无侧限抗压强度之比为土的灵敏度S_t，见式(2.1)。

$$S_t = q_u / q_u'$$ (2.1)

式中 q_u——原状土无侧限抗压强度，kPa；

q_u'——重塑土无侧限抗压强度，kPa。

显然，结构性愈强的土，灵敏度 S_t 愈大。某些近代沉积的黏性土灵敏度 S_t 可以达到 50～60，甚至更大，这种土的结构受到扰动后，强度几乎完全丧失。软土的灵敏度界限分类见表 2.4。

表 2.4 软土的灵敏度划分界线

灵敏度 S_t	2～4	4～8	8～16	>16
灵敏度分类	中灵敏性	高灵敏性	极灵敏性	流性

7. 流 变 性

土在受荷后土体内应力、应变状态随时间而变化的特性称为土的流变性。软土的流变性表现在以下四个方面：

(1)蠕变特性：在恒定荷载作用下，变形随时间不断的缓慢发展。

(2)流动特性(或黏滞特性)：土的变形速率随应力变化而变化。

(3)应力松弛特性：在变形恒定的条件下，应力具有随时间减小的特性。

(4)长期强度特性：在长期受荷的条件下，强度随受荷历时的增长而降低的性质。

8. 不均匀性

由于沉积环境的变化，软土层中常局部夹有厚薄不等的砂或黏性土层，使其在水平和垂直方向上都具有明显差异，作为建筑物地基极易产生差异沉降。

9. 抗剪强度低

软土的抗剪强度很低，抗剪强度的大小与施加荷载的速度和排水固结条件有关。不排水剪切时，$\varphi=0°$，c 一般小于 20 kPa；排水固结条件下，$\varphi=10°\sim15°$，c 为 20 kPa 左右。

2.3.2 物理力学指标

1. 内陆河流相沉积软土

内陆河流相沉积软土主要分布在大江大河的中下游阶地或河漫滩地带，与其他较粗颗粒的土交替成层，厚度不大且分布不均匀。常夹薄层粉砂，除牛轭湖或沼泽外，一般较少含腐殖质或植物根系。

(1)江西九江长江以北 15 km 范围属长江一级阶地，为洪积粉质黏土、粉土与淤泥质黏土交替地层，各类软土的分层物理力学指标见表 2.5。

(2)长江流域以外的广东大沙河冲积阶地软土，上部硬壳层为 4 m 厚的细砂、粉质黏土和中粗砂，其下为深灰色淤泥质黏土和泥炭，夹有薄层砂砾层，含有腐殖质和木块，软塑或流动状态，最大厚度 10 m，各层土的物理力学指标见表 2.6。

表 2.5 江西九江长江北岸一级阶地软土的物理力学指标

土层名称	含水率 w/%	容重 γ/(kN·m^{-3})	孔隙比 e	塑性指数 I_p	液性指数 I_L	固结系数 C_v/(cm^2·s^{-1})	压缩系数 a_v/MPa^{-1}	直剪 快剪 c_u/kPa	直剪 快剪 φ_u/(°)	直剪 固快 c_{cu}/kPa	直剪 固快 φ_{cu}/(°)	三轴 不排水剪 c_u/kPa	三轴 不排水剪 φ_u/(°)	无侧限抗压强度 q_u/kPa	灵敏度 S_t
粉质黏土	34.3	18.9	0.94	16.9	0.78	10.7	0.48	11.3	19	16.0	20	36.0	10.8	—	—
淤泥质黏土	43.7	17.9	1.20	26.8	1.33	0.55	0.68	16.3	3.68	3.5	24	18.0	2.0	81	1.84
粉质黏土	27.4	19.7	0.76	10.2	0.69	27.7	0.33	23.7	24.7	—	—	1.0	41.3	119	2.53
粉土	26.0	19.6	0.73	6.4	0.78	15.6	0.18	19.0	28.2	4.0	39.4	30.0	3.3	—	—
淤泥质黏土	27.5	18.6	1.05	15.7	1.13	3.54	0.71	7.0	12.4	6.0	22.5	18.0	38.9	87	7.25

表 2.6 广东大沙河阶地软土的物理力学指标

土层名称	含水率 w/%	容重 γ/(kN·m^{-3})	孔隙比 e	塑性指数 I_p	液性指数 I_L	渗透系数 K/(cm·s^{-1})	压缩系数 a_v/MPa^{-1}	直剪 快剪 c_u/kPa	直剪 快剪 φ_u/(°)	直剪 固快 c_{cu}/kPa	直剪 固快 φ_{cu}/(°)	固结系数 C_v/(cm^2·s^{-1})	固结系数 C_h/(cm^2·s^{-1})	无侧限抗压强度 q_u/kPa	十字板剪切 τ_f/kPa
黏土	33.3	18.3	0.96	24.1	0.33	—	0.24	21.2	14.5	—	—	—	—	—	—
粉质黏土	37.9	18.1	1.08	15.4	1.17	3×10^{-8}	—	13.5	11.3	20	18.8	—	—	—	—
泥炭	119	13.9	2.98	51.9	1.45	4×10^{-8}	4.71	28.5	6.7	10	19.0	3.63	6.56	13.3	41.3
淤泥质黏土	88.0	14.5	2.11	36.1	1.37	—	1.78	22.5	2.6	10	17.2	7.60	6.92	24.6	26.9
黏土	26.7	19.1	0.82	25.6	0.14	—	—	34	21.3	—	—	—	—	—	—

2. 内陆湖相沉积软土

内陆湖相沉积的软土分布在湖泊及其周边地带，由于河流携带的泥沙进入湖泊时流速变慢，土粒开始下沉，粗的颗粒沉积在湖泊的边缘，而细颗粒则沉积在湖泊的中部。由于湖泊中生长水生植物且富含微生物，因此，当湖相沉积物中的腐殖质及植物极为丰富时就成为泥炭或泥炭质土。我国的著名湖泊如鄱阳湖、洞庭湖、太湖、滇池等所在的地区都是比较典型的湖泊相软土分布地区。

湖北武汉一带古湖泊星罗棋布，形成了广泛的湖相软土。武昌至沙河街铁路穿越阳新湖软土地段 3 km，该区域位于剥蚀丘陵围成的盆地内，地势低洼平坦，每年 5～10 月洪水季节积水成湖，是古老阳新湖的一部分，于 1953 年筑堤围垦辟为稻田。1972—1974 年进行了路堤的临界高度试验，试验地段的地层结构复杂，多透镜体，表层 2 m 为黏土，棕黄色，软塑，含有螺壳及铁锰物质；2 m 以下黏土含灰绿色、黄色夹有灰色黏土条斑及铁锰斑点，软塑偏硬，厚 3.8～4.3 m；第 3 层为淤泥质黏土，灰色，软塑，厚 8 m 左右；第 4 层粉质黏土，灰褐色，软塑偏硬，厚 2～4 m，其中 15.5 m 以下为灰绿色，含姜石，并夹有粉砂薄层。各层土的物理力学指标见表 2.7。

表 2.7 湖北阳新湖软土物理力学指标

土层名称		棕黄色黏土	浅黄色黏土	淤泥质黏土与粉质黏土互层	淤泥质黏土	粉质黏土
深度/m		0～2.6	2.6～6.1	6.1～14.3	13～14.7	14.5～17
天然含水率 w/%		28.7～42.7	22.2～38.4	29.9～51.8	22.4～63.8	20.7～28.6
容重 γ/(kN·m^{-3})		17.4～18.4	17.2～20.5	17.2～19.1	16.0～19.4	19.2～20
天然孔隙比 e		0.89～1.17	0.64～1.07	0.89～1.05	0.75～1.8	0.63～0.74
塑性指数 I_p		20.3～22.9	13～26.3	10.2～20.6	15.6～38.1	11.3
快剪	c_u/kPa	7～27	27～58	6～23	25～30	28～46
	φ_u/(°)	6～24	2.3～20.3	0～7.4	2.9～8.5	8～14
固结快剪	c_{cu}/kPa	28～43	20～45	14～37	47	—
	φ_{cu}/(°)	12.7～19.3	17.6～24.9	9.9～16.2	5.1	—
无侧限抗压强度 q_u/kPa		20～28	42～207	26～52	54～86	83
压缩系数 a_v/MPa^{-1}		0.39	0.21	0.57	0.35	—
固结系数 C_v/(×10^{-3} cm^2·s^{-1})		3.2	2.6	7.2	3.1	—
渗透系数 K/(×10^{-8} cm·s^{-1})		5.1	2.7	2.01	5.8	—
十字板强度 τ_f/kPa		51～64.8	87.5～135	10～65.8	—	109～150.4
CPT/MPa		0.84～0.99	1.31～1.47	0.61～0.66	—	1.43～1.55

云南滇池是著名的高原内陆湖泊，其周围沉积的软土反映了我国南方湿润气候条件下形成的典型软土特点，上层富含有机质，属泥炭和泥炭质土。昆明滇池的湖沼泥炭，纤维状，褐色、黄褐色，由大量喜水植物的遗体组成，可清楚地看到植物的根、茎、叶，厚度 2.2～4.6 m；泥炭质土，黑、黄褐色，含有未分解的植物残渣。泥炭、泥炭质土和淤泥的物理力学性

质的比较见表 2.8，十字板剪切强度见表 2.9，室内试验抗剪强度指标见表 2.10。

表 2.8　昆明滇池的泥炭、泥炭质土和淤泥物理力学性质对比

土层名称	容重 γ/(kN·m^{-3})	含水率 w/%	孔隙比 e	有机质含量/%	渗透系数 K/(cm·s^{-1})	压缩系数 a_v/MPa^{-1}		塑性指数 I_p
						0～50	50～100	
泥炭	10	647	12.1	54	10-4	85.6	30.4	
泥炭质土	10.9	301	6.83	26	10-5	41.1	17.0	
淤泥	14.2	118	2.97	7	10-6	9.1	3.4	17

表 2.9　昆明滇池软土的十字板剪切强度　单位：kPa

类　别	泥　炭		泥炭质土		淤　泥	
	原状	重塑	原状	重塑	原状	重塑
算术平均	8.44	1.77	14.34	2.47	14.89	2.93
小值平均	6.31		11.62		13.23	
灵敏度	4.8		5.4		5.0	

表 2.10　昆明滇池软土的室内抗剪强度指标

试验方法	泥　炭		泥炭质土		淤　泥	
	c/kPa	φ	c/kPa	φ	c/kPa	φ
直剪固快	6.3	22°14′	5.1	23°23′	8.2	18°18′
三轴不排水抗剪试验	2.0	16°	3.7	14°42′	6.5	11°30′
	0	35°	1	34°	0	33°
三轴不固结不排水抗剪试验	2	1°54′	6	2°36′	4	1°

3. 我国沿海软土的物理力学性指标

20 世纪 60 年代初，我国在沿海软土地区进行过一项全面的建筑事故调查，在这项调查中得出的沿海部分地区软土的物理力学指标见表 2.11。

表 2.11　我国沿海软土的物理力学指标

地区	土层埋深/m	天然含水率 w/%	容重 γ/(kN·m^{-3})	孔隙比 e	饱和度/%	液限 w_p/%	塑限 w_L/%	塑性指数 I_p	渗透系数 K/(cm·s^{-1})	压缩系数 $a_{0.1\sim0.2}$/MPa^{-1}
天津	7～14	34	18.2	0.97	95	36	19	17	1×10^{-7}	0.51
塘沽	8～17	47	17.7	1.31	99	42	20	22	2×10^{-7}	0.97
	0～8，17～24	39	18.1	1.07	96	34	29	15		0.65
上海	6～17	50	17.2	1.37	98	43	23	20	6×10^{-7}	1.24
	1.5～6，>20	37	17.9	1.05	97	34	21	13	2×10^{-6}	0.72

续上表

地区	土层埋深/m	天然含水率 w/%	容重 γ/(kN·m^{-3})	孔隙比 e	饱和度/%	液限 w_p/%	塑限 w_L/%	塑性指数 I_p	渗透系数 K/(cm·s^{-1})	压缩系数 $a_{0.1\sim0.2}$/MPa^{-1}
杭州	3～9	47	17.3	1.34	97	41	22	19		1.17
	9～19	35	18.4	1.02	99	33	18	15		
宁波	2～12	50	17	1.42	97	39	22	17	3×10^{-8}	0.95
	12～18	38	18.6	1.08	94	36	21	15	7×10^{-8}	0.72
舟山	2～14	45	17.5	1.32	99	37	19	18	7×10^{-6}	1.10
	17～32	36	18	1.03	97	34	20	14	3×10^{-7}	0.63
温州	1～35	63	16.2	1.79	99	53	23	30		1.93
福州	3～19	68	15	1.87	98	54	25	29	8×10^{-8}	2.03
	1～3,19～25	42	17.1	1.17	95	41	20	21	5×10^{-7}	0.70
龙溪	0～6	89	14.5	2.45	97	65	34	31		2.33
广州	0.5～10	73	16	1.82	99	46	27	19	3×10^{-6}	1.18

我国沿海的软土主要有四类，在各地的同类土的性质十分相似，说明沿海大部分地区软土的成因基本相同。我国沿海地区典型软土的物理力学性质指标见表 2.12。统计表 2.13 列出了我国沿海地区几种典型软土的主要物理力学指标。

表 2.12 我国沿海地区典型软土的物理力学性质

土类	地区	天然含水率 w/%	容重 γ/(kN·m^{-3})	孔隙比 e	液限 w_p/%	塑限 w_L/%	塑性指数 I_p	渗透系数 K/(cm·s^{-1})	颗粒组成			压缩系数 $a_{0.1\sim0.2}$/MPa^{-1}
									砂粒	粉粒	黏粒	
淤泥	天津	71	1.59	1.98	58	31	27	1×10^{-8}			45	1.53
	连云港	72	1.57	2.03	25	28					40～45	1.83
	温岭	56	1.67	1.68	51	26	25				54	1.58
	温州	63	1.62	1.79	53	23	30					1.93
	福州	68	1.5	1.87	54	25	29	8×10^{-8}				2.03
	厦门	87	1.48	2.42	60	32	28		7	45	48	1.9
	深圳	83	1.52	2.23	54	30	24	4×10^{-8}	8	42	50	2.19
	湛江	88	1.49	2.39	55	28	27	4×10^{-8}				2.09
淤泥质黏土	天津	46	1.76	1.3	42	21	21	1×10^{-7}				0.91
	连云港	45	1.74	1.29	47	23	24					
	上海	50	1.73	1.4	42	22	20	6×10^{-7}				1.24
	杭州	47	1.73	1.34	41	22	19					

续上表

土类	地区	天然含水率 w/%	容重 γ/(kN·m^{-3})	孔隙比 e	液限 w_p /%	塑限 w_L /%	塑性指数 I_p	渗透系数 K/(cm·s^{-1})	颗粒组成			压缩系数 $a_{0.1\sim0.2}$/MPa^{-1}
									砂粒	粉粒	黏粒	
淤泥质黏土	舟山	51	1.73	1.38	40	21	19	3×10^{-7}	6	58	36	0.86
	宁波	50	1.7	1.42	45	25	20	1×10^{-7}				0.95
	镇海	47	1.75	1.31	40	20	20		5	55	40	0.97
	温岭	50	1.73	1.28	40	21	19				35	1.16
	福州	42	1.71	1.17	41	20	21	5×10^{-7}				
	湛江	51	1.72	1.34	51	26	25					
淤泥质粉质黏土	天津	39	1.81	1.07	34	19	15					0.65
	上海	37	1.83	1.03	34	21	13	29×10^{-7}				0.72
	杭州	35	1.84	1.02	33	18	15					
	舟山	36	1.8	1.03	34	20	14	15×10^{-7}	4	62	34	0.65
	宁波	38	1.86	1.08	36	21	15					0.72
	镇海	40	1.81	1.1	38	24	14		4	63	33	0.66
淤泥混砂	深圳	32	1.85	0.9	34	21	13		52	15	33	0.5
	福州	39	1.81	1.05	33	19	14					0.78
	湛江	41	1.14	33	20	13						

表 2.13　我国沿海地区典型软土的主要物理力学指标

软土类型		淤泥	淤泥质黏土	淤泥质粉质黏土	淤泥混砂
天然含水率 w/%		60～90	45～50	35～40	35～40
容重 γ/(kN·m^{-3})		15～16	17～17.5	18～18.5	18～18.5
孔隙比 e		>1.5	～1.3	～1.05	1～1.15
界限含水率/%	w_L	50～55	40～45	～34	～34
	w_p	25～30	20～25	～20	～20
塑性指数 I_p		25～30	～20	～14	～14
压缩系数/MPa^{-1}		1.5～2.3	～1	～0.7	—
不排水抗剪强度/kPa		5～10	10～30	—	—
渗透系数 K/(cm·s^{-1})		1×10^{-8}	1×10^{-7}	1×10^{-6}	—

4. 古软土层的性质

在内陆地区，有些地方由于地质环境的变迁，保存着古地理条件下 Q_4 以前形成的古软土层，软土的上覆土层为 Q_4 之前老黏性土。如在西江及大沙河沉积阶地，地表 5 m 范围内是网纹状 Q_3 老黏土硬壳层，棕红色，夹灰白色条斑，硬塑状态，在 3～5 m 间夹有中、粗砂层。在老地层的下面，5～10 m 处埋藏着古软土层，为淤泥质黏土，灰色或深灰色，软塑或流动状态。10 m 以下为硬塑状黏土，灰白色夹棕红色条纹。古软土的物理力学指标见表 2.14 和表 2.15。

表 2.14 古软土的物理力学性质指标

含水率 w/%	容重 γ/(kN·m^{-3})	密度/(kg·m^{-3})	孔隙比 e	液限 w_L/%	塑限 w_p/%	塑性指数 I_p	渗透系数 K/(cm·s^{-1})	压缩系数 a_v/MPa^{-1}	固结系数 C_v/(cm^2·s^{-1})	不排水剪切内摩擦角 φ_u	不均匀系数 C_u	固结不排水剪切内摩擦角 φ_{cu}	固结不排水剪强度指标 c_{cu}	无侧限抗压强度 q_u
46.7	17.7	27.3	1.26	42.3	24.3	18.5	3.43×10^{-8}	0.88	3.43×10^{-8}	—	—	—	—	—
51.9	16.9	27.4	1.46	—	—	—				—	—	—	—	8
44.3	17.5	—	—	—	—	—				—	—	—	—	—
51.8	17	—	—	—	—	—				—	—	—	—	—
51.1	16.9	27.3	1.44	41.9	25.0	16.9				—	—	14.6	13	15
61.7	15.7	27.4	1.82	44.3	25.2	19.1				2.3	14	—	—	19

表 2.15 古软土地基的固结状态

地 层	深度/m	容重 γ/(kN·m^{-3})	先期固结压力 P_c/kPa	有效自重压力 σ_0/kPa	超固结比 OCR
硬壳层	1.25	18.1	325	11	29.5
	1.6	17.8	260	14	18.6
	2.15	19.2	290	20	14.5
	2.6	19	260	23	11.3
软土层	5.45	17.2	128	48	2.67
	5.95	17.4	93	52	1.79
	6.9	17	107	58	1.84
	7.1	17.4	100	60	1.67
	8.2	16.8	110	67	1.64
	8.4	17	127	69	1.84
	9.2	16.5	111	74	1.5
	9.8	15.7	110	79	1.39

2.4 软土及松软土工程地质勘察与评价

2.4.1 工程地质选线

1. 基本要求

(1)线路应绕避厚度大、分布广、治理难的软土地带。若绕避不经济或不可能时，宜选择在软土分布最窄、厚度最小、埋藏不深、硬底横坡较缓的地段。

（2）线路宜选择在地势较高，硬壳较厚，取土、填方条件较好的地带。

（3）软土地区路基宜采用路堤。路堤高度宜控制在设计临界高度以内，但不宜低于基床厚度。软土较厚、路堤较高、优质填料缺乏、占用良田太多，或者工后沉降难以控制时，应与设桥方案进行比较，原则上宜选以桥代路方案。

2. 在滨海平原、冲积平原和湖积平原的线路位置选择

（1）宜远离湖塘、排灌管道、河流及河口地段。

（2）宜绕避古牛轭湖、埋藏谷地及溺谷等软土埋藏地带。

（3）通过沿河谷分布的软土地带或古盆地时，应避免从其中部通过。

3. 在丘陵和山间谷地的线路位置选择

（1）宜避开有软土分布的封闭或半封闭洼地。

（2）宜避免在硬底横坡较陡处通过。

2.4.2 工程地质勘察

1. 工程地质勘察内容与方法

（1）软土地区工程地质勘察应采用遥感图像解译、地质调查测绘、物探、钻探取样与原位测试相结合的综合勘探方法；对代表性地貌单元、工程地质分区要采用多种手段原位测试与钻探取样、土工试验进行对比分析；对深厚层或难于取样的薄层、夹层软土可采用以原位测试为主的方法；原位测试方法包括静力触探、十字板剪切、扁板侧胀、应力铲、孔内旁压、螺旋板载荷试验等。

（2）软土地区工程地质勘察前应收集的资料：沿线近代地形地貌资料、古地形地貌图或历史河流变迁图，区域地质、遥感图像及解译资料；沿线既有建筑、既有道路的勘察、设计、施工、观测资料和科研成果等；地震烈度、震害等资料，核定地震动峰值加速度为 0.1g 及以上范围的分区界线。

（3）调查地形地貌及第四系沉积层特征，划分地貌单元并进行工程地质分区，分析地貌单元的形成过程与地层、场地稳定性的关系。特别要注意微地貌对软土分布的影响，如河谷边缘、河沟交汇地段、坳谷、山间谷地和斜坡边缘的软土分布，以及古牛轭湖、暗埋河床、暗浜、暗塘渠地段软土的分布范围及形态。

（4）查明沿线软土成因类型、分布范围、空间特征，埋藏规律及分层物理力学性质，获取满足构筑物沉降和稳定检算所需的各项参数，并注意软土固结状态、应力历史参数测试。

（5）深厚层软土应查明各项参数随深度的变化关系；对谷地相、河流阶地相、山间盆地、溺谷泻湖相及斜坡边缘软土应重点查明软土层厚度变化，下伏硬层顶面形态、横向坡率。

2. 勘探测试

勘探测试应在地质调查测绘的基础上进行，根据成因类型、地层结构，并结合建筑物的类型、规模、基础类型，采用以原位测试为主的勘探测试方法。

在大面积调查勘测时，可充分利用遥感图像判释软土分布的变迁情况；当下卧层物性差异大时，可用物探手段查明软土的底板分布，一般当电阻率为 0.5～15 Ω·m，地震纵波速为 100～300 m/s 时，可初判为软土。

(1)勘探测试点布置

软土、松软土勘探点的布置应根据地层结构、成因类型、成层条件、硬底横坡，并结合建筑物的类型、规模、基础类型确定。沿线路方向勘探点间距不大于 50 m，路桥过渡段应有勘探点控制。一般沿线路软土地段长度小于 50 m 时，应有一个勘探横断面；当软土地段长 50～300 m 时，应有 2～3 个勘探横断面，以此类推。

当地层结构复杂，土质不均匀，下卧硬层顶面坡率较大，有古河道、古牛轭湖、暗埋的塘与渠分布时，勘探、测试孔应酌情加密。一般滨海平原地区可以较疏，谷地泥沼地区应适当加密；湖积软土地区，中部较疏，边缘应加密；河谷软土地区，平行河谷方向可较疏，垂直河谷方向则应加密。

对软土地段路堤，静力触探应不少于总勘探孔的一半，并必须有足够的取样试验孔；对深厚软土地区的桥、涵工程，应以钻孔、取样试验为主，静力触探补充、验证。

(2)勘探测试深度确定

勘探孔、点的深度应满足设计计算沉降与稳定性的需要，其深度主要根据软土分布厚度、荷载水平及拟采用的地基处理方案、基础形式、埋置深度等确定。

一般应穿透软土、松软土层至硬层、主要持力层或下伏基岩一定深度。

当软土、松软土层较厚时，勘探测试孔深度不应小于地基压缩层的计算深度，通常应达到预估地基附加应力为 0.1 倍自重应力所对应的深度；当附加应力难以确定时，勘探孔深度不宜小于 40 m。若勘探时在已确定的计算深度以下仍分布软土，则应加大勘探深度。

当采用深基础时，勘探测试孔深度应至桩尖或持力层以下 10～15 m。

(3)室内试验

软土室内试验应符合表 2.16 的要求。

2.4.3 工程地质评价

软土地基工程地质评价需结合工程类型进行，主要包括以下内容：

(1)稳定性评价。判定地基产生失稳和不均匀变形的可能性；当工程位于池塘、河岸、边坡附近时，应验算其稳定性。

(2)确定软土地基承载力。软土地基承载力应根据室内试验、原位测试和当地经验，并结合下列因素综合确定。

①软土成层条件、应力历史、结构性、灵敏度等力学特性和排水条件。

②上部结构的类型、刚度、荷载性质和分布，对不均匀沉降的敏感性。

③基础的类型、尺寸、埋深和刚度等。

④施工方法和程序。

(3)相邻建筑物影响评价。当建筑物相邻高低层荷载相差较大时，应分析其变形差异和相互影响；当地面有大面积堆载时，应分析对相邻建筑物的不利影响。

(4)确定地基沉降量。地基沉降计算可采用分层总和法或土的应力历史法，并应根据当地经验进行修正，必要时应考虑软土的次固结效应。

(5)提出基础形式和持力层的建议；对软土下卧层应进行验算。

表 2.16 软土地基试验项目

项目类型	室内试验项目																								原位测试						
	物理性质试验										力学性质试验														十字板剪切 τ_f	静力触探 CPT	旁压试验 PMT	载荷试验 PLT	标贯试验 SPT	应力铲	扁铲侧胀试验 DMT
	天然含水率 w	天然密度 ρ	颗粒密度 ρ_s	天然孔隙比 e	塑限 w_p	液限 w_L	塑性指数 I_p	液性指数 I_L	有机质含量	颗粒分析	渗透系数		压缩系数		先期固结压力 P_c	固结系数		剪切试验					无侧限抗压强度 q_u	灵敏度 S_t							
																		直剪		三轴剪切											
											垂直 K_v	水平 K_h	垂直 a_v	水平 a_h		垂直 C_v	水平 C_h	快剪 τ_q	固结快剪 τ	不固结不排水 UU	固结不排水 CU	固结排水 CD									
	%	g·cm^{-3}			%				%		$cm \cdot s^{-1}$		MPa^{-1}		kPa	$cm^2 \cdot s^{-1}$		kPa													
路堤	+	+	+	+	+	+	+	+	+	±	+	±	+	±	+	+	+	+	+	±	±	±	+	+	+	+	±	±	±	±	±
路堑	+	+	+	+	+	+	+	+	+	±	+	±	±					+	+	±	±	±	+	+	+	+	±		±	±	±
桥涵厂房地基 天然地基	+	+	+	+	+	+	+	+	±				+		±	+	+	+	+	±	±	±	+	±	+	+	±	±	±	±	±
桥涵厂房地基 桩基	+	+	+	+	+	+	+	+	+		±	±	±	±	±	±	±	+	+	±	±	±	+	+	+	+	±	±	±	±	±
桥涵厂房地基 复合地基	+	+	+	+	+	+	+	+	±	±		±	+	±	±	±	±	+	+	±	±	±	+	+	+	+	±	±	±	±	±

注："＋"为应作项目，"±"为视需要选作项目。1. 软土室内试验的项目，应根据不同勘察阶段、不同工程类别和处理措施按表 2.16 确定；2. 室内力学试验宜以直剪、三轴剪切试验、无侧限抗压强度、压缩固结试验为主，每一地貌单元应有代表性高压固结试验，必要时进行次固结试验；3. 原状土样样品应在 3 天以内开样试验；对不能按时试验的样品应妥善保存，不得露天堆放。

(6)选取软土地基参数。软土地基参数选取应采用概率统计分析方法。物性指标一般选用平均值,强度指标选用标准值,压缩指标选用平均值,承载力选用特征值。对于强度指标,应根据现场排水条件选取相应室内试验确定的指标;对于压缩指标,应选取实际压力段对应的试验指标。

(7)含有沼气地基影响评价。含有沼气的地基,应制定沼气溢出对地基稳定性和变形以及施工的影响。

3 桥梁基础设计

通过科学研究和工程实践，我国在软土地区高速铁路的设计及建造技术领域逐步形成了具有中国特色的技术体系。其中桥梁基础设计作为桥梁工程的重要环节，是高速铁路技术体系中的重要组成部分，是严格控制线下工程沉降变形、确保轨道高平顺性这一核心设计理念的直接体现。

3.1 软土地区高速铁路桥涵及基础结构

高速铁路桥梁、涵洞是构建高速铁路本体的重要工程结构，是高速铁路工程的重要组成部分。桥涵结构在高速铁路土建工程中所占比重较高，正确、合理地进行桥涵结构选型和设计、优选建筑材料、优化施工组织，对节约材料、保护环境、加快施工进度、降低工程费用、保证工程质量，都有着重要意义。

3.1.1 软土地区高速铁路桥涵结构

1. 铁路桥涵结构

铁路在通过江河、沟溪和谷地等天然障碍物或跨越公路和其他铁路及重要管线时，需要修建各种桥涵建筑物。桥涵建筑物一般分为桥梁结构和涵洞(包含框构、旅客地道)等。

铁路桥梁主要由轨道系统、桥面(桥面系)、桥跨结构、墩台及基础组成，如图 3.1 所示。桥面一般分为无砟桥面、有砟桥面和明桥面。桥跨结构形式较多，按受力情况可分为梁桥、拱桥、刚架桥、悬索桥、组合体系桥(如系杆拱桥或斜拉桥)等。墩台一般有实体、空心、刚构和排架等。基础可分为明挖基础、桩基础、沉井、沉箱基础等。

图 3.1 我国高速铁路桥梁示意图

涵洞是铁路线路遇小溪、天然沟谷、人工管道或道路、管线而修筑于路堤下的建筑物。涵洞按其构造形式不同可分为圆形涵洞、盖板箱形涵洞、钢筋混凝土框架式箱形涵洞和拱形涵洞等;按其用途不同可分为立交涵洞、排洪涵洞、灌溉涵洞、管线保护涵洞或兼具多种功能的其他涵洞和明渠(渡槽)等。

桥梁、涵洞因其构造复杂,造价较高,一旦遭到损坏,修复和加固很困难。因此,桥涵结构设计要求在制造运输、架设安装和运营维养过程中,应具有规定的强度、稳定性、刚度和耐久性,以保证施工、运营安全,使用耐久。设计还应考虑养护、抢修、检测、维修需要,配备必需的设施设备。为配合城市建设,位于重要城镇的桥梁,在不过多增加投资的条件下,应适当考虑造型的美观。

2. 软土地区高速铁路桥涵结构

(1)桥梁结构

一般采用多孔等跨简支(箱形)梁桥的形式,根据控制点跨越需要还会采用预应力混凝土连续梁(刚构)、小跨度钢筋混凝土刚构连续梁、拱桥、结合梁、组合梁等结构形式。

简支体系的梁桥更能适应地质不良、地基承载力低的地段;等跨简支体系的桥跨外形一致、截面相同、构造布置统一,既简化了桥跨密集的高架线路在运营中的管理工作,也便于结构的日常检查和养护维修;等跨简支梁适宜于工厂化预制,逐孔架设,能显著提高建造质量和施工速度。

多孔连续梁能够提高梁部结构的整体性和刚度,并且对保持桥上线路的平顺性更有利,从而提高桥上行车的舒适度和安全性。

钢筋混凝土刚架(刚构)结构是一种空间超静定结构,整体性好,具有较好的刚度和抗震性能。

斜交刚架(刚构)和框构桥、涵洞等因其适应性强、整体性好,可在跨越道路等场合采用。

钢与混凝土结合梁或型钢混凝土复合结构高度低,跨越能力强,施工方便,与桥下干扰期短,并因其结构重量轻,有显著的抗震优势,故在跨越繁忙道路或抗震要求较高的场合适用。

(2)桥墩结构

应采用刚度较大的(钢筋)混凝土实体桥墩或钢筋混凝土空心桥墩。常用跨度桥墩类型主要有圆端形桥墩、流线形圆端形桥墩、(单、双)圆柱形桥墩、矩形板式桥墩等。小角度跨越既有设施时,可以考虑采用门式框架桥墩,此类桥墩已在高速铁路工程实践中大量使用,尤其在枢纽等铁路频繁小角度交叉地段,能较好地解决跨越难题。

(3)桥台结构

高速铁路桥梁一般采用整孔箱梁结构形式,与其配套的桥台主要有矩形桥台(一字形桥台)和空心桥台。

(4)小桥涵结构

小桥涵一般选择箱形框架结构,如钢筋混凝土框架箱形涵洞、钢筋混凝土框构桥等,在有特殊要求时还可采用钢筋混凝土圆管形灌溉涵洞、桩板式保护涵洞、整体式基础的盖板涵洞等。

3.1.2 软土地区高速铁路桥梁基础

基础是桥梁的重要组成部分，通常分为明挖基础、桩基础、沉(挖)井基础、沉箱基础和管柱基础五种类型。在我国铁路建设中，各类基础均有设计和应用，且有很大发展。铁路桥梁基础的选用和设计，既要考虑各种地质和水文条件，又要结合技术进步进行创新，从理论和实践上探索并采用适宜的形式，不断创新结构形式和施工方法。

1. 基础选择一般原则

(1)一般软土、松软土覆盖层厚度小于 6 m，其下为坚硬碎石、卵石、风化岩石类地基可作为基础持力层时，桥梁基础可选用明挖基础。

(2)一般软土、松软土覆盖层厚度小于 10 m，其下为坚硬碎石、卵石、风化岩石类地基可作为基础持力层时，桥梁基础可选用挖井、沉井、钻(挖)孔灌注桩基础。

(3)当软土、松软土覆盖层厚度大于 10 m，其下为坚硬碎石、卵石、风化岩石类地基可作为基础持力层时，桥梁基础一般采用钻孔灌注桩等基础；当其下较深范围为黏性土、粉土等较软或较松散的土层，且没有较好的持力层时，桥梁均采用桩基础，可采用灌注桩或打入桩。

(4)对于特殊情况下的基础选择，需要根据各种自然和经济技术条件，综合研究确定。

(5)浅基础及持力层较坚硬的桩基础，沉降一般不会对桥梁设计造成困扰。而对深厚的软土、松软土地基，为了便于控制桥梁基础沉降，一般应采用桩基础。桩身应穿过软弱土层，选择相对承载力较高、压缩性小的土层作为持力层。

2. 工程应用实例

秦沈客运专线沿线松软土主要分布在凌海至盘锦北之间。如全长 10.263 km 的月牙河特大桥全部在软土地层上，设置了 12 孔 20 m、405 孔 24 m 的简支箱梁。经技术经济综合比较，河槽与浅滩湿地中采用钻孔灌注桩，桩径 1.0 m，桩长约 40 m；岸上采用打入预制桩，桩径 550 mm，桩长 20 m。

京津城际铁路永乐—天津间广泛分布着软土和松软土。桥梁设计中选择了标准跨度(24 m、32 m)预应力混凝土简支箱梁。基础均采用钻孔灌注桩，桩径以 1.0 m、1.25 m 为主，桩长 40～60 m。

沪杭高速铁路全线位于海积和湖积平原区，第四系堆积层深厚。全线桥梁均采用桩基础，一般为钻孔灌注桩基础，桩长可达 70 m；大跨结构基础采用大直径超深钻孔灌注桩，设计桩长可达 129 m；此外，横潦泾特大桥局部采用大直径管桩(PHC-B 型)984 根，管径 1.0 m，壁厚 130 mm，桩长 52～69 m 不等。

京沪高速铁路沿线软土和松软土分布广泛，以北端华北平原段和南端沪宁段最为集中。如北端全长约 98 km 的天津特大桥，布置有 24 m 简支箱梁 116 孔、32 m 简支箱梁 2 751 孔，基础均采用钻孔灌注桩，桩径 1.0 m，桩长 50 m 左右；南端蕴藻浜特大桥位于冲湖积平原区，平均墩高 11.75 m，钻孔灌注桩桩长 54.5～58.0 m，桩底进入粉砂、粉土夹粉质黏土层或粉质黏土夹粉砂层。

3.2　软土地区高速铁路桥梁桩基础

3.2.1　桥梁桩基础

铁路桥梁基础设计中，一般意义上的桩基础是由一根或在其顶端被刚性承台紧紧联结在一起的数根打入（埋入）或钻（挖）成孔后灌注混凝土形成的弹性基桩构成。

为了掌握桩和桩基的不同特点，并将其应用到桩基础设计中，以期更好发挥桩基作用，桩和桩基可进行以下分类。

（1）按桩的材料分：有木桩、混凝土桩、钢筋混凝土桩、预应力混凝土桩、钢桩等。我国铁路桥梁基础多采用钢筋混凝土桩和预应力混凝土桩。

（2）按土对桩的支撑特点分：有摩擦桩和柱桩。摩擦桩指桩底位于较软土层内，其轴向荷载由桩侧摩阻力和桩底反力来支撑，且桩侧摩阻力起主要支撑作用；柱桩指桩底支承于坚硬土层（岩层）上或嵌入坚硬土层（岩层）内，其轴向荷载可认为全部由桩底岩土的反力来支撑。因为两种桩在支撑力、沉降、荷载传递等方面差异明显，一般情况下，同一桩基础中不应同时采用两种桩型。

（3）按桩的施工方法分：可分为打入桩与现浇灌注桩（包括钻孔桩及挖孔桩）两大类。打入桩是采用预制桩，仅使用锤击或振动、静压等方式将桩沉入土中，也称为打入桩桩基或沉桩桩基。现场灌注桩是在现场就地钻孔或挖孔，将钢筋笼放置入孔，灌注混凝土而成，也称为钻孔灌注桩基础或挖孔灌注桩基础。

这些桩基础类型在铁路桥梁中都有应用，但更多的是采用钻孔灌注桩基础。近年来对打入 HPC 大直径桩也有探索性应用。

（4）按桩轴方向分：有竖直桩和斜桩。一般来说，当水平力和弯矩不大时，一般采用竖直桩[见图 3.2(a)]，反之，可采用斜桩[见图 3.2(b)]。斜桩又根据受力方向分为单向斜桩和多向斜桩，水平外力特别大时（如拱桥），可采用桩架。目前，高速铁路桥梁绝大多数桩基础均采用竖直桩。

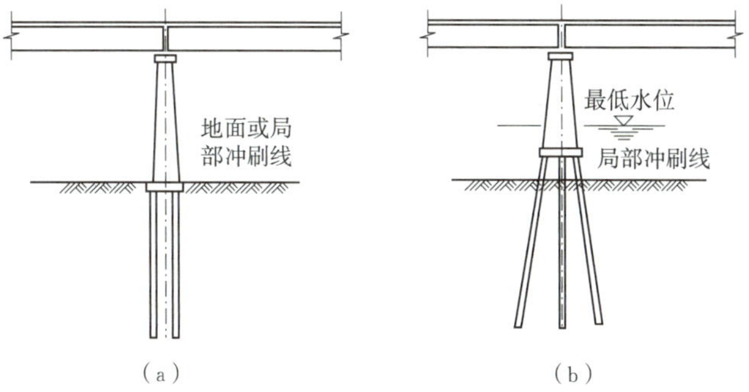

图 3.2　桩基与承台位置

（5）按承台位置分：有高承台桩和低承台桩。前者指承台底面位于地面或局部冲刷线以上者[见图 3.2(b)]；后者指承台底面位于地面或局部冲刷线以下者[见图 3.2(a)]。

(6)按桩基础的对称性分:有对称式桩基础和非对称式桩基础。所谓对称性是指桩的平面、桩的斜度、桩的长度(含全长、入土深度、嵌岩深度)、桩径、桩的材料等的对称性,对称性与承台板的结构形式无关,如图 3.3 所示。

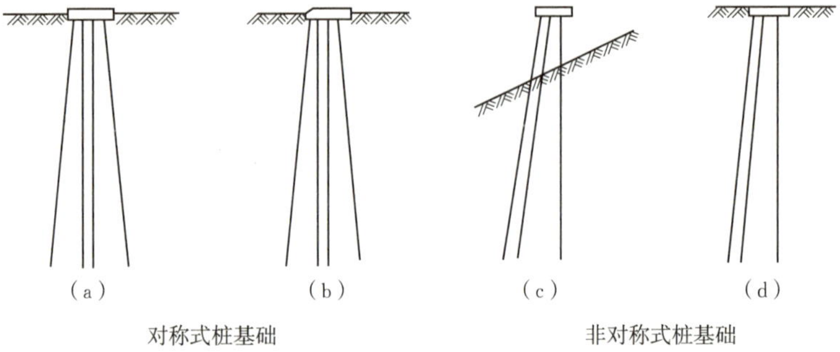

图 3.3 桩基础对称性

(7)按桩数及布置分:有单桩基础[见图 3.4(a)、(b)]、排架式桩基础[见图 3.4(e)、(f)]及群桩基础[见图 3.4(c)、(d)]。

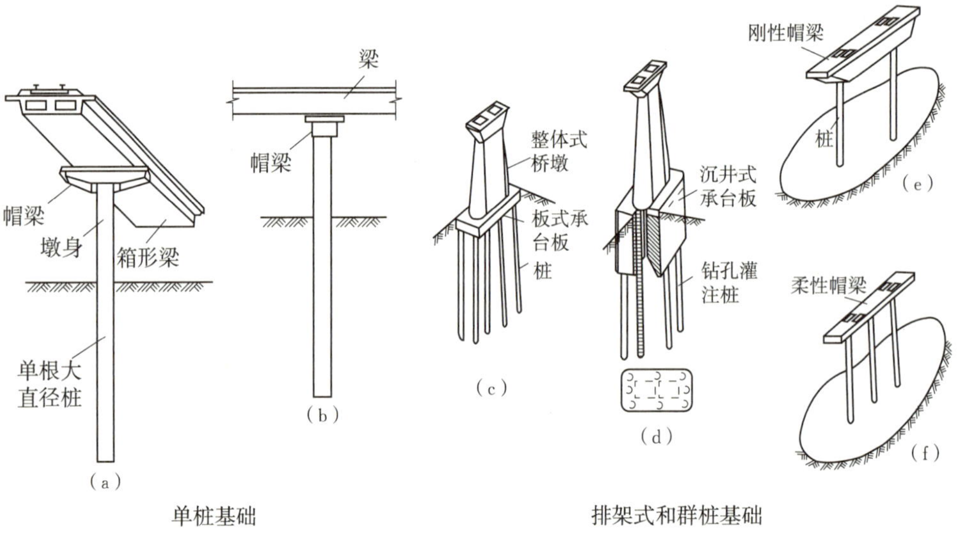

图 3.4 不同桩数布置的桩基础

(8)按桩的截面变化情况分:有等截面桩和变截面桩。变截面桩又可根据具体桩的截面形式分为扩底桩、挤扩桩、桩尖爆扩桩、竹节桩、变截面凹凸桩等。此类桩的应用目的是利用基桩在特定土层扩大截面面积以增加承载力及减小基础沉降。

(9)按基桩受力变形分:有刚性桩基础和柔性桩基础。刚性桩是指发生位移时,桩轴线仍然维持原有线形,只是桩周土发生变形,反之称为弹性桩。具体判断和划分方法见第 3.3.3 节内容。

桥梁桩基础分类虽然很多,但归纳起来铁路桥梁常用的基桩类型为:钻孔灌注桩、挖孔灌注桩、预制打入桩、旋挖挤扩桩等。

3.2.2 软土地区高速铁路桥梁桩基础选择

预制混凝土打入桩在小桥涵地基处理中仍被采用，但已逐渐减少。而预应力混凝土管桩，尤其是高强度预应力管桩在一些铁路工程中逐渐被推广采用，如沪杭高速铁路、徐盐高速铁路、京雄城际铁路等。作为新型桥梁桩基形式，高强度预应力管桩将得到发展和应用，但因其施工振动和噪声大，不适合在周围居民和建筑物较多的桥梁中使用。

钻孔灌注桩按其造孔的方法不同，有冲击法、冲抓法、潜水钻法、旋转法四种。目前，最常用的是旋转法，即靠钻头的旋转来切削桩孔周围及底层的土层，使之成渣，并可自动排渣，钻进速度较冲击法和冲抓法要快，有正循环和反循环两种方式。我国高速铁路开始建设以来，钻孔灌注桩基础在桥梁工程中被大量采用，桥梁基础中除个别采用其他类型外，绝大部分均采用了钻孔灌注桩基础。

归纳起来，目前软土地区高速铁路桥梁多采用钻孔灌注桩，高强度预应力管桩（HPC桩）和挤扩桩在逐步探索和推广中，未来有较广阔的应用前景。

就基础构造来说，软土地区高速铁路桥梁均采用刚性承台群桩基础（摩擦桩），这也是本书软土地区高速铁路桥梁基础设计技术的重点和介绍内容。

3.3 刚性承台群桩基础

桩基础作用属于空间问题，特别是群桩基础空间效应显著，需要全面考虑斜（直）桩、桩数、桩间距、桩的平面布置及方向对桥墩基础沉降特性的影响和作用。

3.3.1 承台、桩与桩周、桩尖土的相互作用

铁路桥梁墩台与桩基础通常采用板式刚性承台刚性联结，其联结方式有两种：钢筋混凝土桩（包括预制桩和钻孔、挖孔灌注桩）一般多采用将桩顶主钢筋伸入承台板的联结方式；而木桩、钢桩和预应力混凝土桩则采用桩顶伸入承台一定深度的联结方式。

承台和这些基桩可以埋入土中，也可以部分暴露在土外。基桩桩尖可以置于坚硬的岩石上、嵌入岩石中或完全置于土层中。基桩置于土中的部分在发生变形时可以受到桩侧土的作用，这种作用分为两部分，一是当桩体发生向下沿桩轴的移动趋势时，桩周土会对其产生与其移动方向相反的抵抗作用，称为桩周摩阻力；二是当桩体发生横向变形时，处于受压一侧的土体会对其产生抵抗作用，称为土抗力。同样，当承台置于填筑良好的土中时，在相同的条件下也会受到土抗力作用。露出地面线的桩和承台，不会受到摩阻力和土抗力的作用，反之，还可能会因为侧面的填土而承受土压力作用。同时置于土中的桩还会受到桩尖土的作用，这种作用与桩底面积、桩底土性质、成桩时桩尖土的疏松程度以及在摩阻力作用下桩尖向下移动趋势的大小有关。

置于坚硬岩石上的桩基础，桩身在岩面处的位移完全被约束，桩尖会受到较大的抵抗力，甚至基桩传下来的轴向力也完全由桩尖承受，以致桩周的摩阻力可以忽略不计。嵌入岩石内的桩，岩石可以对桩端产生抵抗力、对桩周产生摩阻力，还会对桩尖转角形成刚性约束。

现行规范中桩周土对桩的摩阻作用用 f_i 表示，称为极限摩阻力，单位为千帕(kPa)，作用于桩的整个侧面，在同类土中是一个常量，不随深度变化。

随桩身对土的挤压位移而线性增大的桩侧(背)土的抗力作用，称为弹性抗力，可以用弹性系数或地基系数 k 来表示，计算时 k 为桩的计算面积上产生单位变形时的应力，单位为千帕每米(kPa/m)。在现行规范中，假定 k 在土层中随土的深度而成正比例变化，其变化率用地基系数的比例系数 m 表示，m 值为计算点的地基系数 k 除以深度 h，单位为千帕每平方米(kPa/m^2)。

基桩、承台及桩周的土层在阻止桩群体系下沉位移的过程中将上部结构传下来的压力连同自身的重量一起传递给其下的土层。当桩尖以下的土层仍为软弱土时，该土层可能会因为桩基体系传下来的附加应力而产生永久的竖向位移(塑性变形)，称为沉降。

3.3.2 桩周土的摩阻力和桩端土的承载力

1. 极限摩阻力和极限承载力

桩周土的极限摩阻力 f_i 和桩端土的极限承载力 R 是桩基础设计的重要参数，是决定单桩承载力、桩基长度及持力层选择的重要依据。不同的桩基础类型，其桩周土的极限摩阻力参数及桩端土的承载能力是不同的。桩侧土的摩阻力及桩端承载力均可根据试验资料确定，部分地质勘察报告中也有根据桩基选型，提供相应的实验值和建议采用值。

打入桩、振动下沉桩等桩周土的极限摩阻力可采用静力触探试验测定，即

$$f_i=\beta_i\bar{f}_{si}$$

式中 $\bar{f}_{si}$——桩侧第 i 层土经静力触探测得的平均侧摩阻力，当 $\bar{f}_{si}<5$ kPa 时，可采用 5 kPa；

β_i——桩侧摩阻综合修正系数，按下列判别标准选用相应的计算公式(不适用于以城市杂填土为主的短桩)：β_i 用于黄土地区时应做试桩校核，当桩侧第 i 层土的 $\bar{q}_{ci}>2\,000$ kPa 且 $\bar{f}_i/\bar{q}_{ci}\leqslant 0.014$ 时，$\beta_i=5.067\bar{f}_{si}^{\ -0.45}$，当不满足上述 $\bar{q}_{ci}$ 和 $\bar{f}_{si}/\bar{q}_{ci}$ 条件时，$\beta_i=10.045\bar{f}_{si}^{\ -0.55}$，其中 $\bar{q}_{ci}$ 为相应于 $\bar{f}_{si}$ 土层中桩侧触探平均端阻。

打入桩、振动下沉桩等桩尖土的极限承载力可采用静力触探试验测定，即

$$R=\beta\bar{q}_c$$

式中 $\bar{q}_c$——桩尖(不包括桩靴)高程以上和以下各 $4d$(d 为桩的直径或边长)范围内静力触探平均端阻力 $\bar{q}_{c1}$ 和 $\bar{q}_{c2}$ 的平均值，$\bar{q}_{c1}>\bar{q}_{c1}$ 时 $\bar{q}_c$ 取 $\bar{q}_{c2}$ 的值；

β——桩端阻的综合修正系数，按下列判别标准选用相应的计算公式(不适用于以城市杂填土为主的短桩)：β 用于黄土地区时应做试桩校核，桩底土的 $\bar{q}_{c2}>2\,000$ kPa且 $\bar{f}_{s2}/\bar{q}_{c2}\leqslant 0.014$ 时，$\beta=3.975\bar{q}_c^{\ -0.25}$，当不满足上述 $\bar{q}_{c2}$ 和 $\bar{f}_{s2}/\bar{q}_{c2}$ 条件时，$\beta=12.064\bar{q}_c^{\ -0.35}$，其中 $\bar{f}_{s2}$ 为相应于 $\bar{q}_{c2}$ 土层中桩底触探平均侧阻。

没有实测数据时，需要设计者根据土的物理性质和工程所在地区相关已有经验，通过查取铁路桥梁规范所附统计表，自行选择桩侧土的摩阻力及桩端承载力的设计采用值。

摩擦桩的桩端支撑力按桩端支撑面积乘以桩底地基土容许承载力，并考虑影响桩底支

撑力的影响因素进行折减后采用。

由于钻孔桩桩壁的粗糙和灌注混凝土的胶结作用，摩擦桩随着桩入土深度的不同，会影响桩底土承载能力的发挥。桩入土越深，侧摩阻力在整个荷载中占的比例则越大，支承力占的比例则越小，所以桩底支承力与桩入土深度有关。同时，钻孔灌注桩在成孔过程中和成孔后灌注混凝土之前，随着孔壁坍塌情况、土质好坏和清孔程度不同，桩底会有不同程度的淤泥软层（或称垫层），这个软垫层将影响桩底土的承载力。总之，钻孔桩桩底支承力的影响因素多样，《铁路桥涵地基和基础设计规范》（TB 10093—2017）引入钻孔桩桩底支承力折减系数 m_0 值来综合考虑这些因素的影响，对桩底支承力进行修正。根据以上情况，m_0 值的选用应按桩的入土深度、土质好坏、孔壁是否容易坍塌和清孔情况综合考虑确定，具体见表 3.1。

表 3.1 钻（挖）孔灌注桩桩底支承力折减系数 m_0

土质及清底情况	m_0		
	$5d<h\leqslant10d$	$10d<h\leqslant25d$	$25d<h\leqslant50d$
土质较好，不易坍塌，清底良好	0.9～0.7	0.7～0.5	0.5～0.4
土质较差，易坍塌，清底稍差	0.7～0.5	0.5～0.4	0.4～0.3
土质差，难以清底	0.5～0.4	0.4～0.3	0.3～0.1

注：h 为地面线或局部冲刷线以下桩长，d 为桩的直径，均以米计。

2. 负摩阻力

铁路规范规定，位于湿陷性黄土和软土地基中的桩基础，当土壤可能出现湿陷或固结下沉时应考虑桩侧土的负摩阻力的作用。当桩侧软弱土层由于自重固结、地面竖向荷载的作用（如桥头的路堤）产生固结，并对桩身形成相对下沉，或当桩侧软弱土层中地下水位下降引起土层固结下沉，也使桩侧软弱土层对桩身产生相对下沉，因而该类软弱下沉土层对桩身产生作用向下的负摩擦力，从而增大桩基础中的基桩所承受的轴向荷载。

一般来说，当桩底持力层为非坚硬土时，负摩阻力不发生于桩侧整个软弱土层深度内，而是桩的上部为负摩阻力，下部为正摩阻力。正摩阻力与负摩阻力的分界点称为中性点（中性点以上土的沉降大于桩的沉降，中性点以下土的沉降小于桩的沉降），如图 3.5 所示。

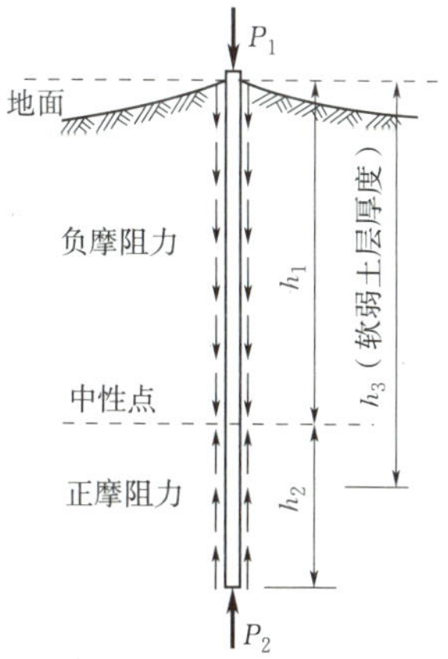

图 3.5 中性点位置示意图

中性点的深度 h_1 自地面算起，其位置与持力层性质有关，可参照表 3.2 确定。

表 3.2 中性点深度 h_1

持力层性质	黏性土、粉土	中密以上砂	砾石、卵石
中性点深度比 h_1/h_3	0.5～0.6	0.7～0.8	0.9

注：h_3 为软土层深度。

软土地区的桩侧负摩阻力，对于钻孔灌注桩可取 $f'=10\sim15$ kPa，对于预制桩可取 $f'=15\sim20$ kPa，桥台考虑路基堆载因素负摩阻力可加大取值 5 kPa。软土水平抗力地基系数的比例系数 m 可取 2 000 kPa/m^2。

软土地区的摩擦桩，中性点位于软土层中，应考虑中性点以上软土层的桩侧负摩阻力，作为荷载作用。中性点以下考虑软土层和持力层的桩侧正摩阻力和桩底支承力，按摩擦桩的承载力公式计算单桩容许承载力并应满足式(3.1)要求。

$$P_1+P_2+(P_3-P_4)\leqslant[P] \tag{3.1}$$

式中 P_1——作用于桩顶的设计荷载，kN；

P_2——桩侧负摩阻力，kN，$P_2=Uf'h_1$，其中，U 为桩周长，m；f'为平均单位负摩阻力，kPa；h_1 为中性点深度，m；

P_3——桩身自重，kN；

P_4——桩所占同体积土重，kN；

$[P]$——单桩容许承载力，kN，计算桩侧正摩阻力时应包括中性点以下的软土层和持力层两部分。

式(3.1)中，单桩容许承载力$[P]$中的正摩阻力 f 在考虑安全系数($K=2$)时进行了折减，而作为荷载的桩侧负摩阻力 P_2 式中的 f'没有折减，这是为了满足安全度的要求。

3.3.3 地基土抗力

1. 计算基本假定

桩侧抗力的分布规律比较复杂，故现有的各种桩基计算方法，都对此作了一些简化，即通过一些基本假定，将桩侧抗力表达为函数式(通常表达为位移的函数)，以便对桩进行力学分析。基本假定为：

(1)将土视作弹性变形介质，具有随深度成正比增长的地基系数。

(2)计算中不考虑基础与土之间的黏着力和摩阻力。

(3)在水平压力和竖向压力作用下，任何深度处，土中的应力均用地基系数表示。

2. 基础计算宽度 b_0

计算基础底面应力或土的竖向抗力时，按基础底面的实际面积考虑。但是，计算基础侧面土的水平抗力时，由于受力情况复杂，为简化计算，对各种截面形状的基础，根据其实际宽度或直径采取换算计算宽度 b_0来计算，b_0为基础侧面土抗力的计算宽度。

大量试验结果表明，在同一水平面上基础侧面横向抗力分布已超出基础的实际宽度 b，其原因是基桩两侧及其土内的摩阻作用引起力向两侧扩散传递所致。横向抗力分布宽度还受基础断面形状的影响，且呈空间分布。但为了计算简便，将其简化为平面分布，并将各种断面形状的基础都转化为宽度 b_0的矩形断面，b_0为基础的计算宽度。在以后的计算公式中，都将各种基础当作平面受力宽度为 b_0的矩形基础来考虑。经试验研究，基础的计算宽度 b_0的确定如下：

(1)基础可由单个构件[见图 3.6(a)]或由位于水平外力 H 作用竖直面内数个构件[见图 3.6(b)]，或由位于与水平外力 H 作用竖直平面相垂直的同一竖直平面内数个构件组成[见图 3.6(c)]。

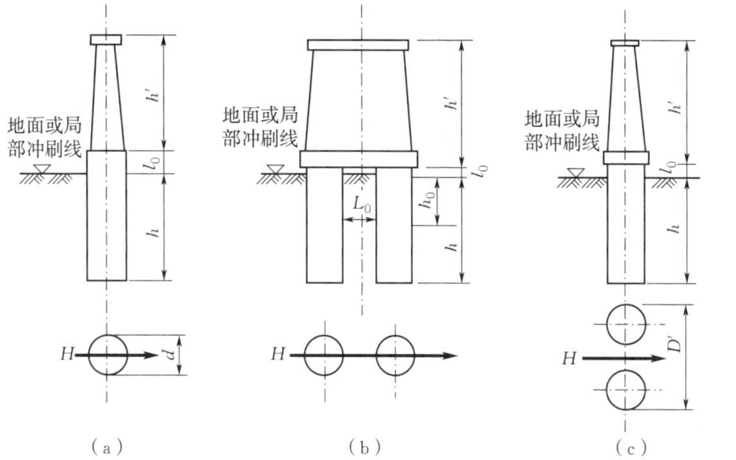

图 3.6 基础构件与外力关系

基础侧面土的水平抗力计算宽度的确定。根据试验资料证明，基础的截面形状对基础的水平荷载承载力及基础作用于侧面土的水平压力图形有影响。在各种土中对不同尺寸的圆形和矩形基础施加水平力，比较结果显示：直径为 d 的圆形基础与边宽等于 $0.9d$ 的矩形基础在承受水平力作用时，其侧面土被挤出情况下的临界水平荷载值相等。另外，还使不同尺寸圆形基础和矩形基础发生同样大小的倾斜角，比较它们需要施加的水平力。

试验也证明：当矩形基础宽度为 $0.9d$ 时，这两种形式的基础需要施加的水平力相等。因此，在计算基础侧面土抗力时，若将圆形基础当作矩形基础来计算，就必须将圆形基础的直径换算成受力相当的矩形基础宽度，亦即应将直径 d 乘以形状换算系数 k_f，显然，对于矩形基础，$k_f=1.0$，对圆形基础，$k_f=0.9$；对圆端形基础，

$$k_f=1-0.1\frac{d}{D} \tag{3.2}$$

基础承受水平荷载时，基础侧面土产生的抗力实际上应按空间情况考虑，但为了简化计算，将这种空间作用换算成平面情况，基础当作平面受力的矩形基础来考虑，因此，应对上述宽度乘以受力换算系数 k_0。试验表明：对于矩形基础，$k_0=1+\frac{1}{b}$；对于圆形基础，$k_0=1+\frac{1}{d}$；对于圆端形基础，$k_0=1+\frac{1}{D}$。

计算基础侧面土的水平抗力时，其土抗力计算宽度 b_0 为

矩形基础：$b_0=k_ik_0b=\left(1+\frac{1}{b}\right)b=b+1$

圆形基础：$b_0=k_fk_0d=0.9\left(1+\frac{1}{d}\right)d=0.9(d+1)$

圆端形基础：$b_0=k_ik_0D=\left(1-0.1\frac{d}{D}\right)\left(1+\frac{1}{D}\right)D=\left(1-0.1\frac{d}{D}\right)(D+1)$

试验证明，这些计算宽度的公式适用于单根直径或宽度大于等于 1 m 的构件。当构件

直径或宽度小于等于 1 m 时，则应采用下述公式。

对于矩形基础的单个构件：$b_0=1.5b+0.5$

对于圆形基础的单个构件：$b_0=0.9(1.5d+0.5)$

对于圆端形基础的单个构件：$b_0=\left(1-0.1\dfrac{d}{D}\right)(1.5D+0.5)$

对位于与作用力平面相垂直的同一平面内 n 个构件组成的基础，其侧面土水平抗力的计算宽度等于 n 乘以上述计算宽度，但不得大于$(D'+1)$m，这里 D' 的意义如图 3.6(c)所示。综上所述，常用截面基础侧面土抗力计算宽度 b_0 按表 3.3 计算。

表 3.3　基础侧面土抗力的计算宽度 b_0　　单位：m

基础平面形状		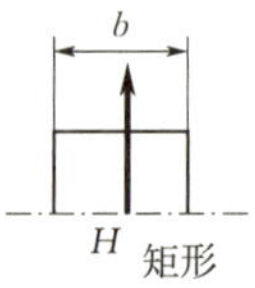 矩形	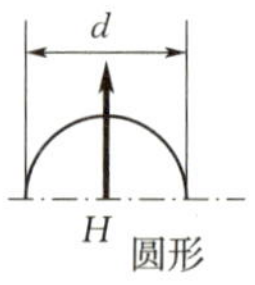 圆形	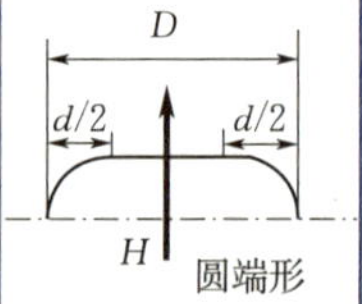 圆端形
单个构件的直径或与水平力 H 作用方向相垂直的宽度大于或等于 1m 时	由单个构件[见图 3.6(a)]或由位于水平外力 H 作用面内数个构件[见图 3.6(b)]组成的基础	$b+1$	$0.9\times(d+1)$	$\left(1-0.1\dfrac{d}{D}\right)\times(D+1)$
	由位于与水平外力 H 相垂直的同一平面内 n 个构件[见图 3.6(c)]组成的基础	$n(b+1)$，但不得大于 $D'+1$	$0.9n\times(d+1)$ 但不得大于 $D'+1$	$n\left(1-0.1\dfrac{d}{D}\right)\times(D+1)$，但不得大于 $D'+1$
单个构件的直径或与水平力 H 作用方向相垂直的宽度小于 1m 时	由单个构件[见图 3.6(a)]或由位于水平外力 H 作用面内数个构件[见图 3.6(b)]组成的基础	$1.5b+0.5$	$0.9\times(1.5d+0.5)$	$\left(1-0.1\dfrac{d}{D}\right)\times(1.5D+0.5)$
	由位于与水平外力 H 相垂直的同一平面内 n 个构件[见图 3.6(c)]组成的基础	$n(1.5d+0.5)$，但不得大于 $D'+1$	$0.9n\times(1.5d+0.5)$，但不得大于 $D'+1$	$n\left(1-0.1\dfrac{d}{D}\right)\times(1.5D+0.5)$，但不得大于 $D'+1$

注：表中 b_0、b、d、D、D'均以米(m)计。

(2)当基础顶部与承台联结，并由 n 个位于外力作用竖直面内的构件组成[见图 3.6(b)]时，按刚架求出每一构件顶面所受的外力 N_i、Q_i 和 M_i。对于这种结构，还必须考虑各构件相互作用对于 m 值的影响(参见 C. S. Desai，J. T. Christian 著 *Numerical Methods in Geotechnical Engineering* 一书第 9.1 节)，所以将 m 值乘以相互影响系数 k。当构件净距 $L_0\geqslant 0.6h_0$ 时，$k=1.0$；当 $L_0<0.6h_0$ 时，k 值小于 1，并按式(3.3)确定。

$$k=C+\frac{1-C}{0.6}\cdot\frac{L_0}{h_0} \tag{3.3}$$

式中　h_0——构件埋入局部冲刷线以下的计算深度，m，$h_0=3(d+1)$，不得大于入土全长 h；

C——随构件数 n 而异的系数，当 $n=1$ 时，$C=1.0$；当 $n=2$ 时，$C=0.6$；当 $n=3$ 时，

$C=0.5$；当 $n\geqslant4$ 时，$C=0.45$；

L_0——两桩之间的净距离(对于钻孔桩则为两桩桩径之间的净距离)，m。

3. 地基土的抗力

假设地基土为弹性变形介质，地基土的反力与其位移成正比，即

水平向抗力 $$\sigma_y=C_y\cdot\Delta_x \tag{3.4}$$

竖向抗力 $$\sigma=C_0\cdot\Delta_y \tag{3.5}$$

式中 Δ_x，Δ_y——地基土的水平向位移和竖向位移；

C_y，C_0——y 深度处地基土的水平地基系数和竖向地基系数，其物理意义为在弹性范围内，使土产生单位压缩位移时所产生的抗力(或者说所需施加的压力)。

4. 对地基系数的假设

假设桩侧水平向地基系数 C_y 随深度成正比地增加，即

$$C_y=my \tag{3.6}$$

式(3.6)中 m 为水平地基系数随深度增加的比例系数，应采用试验实测值，无实测资料时可参考表 3.4 取用，y 为自地面或局部冲刷线以下的深度。由式(3.6)可见，按这种假设可知，地面或局部冲刷线之水平向地基系数等于零。

表 3.4 非岩石地基的 m 和 m_0 值 单位：kPa/m²

序 号	土的名称	m 和 m_0 值
1	流塑黏性土、淤泥	3 000～5 000
2	软塑黏性土、粉砂、粉土	5 000～10 000
3	硬塑黏性土、细砂、中砂	10 000～20 000
4	坚硬黏性土、粗砂	20 000～30 000
5	角砾土、圆砾土、碎石土、卵石土	30 000～80 000
6	块石土、漂石土	80 000～120 000

注：1. 本表可用于结构在地面处水平位移最大值不超过 6 mm 的情况，当位移较大时应适当降低。

2. 当基础侧面设有斜坡或台阶，且其坡率或台阶总宽度与地面以下或局部冲刷线以下深度之比大于 1∶20 时，m 值应减小一半。

将土视为具有随深度成正比增长的地基系数的弹性变形介质，假设深度 h 处基底竖向地基系数 $C_0=m_0h$，其中 m_0 为土的竖向地基系数随深度变化的比例系数。当 $h\leqslant10$ m 时，$C_0=10\ m_0$；当 $h>10$ m 时，按实际值计算。地基系数的比例系数 m 和 m_0 的值应采用试验实测值。当无实测资料时，可按考表 3.4 和表 3.5 查用。

表 3.4 的 m 值是根据桩在地面处承受水平荷载作用的试验结果绘制荷载—位移关系曲线，在此曲线上找出相应于地面处水平位移为 6 mm 的荷载值，然后反复假定 m 值，按后面所述基础的计算公式计算地面处的水平位移，直至地面处水平位移等于 6 mm，则 m 值即为该种土采用的数值。这里考虑到过去大量墩台桩基设计经验证明地面处水平位移均不超过 6 mm，否则墩台顶面位移太大，不能满足规范的要求。

表 3.5 非岩石地基的 m 和 m_0 值 单位：kPa/m²

序　号	土的名称	m 值
1	流塑黏性土、淤泥	1 000～2 000
2	软塑黏性土、粉砂、粉土	2 000～4 000
3	硬塑黏性土、细砂、中砂	4 000～6 000*
4	坚硬黏性土、粗砂	6 000～10 000*
5	角砾土、圆砾土、碎石土、卵石土	10 000～20 000*

注：1. 本表可用于结构在地面处水平位移超过 6 mm 且最大值不超过 10 mm 的情况。

2. 当基础侧面设有斜坡或台阶，且其坡率或台阶总宽度与地面以下或局部冲刷线以下深度之比大于 1∶20 时，m 值应减小一半。

3. 带 * 号者，对于密实的砂和黏砂土，表中的值可提高 30%。

表 3.4 中流塑性黏土、淤泥的 m 值取值范围为 1 500～5 000 kPa/m²。未经压实的填筑土不计其弹性抗力作用，相应范围桩身视作自由长度；久经压实的填筑土可参照同类土的 m 值下限取值。m 值在 5 000 kPa/m² 以下时，其对桩基的刚度较为敏感，取值更宜慎重。当桩在地面或局部冲刷线处的水平最大位移值超过 6 mm 时，水平地基系数的比例系数 m 值应适当降低，可取表 3.4 中参考值的 1/3～2/5，竖向地基系数的比例系数 m_0 不做降低，可参考表 3.5 选取。

对于斜桩和斜管柱之类的结构，当其斜度不太大时(如 1/10～1/6)，构件侧面的 m 值仍可近似采用表 3.4 和表 3.5 中的数值，当斜坡较大时(如 1/5～1/4)，m 值如何考虑是比较复杂的问题，一般认为应适当降低，但目前缺乏充分的资料，对其降低值尚无统一的规定。

3.4 软土地基桥梁桩基础设计

3.4.1 桩基础设计一般原则

桥涵地基基础应具有足够的强度、刚度、稳定性、耐久性并满足沉降限值的要求。桥涵地基基础设计使用年限应为 100 年。桥涵基础类型应根据水文、地质、地形、沉降控制要求、上部结构、荷载、材料供应和施工条件等合理选用。桩基础设计一般还需要符合以下原则。

1. 基础不宜设在软硬不均的地基上

当同一基础下存在物理力学性质和压缩性差异悬殊的地基时，容易引起基础不均匀下沉。这种软硬不匀土层是由于河床冲刷和沉积反复交替所形成的，当地基存在软硬不匀时，不宜将基础放置在这些土层的相交处。

2. 桩基础可设计为单根桩或多根桩形式

桩基础类型应根据地质、水文等条件按下列原则选定：

(1)打入桩可用于稍松至中密的砂类土、粉土和流塑、软塑的黏性土，振动下沉桩可用于砂类土、粉土、黏性土和碎石类土，桩尖爆扩桩可用于硬塑黏性土以及中密、密实的砂类土和粉土。

铁路用大直径预制管桩桩径一般为 0.8 m、1.0 m，一般适用于粉土、黏土、粉质黏土、粉砂、细砂等地层；与承台联结的管节长度宜大于$(4/\alpha+2)$m（α 为基础的变形系数），其他管节长度根据实际情况配桩，一般不宜超过 15 m；应减少接头数量，每根桩的接头数量不宜超过 2 个，接头的强度不应低于桩身的强度，可采用焊接或机械联结。预制桩与承台的联结可采用桩顶主筋伸入承台联结或桩顶直接埋入承台两种方式。打入桩桩尖距不应小于 3 倍设计桩径，桩顶间距不小于 1.5 倍设计桩径。

(2)钻孔灌注桩可用于各类土层、岩层，但用于软土、淤泥和可能发生流砂的土层时，钻孔较易坍塌，应先做施工工艺试验，必要时采用带套筒的钻具成孔。设计钻径一般采用 0.8 m、1.0 m、1.25 m 和 1.5 m，桩长 20～80 m。ϕ1.0m 桩的桩长宜控制在 50 m 左右，最长不宜超过 65 m；ϕ1.25 m 桩的桩长宜控制在 60 m 左右，最长不宜超过 75 m；ϕ1.5 m 桩的桩长宜控制在 80 m 以内，最长不宜超过 90 m。大跨度桥梁根据需要可采用 ϕ2.00～3.00 m 的桩径。当技术条件允许时，选择较小直径的钻孔桩通常比较经济。

(3)挖孔灌注桩可用于无地下水或地下水量不多的土层。当山坡地面较陡，底层较坚硬，不宜采用钻孔桩时，亦可人工挖孔。但考虑安全须合理选择支撑护壁（一般以混凝土护壁为宜）。挖孔桩的直径或边宽不宜小于 1.25 m，桩长多为 10～20 m，强力机械通风时亦不宜超过 30 m。

3. 通常桩基础由基桩（即桩基础中的桩）和承台组成

承台埋深需符合以下要求：

桩基承台埋深，除应根据受力情况、地质、水流和施工条件等因素综合确定外，一般不高出地面，可控制其顶面位于地面以下 0.2～0.5 m，水中基础承台顶面一般不高出最低水位。

对于承台底面置于冻胀土中或位于冻冰水流中的情况，为避免因土和水的冻胀使承台底面承受向上的冻胀力，造成基桩拉断或拉裂，所以根据经验要求承台底面应位于冻结线以下或最低冰层底面以下不少于 0.25 m。

对于季节性河流，承台顶面宜低于一般冲刷线，以利泄洪；对于常年有水且水深较深的河流，承台顶面宜低于最低水位；有流冰的河流，承台底面高程应在最低冰层底面（冻结线）以下不少于 0.25 m；在通航和筏运河流中，承台底面高程应考虑防洪、通航、结构受力和施工条件综合确定，为避免基桩直接遭受船只或排筏的撞击发生断裂，可考虑在这种河流中将承台底面作适当降低。

对于土质较弱或坡率较陡的岸坡上的桥台，承台应适当埋深，必要时采取有力措施，增加前端土的抗力，以确保桥台的稳定性。

此外，位于重要构筑物旁边的高速铁路桥梁基础埋深，尚应考虑基坑稳定及与相邻建筑物基础的相互影响。

4. 桩基直径种类和桩基布置类型应尽量统一

同一座桥梁，为满足减少施工机具类型、提高模板利用率、加快施工进度等要求，应尽量减少桩基直径种类和桩基布置类型；在同一基础中，基桩同时采用摩擦桩和柱桩容易引起桩基不均匀沉降，导致墩台倾斜，故要求同一桩基中不应同时采用摩擦桩和柱桩；同一桩基中采用不同直径、不同材料和长度相差过大的基桩，不仅设计复杂，而且施工中容易产生差错，故不宜采用不同直径、不同材料、桩端高程相差过大的摩擦桩(除非极特殊原因)。

5. 软土地区桥梁桩基一般按摩擦桩设计，按承载力和沉降双控考虑

对于主力工况下单桩，其轴向力(包括桩身自重)由桩侧土的摩阻力和桩底土的支承力来负担。

桩顶不得出现轴向拉力。特殊情况下，$2.0d \leqslant$两相邻摩擦桩桩间距$<2.5d$(d 为设计桩径)时，两桩的单桩轴向容许承载力中侧摩阻力的部分应根据桩间距的减小量适当降低，建议降低 0～20%。

6. 桩基础与墩台身的整体刚度应满足高速铁路墩台纵、横向刚度和墩顶位移等限值要求

基于高速铁路墩台施工对基坑回填要求标准高，足以保证按要求施工的承台侧土体提供抗力作用，在对低桩承台进行计算时，可以考虑承台侧面土体的抗力作用。当仍需提高桩基础刚度时，宜优先采用和适当加大桩间距的措施，必要时可增大基桩直径。

7. 承台底面位于地面(冲刷线或稳定地层线)以上时，按高承台桩基设计，需要考虑自由桩长的影响

自由桩长范围内没有土体包围(冲刷范围内的土层视为已被冲走，不稳定土层视为已被清走)，故不存在摩阻力和弹性抗力。

一般考虑局部冲刷线以上至承台底面间桩基长度为自由桩长；河流摆动或纵向冲淤变化不稳定范围桩基设计时，应按最不利冲刷条件确定自由桩长。桩基础表层地基淤泥质土层或者松散的人工堆积土等工程性质极差的土层，该地层范围内的基桩一般按自由桩长考虑。

8. 其他规定

位于透水地基上的基础，应考虑水浮力的影响，不能确定地基是否透水时，应按不利工况设计基础。

基础设计时应考虑因基坑开挖或回填、施工便道修建、道路改扩建或规划等各种因素可能引起基础设计边界条件发生变化的不利影响。

软土地区小桥涵基础宜充分利用较好的地表土层(地表硬壳)作为持力层，但应确切掌握地表土层的分布情况、厚度和承载能力，并应检算下卧软土层的应力和变形是否符合设计要求，否则应采取地基加固措施，或改变基础类型。

3.4.2 桩基础构造及配筋

1. 承　　台

承台的厚度、配筋和混凝土强度等级，一般按受力确定。根据经验，承台最小厚度一般不应小于两倍的设计桩径，并不应小于 1.5 m。承台混凝土的强度等级不应低于 C30。

(1)符合规范构造要求的群桩基础计算中，承台一般按刚性结构处理，其刚性角 α_1 宜按小于 35°控制。当造成承台过厚或者施工困难时，可以放宽至按不大于 45°控制。过厚承台可做成台阶式多层承台，但承台总厚度应满足承台底面处桩顶外缘位于自承台顶面处墩台身外缘向下按 45°(35°)角扩散范围内的要求。承台厚度一般不小于 1 m，特殊需要时可采用

0.5 m。相邻两级承台轮廓线交点应在刚性角线（墩边到桩顶连线）的内侧（N 点在 A—B 连线的外侧），如图 3.7 所示。

（2）各类桩的承台边缘至最外一排桩的净距应根据桩与承台的联结构造要求和边桩受力大小确定。各类桩的承台边缘至最外一排桩的净距，桩径不大于 1 m 时，净距不应小于 0.5 d，且不应小于 0.25 m；桩径大于 1 m 时，净距不应小于0.3 d，且不应小于 0.50 m。对于钻孔灌注桩，d 为设计桩径；对于矩形截面的桩，d 为桩的短边宽。

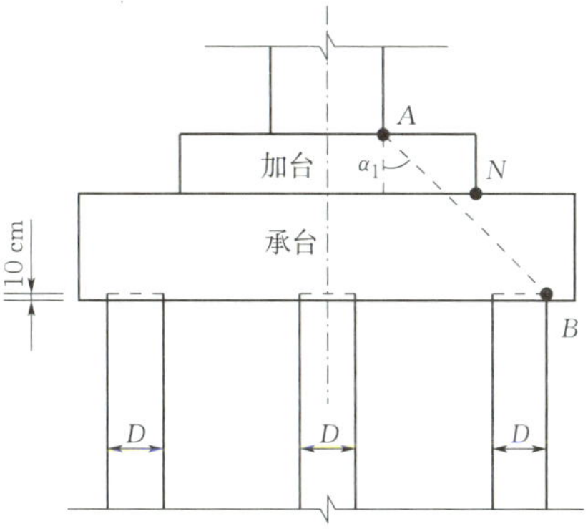

图 3.7 桩基础刚性角示意图

（3）高速铁路桥梁桩基础承台采用六面配筋，顶面钢筋的直径不应小于 16 mm、间距不应大于 15 cm；底面钢筋的设置应根据受力计算确定；其余四面按构造要求配筋。

桩基础在满足不大于 35°刚性角前提下，承台底部应布置一层钢筋网，钢筋直径不小于 20 mm，间距不大于 10 cm；当刚性角 α_1＞35°或桩间距大于两倍的承台厚度时，应对承台进行抗弯、抗剪和抗冲切检算。同时，当 35°＜刚性角 $\alpha_1 \leqslant 45°$，还应按撑杆—系杆理论进行检算；当刚性角 α_1＞45°时按照悬臂梁进行检算，并对承台下裂缝进行控制检算。

2. 基　　桩

桩的类型选定后，桩的直径应根据受力大小、桩基形式、经济特性和施工条件等因素综合确定。

（1）预制钢筋混凝土桩强度和配筋应满足作为基础结构的受力要求以及桩在存放、运输、沉桩时的受力要求。为提高混凝土的耐久性，现场制造钢筋混凝土矩形桩时，其混凝土强度等级不应低于 C30，管桩采用的现场填心混凝土强度等级一般不低于 C15。

（2）钻（挖）孔灌注桩桩身钢筋用量和混凝土强度等级由运营荷载下所要求的承载力及侵蚀环境要求来确定。一般情况下，桥梁基础桩身混凝土强度等级不应低于 C30，配筋根据计算确定，但配筋率不应小于 0.55%。设计时，钻（挖）孔桩最小配筋数量见表 3.6。

表 3.6 钻（挖）孔桩最小配筋数量

桩径/m	主筋规格	
	根数	直径/mm
0.8	10(8)	16
1.0	16(12)	16
1.25	24(18)	16
1.5	36(26)	16

注：本表混凝土强度等级按 C30、主筋按光圆钢筋计算，括号内数字系带肋钢筋。

桩身主筋可布置为单肢钢筋或束筋，束筋每束不宜多于两根钢筋，主筋直径不宜小于16 mm，一般为16～22 mm；考虑桩身混凝土自密实需要，钢筋净距不宜小于120 mm，且不应小于80 mm。

钻（挖）孔灌注桩可按桩身内力要求分段配筋。对于埋入地面线或局部冲刷线以下长度$h \geqslant 4.0/\alpha$的摩擦桩，由理论计算和试验可知在$h \geqslant 4.0/\alpha$处桩身弯矩很小（接近于零）。通常在$h \geqslant 4.0/\alpha$以下2 m处，桩身钢筋可以截断。α为桩的变形系数，取值见《铁路桥涵地基和基础设计规范》（TB 10093—2017）附录D。

注意：因桩基计算时侧向地基系数为桩身范围内土层加权平均求得，为此当表层地基为较差土层时，α值计算偏大，配筋长度可能偏短而不安全。另外，当单桩轴向力很大时，对$h \geqslant 4.0/\alpha+2$ (m)处，可按混凝土桩检算桩身受压强度是否满足要求。

(3)钻（挖）孔桩箍筋直径，一般可参照桩径大小选用，但不应小于8 mm。摩擦桩上部承受的弯矩较大，一定深度以下逐渐减小，因此其上部箍筋间距为20 cm，摩擦桩下部可增大至40 cm。根据施工经验，为了吊装时有足够的刚度，钻孔桩的钢筋笼上下端及中部每隔2.0～2.5 m需增加一道加强箍筋。

(4)钻孔桩桩身一般与土体直接接触，钢筋的混凝土保护层最小厚度不得小于70 mm，位于特殊侵蚀性环境的，则按现行《铁路混凝土结构耐久性设计规范》（TB 10005—2010）的要求确定。

(5)预制桩的分节长度可按施工条件确定，但应减少接头数量。接头的强度不应低于桩身的强度。

(6)桩径2 m以上、桩长40 m以上及复杂地质条件下的钻孔桩，应埋设声测管，以供声波透射法桩身质量检测之用（见本书第9章）。当桩下部无钢筋笼时，应设置固定声测管的钢筋。

3. 桩基布置

高速铁路桥梁需满足桥梁墩顶纵横向水平线刚度的要求，横向刚度应通过墩顶横向水平位移引起梁端的折角不大于1‰来进行控制，较大的横向刚度是列车运行安全性和舒适性的保证，桩基础的平面布置形式应以尽可能加大下部结构横向刚度为原则。

基桩的排列应根据受力大小和施工条件确定。为了施工方便，基桩多采取行列式排列，有时为了减小承台的面积可采用梅花式排列，如图3.8所示，并应符合下列规定：

(1)为了防止土的结构破坏，并考虑施工可能，对于打入或振动下沉的摩擦桩，承台底面处桩的中心距均不应小于桩径的1.5倍设计桩径。为了使桩尖平面处相邻桩作用于土上的压应力重叠过多，并考虑在打入时不因土体挤密而影响沉桩，所以根据经验规定打入摩擦桩的桩尖中心距不应小于3倍设计桩径。振动沉桩时土的挤压更为密实，因此规定振动下沉于砂类土内的桩，其桩尖中心距不应小于4倍设计桩径。

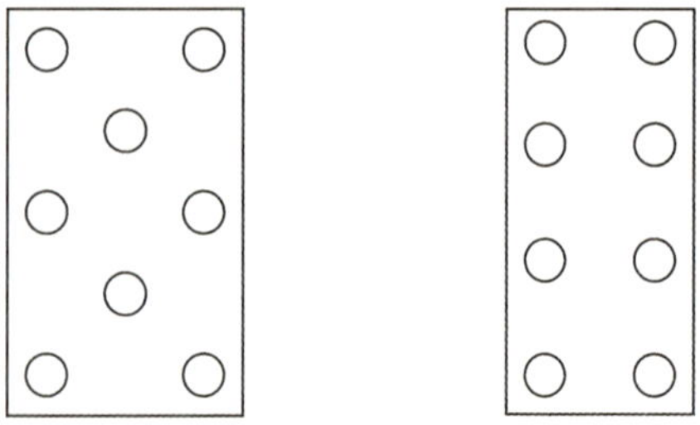

图3.8 桩的行列式和梅花式布置

(2)对于钻（挖）孔灌注桩，考虑到钻（挖）孔桩桩径沿深度不规则，特别是钻孔桩，当桩的中心距过小时，桩间土体与桩壁间的摩擦支承作用降低，所以规定钻(挖)孔竖直摩擦桩的中心距不应小于 2.5 倍设计桩径。此外，钻(挖)孔桩的最大中心距一般不大于 2 倍承台厚度。

(3)承台边缘至最外一排桩的净距按本节承台构造要求办理。一般当桩径 1.0 m 时采用 1.0 m，桩径 1.25 m 时采用 1.15 m，桩径 1.5 m 时采用 1.3 m。

4. 承台与桩的联结

基桩与承台的联结方式分为将桩顶直接埋入座板内和将桩顶主筋伸入承台内两种。前一种施工简便，多用于打入预应力混凝土管桩，后一种联结比较牢固，多用于钻(挖)孔灌注桩。根据经验，在采取后一种方式时，为使桩顶更好地与承台联结，桩身伸入承台内的长度可为 10～15 cm(不包括水下封底混凝土厚度)，目前设计一般采用 10 cm。

(1)当基桩桩顶主筋伸入承台时，钢筋网在越过桩顶处不应截断。桩顶上应布置一层承台钢筋网，其钢筋直径一般用 16 mm，间距均为 15 cm，当刚性角大于 35°时，承台应按检算强度布置钢筋(具体见前文承台配筋内容)。

通常钻(挖)孔灌注桩与承台座板的联结采取主筋全部伸入承台座板的形式，主筋可弯成向上 15°扩散角的喇叭型，近年来已有采用竖直型者(喇叭型对承受拉力的桩有利，而竖直型施工较为简便，规范对桩顶伸入承台内主筋采用的形式没有统一规定，可根据桩的受力情况和施工条件确定)。桩身主筋伸入的长度，应根据桩基采用的钢筋种类及混凝土等级选用适宜的钢筋锚固长度。箍筋的直径不应小于 8 mm，箍筋的间距可采用 15～20 cm。钢筋最小锚固长度应符合表 3.7 规定。

表 3.7 钢筋最小锚固长度

单位：mm

钢筋种类		HPB300		HRB400		HRB500	
混凝土等级		C30、C35	≥C40	C30、C35	≥C40	C30、C35	≥C40
受压钢筋(直端)		$25d$	$20d$	$30d$	$25d$	$35d$	$30d$
受拉钢筋	直　端	—	—	$40d$	$35d$	$45d$	$40d$
	弯钩端	$20d$	$20d$	$25d$	$20d$	$30d$	$25d$

注：1. 当带肋钢筋直径大于 25 mm 时，其锚固长度应增加 10%。
2. 受弯及大偏心受压构件中的受拉钢筋截断时宜避开受拉区。
3. 采用环氧树脂涂层钢筋时，受拉钢筋最小锚固长度应增加 25%。
4. 当混凝土在凝固过程中易受扰动时，锚固长度应增加 10%。

(2)承受拉力的桩与承台的联结应满足受拉强度要求。但对于铁路桥梁桩基础，通常情况主力工况下的基桩不允许出现拉应力。

5. 桩径、桩数和桩长拟定

(1)高速铁路桥梁一般采用群桩基础，桩径和基桩数量需要综合基础承载力、单桩承载力、桩基础水平承载力、沉降量、基础(承台)尺寸、基桩强度(含配筋)及基础刚度等因素，结合设计经验等确定。

钻孔灌注桩的设计桩径不宜小于 0.8 m；挖孔灌注桩的直径或边宽不宜小于 1.25 m。高速铁路桥梁常用的设计桩径有 1.0 m、1.25 m、1.5 m，对于大型结构基础，必要时可采用 2.0～3.0 m。

群桩基础中基桩根数，双线桥梁一般不少于 6 根 ϕ1.0 m 桩，单线桥梁一般不少于 4 根 ϕ1.0 m 桩。铁路桥梁设计人员一般参考相关设计资料选取适宜的基础布置形式，当无可参考资料时，可根据承台底面上的竖向荷载和单桩容许承载力，按式(3.7)进行估算。估算的基桩数是否合适，再验算各桩的受力状况后即可确定。

$$n=\mu\frac{N}{[P]} \tag{3.7}$$

式中 n——桩的根数；

N——作用在承台底面上的竖向荷载，kN；

$[P]$——单桩容许承载力或单桩承载力设计值，kN；

μ——考虑偏心荷载时各桩受力不均而适当增加桩数的经验系数，可取 μ=1.1～1.2。

(2)高速铁路桥梁桩基长度根据基础受力及沉降控制需要综合确定。确定桩长的关键在于选择桩端持力层，其对桩基础的承载力和沉降有直接影响。一般都希望把桩底置于岩层或坚硬的土层上，以得到较大的承载力和较小的沉降量。

设计中一般考虑施工的可行性(如钻孔桩钻机施钻最大深度，目前一般为 70 m 以内，并按不大于 100 m 控制)，先根据地质资料和地层条件选择适宜的桩端持力层，初步确定桩长，并通过试算确定。尤其是位于软土地基上的摩擦桩，如在施工条件容许的深度内没有坚硬土层存在，应尽可能选择压缩性较低、强度较高的土层作为持力层，要避免使桩底坐落在软土层上或距离软弱下卧层太近，以免桩基础发生过大的沉降；有时桩底持力层可能有多种选择，此时桩长与桩数相互影响，可通过试算比较，选择较合理的桩长。

对于高速铁路枢纽段或联络线等小曲线半径地段的桥梁，墩顶如不设置横向预偏心，其钻(挖)孔桩基础也可考虑设置横向预偏心，以合理缩短桩长。

3.5 桥梁软土地基承载力

桥梁地基的作用是承受桥梁结构及基础传来的荷载。为保证上部结构的安全和正常使用，铁路桥梁地基应满足以下要求：

(1)地基必须具有足够的强度，在桥梁动、静荷载的作用下地基不能破坏。

(2)在荷载和其他外部因素(如冻胀、加减载、水位变动等)作用下，地基产生的变形小于上部结构要求的允许值。

(3)地基应有足够的抵抗偶然荷载和不利自然条件的能力(如地震、冲刷、撞击、冻融、各种环境侵蚀等)。

桥涵地基基础的检算在高速铁路桥梁设计中占据非常重要的地位。一般包括对地基强度、变形(基础沉降和基础水平位移、转角)和稳定性三个方面的检算，其中地基强度(即地基承载力)检算是最基本的。

3.5.1 地基承载力

地基承受荷载的能力称为地基承载力，地基承载力分为地基容许承载力和地基土基本承载力。工程实践中通常用极限承载力和容许承载力两个指标来衡量地基的承载能力。极限承载力是指地基即将破坏时所对应的基底压应力。容许承载力是指地基在满足强度和变形两方面的要求并留有一定安全储备时所允许的最大基底压应力[σ]。地质简单的非岩石地基土，当承受主力作用，基础宽度不大于 2 m、埋置深度不大于 3 m 时，在保证地基稳定的条件下，地基土单位面积所能承受的最大压力称为地基基本承载力 σ_0。

合理地确定地基的容许承载力是进行地基基础设计的关键，其主要获取手段和方法有以下几种：

①按控制地基中塑性区开展深度的方法确定，只要地基中塑性区的开展深度小于某一限值，地基就具有足够的安全储备。

②按理论公式推求地基的极限荷载，再除以安全系数取得。

③按规范提供的经验公式确定地基的容许承载力。

④按原位测试的方法确定地基的容许承载力。

铁路桥梁工程师在进行地基基础设计时应根据规范的规定并结合工程的具体情况选择适宜的方法确定地基容许承载力，并不断总结经验，提高设计能力。

铁路桥梁规范对地基容许承载力[σ]的确定方法如下：

(1)按土的基本承载力确定：基础宽度不大于 2 m、埋置深度不大于 3 m 时的地基容许承载力可采用地基基本承载力 σ_0。

(2)考虑基础深、宽修正，提高地基承载力：当基础宽度大于 2 m 或埋置深度大于 3 m，且深度与宽度比(H/b)小于或等于 4.0 时，地基容许承载力可按式(3.8)确定。

$$[\sigma]=\sigma_0+k_1\gamma_1(b-2)+k_2\gamma_2(h-3) \tag{3.8}$$

式中 [σ]——地基容许承载力，kPa；

σ_0——地基基本承载力，kPa；

b——基础底面的最小边宽度，m：b 小于 2 m 时，b 取 2.0 m；当 b 大于 10 m 时，b 取 10 m；圆形或正多边形基础为 $\sqrt{F}$，F 为基础的底面积；

h——基础底面的埋置深度，m：自天然地面起算，有水流冲刷时，自一般冲刷线起算；位于挖方内的，由开挖后地面算起；h 小于 3 m 时，取 h 等于 3 m，h/b 大于 4 时，h 取 $4b$；

γ_1——基底持力层土的天然容重，kN/m^3，若持力层在水面以下且透水时应采用浮容重；

γ_2——基底以上土层的加权平均容重，kN/m^3：换算时若持力层在水面以下且不透水时，不论基底以上土的透水性如何，均取饱和容重；透水时水中部分土层应取浮容重；

k_1，k_2——宽度、深度修正系数，根据基底持力层土的类别按表 3.8 确定。

表 3.8 宽度、深度修正系数

修正系数	黏性土				粉土	黄土		砂类土								碎石类土			
	Q_4的冲、洪积土		Q_3及其以前的冲、洪积土	残积土		新黄土	老黄土	粉砂		细砂		中砂		砾砂粗砂		碎石圆砾角砾		卵石	
	$I_L<0.5$	$I_L\geqslant0.5$						稍、中密	密实	稍、中密	密实	稍、中密	密实	稍、中密	密实	稍、中密	密实	稍、中密	密实
k_1	0	0	0	0	0	0	0	1	1.2	1.5	2	2	3	3	4	3	4	3	4
k_2	2.5	1.5	2.5	1.5	1.5	1.5	1.5	2	2.5	3	4	4	5.5	5	6	5	6	6	10

注：1. 节理不发育或较发育的岩石不做宽深修正；节理发育或很发育的岩石，k_1、k_2可采用碎类石土的系数；对已风化成砂、土状的岩石，则按砂类土、黏性土的系数。

2. 稍松状态的砂类土和松散状态的碎石类土，k_1、k_2值可采用表列稍、中密值的50%。

3. 冻土的k_1、k_2均取0。

对于修建在水中的基础，其持力层为不透水地层时，地基以上水柱将起到过载或反压平衡的作用，因而可以提高地基承载力。此种条件下，常水位每高出一般冲刷线1 m，容许承载力可增加10 kPa。

(3)软土地基容许承载力：软土地基的基础应满足稳定和变形的要求，修正后地基的容许承载力应符合下列规定：

修正后地基承载力可按式(3.9)确定。

$$[\sigma]=5.14C_u\frac{1}{m'}+\gamma_2 h \tag{3.9}$$

对于小桥和涵洞基础也可按式(3.10)确定。

$$[\sigma]=\sigma_0+\gamma_2(h-3) \tag{3.10}$$

式中 $[\sigma]$——地基的容许承载力，kPa；

m'——安全系数，可根据软土灵敏度及建筑物对变形的要求等因素取1.5～2.5；

C_u——不排水抗剪强度，kPa；

σ_0——地基的基本承载力，kPa，按表3.9确定；

其余符号意义同前。

表 3.9 软土地基的基本承载力 σ_0

天然含水率 w/%	36	40	45	50	55	65	75
σ_0/kPa	100	90	80	70	60	50	40

(4)考虑荷载组合时的地基承载力：主力加附加力(不含长钢轨纵向力)时，地基容许承载力$[\sigma]$可提高20%；主力加特殊荷载(地震力除外)时，地基容许承载力$[\sigma]$可按表3.10提高。

表 3.10 地基容许承载力$[\sigma]$的提高系数

地基情况	提高系数
$\sigma_0>500$ kPa 的岩石和土	1.4
150 kPa$<\sigma_0\leqslant500$ kPa 的岩石和土	1.3
100 kPa$<\sigma_0\leqslant150$ kPa 的土	1.2

3.5.2　软弱下卧土层

一般来说，地基由多层土组成，当基础持力层以下存在容许承载力小于持力层容许承载力的土层时，这样的土层称为软弱下卧土层。当基础底面以下某一深度处存在软弱下卧层时，往往除了检算基础底面处的竖向接触应力外，还需要检算该下卧软弱土层的压应力。

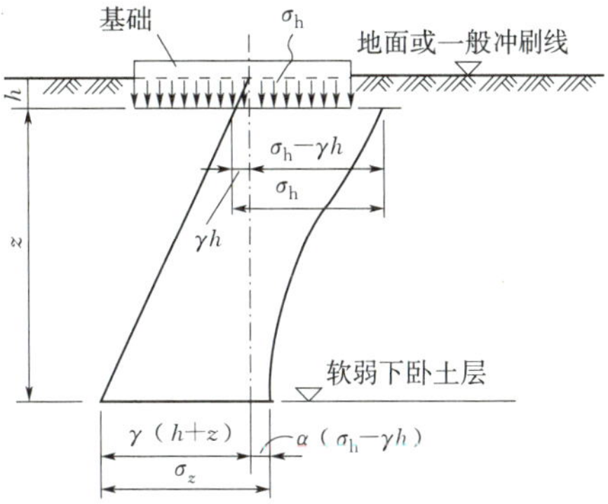

图 3.9　基底软弱下卧土层

当基底以下有软弱下卧层时，如图 3.9 所示，基础底面中心点以下任一深度 z 处产生的压应力 σ_z，可近似按式(3.11)检算。

$$\sigma_z=\gamma(h+z)+\alpha(\sigma_h-\gamma h)\leqslant[\sigma] \quad (3.11)$$

式中　σ_h——基底压应力，kPa；当 $z/b>1$(或 $z/d>1$)时，σ_h 采用基底平均压应力；当 $z/b\leqslant1$(或 $z/d\leqslant1$)时，σ_h 按基底压应力图形采用距最大应力点 $b/4\sim b/3$ (或 $d/4\sim d/3$)处的压应力(对于梯形图形前后端压应力差值较大时，可采用上述 $b/4$ 点处的压应力值，反之，则采用上述 $d/3$ 点处的压应力值)，其中 b 为矩形基础的短边宽度，d 为基础的直径，单位为米(m)；

γ——土的容重，kN/m^3；当深度 $h+z$ 范围内为多层土层并存在不透水土层，且该范围内存在地下水时，则此深度范围内不透水土层以上位于地下水位以下的土层中透水土层和不透水土层均采用饱和容重，而不透水土层底面以下至深度 z 处的透水土层内有水时该透水土层采用浮容重；或者不透水土层以上位于地下水位以下的透水土层采用浮容重，而不透水土层采用饱和容重，此时不透水土层的顶面应加上水产生的应力 $\gamma_w h_w$，这里 γ_w 为水的容重，h_w 为地下水位至不透水土层顶面的深度；

α——基底下卧土层附加应力系数，可按《铁路桥涵设计规范(极限状态法)》查取；如果基底应力 σ_h 均匀分布，当求算基础底面中心点以下任一深度处的附加压应力 $\alpha(\sigma_h-\gamma h)$时，即为均布荷载作用下矩形、圆形、条形基础中心处深度 z 点的竖向应力系数；如果 σ_h 为非均布者，则需另行求解，详见《铁路桥涵地基手册》；

h——基底埋置深度，m，当基础受水流冲刷时，由一般冲刷线算起；当不受水流冲刷时，由天然地面算起；当位于挖方内，由开挖后地面算起；

z——自基础底面至检算点的距离，m；

$[\sigma]$——深度为 z 的检算点处土层经深度修正后的容许承载力，kPa，不考虑基础宽度对软弱地基土容许承载力的修正。

3.5.3　台后路基对桥台基底附加竖向压应力

建于软土上且台后填土高 $H\geqslant5$ m 的桥台，在计算地基应力和沉降时，应考虑由于台后路基和锥体护坡填土对桥台基础底面处产生的附加竖向压应力，将它与桥台因外部荷载和台身自重所产生的基础底面处竖向压应力叠加，得到桥台基础底面处的总应力，如图 3.10 所示。

台后路基和锥体护坡填土对桥台基础底面处前、后边缘产生的附加竖向压应力可参考式(3.12)粗略计算：

$$\sigma = \alpha\gamma H \tag{3.12}$$

式中 σ——附加竖向压应力，kPa；

γ——路基填土的容重，kN/m³；

H——路基填土高度，m；

α——系数，见表 3.11。

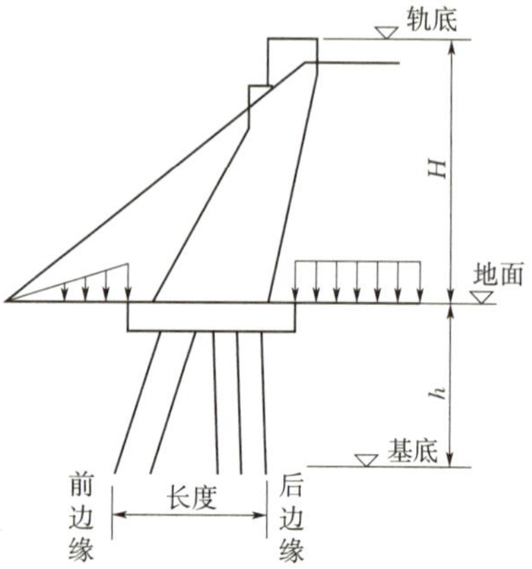

图 3.10 附加竖向压应力计算示意图

表 3.11 系数 α

基础位置	距地面深度 h/m	路基填土高度 H/m							
		5		10			20		
		基础长度/m							
		5	10	5	10	15	5	10	15
前边缘	5	0.100	0.020	0.250	0.040	0.010	0.360	0.230	0.120
	10	0.170	0.060	0.320	0.130	0.045	0.430	0.300	0.170
	15	0.170	0.090	0.310	0.170	0.085	0.500	0.370	0.240
	20	0.150	0.095	0.260	0.160	0.100	0.480	0.380	0.260
	25	0.140	0.090	0.240	0.160	0.110	0.440	0.350	0.260
	30	0.120	0.085	0.200	0.150	0.110	0.400	0.330	0.260
后边缘	5	0.480	0.480	0.520	0.510	0.510	0.540	0.520	0.510
	10	0.380	0.380	0.510	0.490	0.490	0.580	0.550	0.540
	15	0.290	0.290	0.440	0.420	0.420	0.590	0.560	0.550
	20	0.220	0.220	0.360	0.350	0.350	0.560	0.540	0.530
	25	0.190	0.190	0.300	0.290	0.290	0.500	0.490	0.480
	30	0.150	0.150	0.250	0.250	0.250	0.450	0.440	0.430

注：α 值由台后路基及锥体分别计算然后叠加，台后路基按无限长的条形荷载计算。锥体按集中荷载计算，埋式桥台前侧锥体按矩形面积上的三角形分布荷载计算。表中 α 值适用于单线桥。

3.5.4 基础周围不平衡附加力

软土地基上墩台基础，当墩台周围有不平衡荷载作用时[如陡坡、堆土、桥头路基、邻近公(道)路、既有铁路等]尚应考虑对垂直于附加水平力作用方向的后排桩身(含梅花布置时的后排梅花桩)产生的附加水平力的作用，距地面深度 z 处的附加水平压力 P_z 可采用侧压力系数法按式(3.13)计算。

$$P_z = \xi k_z q \tag{3.13}$$

式中 ξ——侧压力系数,流塑黏性土、淤泥可取0.7~0.8;

k_z——距地面深度 z 处土中竖向应力系数(视地面不平衡荷载作用图式及计算点与荷载图式相对位置查相应的荷载土中应力系数表);

q——地面不平衡荷载集度,kN/m^2。

附加水平压力在每一桩上的作用宽度 b,可按 $b=(d+1)$ 计算(d 为桩径,m)。

3.6 软土地区桥梁桩基础检算

3.6.1 软土地区桥梁桩基础检算内容

桩基础的设计必须满足各项力学检算的要求,主要有以下几项:

(1)单桩轴向承载力,需要计算桩基础中各桩所受到的轴向力并确定单桩轴向容许承载力。

(2)桩身的材料强度,需要计算作用在桩身上的轴力、弯矩和剪力,并按"偏心受压钢筋混凝土构件"计算原理检算桩身材料和进行配筋计算。

(3)桩基承载力,这里指群桩基础的竖向承载力,需要分析群桩共同作用,除了检算单桩承载力之外,还须检算群桩的竖向承载力及沉降。

(4)墩台顶水平位移,需要解算承台底面的转角和水平位移,并求得墩台顶的水平位移,其位移值不得超过高速铁路桥梁变形限值。

(5)桩基础抗震验算。

(6)耐久性设计以及沉降检算等。

软土地基桥桩基础的计算和检算以现行《铁路桥涵地基和基础设计规范》(TB 10093—2017)中理论计算方法为主线,附以其他理论进行说明,各项检算内容见表3.12。

表3.12 软土地基桥梁桩基础检算内容

序号	检算项目	计算、检算内容	章节	备注
1	地基承载力	地基容许承载力	3.5	含软弱下卧土层
2	按土阻力确定单桩承载力		3.6.2	
3	按土阻力确定群桩承载力		3.6.3	
4	单桩受力分析	单根桩内力分析	3.6.4	
5	群桩基础受力分析	群桩内力分析	3.6.5~3.6.8	含桥台桩基础、基础双向受力、基础受扭计算等
6	转角和位移	刚性基础转角、位移	3.6.9	
7	墩台及基础刚度		3.6.10	

续上表

序号	检算项目	计算、检算内容	章节	备注
8	按材料强度确定桩的容许承载力	屈曲分析、桩身稳定性、强度、配筋	3.6.11	
9	耐久性	裂缝等	3.6.12	
10	基础抗震验算		3.6.13	
11	沉降检算	总沉降量计算	第4章	压缩层厚度、压缩模量

3.6.2 按地基土阻力确定单桩轴向承载力

单桩容许承载力受到桩径、桩长、桩周以及桩尖土的性质、沉桩方法和清底效果等影响，是桩基设计最重要的内容。应分别按桩身材料强度和岩土的阻力进行计算，取其较小值。按桩侧土阻力确定单桩轴向承载力的静力法可分为经验法、现场静载试验法（慢速静载试验法、快速静载试验法）、静力触探法等，其中后两种方法均为现场测试法。根据这些方法可求得桩的轴向极限承载力，然后用适当的安全系数去除，即得桩的轴向容许承载力。

铁路规范采用的是经验法，根据地质钻探所确定的桩周土和桩尖土的类别，按相应土层土阻力的经验值确定单桩容许承载力。单桩容许承载力可按以下方法进行计算。

(1)打入、振动下沉和桩尖爆扩摩擦桩的轴向受压容许承载力应按式(3.14)计算

$$[P]=\frac{1}{2}\left(U\sum a_i f_i l_i+\lambda ARa\right) \tag{3.14}$$

式中 $[P]$——桩的容许承载力，kN；

U——桩身截面周长，m；

l_i——各土层厚度，m；

A——桩底支承面积，m^2；

a_i，a——振动沉桩对各土层桩周摩阻力和桩底承压力的影响系数(见表3.13)，对于打入桩其值为1.0；

λ——系数，见表3.14；

f_i——桩周土的极限摩阻力，kPa；

R——桩尖土的极限承载力，kPa。

表3.13 振动下沉桩系数 a_i，a

桩径或边宽/m	土的种类			
	砂类土	粉土	粉质黏土	黏土
$d\leqslant0.8$	1.1	0.9	0.7	0.6
$0.8<d\leqslant2.0$	1.0	0.9	0.7	0.6
$d>2.0$	0.9	0.7	0.6	0.5

表 3.14 系数 λ

D_p/d	桩尖爆扩体处土的种类			
	砂类土	粉 土	粉质黏土 $I_L=0.5$	黏土 $I_L=0.5$
1.0	1.0	1.0	1.0	1.0
1.5	0.95	0.85	0.75	0.70
2.0	0.90	0.80	0.65	0.50
2.5	0.85	0.75	0.50	0.40
3.0	0.80	0.60	0.40	0.30

注：d 为桩身直径，D_p 为爆扩桩的爆扩体直径。

(2)钻(挖)孔灌注摩擦桩的轴向受压容许承载力应按式(3.15)计算

$$[P]=\frac{1}{2}U\sum f_i l_i+m_0 A[\sigma] \tag{3.15}$$

式中 $[P]$——桩的容许承载力，kN；

U——桩身截面周长，m，按设计桩径计算；

f_i——各土层的极限摩阻力，kPa，按《铁路桥涵地基和基础设计规范》(TB 10093—2017)中表 6.2.2—5 采用；

l_i——各土层的厚度，m；

A——桩底支承面积，m^2，按设计桩径计算。

$[\sigma]$——桩底地基土的容许承载力，kPa；

m_0——钻孔灌注桩桩底支承力折减系数，按表 3.1 采用；挖孔灌注桩桩底支承力折减系数可根据具体情况确定，一般可取 1.0。

(3)摩擦桩轴向受拉的容许承载力应按式(3.16)计算

$$[P']=0.30U\sum a_i l_i f_i \tag{3.16}$$

式中 $[P']$——摩擦桩轴向受拉的容许承载力，kN；

其余符号意义同前。

(4)管柱振动下沉中应检算振动荷载作用下管柱的应力和变形

拉伸和压缩引起的弹性变形值应小于振动体系的振幅。预应力混凝土管柱的张拉力不宜小于管柱的振动荷载。作用于管柱的外力可按式(3.17)计算。

$$N=\eta P_{max} \tag{3.17}$$

式中 N——振动时作用于管柱的计算外力，kN；

P_{max}——所选用的振动打桩机的额定最大振动力，kN；

η——振动冲击系数，可按管柱振动下沉的入土深度、土质条件和施工辅助设施确定，可采用 1.5～2.0。

(5)摩擦桩单桩底轴向容许承载力的确定

如果按经验法中的公式确定摩擦桩单桩承载力，有时求得桩底土的竖向容许承载力较大，与实际情况不符，以致桩身长度确定偏短，桩基受力偏于不安全。桩底竖向容许承载力应采取多大的值才合理，这是一个复杂的问题。根据一些试验资料文献可知，当桩底的土愈差时，摩擦桩桩底的竖向容许承载力占桩的容许总承载力(包括桩侧摩阻力和桩底竖向阻力在内)的比值就愈小，反之就愈大。尽管有关公式可以求出较大的桩底竖向容许承载力，但最后的取值应该加以控制。一般来说，当桩底为黏性土和细砂时，设计中可将桩底容许竖向承载力控制为不得大于桩的容许总承载力的10%～15%；当桩底为中砂和粗砂时，宜控制在15%～25%，不应过大。另外，摩擦桩入土深度与桩径之比愈大，桩底竖向容许承载力的取值应愈小；反之，桩的入土深度与桩径之比愈小，桩底竖向容许承载力的取值可稍大，设计时应加以分析。

(6)桩身自重对单桩承载力的影响

在桩基设计中，摩擦桩桩顶承受的轴向压力加上桩身自重与桩身入土部分所占同体积土重之差，不得大于按土阻力的单桩受压容许承载力。受拉桩桩顶承受的拉力减去桩身自重不得大于按土阻力的单桩受拉容许承载力。

目前各设计研究单位编制的软件中，对该问题的考虑是不同的，需要引起注意。但是经过大量铁路项目设计实践，尚未发现由此带来设计不安全的问题。

(7)其他

当主力＋附加力作用时，桩的轴向受压容许承载力可提高20%。另外，仅在主力＋附加力作用时，才允许桩承受轴向拉力。

桩尖爆扩桩的桩身侧面摩阻承载力的计算与一般摩擦桩的计算方法相同，但桩身承受侧面摩阻力作用的范围需要研究。

3.6.3 按土阻力确定群桩基础竖向承载力

目前，按土阻力确定群桩基础竖向承载力的方法主要有两种：一种是采用群桩效率系数η来考虑群桩中单根桩的轴向承载力，而该效率系数η是不容易确定的；另一种是采取将群桩基础看作一个整体基础，检算群桩底面处的土应力，以确定群桩基础的竖向承载力。

(1)在采用群桩效率系数η考虑群桩内一根桩的轴向承载力的方法中，所谓群桩效率系数η是指群桩的极限承载力与群桩中各桩按独立单桩考虑时的极限承载力之和的比值，即

$$\eta=\frac{\text{群桩的极限承载力}}{n\times\text{独立单根桩的极限承载力}} \tag{3.18}$$

式中　n——群桩基础中的桩数。

η值的大小反映了群桩中一根桩的承载力的发挥程度，更正确地说，η值的大小反映了群桩中一根桩所能起作用的大小。位于黏性土中的打入摩擦桩和钻(挖)孔灌注桩以及位于砂土中的钻(挖)孔灌注摩擦桩群桩基础，其中一根桩的承载能力往往小于独立单桩的承载能力，即η值通常小于1；相反，位于砂土中，桩距较小的打入摩擦桩群桩基础，其中一根桩的承载能力往往大于独立单桩的承载力。当位于砂土内的打入桩桩距为2～3倍桩径时，其中一根桩的承载能力通常与独立单桩的承载能力差不多。

(2)将群桩基础视为图3.11中1—2—3—4空间范围内的实体基础，近似地按下列公式检算群桩底面处土的压应力。

$$\frac{N}{A}+\frac{M}{W}\leqslant[\sigma] \tag{3.19}$$

式中 N——作用于群桩底面重心 O 处的竖向力，其中包括土体 1—2—3—4 中桩与桩之间的土体和所有桩的重量，kN；

M——承台板底面以上外力对承台板底面处桩群重心 O_1 的力矩，如图 3.11(a)所示，以及地面或局部冲刷线以上外力对地面或局部冲刷线处桩群重心的力矩，如图 3.11(b)所示，kN·m；

A——桩群底平面的外轮廓面积，m^2；

W——桩群底平面的截面模量，m^3；

$[\sigma]$——桩群底面处的地基容许承载力，kPa。

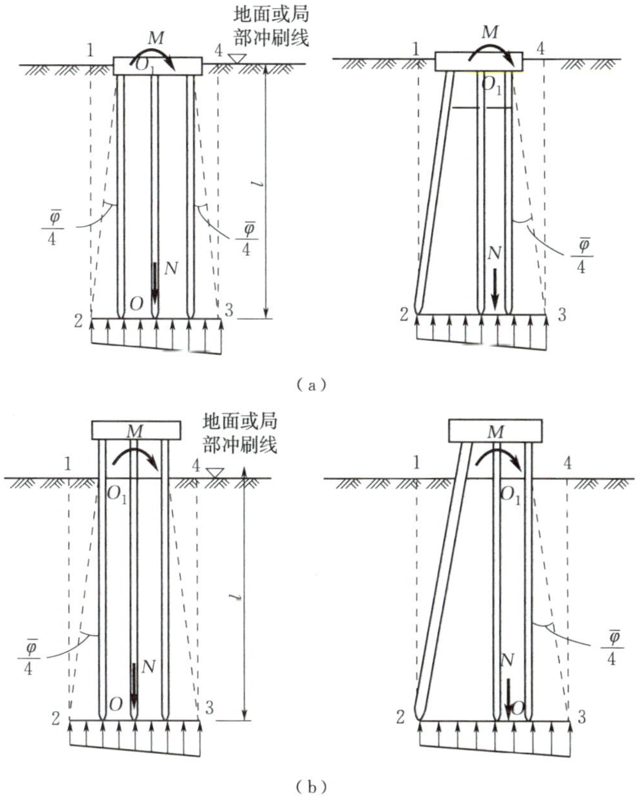

图 3.11 群桩基础底压应力计算图式

图 3.11 中$\overline{\varphi}$为桩基所穿过土层的厚度加权平均内摩擦角，按式(3.20)计算。

$$\overline{\varphi}=\frac{\varphi_1 l_1+\varphi_1 l_1+\cdots+\varphi_n l_n}{l_0} \tag{3.20}$$

式中 l_n——各土层厚度，m，$n=1,2,\cdots$；

$\varphi_1,\varphi_2,\cdots,\varphi_n$——厚度 l_n 各土层的内摩擦角，$n=1,2,\cdots$；

l_0——桩位于土中的深度，m。

群桩基础也可近似地将群桩连同桩与桩之间的土视为实体基础，考虑该实体基础侧面土的摩阻力和弹性抗力，进行群桩侧面土和群桩底面土的应力检算。此时，实体基础的轮廓范围可按图 3.12 来确定。作用于实体基础底面上的竖直计算力 N 可粗略地采用该基础所承受的总竖直外力与基础侧面总容许剪切力之差。

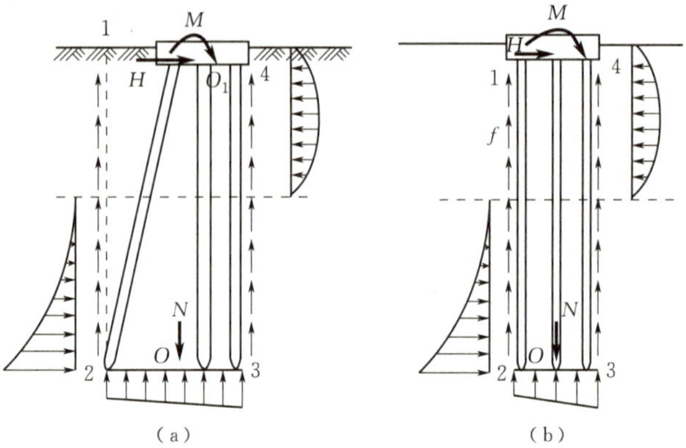

图 3.12　群桩基础底压应力计算图式

当桩基础底面以下存在软弱下卧土层时，还应检算该下卧土层的竖向应力。

3.6.4　桩基础中单桩受力分析

桩基础中，单根摩擦桩桩顶承受外荷载轴向力 N、力矩 M 和水平力 H（垂直桩轴）作用时，其中轴向力 N 使桩身产生弹性压缩，并使桩相对于桩周土产生向下的位移，因此该轴向力 N 由桩侧土的摩阻力和桩底土的支承阻力所抵抗。土对桩的抵抗能力随桩周土的好坏、桩径的大小和桩身入土的长短而定。轴向力 N 不应大于桩侧土的抵抗能力，亦不应大于桩身材料的抵抗能力。单根桩所承受的力矩和水平力均考虑由桩侧土的受压弹性抗力来抵抗。

1. 铁路规范地基系数法的基本方法

与作用力竖直平面相垂直的竖直面内的单个或数个构件组成的基础（以下简称“第一种情况”），考虑土的弹性抗力时，可按下列各公式计算：

(1)当基础置于非岩石地基中（包括支立于岩石风化层内和支立于岩层面上情况，见图 3.13）。当地面或局部冲刷线处作用单位横向力 $Q_0=1$ 和单位力矩 $M_0=1$ 时，该处构件的横向位移和转角按式(3.21)计算（图 3.13 中的 Q_0、M_0 和 x_0 均为正值方向，φ_0 为负值方向）。

$$\left.\begin{aligned}
\delta_{QQ}&=\frac{1}{\alpha^3EI}\cdot\frac{(B_3D_4-B_4D_3)+K_h(B_2D_4-B_4D_2)}{(A_3B_4-A_4B_3)+K_h(A_2B_4-A_4B_2)}\\
\delta_{MQ}&=\frac{1}{\alpha^2EI}\cdot\frac{(A_3D_4-A_4D_3)+K_h(A_2D_4-A_4D_2)}{(A_3B_4-A_4B_3)+K_h(A_2B_4-A_4B_2)}\\
\delta_{QM}&=\frac{1}{\alpha^2EI}\cdot\frac{(B_3C_4-B_4C_3)+K_h(B_2C_4-B_4C_2)}{(A_3B_4-A_4B_3)+K_h(A_2B_4-A_4B_2)}\\
\delta_{MM}&=\frac{1}{\alpha EI}\cdot\frac{(A_3C_4-A_4C_3)+K_h(A_2C_4-A_4C_2)}{(A_3B_4-A_4B_3)+K_h(A_2B_4-A_4B_2)}\\
\delta_{QM}&=\delta_{QM}
\end{aligned}\right\}\tag{3.21}$$

式中　δ_{QQ}，δ_{MQ}——当地面或局部冲刷线处作用单位横向力 $Q_0=1$ 时，构件在地面或局部冲刷线处的横向位移和转角[见图 3.13(a)]，分别以 m/kN

和 rad/kN 计；

δ_{QM}，δ_{MM}——当地面或局部冲刷线处作用单位力矩 $M_0=1$ 时，构件在地面或局部冲刷线处的横向位移和转角[见图 3.13(b)]，分别以m/(kN·m)和 rad/(kN·m)计；

$A_2,B_2,\cdots,C_4,D_4$——系数，根据换算深度 $\bar{h}=\alpha h$ 查《铁路桥涵地基和基础设计规范》(TB 10093—2017)附录 D 可得；

K_h——系数，$K_h=\dfrac{C_0}{\alpha E}\cdot\dfrac{I_0}{I}$，其中 I_0 为构件底面惯性矩，I 为构件身惯性矩，均以 m^4 计，当构件支立于非岩石地基上(包括支立于岩石风化层内的情况)，且 $h\geqslant 2.5/\alpha$ 时，取 $K_h=0$；当构件支立于岩层面上而未嵌入岩层内，且 $h\geqslant 3.5/\alpha$ 时，取 $K_h=0$；

α——基础的变形系数，见前文所述。

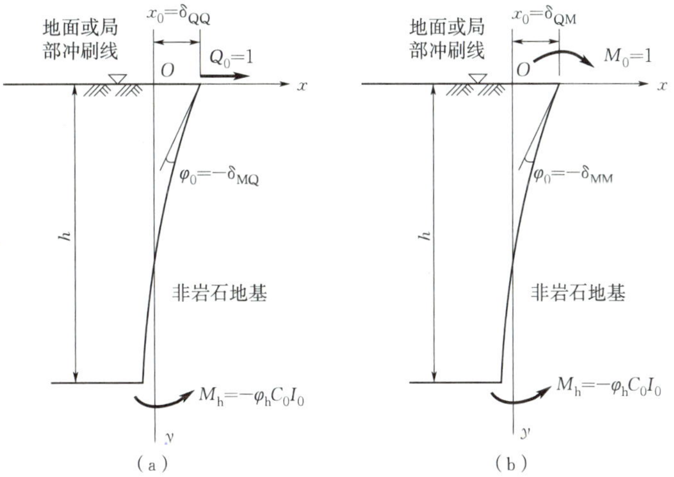

图 3.13 单位力作用于地面或局部冲刷线时的横向位移和转角计算示意图(非嵌入岩石内时)

(2)求出基础顶面(对于图 3.14 所示结构，求出作用于承台底面处)的竖向力 N、水平力 H、弯矩 M 以及地面或局部冲刷线处构件截面上的横向力 Q_0 和弯矩 M_0。

(3)按式(3.22)求出地面或局部冲刷线处构件横向位移和转角。

$$\begin{aligned} x_0 &= Q_0\delta_{QQ}+M_0\delta_{QM} \\ \varphi_0 &= -(Q_0\delta_{MQ}+M_0\delta_{MM}) \end{aligned} \tag{3.22}$$

式中 x_0——地面或局部冲刷线处构件横内位移，m；

φ_0——地面或局部冲刷线处构件转角，rad；

其余符号的意义与前面相同。Q_0 和 M_0 分别以 kN 和 kN·m 计。

(4)按式(3.23)求墩台顶面水平位移。

$$\delta = x_0-\varphi_0(l_0+h')+\delta_0 \tag{3.23}$$

式中 δ——墩台顶面水平位移，m；

h'——墩台顶面至基础顶面之距离，m，如图 3.6 所示；

l_0——基础底面至地面或局部冲刷线之距离，m；

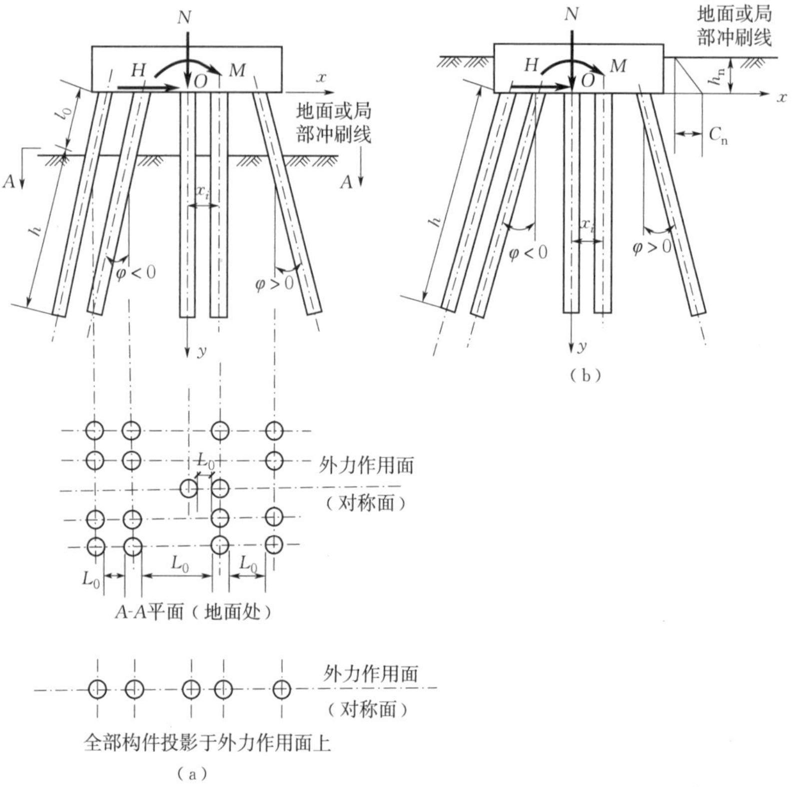

图 3.14 群桩基础计算示意图

δ_0——地面或局部冲刷线以上基础和墩台身变形引起的墩台顶面水平位移，m；

φ_0——按式(3.22)求得，应计入正负号。

(5)按式(3.24)计算地面或局部冲刷线以下深度 y 处构件截面上的弯矩、剪力和桩侧土的横向压应力：

$$\left.\begin{aligned}M_y&=\alpha EI(ax_0A_3+\varphi_0B_3)+M_0C_3+\frac{Q_0}{\alpha}D_3\\Q_y&=\alpha^2EI(ax_0A_4+\varphi_0B_4)+\alpha M_0C_4+Q_0D_4\\\sigma_x&=my\left(x_0A_1+\frac{\varphi_0}{\alpha}B_1+\frac{M_0}{\alpha^2EI}C_1+\frac{Q_0}{\alpha^3EI}D_1\right)\end{aligned}\right\}\tag{3.24}$$

式中 M_y,Q_y,σ_x——深度 y 处构件截面上的弯矩、剪力和桩侧土的横向压应力，分别以 kN·m、kN 和 kPa 计；

$A_1,B_1,\cdots,$
$A_3,B_3,\cdots,$
A_4,B_4,C_4,D_4——系数，按 $\bar{h}=\alpha y$ 查《铁路桥涵地基与基础设计规范》(TB10093—2017)附录 D 可得；

其余符号的意义与前面相同。

当基础由位于外力作用面内 n 个构件组成时，式(3.24)中第 3 式内的 m 应乘以构件相互影响系数 k，在 $y\geqslant4.0/\alpha$ 处，M_y、Q_y 可以认为等于零。当 $y<4.0/\alpha$ 时，令 $y=h$，从上面

公式可求得基底弯矩 M_h。

(6)按式(3.25)和式(3.26)求出基底最大和最小压应力。

对于支立于非岩石地基上(包括支立于岩石风化成土状的地基上的基础)以及支立于岩石面上及嵌入岩石内的基础,但竖直力的偏心不大于基础底面核心时:

$$\sigma_{\min}^{\max}=\frac{N_h}{A_0}\pm\frac{M_h}{W_0} \tag{3.25}$$

式中 $\sigma_{\max},\sigma_{\min}$——基底最大和最小压应力,kPa;

M_h——作用于基础底面上的力矩,kN·m;

A_0,W_0——基础底面积、基础底截面抵抗矩,分别以 m^2 和 m^3 计;

N_h——作用于基础底面上的竖直轴向力,kN。

对于置于非岩石地基上的桩或管柱,$N_h=N+G-T$。这里,N 代表作用于构件顶面的竖直轴向力,kN;G 代表包括填充物在内的构件自重,kN;T 为构件(桩或管柱)侧面土的摩阻力,kN。

对于置于非岩石地基上的桩或管柱,$h>3.5/\alpha$ 时可不检算基底应力,只需分别满足下列条件:

$$N+G-T\leqslant[P]\text{ 或 }N+G\leqslant[P] \tag{3.26}$$

式中 $[P]$——构件承受轴向压力时的容许承载力,kN。

(7)桩侧土的最大横向压应力 σ_x 必须满足下列要求。

当构件侧土的最大横向压应力 $\sigma_{x\max}$ 发生在 $y\leqslant\frac{h}{3}$ 处时,应满足下列条件:

$$\sigma_{x\max}\leqslant\eta_1\eta_2 k[\gamma y(\eta K_p-K_a)+2c(\eta\sqrt{K_p}+\sqrt{K_a})] \tag{3.27}$$

当构件侧面的最大横向压应力 $\sigma_{x\max}$ 发生在 $y>\frac{h}{3}$ 处时,只要满足下列条件:

$$\sigma_x\leqslant\eta_1\eta_2 k\left[\gamma\frac{h}{3}(\eta K_p-K_a)+2c(\eta\sqrt{K_p}+\sqrt{K_a})\right] \tag{3.28}$$

式中 γ——土的容重(有水时,考虑水浮力),kN/m^3;

$\sigma_{x\max},\sigma_x$——深度 y 和深度 $h/3$ 处的构件侧面横向压应力,kPa;

c——土的黏聚力,kPa;

η_1——系数,对于超静定推力拱桥的墩台,$\eta_1=0.7$,其他结构体系的墩台 $\eta_1=1.0$;

η_2——考虑总荷载中恒载所占比例的影响系数:当 $h\leqslant2.5/\alpha$ 时,$\eta_2=1-0.8M_n/M_m$;当 $h\geqslant4.0/\alpha$ 时,$\eta_2=1-0.5M_n/M_m$;当 $2.5/\alpha<h<4.0/\alpha$ 时,η_2 按线性插入确定;

M_n——恒载对构件(桩基)承台底面坐标原点的力矩,kN·m;

M_m——全部外力对构件(桩基)承台底面坐标原点的总力矩,kN·m;

k——构件相互影响系数,按前面所列公式确定;

K_p,K_a——系数,$K_p=\tan^2(45°+\varphi/2)$,$K_a=\tan^2(45°-\varphi/2)$;

φ——土的内摩擦角,(°);

η——系数,$\eta=\frac{b_0}{b}$,b_0 为构件侧面土抗力的计算宽度,b 为构件的实际宽度。

(8)当图 3.15 中所示桩的桩顶作用有单位横向力 $H=1$ 和单位力矩 $M=1$ 时,桩顶的横向位移和转角按式(3.29)计算。

$$\left.\begin{aligned}\delta_1&=\frac{l_0^3}{3EI}+\delta_{QQ}+2\delta_{MQ}l_0+\delta_{MM}l_0^2\\ \delta_2&=\frac{l_0}{EI}+\delta_{MM}\\ \delta_3&=\frac{l_0^2}{2EI}+\delta_{QM}+\delta_{MM}l_0\end{aligned}\right\}\tag{3.29}$$

式中 δ_1,δ_3——当桩顶作用单位横向力 $H=1$ 时,桩顶的横向位移和转角分别以 m/kN 和 rad/kN 计;

δ_3,δ_2——当桩顶作用单位力矩 $M=1$ 时,桩顶的横向位移和转角分别以 m/kN · m 和 rad/kN · m 计。

δ_{QQ},$\delta_{MQ}=\delta_{QM}$,δ_{MM},按式(3.21)计算。

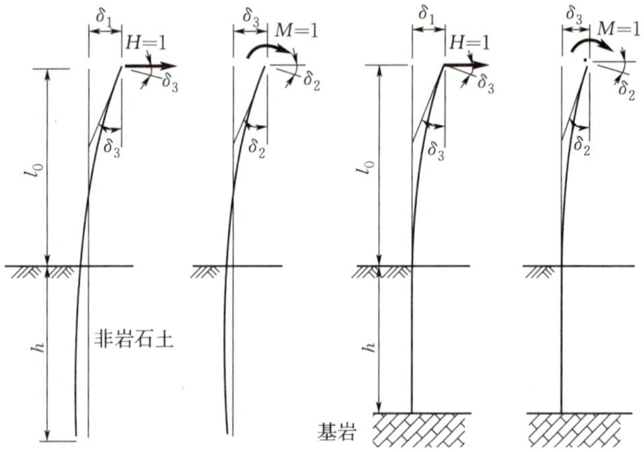

图 3.15 单位力作用于构件顶面时的横向位移和转角计算示意图

(9)单桩受力分析计算步骤:

①确定桩侧土抗力的计算宽度 b_0;

②求出基础的变形系数 α;

③求出 δ_{QQ}、δ_{MQ}、δ_{QM}($\delta_{MQ}=\delta_{QM}$)、δ_{MM}值;

④求出地面或局部冲刷线处桩身横向位移 x_0 和转角 φ_0。

⑤求距地面或局部冲刷线以下 y 处桩身截面的横向位移、转角、弯矩、剪力和桩侧土的横向压应力。桩侧土的最大横向压应力应满足(7)中公式的要求。

2. 铁路桥规地基系数法的简化算法

为了简化起见,本方法不考虑桩端土的竖向支承作用,即假定式(3.21)中的 $K_h=0$。简化算法适用于桩底支立于非岩石地基中桩身入土深度 $h\geqslant 2.5/\alpha$ $\left(式中\ \alpha=\sqrt[5]{\frac{mb_0}{EI}}\right)$的情况及桩底支立于基岩面但未嵌入基岩内 $h\geqslant 3.5/\alpha$ 的桩基础。

当图 3.16 中地面或局部冲刷线处桩身同时承受横向力 Q_0 和力矩 M_0 作用时,桩身在地面和

局部冲刷线处的横向位移 x_0 和转角 φ_0 为

$$\left.\begin{aligned} x_0 &= \frac{Q_0}{\alpha^3 EI}A + \frac{M_0}{\alpha^2 EI}B \\ \varphi_0 &= -\left(\frac{Q_c}{\alpha^2 EI}B + \frac{M_0}{\alpha EI}C\right) \end{aligned}\right\} \tag{3.30}$$

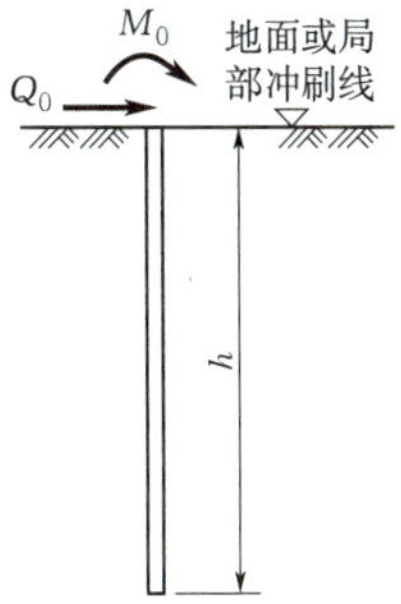

图 3.16　桩身横向位移和转角计算示意图

式(3.30)中的 A、B、C 可按下列公式或查《铁路桥涵地基和基础设计规范》(TB 10093—2017)附录 D 得出。

$$A = \frac{B_3D_4 - B_4D_3}{A_3B_4 - A_4B_3} \quad B = \frac{A_3D_4 - A_4D_3}{A_3B_4 - A_4B_3} = \frac{B_3C_4 - B_4C_3}{A_3B_4 - A_4B_3}$$

$$C = \frac{A_3C_4 - A_4C_3}{A_3B_4 - A_4B_3}$$

自地面或局部冲刷线以下 y 处桩身截面的横向位移 x、转角 φ、弯矩 M、剪力 Q 和桩侧土压力 σ_x 为

$$\left.\begin{aligned} x &= \frac{Q_0}{\alpha^3 EI}A_x + \frac{M_0}{\alpha^2 EI}B_x \\ \varphi &= \frac{Q_0}{\alpha^2 EI}A_\varphi + \frac{M_0}{\alpha EI}B_\varphi \\ M &= \frac{1}{\alpha}Q_0A_M + M_0B_MQ \\ Q &= Q_0A_Q + \alpha M_0B_Q\sigma_x \\ \varphi_x &= \frac{\alpha Q_0}{b_0}A_\sigma + \frac{\alpha^2 M_0}{b_0}B_\sigma \end{aligned}\right\} \tag{3.31}$$

式(3.31)中的 A_x,…,B_σ 可按式(3.32)计算,也可查《铁路工程设计手册　桥涵地基和基础》表 6.4 取得。

$$\left.\begin{aligned} A_x &= A_1A - B_1B + D_1 \\ B_x &= A_1B - B_1C + C_1 \\ A_\varphi &= A_2A - B_2B + D_2 \\ B_\varphi &= A_2B - B_2C + C_2 \\ A_M &= A_3A - B_3B + D_3 \\ B_M &= A_3B - B_3C + C_3 \\ A_Q &= A_4A - B_4B + D_4 \\ B_Q &= A_4B - B_4C + C_4 \\ A_\sigma &= \alpha y A_x \\ B_0 &= \alpha y B_x \end{aligned}\right\} \tag{3.32}$$

3. 地基系数的其他计算方法

计算地基系数的方法还有有限差分法、有限元法等,适用于桩侧土土抗力地基系数随深度变化的情况,更接近于地基实际情况,但计算工作过于烦琐,现在已实现计算机软件进行求解,在此不再赘述。

3.6.5 群桩基础受力分析

高速铁路桥梁的桩基础(包括管柱基础)往往由多根桩(或管柱)与承台组成,如图 3.17 所示,这种桩群基础(或管柱群基础),统称为(群)桩基础。对于由数个位于外力作用竖直面内的构件借刚性承台联结的基础,我们定义为第二种情况。群桩基础的受力分析与上前第一种情况所述单桩以及位于与外力作用面相垂直平面内多根桩构成的桩基础的受力分析方法不同,但其受力分析仍以第一种情况为基础,分析时通常认为承台与桩顶之间为刚性联结。

1. 铁路桥规地基系数法的基本方法

在对由刚性承台联结的桩基础分析时,考虑如图 3.14 中的桩基础在承受承台底面坐标原点 O 处的竖向力 N、水平力 H 和力矩 M 作用。该基础的承台为刚性(即受力后自身的弯曲变形可以忽略不计),与各在桩顶刚性联结。当桩的布置不对称时,坐标原点 O 可任意假设;倘若桩对称布置,则 O 点可定于对称轴上。

图 3.17(a)所示多排构件的结构,b_0 的计算方法同单桩分析。但如果每一排构件的数目不同,且相邻两排构件中心线之间的距离不小于 $(d+1)$m,则其相互影响系数 k 按平行外力作用面的诸平面分别计算,取其中最小值,并对整个基础的全部构件采用同一个计算值。反之如果中心线距离小于 $(d+1)$m,则将各排构件投影于外力作用平面来计算 k 值。

(1)根据地基情况,按第一种情况所列公式计算每一构件的 δ_{QQ}、δ_{MQ}、δ_{QM} 及 δ_{MM} 值。

(2)按第一种情况所列公式计算每一构件的 δ_1、δ_2 和 δ_3(见图 3.17)。

(3)计算每一构件的 ρ_1、ρ_2、ρ_3 和 ρ_4 值。

$$\left.\begin{aligned} \rho_1 &= \frac{1}{\dfrac{l_0+\xi h}{EA}+\dfrac{1}{C_0 A_0}} \\ \rho_2 &= \frac{\delta_2}{\delta_1\delta_2-\delta_3^2} \\ \rho_3 &= \frac{\delta_3}{\delta_1\delta_2-\delta_3^2} \\ \rho_4 &= \frac{\delta_1}{\delta_1\delta_2-\delta_3^2} \end{aligned}\right\} \tag{3.33}$$

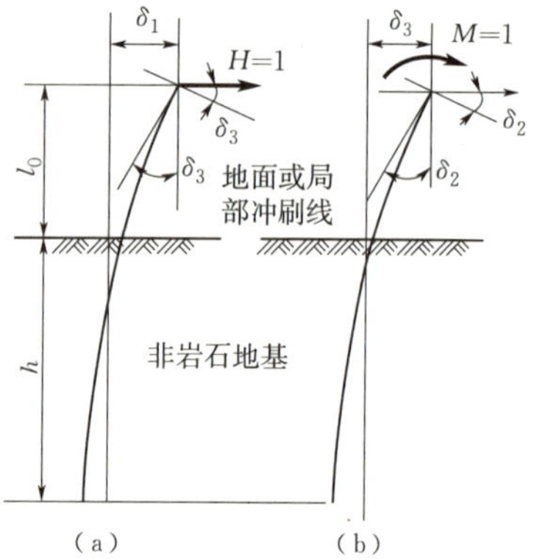

图 3.17 单位力作用于构件顶面时的横向位力和转角计算示意图(非嵌入岩石内时)

式中 ρ_1——当承台沿构件轴线方向产生单位位移时所引起构件顶面处的轴向力,kN/m;

ρ_2——当承台沿垂直构件轴线方向产生单位横向位移时所引起构件顶面处的横向力,kN/m;

ρ_3——当承台沿垂直构件轴线方向产生单位横向位移时所引起构件顶面处的弯矩,kN·m/m;或当承台顺构件顶面弯矩方向产生单位转角时所引起构件顶面处的横向力,kN/rad;

ρ_4——当承台顺构件顶面弯矩方向产生单位转角时所引起构件顶面处的弯矩,kN·m/rad;

ξ——对于摩擦桩(或摩擦支承管柱):打入或振动下沉者,$\xi=2/3$;钻孔桩,$\xi=1/2$;对于柱桩(或钻岩支承管柱)$\xi=1$;

E,A——每一构件的受压弹性模量和横截面积,分别以 kPa 和 m^2 计;

A_0——对于摩擦桩(或摩擦支承管柱)为每一构件四周自地面或局部冲刷线按 $\varphi/4$(φ 为构件所穿过土层的平均内摩擦角)向下扩散至构件底面处的面积,m^2,当此面积大于按构件底面中心距计算的面积时,则采用按构件底面中心距计算的面积;对于柱桩(或钻岩支承管柱),则为桩底(或管柱底)的面积;

C_0——基底土的竖向地基系数,kN/m^3,$C_0=m_0h$;

l_0——基础底面至地面或局部冲刷线之距离,m;

h——地面或局部冲刷线至桩尖间距离,m。

此处关于 A_0 的计算如果按照定义"每一构件四周自地面或局部冲刷线按 $\varphi/4$(φ 为构件所穿过土层的平均内摩擦角)向下扩散至构件底面处的面积",则该面积应为自桩侧按$\varphi/4$ 向下扩散到桩尖所覆盖的面积。如果有足够的空间,则扩散以后为桩身的面积加上扩散角引起的环形的面积。该面积的半径应为桩的设计半径 $R+h\times\tan\dfrac{\varphi}{4}$,在计算中将 R 忽略掉,是偏于保守的。

实际上,按照上述定义,当 $R+h\times\tan\dfrac{\varphi}{4}\leqslant\dfrac{D}{2}$($D$ 为设计桩距),A_0 为以 $R+h\times\tan\dfrac{\varphi}{4}$为半径的圆的面积;如果 $R+h\times\tan\dfrac{\varphi}{4}>\dfrac{D}{2}$时,$A_0$ 为以 $R+h\times\tan\dfrac{\varphi}{4}$为半径的圆扣除其与相邻桩同样的圆相交弦以外弓形的面积;当 $R+h\times\tan\dfrac{\varphi}{4}>\dfrac{1}{4}\sqrt{D_1^2-D_2^2}$($D_1$、$D_2$ 为本桩与纵、横两个方向相邻桩的间距)时,A_0 为以两个方向间距为边长的矩形的面积。

(4)对图 3.17 所示外力作用于对称面内的结构,解方程式(3.34),求出承台底面的水平位移 a、竖向位移 b、承台绕坐标原点 O 的转角 β。

$$\left.\begin{aligned}a\gamma_{ba}+b\gamma_{bb}+\beta\gamma_{b\beta}-N=0\\a\gamma_{aa}+b\gamma_{ab}+\beta\gamma_{a\beta}-H=0\\a\gamma_{\beta a}+b\gamma_{\beta b}+\beta\gamma_{\beta\beta}-M=0\end{aligned}\right\}\tag{3.34}$$

式中 N,H,M——作用于承台底面坐标原点 O 上的外力(当构件不对称时,坐标原点 O 可任意选择;倘若构件对称时,则 O 点可选于对称轴上);

$\gamma_{ba},\gamma_{aa},\gamma_{\beta a}$——由于承台产生单位水平位移时,所有构件顶产生的竖向反力之和、水平反力之和以及它们对坐标原点 O 的反弯矩之和,分别以 kN/m、kN/m 和 kN·m/m 计;

$\gamma_{bb},\gamma_{ab},\gamma_{\beta b}$——由于承台产生单位竖向位移时,所有构件顶产生的竖向反力之和、水平反力之和以及它们对坐标原点 O 的反弯矩之和,分别以 kN/m、kN/m 和 kN·m/m 计;

$\gamma_{b\beta},\gamma_{a\beta},\gamma_{\beta\beta}$——由于承台绕 O 点产生单位转角时,所有构件顶产生的竖向反力之和、

水平反力之和以及它们对坐标原点 O 的反弯矩之和，分别以 kN/rad、kN/rad 和 kN·m/rad 计。

当承台底面位于地面或局部冲刷线以上时，采用式(3.35)计算。

$$\left.\begin{aligned}
\gamma_{ba} &= \sum(\rho_1-\rho_2)\sin\varphi\cdot\cos\varphi \\
\gamma_{aa} &= \sum(\rho_1\sin^2\varphi+\rho_2\cos^2\varphi) \\
\gamma_{\beta a} &= \sum[(\rho_1-\rho_2)x\cdot\sin\varphi\cdot\cos\varphi-\rho_3\cos\varphi] \\
\gamma_{bb} &= \sum(\rho_1\cos^2\varphi+\rho_2\sin^2\varphi) \\
\gamma_{ab} &= \gamma_{ba} \\
\gamma_{\beta b} &= \sum[(\rho_1\cos^2\varphi+\rho_2\sin^2\varphi)x+\rho_3\sin\varphi] \\
\gamma_{b\beta} &= \gamma_{\beta b} \\
\gamma_{a\beta} &= \gamma_{\beta a} \\
\gamma_{\beta\beta} &= \sum[(\rho_1\cos^2\varphi+\rho_2\sin^2\varphi)x^2+2x\rho_3\sin\varphi+\rho_4]
\end{aligned}\right\}\tag{3.35}$$

$$\gamma_{\beta\beta} = \sum[(\rho_1\cos^2\varphi+\rho_2\sin^2\varphi)x^2+2x\rho_3\sin\varphi+\rho_4]$$

式中　φ——第 i 根构件的倾斜角；

x——其顶点的坐标距，m，如图 3.14(a)所示。

当承台底面位于地面或局部冲刷线以下，带有斜构件，且不对称时[见图 3.14(b)]，除 γ_{aa}、$\gamma_{\beta a}$、$\gamma_{\beta\beta}$ 按式(3.36)计算外，其余系数均按式(3.35)计算。

$$\left.\begin{aligned}
\gamma_{aa} &= \sum(\rho_1\sin^2\varphi+\rho_2\cos^2\varphi)+b_0A_c \\
\gamma_{\beta a} &= \sum[(\rho_1-\rho_2)x\cdot\sin\varphi\cos\varphi-\rho_3\cos\varphi]+b_0S_c \\
\gamma_{\beta\beta} &= \sum[(\rho_1\cos^2\varphi+\rho_2\sin^2\varphi)x^2+2x\rho_3\sin\varphi+\rho_4]+b_0I_c
\end{aligned}\right\}\tag{3.36}$$

式中　b_0——垂直于 xy 平面的承台侧面土抗力的计算宽度，m；

A_c,S_c,I_c——承台侧面地基系数 C 图形面积和对底面的面积矩、惯性矩，$A_c=\dfrac{C_nh_n}{2}$、$S_c=\dfrac{C_nh_n^2}{6}$、$I_c=\dfrac{C_nh_n^3}{12}$，这里 C_n 和 h_n 为承台底面处的地基系数和承台埋置深度。

(5)第 i 根构件顶面处的轴向力、剪力和弯矩(见图 3.18)表示的各种力和力矩方向均为正值方向。

$$\left.\begin{aligned}
N_i &= \rho_1[a\sin\varphi+(b+x\beta)\cos\varphi] \\
Q_i &= \rho_2[a\cos\varphi-(b+x\beta)\sin\varphi]-\rho_3\beta \\
M_i &= \rho_4\beta-\rho_3[a\cos\varphi-(b+x\beta)\sin\varphi]
\end{aligned}\right\}\tag{3.37}$$

式中　N_i,Q_i,M_i——第 i 根构件顶面处的轴向力、剪力和弯矩，分别以 kN、kN 和kN·m计；

其余符号的意义与前面相同。

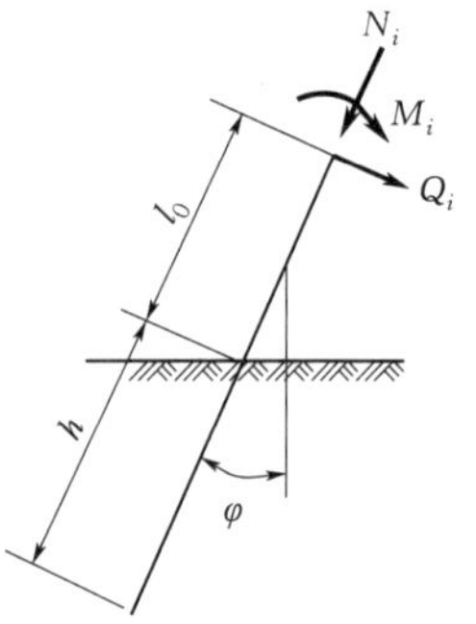

图 3.18　构件顶面处的轴向力、剪力和弯矩计算示意图

(6)当基础全部为竖直构件且对称时[见图 3.19(a)、

(b)]，坐标原点 O 设于对称轴上。当诸构件的 ρ_1 不相等(如诸构件平面布置不对称，或诸桩长度不等，或诸桩直径不等，或诸桩材料不同)时[见图 3.19(c)、(d)]，坐标原点 O 设于诸 ρ_1 的合力处。

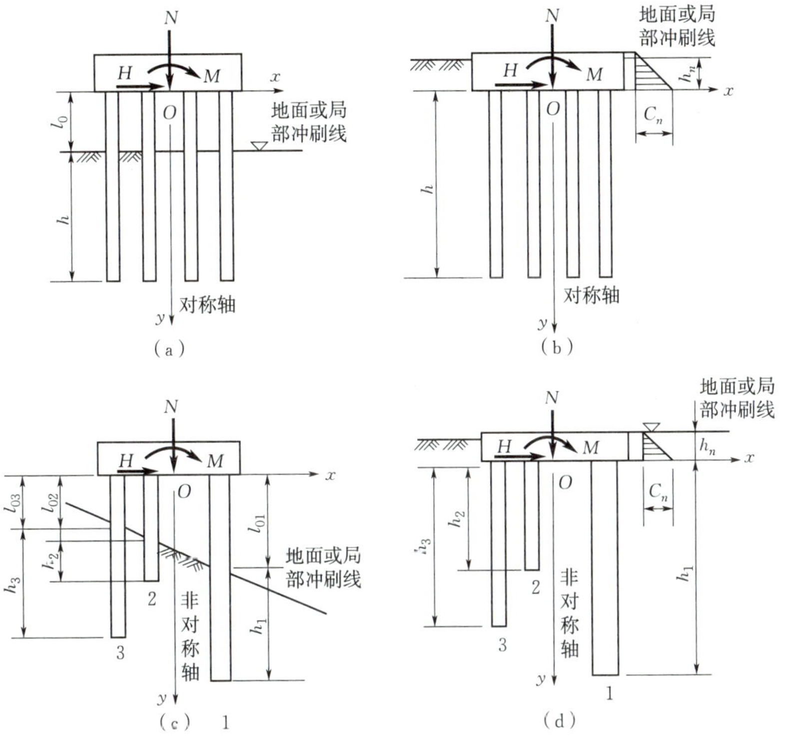

图 3.19 对称和非对称群桩基础计算示意图

对于这种结构：

$$\left.\begin{aligned}
&\text{承台板竖直位移} && b=\frac{N}{\gamma_{bb}}\\
&\text{承台板水平位移} && a=\frac{\gamma_{\beta\beta}H-\gamma_{a\beta}M}{\gamma_{aa}\gamma_{\beta\beta}-\gamma_{a\beta}\gamma_{\beta a}}\\
&\text{承台板绕 }O\text{ 点转角} && \beta=\frac{\gamma_{aa}M-\gamma_{\beta a}H}{\gamma_{aa}\gamma_{\beta\beta}-\gamma_{a\beta}\gamma_{\beta a}}
\end{aligned}\right\}\tag{3.38}$$

式中 b,a,β——承台竖直位移、水平位移、绕 O 点转角，分别以 m、m 和 rad 计。

当承台底面位于地面或局部冲刷线以上时[见图 3.19(a)、(c)]：

$$\left.\begin{aligned}
\gamma_{bb}&=\sum\rho_1\\
\gamma_{aa}&=\sum\rho_2\\
\gamma_{\beta\beta}&=\sum\rho_4+\sum x^2\rho_1\\
\gamma_{a\beta}&=\gamma_{\beta a}=-\sum\rho_3
\end{aligned}\right\}\tag{3.39}$$

当承台底面位于地面或局部冲刷线以下时[见图 3.19(b)、(d)]：

$$\left.\begin{aligned}\gamma_{bb}&=\sum\rho_1\\\gamma_{aa}&=\sum\rho_2+b_0A_c\\\gamma_{\beta\beta}&=\sum\rho_4+\sum x^2\rho_1+b_0I_c\\\gamma_{a\beta}&=\gamma_{\beta a}=-\sum\rho_3+b_0S_c\end{aligned}\right\}\tag{3.40}$$

图 3.18 中任一构件的内力按式(3.41)计算。

$$\left.\begin{aligned}N_i&=(b+\beta x)\rho_1\\Q_i&=a\rho_2-\beta\rho_3\\M_i&=\beta\rho_4-a\rho_3\end{aligned}\right\}\tag{3.41}$$

(7)地面或局部冲刷线处构件截面上的弯矩 M_0 和横向力 Q_0。

$$\begin{aligned}M_0&=M_i+Q_il_0\\Q_0&=Q_i\end{aligned}\tag{3.42}$$

(8)然后按第一种情况中的(3)、(5)、(6)项进行计算。

2. 铁路桥规地基系数法的简化算法

为了简化起见,本方法不考虑桩端土的竖向支承作用,即假定式(3.21)中的 $K_h=0$。因此,本简化法适用于桩底支立于非岩石土中且 $h\geqslant2.5/\alpha$ 的等截面桩桩基础、桩底支立于基岩面但未嵌入基岩内且 $h\geqslant3.5/\alpha$ 的桩基础。这里 h 为桩身位于底面或局部冲刷线以下的长度,α 为基础的变形系数,$\alpha=\sqrt[5]{\dfrac{mb_0}{EI}}$,符号意义同前。

无论承台位于地面或局部冲刷线以上、以下,竖直桩桩基础对称时,坐标原点 O 设于对称轴上[见图 3.19(a)、(b)];不对称基础[见图 3.19(c)、(d)],坐标原点 O 位于各桩的 ρ_1 合力线上,此时

$$\left.\begin{aligned}\rho_1&=\frac{1}{\dfrac{l_0+\xi h}{EA}+\dfrac{1}{C_0A_0}}\\\rho_2&=EI\alpha^3\xi_2\\\rho_3&=EI\alpha^2\xi_3\\\rho_4&=EI\alpha\xi_1\end{aligned}\right\}\tag{3.43}$$

式中 ξ_1、ξ_2、ξ_3 可从《铁路工程设计手册 桥涵地基和基础》表 6.6 中查得。

当承台板位于地面以下或局部冲刷线以下时[见图 3.19(b)、(d)],令式(3.42)中的 $l_0=0$;当承台位于地面以上或局部冲刷线以上时[见图 3.19(a)、(c)],根据式(3.39),并令式(3.44)中的 $h_n=0$。

$$\left.\begin{aligned}\gamma_{bb}&=\sum\rho_1\\\gamma_{ad}&=\sum\rho_2+\frac{b_0'C_nh_n}{2}\\\gamma_{\beta\beta}&=\sum\rho_4+\sum x^2\rho_1+\frac{b_0'C_nh_n^3}{12}\\\gamma_{a\beta}&=\gamma_{\beta a}=-\sum\rho_3+\frac{b_0'C_nh_n^2}{6}\end{aligned}\right\}\tag{3.44}$$

注意式中的 b'_0 为垂直外力作用方向承台侧面土抗力计算宽度，其符号的意义与前文相同。承台底面的竖向位移 b、水平位移 a 和绕坐标原点的转角 β 为

$$\left.\begin{aligned} b &= \frac{N}{\gamma_{bb}} \\ a &= \frac{\gamma_{\beta\beta}H - \gamma_{a\beta}M}{\gamma_{aa}\gamma_{\beta\beta} - \gamma_{a\beta}\gamma_{\beta a}} \\ \beta &= \frac{\gamma_{aa}M - \gamma_{\beta a}H}{\gamma_{aa}\gamma_{\beta\beta} - \gamma_{\alpha\beta}\gamma_{\beta a}} \end{aligned}\right\} \tag{3.45}$$

作用于任一根桩桩顶处的轴力 N_i、弯矩 M_i、剪力 Q_i 为

$$\left.\begin{aligned} N_i &= (b + \beta x)\rho_1 \\ M_i &= \beta\rho_4 - a\rho_3 \\ Q_i &= a\rho_2 - \beta\rho_3 \end{aligned}\right\} \tag{3.46}$$

式中　x——桩中心至坐标原点的距离。

然后按式(3.31)计算底面或局部冲刷线以下 y 处桩身截面的横向位移 x、转角 φ、弯矩 M、剪力 Q 和桩侧土压力 σ_x。

3. 地基系数的其他计算方法

前述基本方法和简化算法均适用于桩和承台侧面土抗力地基系数随深度成线性变化的情况。除此之外，本章第 3.6.4 节中所列有限差分法、有限元法等也可用于群桩基础的计算分析，同样因其计算工作过于烦琐，现已实现计算机软件进行求解。

3.6.6 桩基础的受扭计算

当竖直桩的低桩承台受扭时，承台侧面和桩侧土的抗扭作用比较复杂。为简化计算，将承台侧面土的抗扭作用忽略不计。无论是竖直桩的低桩承台还是高桩承台均可按下述方法进行受扭近似计算(双线墩台某一线产生顺线路方向的水平力时属于此种情况)。

注意图 3.20 所示 N、M、H 的方向均为正值方向，坐标原点 O 设于桩群重心处。其中扭矩以顺时针方向绕 y 转动时(从 y 轴的正值方向端向坐原点 O 观看)为正值，所以该图中所示作用于承台底平面内的扭矩 M_y 为正值方向。

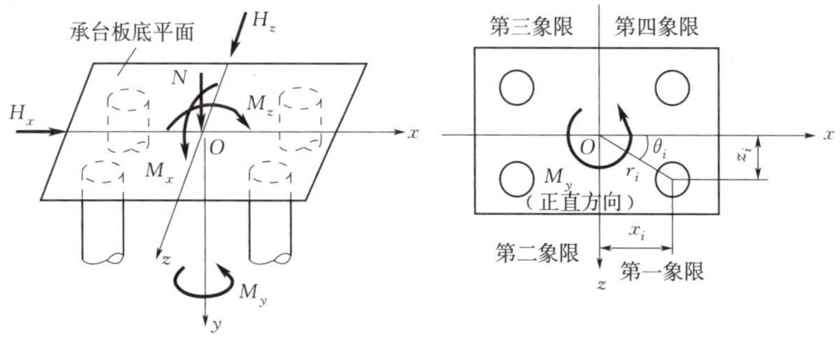

图 3.20　承台受扭计算示意图

承台平面的转角和任一根桩桩顶平面转角 γ(与扭矩 M_y 的方向相同)可按式(3.47)近似计算。

$$\gamma=\frac{M_y}{\rho_2\sum r_i^2+n\dfrac{GI_\rho}{l_\rho}} \tag{3.47}$$

式中 γ_i——第 i 根桩桩中心至坐标原点 O 的距离，m；

n——桩的根数；

G——桩身混凝土的剪切弹性模量，kPa，$G\approx0.4E_c$，E_c 为混凝土受压弹性模量；

I_ρ——桩身扭转惯性矩（极惯性矩），m^4，对于圆桩 $I_\rho=2I$，这里 I 为按设计桩径计算的桩身混凝土全截面的惯性矩，$I=\pi d^4/64$，d 为桩径；

l_ρ——桩身受扭计算长度，m，当桩入土长度 h 小于或等于 $4.0/\alpha$ 时，近似采用 l_ρ 为桩的全长；当桩入土长度 h 大于 $4.0/\alpha$ 时，近似采用 $l_\rho=l_0+4.0/\alpha$；

ρ_2——意义同式(3.26)；

其余符号的意义与前面所述相同。

作用于第 i 根桩桩顶分别顺 x 轴和 z 轴方向的剪力 Q_{ix}、Q_{iz} 按式(3.48)计算。

$$\left.\begin{aligned}Q_{ix}&=\rho_2\gamma z_i\\Q_{ix}&=\rho_2\gamma_{xi}\end{aligned}\right\} \tag{3.48}$$

式中 x_i，z_i——第 i 根桩的坐标距。

各个象限中桩顶的 Q_{ix} 和 Q_{iz} 的方向是不同的。当 M_y 为正值方向时，各个象限中 Q_{ix} 和 Q_{iz} 的方向按图 3.21 所示来确定。

作用于第 i 根桩桩顶分别绕 x 轴和 z 轴的内弯矩 M_{ix} 和 M_{iz} 按式(3.49)计算。

$$\left.\begin{aligned}M_{ix}&=\rho_3\gamma_{xi}\\M_{iz}&=\rho_3\gamma_{zi}\end{aligned}\right\} \tag{3.49}$$

式中 ρ_3 的释义同式(3.33)。

各个象限中桩顶的内弯矩 M_{ix} 和 M_{iz} 的正值方向也是不同的。当 M_y 为正值方向时，各个象限中的 M_{ix} 和 M_{iz} 的方向按图 3.22 来确定。该图中桩顶的内弯矩以双头箭头矢量表示，其双头箭头所指的方向代表按右手螺旋前进方向的弯矩。当 M_{ix} 和 M_{iz} 与 H_x、M_z、H_z、M_x 作用下桩顶产生的弯矩合成时，M_{ix} 和 M_{iz} 应根据各桩桩顶所处的象限，按图中所示双头箭头矢量的方向取为正值或负值（假设从坐标轴 x 和坐标轴 y 的正方向端向坐标系的原点 O 观看，当 M_{ix} 和 M_{iz} 分别绕 x 轴或 z 轴呈逆时针方向旋转时取为正值，反之取为负值。注意该图中 x 轴的正方向与 z 轴的正方向的相互关系）。

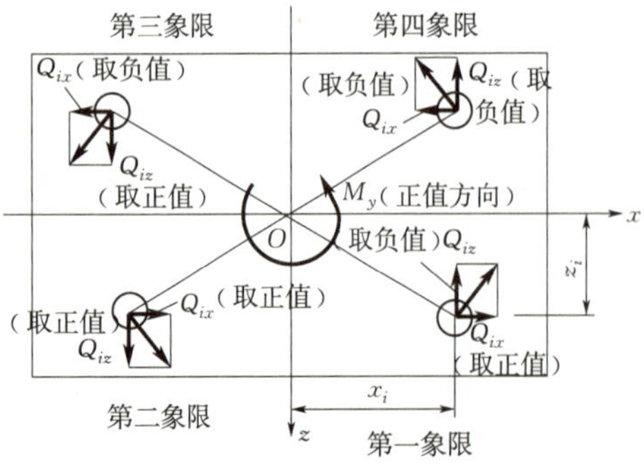

图 3.21 Q_{ix} 和 Q_{iz} 计算示意图

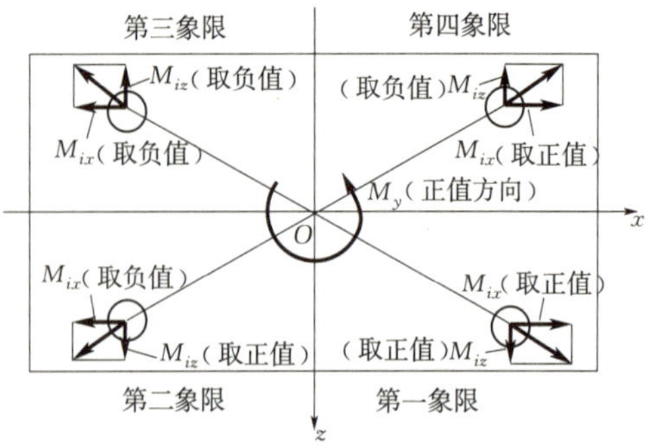

图 3.22 M_{ix} 和 M_{iz} 计算示意图

最后，将上述作用于桩顶处的横向力 Q_{ix} 和 Q_{iz}、弯矩 M_{ix} 和 M_{iz}、作用于承台板底面上外力 H_x、H_z 和外力矩 M_x、M_z 使桩顶产生的横向力和弯矩合成，合成时应注意这些横向力和弯矩的作用方向。然后按本章前述公式求出地面处桩身的位移和转角，再计算桩身任一截面的内力等。

3.6.7 桥台桩基础分析

桥台桩基础，包括承受侧面土压力的桥墩桩基础，通常如图 3.23 所示，具有一个对称面（xOy 平面），且外力作用于该对称面内，可将全部构件投影于此对称面以简化计算。这种基础与桥墩基础的不同，仅在于方程式中的自由项（即外力这一项）不同而已。

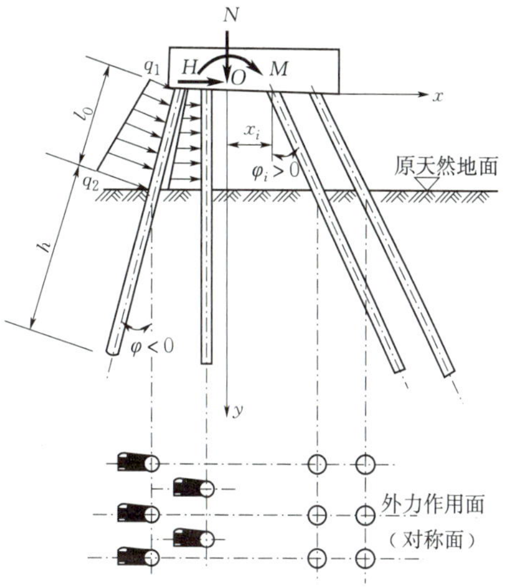

图 3.23 桥梁桩基础计算示意图

当承台底面高出天然地面 l_0 时（见图 3.22），则需要考虑路基填土直接作用于构件（桩或管柱）上的土压力影响（构件直接承受侧面土压力的桥墩基础与这种桥台基础的计算方法相同）。

(1)联解下列方程式，求 M_{l0}、Q_{l0}、M_q 和 Q_q：

$$\left.\begin{aligned}
&M_{l0}=M_q+Q_q l_0+\left(\frac{q_1}{2!}+\frac{q_2-q_1}{3!}\right)l_0^2\\
&Q_{l0}=Q_q+\left(q_1+\frac{q_2-q_1}{2!}\right)l_0\\
&\left[\frac{M_q l_0^2}{2!}+\frac{Q_q l_0^3}{3!}+\frac{q l_0^4}{4!}+\frac{(q_2-q_1)l_0^4}{5!}\right]\frac{1}{EI}=M_{l0}\delta_{QM}+Q_{l0}\delta_{QQ}\\
&\left[M_q l_0+\frac{Q_q l_0^2}{2!}+\frac{q_1 l_0^3}{3!}+\frac{(q_2-q_1)l_0^3}{4!}\right]\frac{1}{EI}=-(M_{l0}\delta_{MM}+Q_{l0}\delta_{MQ})
\end{aligned}\right\}\tag{3.50}$$

式中 M_{l0}，Q_{l0}，M_q，Q_q——由于台后路基土压力作用，直接承受土压力的构件在地面及顶面（与承台联结处）产生的力矩和横向力，分别以 kN·m 和 kN 计，图 3.23(b)所示的 M_q 和 Q_q 均为正值；

q_1，q_2——作用于构件上的土压力强度，按构件宽度计算，kN/m。

(2)对于外力作用于对称面内的桥台基础（见图 3.24），由式(3.51)求出承台竖直位移 b、水平位移 a、绕 O 点的转角 β。

$$\left.\begin{aligned}
&a\gamma_{ba}+b\gamma_{bb}+\beta\gamma_{b\beta}-\left(N+\sum Q_q\sin\varphi\right)=0\\
&a\gamma_{aa}+b\gamma_{ab}+\beta\gamma_{a\beta}-\left(N-\sum Q_q\cos\varphi\right)=0\\
&a\gamma_{\beta a}+b\gamma_{\beta b}+\beta\gamma_{\beta\beta}-\left(M-\sum M_q+\sum xQ_q\sin\varphi\right)=0
\end{aligned}\right\}\tag{3.51}$$

式中 $\sum$ 号包括所有直接承受侧向土压力的构件数。

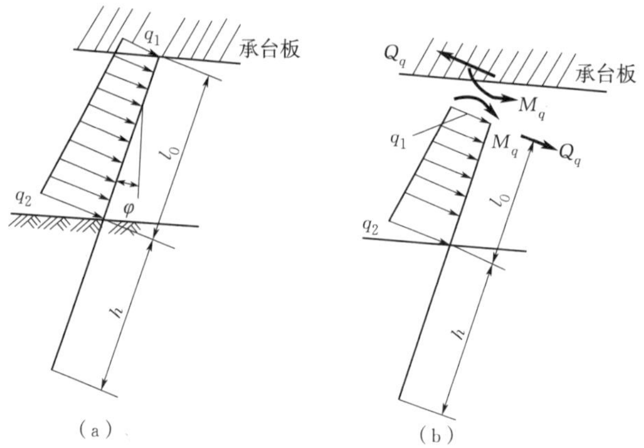

图 3.24 桥台基础构件顶面处的剪力、弯矩计算示意图

(3)按第 3.6.5 节中第二种情况求出承台作用于每一构件顶面的轴向力 N_i、横向力 Q_i 和弯矩 M_i。对于直接承受土压力的构件，其顶面横向力 Q 和弯矩 M 为

$$\left.\begin{aligned} Q &= Q_i + Q_q \\ M &= M_i + M_q \end{aligned}\right\} \tag{3.52}$$

构件任一截面上的弯矩 M_y、剪力 Q_y 和桩侧土的水平压应力 σ_x 按前述公式进行计算。

上述计算方法适用于桥台桩基础的承台板底面位于地面以上的情况，也适用于承台板位于地面以下的情况，对于这两种情况，不同之处仅在于根据承台板底面位于地面以上或位于地面以下，分别按式(3.35)和式(3.36)计算式(3.34)中的 γ_{ba}、γ_{aa}、$\gamma_{\beta a}$、γ_{bb}、γ_{ab}、$\gamma_{\beta b}$、$\gamma_{b\beta}$、$\gamma_{a\beta}$、$\gamma_{\beta\beta}$。

注意，当实际天然地面线以下的土质比较坚硬、密实时，可以采用实际天然地面线作为桥台桩基础分析时的计算天然地面线。当实际天然地面线以下的土质比软弱和松散时，则应根据具体情况以实际天然地面线以下适当深度处作为桥台桩基础分析时的计算天然地面线，这样考虑，会使基桩所受路基作用的侧向土压力稍大一些，偏于安全，如图 3.25 所示。

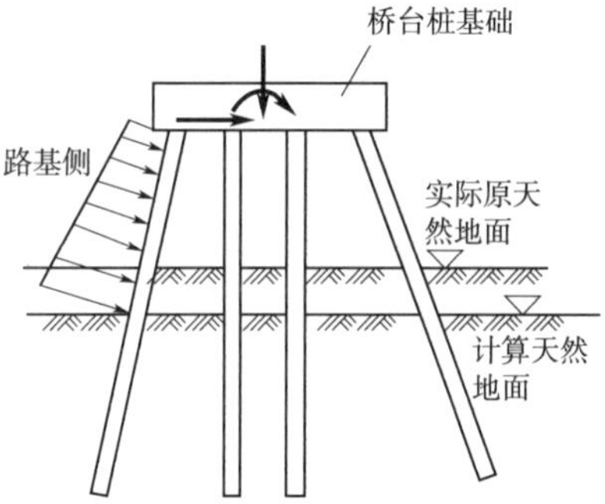

图 3.25 桥台基础计算天然地面示意图

3.6.8 双向受力桩基础分析

随着计算机技术的发展，各设计和研究单位均编写有比较可靠的桩基础计算软件，可以精确地分析任意排列的空间桩群。本节从介绍桩基础计算基本方法和原理的角度出发，仅对双向受力的桩基础分析进行说明。

对于双向外力作用下无对称竖直平面的桩基，虽然也可以对其进行受力分析，譬如可采用空间分析法和有限元法，但分析起来比较麻烦，因此，从桩基中基桩的布置和基岩面的确定采取近似措施，使之成为具有两个互成正交对称竖直平面的桩基，这样就可以对其进行分析。

当基础承受双向荷载作用时，按前文所述第一种情况或第二种情况求出第一构件顶面处沿两个方向的弯矩和剪力后，分别沿两个方向求出构件身任一截面中的弯矩 M_y、Q_y 和侧面土的横向压应力 σ_x，最后将该截面沿两个方向的弯矩、剪力和横向压应力进行组合。或者按前文所述第一种情况或第二种情况分别求出每一构件顶面处沿两个方向的弯矩 M、剪力 Q，组合后，再求出每一构件任一截面中的弯矩 M_y、剪力 Q_y 和侧面土的横向压应力 σ_x。

根据经验，在这两种方法中，第一种方法分析所得的结果与空间分析法所得的结果相比，二者比较接近，但其计算工作量较大；而第二种方法分析所得的结果与空间分析法所得的结果相比，有时相差较大，但其计算工作量较小。究竟采用哪一种方法，应根据作用于承台板底面处坐标原点上纵横两个方向弯矩相差的大小和纵横两个方向水平外力相差的大小来判断。一般来说，当纵横两个方向弯矩相差不太大，纵横两个方向水平外力相差也不太大时，采用第一种方法为宜。

3.6.9 桩基础转角和位移计算

置于非岩石地基上的基础(包括基础支立于岩石风化层内和支立于岩层面上的情况)，如图 3.26 当基础埋于地面或局部冲刷线以下的深度 $h \leqslant 2.5/\alpha$ 时，可按前面"一般情况"所述公式进行计算，也可将基础视为具有无穷大刚度按下列各公式计算。

(1)当地面或局部冲刷线处有力矩 M 和水平力 H 作用时，基础的转角为

$$\omega=\frac{12(3M+2Hh)}{b_0mh^4+18C_0aW} \tag{3.53}$$

(2)基础旋转中心至地面或局部冲刷线的距离为

$$y_0=\frac{b_0mh^3(4M+3Hh)+6HC_0aW}{2b_0mh^2(3M+2Hh)} \tag{3.54}$$

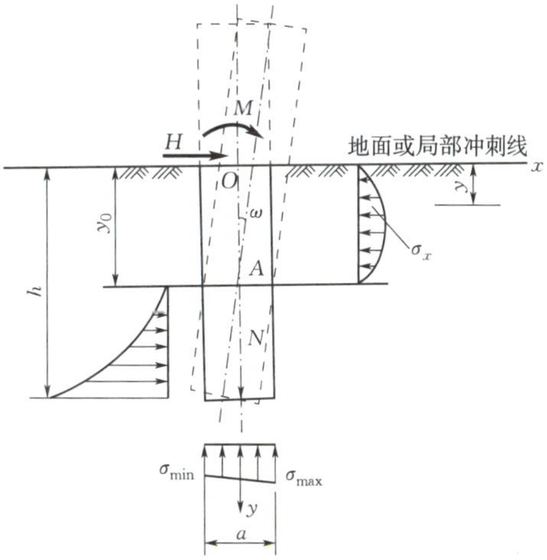

图 3.26 $h \leqslant 2.5/\alpha$ 时基础计算示意图

(非嵌入岩石内时)

(3)基础底面前后边缘竖向压应力为

$$\sigma_{\min}^{\max}=\frac{N}{A_0}\pm C_0\frac{a}{2}\omega \tag{3.55}$$

(4)地面或局部冲刷线以下任一深度 y 处基础前后侧土的横向压应力及横截面上的弯矩为

$$\sigma_x=my(y_0-y)\omega \tag{3.56}$$

$$M_y=M+y\left[H-b_0\omega\frac{my^2}{12}(2y_0-y)\right] \tag{3.57}$$

式中 ω——基础的转角，rad；

y_0——基础旋转中心至地面或局部冲刷线的距离，m；

$\sigma_{\min}^{\max}$——基础底面前后边缘竖向应力，kPa；

σ_x——深度 y 处基础前后侧土的横向压应力，kPa；

M_y——深度 y 处基础横截面上的弯矩，kN·m；

N——作用于基础底面上的竖向力，kN，对于支立于岩层面上的桩、管柱和沉井，计算 N 时不考虑其侧面摩阻力的影响；

A_0——基底面积，m^2；

a——基础底面顺外力作用方向的基础长度，m；

W——基底截面抵抗矩，m^3；

其余符号的意义与前面相同。

(5)基底最大竖向压应力 σ_{max} 不应大于地基容许承载力。基础侧面横向压应力应满足下列条件：

$$\sigma_{h/3} \leqslant \eta_1 \eta_2 \left[\gamma \frac{h}{3}(\eta K_p - K_a) + 2c(\eta\sqrt{K_p} - \sqrt{K_a})\right] \tag{3.58}$$

$$\sigma_h \leqslant \eta_1 \eta_2 [\gamma h(\eta K_p - K_a) + 2c(\eta\sqrt{K_p} - \sqrt{K_a})] \tag{3.59}$$

式中 $\sigma_{h/3}$，σ_h——深度 $y=\frac{h}{3}$ 和 $y=h$ 处土的横向压应力，kPa；

γ——土的容重(有水时，考虑水浮力)，kN/m^3；

c——土的黏聚力，kPa；

η_1——系数，对于超静定推力拱桥的墩台 $\eta_1=0.7$，其他结构体系的墩台 $\eta_1=1.0$；

η_2——考虑总荷载中恒载所占比例的系数，当 $h\leqslant 2.5/\alpha$ 时

$$\eta_2 = 1 - 0.8\frac{M_n}{M_m}$$

其中 M_n——恒载对基础底面中心的力矩，kN·m；

M_m——全部外力对基础底面中心的总力矩，kN·m；

K_p，K_a——系数，

$$\left.\begin{aligned} K_p &= \tan^2\left(45° + \frac{\varphi}{2}\right) \\ K_a &= \tan^2\left(45° - \frac{\varphi}{2}\right) \end{aligned}\right\} \tag{3.60}$$

η——系数，$\eta=\frac{b_0}{b}$，b_0 为基础侧面土抗力的计算宽度，b 为基础的实际宽度；

φ——土的内摩擦角，(°)。

(6)墩台顶面的水平位移按式(3.61)计算

$$\delta = k_1\omega y_0 + k_2\omega l + \delta_0 \tag{3.61}$$

式中 δ——墩台顶面的水平位移，m；

k_1，k_2——考虑基础实际刚度的系数，按表 3.15 采用；

l——地面或局部冲刷线至墩台顶面的高度，m；

δ_0——在 l 范围内由于墩台身与基础的变形产生的墩台顶面位移，m；

h——基础的高度，m；

ω——基础的转角，rad。

表 3.15 k_1、k_2 系数

换算深度 $\bar{h}=\alpha h$	系 数	λ/h				
		1	2	3	5	∞
1.6	k_1	1.0	1.0	1.0	1.0	1.0
	k_2	1.0	1.1	1.1	1.1	1.1
1.9	k_1	1.0	1.0	1.1	1.1	1.1
	k_2	1.1	1.2	1.2	1.2	1.3
2.0	k_1	1.1	1.1	1.1	1.1	1.2
	k_2	1.2	1.3	1.4	1.4	1.4
2.2	k_1	1.1	1.1	1.2	1.2	1.2
	k_2	1.2	1.5	1.6	1.6	1.7
2.4	k_1	1.1	1.2	1.3	1.3	1.3
	k_2	1.3	1.9	1.9	1.9	2.0
2.5	k_1	1.2	1.3	1.4	1.4	1.4
	k_2	1.4	1.9	2.1	2.2	2.3

注：表中 $\lambda=M_m/H$，H 为总水平外力，M_m 为全部外力对基础底面中心的总力矩。当 $\alpha h<1.6$ 时，$k_1=k_2=1.0$。

3.6.10 墩台基础刚度的确定

铁路桥梁墩台刚度影响墩台顶纵横向位移大小，进而影响上部结构在外力荷载作用下的变形量，对列车运行的平稳和舒适性造成直接影响。因此为保证列车高速行驶平稳安全和乘坐舒适，我国高速铁路在设计时，对墩台基础的刚度进行了严格限制。

从国内外规范对无缝线路简支梁桥墩纵向刚度限值要求分析发现，各规范均认为桥墩纵向水平刚度取决于两方面因素：一是桥上轨道强度和稳定性，即钢轨附加应力；二是在制动力作用下梁轨相对位移的大小。在列车制动作用下桥梁墩台产生的墩台顶纵向制动附加力及其分布除受轮轨黏着系数及线路阻力参数影响外，主要由墩台顶纵向水平线刚度及和相邻墩台顶刚度匹配所决定。墩顶刚度越小，桥梁所受墩顶制动力越小，钢轨制动附加力越大。所以桥墩纵向刚度限值控制的根本目的是减小钢轨制动附加力，同时保证梁轨之间相对位移不超限。对国内外规范中无缝线路简支梁桥墩横向刚度限值要求分析发现，无论是以墩顶横向水平位移控制，还是以梁端水平折角控制，目的都是基于轨道方向平顺性要求的考虑，以保证列车运行安全和舒适度。

墩台及基础（通常称为下部结构）的刚度是桥梁结构整体刚度的主要组成部分，主要由支座的刚度、墩台自身刚度和基础刚度三部分组成。桥梁设计时，桥梁下部结构刚度要考虑支座的变形[见图 3.27(b)]、墩身的弹性变形[见图 3.27(c)]、基础的转动、基础的水平位移[见图 3.27(d)]等。因此，影响桥梁下部结构刚度的主要因素有墩高、墩形、基础刚度，支座

的变形可暂不考虑。

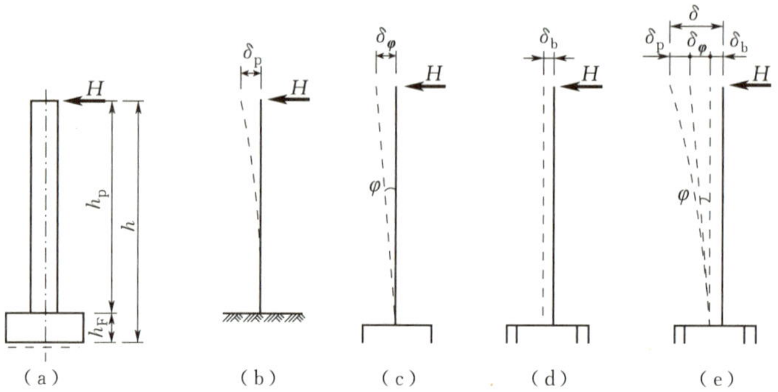

图 3.27 桥梁下部结构刚度计算图式

铁路桥梁设计时，墩台刚度指的是桥墩和基础两者的综合刚度，采用墩台顶加载水平单位力 H 的墩顶位移值 Δ 的倒数表示，Δ 按式(3.62)计算。

$$\Delta=\delta_b+\delta_f+\omega_f\cdot h \tag{3.62}$$

式中 Δ——墩台顶单位力，墩台及基础总位移，m；

δ_b——墩台顶单位力，墩台本身的位移值，m；

δ_f——墩台顶单位力，桩基础(承台底面处)的基础位移值，m；

ω_f——墩台顶单位力，桩基础(承台底面处)的基础转角值，rad；

h——墩台高度，m，该值应包含承台高度。

3.6.11 按材料强度确定桩的容许承载能力

桩基础设计中除前文按土的阻力等检算单桩承载力外，还应检算桩身材料的强度。一般来说，摩擦桩设计主要由地基土的阻力控制，同时需要通过桩身材料强度检算来确定桩身适宜材料。例如，对于钻孔灌注桩就需要通过检算确定钢筋用量和混凝土的强度等级。

在外力作用下，桩基中的桩同时受到轴向力、水平力和弯矩的作用，属于偏心受压构件，应按稳定性和材料强度两个方面来检算桩身应力，其计算方法可按照《铁路桥涵混凝土结构设计规范》(TB 10092—2017)执行。在按稳定性检算时，需用到纵向弯曲折减系数 φ；在按材料强度检算时，需要用到弯矩增大系数 η。在计算 φ 和 η 时，都需要用到桩的计算长度 l_p，考虑到桩身屈曲将受到埋入土中部分的侧面土抗力的约束作用，其屈曲临界荷载与材料力学所述空间构件有所不同，故 l_p 也需另行确定。

1. 桩的屈曲分析

外荷载作用下单根桩桩身的屈曲分析是群桩基础中桩屈曲分析的基础。单桩的分析结果如果安全，则该桩在群桩基础中也是安全的，因此，设计中要求群桩基础中的桩按单桩进行屈曲分析的结果应该也是安全的，而不必再去考虑群桩基础中的桩的屈曲问题。设计中需要认真考虑墩台与基础的良好匹配关系，尤其是软土地基，墩台身不应片面追求外表轻巧和节省材料而将其截面做得过小。目前铁路中对桩基础中桩的屈曲分析方法如下：

表 3.16 为单桩纵向屈曲的计算长度 l_p(或称桩身纵向弯曲计算长度)，根据该屈曲计算

长度，可粗略地求得桩身发生纵向屈曲时，桩身容许应力的折减系数 φ 和轴向力与桩顶弯矩同时作用时桩身轴线发生偏倚使桩身弯矩增大的系数 η，然后进行桩身屈曲稳定性的检算和桩身材料强度的检算。

表 3.16 桩身屈曲计算长度 l_p

单桩或位于与外力作用面相垂直面内的单排桩				多排桩			
桩底支于非岩石土中		桩底嵌于岩石内		桩底支于非岩石土中		桩底嵌于岩石内	
$h<\frac{4.0}{\alpha}$	$h\geqslant\frac{4.0}{\alpha}$	$h<\frac{4.0}{\alpha}$	$h\geqslant\frac{4.0}{\alpha}$	$h<\frac{4.0}{\alpha}$	$h\geqslant\frac{4.0}{\alpha}$	$h<\frac{4.0}{\alpha}$	$h\geqslant\frac{4.0}{\alpha}$
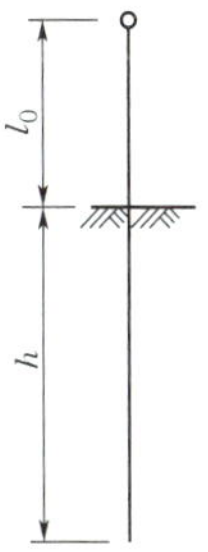		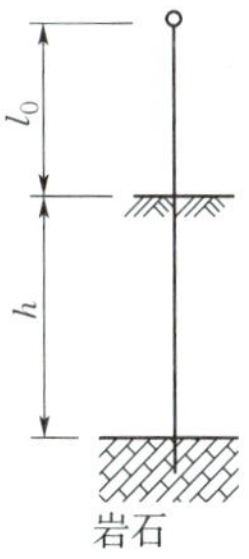		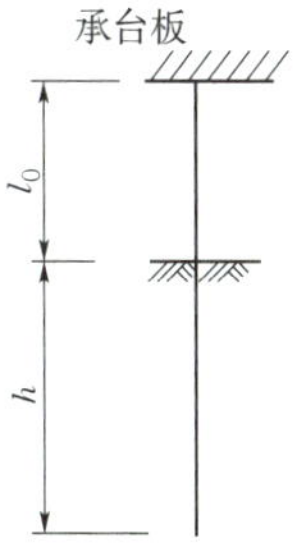		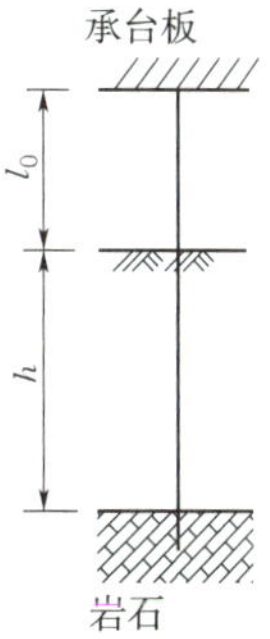	
$l_p=1.0\times(l_0+h)$	$l_p=0.7\times\left(l+\frac{4.0}{\alpha}\right)$	$l_p=0.7\times(l_0+h)$	$l_p=0.7\times\left(l_0+\frac{4.0}{\alpha}\right)$	$l_p=0.7\times(l_0+h)$	$l_p=0.5\times\left(l_0+\frac{4.0}{\alpha}\right)$	$l_p=0.5\times(l_0+h)$	$l_p=0.5\times\left(l_0+\frac{4.0}{\alpha}\right)$

注：1. 本表适用于置于砂类土和正常固结黏性土中的桩。

2. 表中 $\alpha=\sqrt[5]{\frac{mb_0}{EI}}$，其中 m 为桩侧地基系数的比例系数，对于位于与外力作用平面相平行面内的桩，其比例系数 m 应乘以桩的相互作用系数；b_0 为桩侧土抗力的计算宽度；EI 为桩身的弯曲刚度，对于钢筋混凝土桩，$EI=E_cI$，这里 E_c 为混凝土的受压弹性模量，I 为桩身换算截面惯性矩。

3. 用于低桩承台时，令 $l_0=0$。

以钢筋混凝土桩（包括方桩、圆桩、管桩、管柱）为例，当桩同时承受轴向压力 N（或轴向拉力）和弯矩 M 作用时，按下面所述进行桩身的稳定性和材料强度的检算。

2. 桩身的稳定性检算

对于受压桩需进行稳定检算，而对于受拉桩则不做此项检算。按式(3.63)粗略地对受压桩进行与桩顶弯矩 M 作用平面相垂直方向的中心受压稳定性检算：

$$KN\leqslant N_{cr}$$

或

$$\sigma=\frac{N}{A_0}\leqslant[\sigma_{cr}]$$

或

$$\sigma=\frac{N}{A_0}\leqslant\varphi[\sigma_c] \tag{3.63}$$

式中 σ——普通钢筋混凝土桩中混凝土的压应力，kPa；

N——桩顶承受的轴向压力，kN；

K——安全系数，主力作用时为 2.0，主＋附作用时为 1.6；

A_0——桩身横截面换算为混凝土的换算截面积，$A_0=A_c+(m-1)A_s$，其中 A_c 为桩身横截面面积(包括主筋截面积)，A_s 为桩身横截面中全部主钢筋的截面积，m 为钢筋计算强度与混凝土抗压极限强度之比；

N_{cr}——桩在压力作用下的屈曲临界荷载，kN，对于钢筋混凝土桩，

$$N_{cr}=\alpha\pi^2E_cI_0/l_p^2=\alpha\pi^2E_cA_0(i/l_p)^2$$

其中 α——修正系数，$\alpha=0.16+0.1/(0.2+e_0/h)$ 或 $\alpha=0.16+0.1/(0.2+e_0/d)$，这里 h 为屈曲平面内的截面高度，d 为桩的直径，e_0 为轴向压力作用点至桩截面重心的距离，$e_0=M/N$，

E_c——E_c 为钢筋混凝土桩混凝土的受压弹性模量，kPa，

l_p——桩身屈曲计算长度(或称桩的纵向弯曲计算长度)，m，

i——垂直弯矩 M 作用平面方向的桩身横截面回转半径，m^4，$i=\sqrt{l_0/A_0}$(l_0 为垂直弯矩 M 作用平面方向的桩身截面的换算惯性矩)，对于管桩，$i=\sqrt{r^2+r_0^2}/2$，r_0、r 分别为桩的内、外半径；

$[\sigma_{cr}]$——为避免桩发生屈曲所采用的桩身材料的容许压应力，$[\sigma_{cr}]=\dfrac{N_{cr}}{KA_0}$，式中诸符号的意义与前面相同；

φ——桩身材料容许压应力$[\sigma_{cr}]$的折减系数，随桩的长细比 $\lambda=l_p/i$ 而定，对于普通钢筋混凝土圆桩，φ 值由表 3.17 查得；

$[\sigma_c]$——钢筋混凝土桩中混凝土的容许压应力，kPa。

表 3.17 钢筋混凝土圆桩 φ 值

l_p/i	<28	35	42	48	55	62	69	76	83	90	97
l_p/d	<7	8.5	10.5	12	14	15.5	17	19	21	22.5	24.0
φ	1.0	0.98	0.95	0.92	0.87	0.81	0.75	0.70	0.65	0.60	0.56
l_p/i	104	111	118	125	132	139	146	153	160	167	174
l_p/d	26	28	29.5	31	33	34.5	36.5	38	40	41.5	43
φ	0.52	0.48	0.44	0.40	0.36	0.33	0.29	0.26	0.23	0.21	0.19

注：表中的 i 为桩身横截面的回转半径，d 为桩身横截面的直径。

对于钢筋混凝土桩(包括方桩、圆桩、管桩)，钢筋压应力 σ_s 按式(3.64)计算。

$$\sigma_s=m\sigma\leqslant\varphi[\sigma_s] \quad (3.64)$$

式中 $[\sigma_s]$——钢筋的容许应力，kPa；

σ——混凝土的压应力，kPa。

其余符号意义同前。

3. 桩身材料强度检算

(1)小偏心受压与大偏心受压的判别

钢筋混凝土圆桩、空心圆桩和管柱，当桩为偏心受压时，判别式为

若
$$e \leqslant \frac{r\left[1+\left(\frac{r_0}{r}\right)^2+2(n-1)p\left(\frac{r'}{r}\right)^2\right]}{4[1+(n-1)p]} \tag{3.65}$$
则为小偏心受压，即全截面面积受压；

若
$$e > \frac{r\left[1+\left(\frac{r_0}{r}\right)^2+2(n-1)p\left(\frac{r'}{r}\right)^2\right]}{4[1+(n-1)p]} \tag{3.66}$$
则为大偏心受压，即截面部分面积受压。

式中　r——空心桩截面外半径或实心桩半径，m；

r'——主钢筋至截面中心的距离，m；

r_0——空心桩的内半径，m；

e——外压力 N 的偏心距，m

$$e=\frac{M}{N}\eta \quad \eta=\frac{1}{1-\frac{KNl_p^2}{\alpha\pi^2E_cI_c}}$$

其中，$\alpha=0.16+0.1/(0.2+e_0/d)$，这里 $e_0=M/N$，d 为桩的外直径；$I_c=\frac{\pi(r^2-r_0^2)}{4}\cdot[(r^2+r_0^2)+2(n-1)\rho(r')^2]$，$\rho$ 为桩截面中土筋的比率，$\rho=\frac{A_s}{[\pi(r^2+r_0^2)]}$，$A_s$ 为主筋的截面积，n 为桩身主筋弹性模量与混凝土变形模量之比，其余诸符号的意义同前。

(2)实体圆桩偏心受压

当小偏心受压时，桩身混凝土的最大压应力 σ_b 和钢筋的最大压应力 σ_s 为

$$\begin{aligned}\sigma_b&=\frac{N}{\pi r^2}\left(T+\frac{e}{r}S\right)\leqslant[\sigma_b]\\ \sigma_s&=n\frac{N}{\pi r^2}\left(T+\frac{er'}{r^2}S\right)\leqslant[\sigma_i]\end{aligned} \tag{3.67}$$

式中　$T=\frac{1}{1+(n-1)p}$，$S=\frac{4}{1+2(n-1)p\left(\frac{r'}{r}\right)^2}$。

当大偏心受压时，桩身混凝土的最大压应力 σ_b 和钢筋的最大压应力 σ_s 为

$$\begin{aligned}\sigma_b&=\frac{M\eta}{r^3}A\leqslant[\sigma_b]\\ \sigma_s&=\sigma_bB\leqslant[\sigma_s]\end{aligned} \tag{3.68}$$

式中　A，B——系数，按《铁路工程设计手册·桥涵地基和基础》中图 6.100～图 6.105 查用。

(3)偏心受拉

一般工况下，桥梁桩基础不出现受拉现象。对于受地震力或特殊荷载工况下出现拉应力的桩基础，当桩身截面承受轴向拉力 N 和弯矩 M 时，倘若拉力 N 的作用点位于受力钢筋之间，为小偏心受拉，不计混凝土的抗拉强度，拉力 N 全部由钢筋承受。钢筋的拉应力 σ_s 为

$$\sigma_s = \frac{N}{A_s} + \frac{Ne_0}{I_s} x_0 \tag{3.69}$$

式中　I_s——全部钢筋对桩身横截面中心轴 y 的惯性矩，m^4；

A_s——桩身横截面全部钢筋的横截面积，m^2；

x_0——桩身横截面中心轴 y 至计算钢筋的距离，m；

e_0——外压力 N 至桩身横截面中心轴的偏心距，m。

当大偏心受拉时，偏心距 e_0 位于桩身横截面混凝土受拉侧，$e_0 = M/N$，不应考虑 η 系数。此时，可应用上述大偏心受压时的公式进行计算。

3.6.12　钢筋混凝土桩裂缝检算

钢筋混凝土圆桩(圆形及环形偏心受压构件)裂缝宽度按式(3.70)计算。

$$\omega_f = K_1 K_2 K_3 \gamma \frac{\sigma_s}{E_s}\left(100 + \frac{4 + 0.2d}{\sqrt{\mu_z}}\right) \tag{3.70}$$

式中　ω_f——裂缝的宽度，mm；

K_1——钢筋表面形状对裂缝的影响系数：对于光钢筋 $K_1 = 1.0$；对于螺纹钢筋 $K_1 = 0.72$；

K_2——荷载特性对裂缝的影响系数：对于光钢筋，$K_2 = 1 + 0.5\frac{M_1 + M_2}{M}$，对于螺纹钢筋，$K_2 = 1 + 0.3M_1/M + 0.5M_2/M$，这里 M_1 为活载作用下桩身产生的弯矩，kN·m，M_2 为恒载作用下桩身产生弯矩，kN·m，M 为全部计算荷载作用下桩身产生的弯矩，kN·m，主力时，$M = M_1 + M_2$，主力＋附加力时，$M = M_1 + M_2 + M_3$，这里 M_3 为附加力产生的弯矩；

K_3——桩身截面形状系数，对于实心圆截面取 1.0，环形截面取 1.1；

E_s——钢筋的弹性模量，MPa；

γ——中性轴至受拉边缘的距离与中心轴至最大拉应力钢筋中心的距离之比，$\gamma = \frac{2R - x}{R + r_g - x} \leqslant 1.2$，当 $\gamma < 1.2$ 时，取 1.2，这里 x 为中性轴至混凝土受压区最远点的距离[见图 3.28(a)]；

σ_s——钢筋的最大拉应力，MPa；

d——主钢筋的直径，mm，当钢筋直径不相同时，按大直径取用，通常桩的设计中不会出现这种情况；

μ_z——主钢筋的配筋率，$\mu_z = A_s/A_z$，但一般来说 μ 不应小于0.005 5 (0.55‰)；这里 A_s 为主钢筋的总截面积(m^2)；A_z 为与主钢筋相互作用的混凝土面积，见图 3.28(b)中的阴影面积，m^2；A_z 按下式计算：

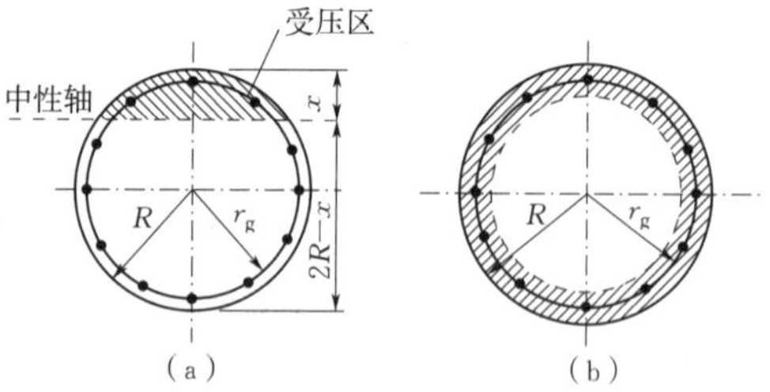

图 3.28　桩基中性轴、受压区

$$A_z=\pi\{R^2-[r_g-(R-r_g)]^2\}=4\pi r_g(R-r_g)$$

当桩截面中有束筋时，则 $\mu_z=\dfrac{(\beta_1 n_1+\beta_2 n_2+\beta_3 n_3)A_{s1}}{A_z}$，这里 n_1、n_2、n_3 为单根、两根一束、三根一束的钢筋根数(通常，桩中的钢筋不宜采用三根一束)；β_1、β_2、β_3 为束筋影响系数，对于单根钢筋，$\beta_1=1.0$，对于两根一束的钢筋 $\beta_2=0.85$，对于三根一束的钢筋，$\beta_3=0.70$；A_{s1} 为单根钢筋的截面积，m^2。

3.6.13 桩基础抗震验算

地震中基础一旦被破坏，会引起建筑结构沉陷、倾斜甚至倒塌。对于桥梁基础，其一般位于地下，发生震害不易修复，严重者将造成较长时间中断行车。在地震区的铁路桥梁必须执行《铁路工程抗震设计规范》(GB 50111—2006)相关规定。

如果桥梁基础在软土和松软土层中没有埋入稳定土层足够深度时，则地震时地基土发生流动，使基础整体移动、倾斜和下沉。如果埋入深度足够时，则其上部由于土层中各深度振动的振幅不一致，使基础本身发生弯曲和剪切，可能引起桩身的开裂或断裂。所以建于软弱土层上的桩基础结构的抗震验算是高速铁路桥梁基础设计的一项重要内容，不可或缺。

1. 铁路抗震规范相关要求

(1)设防烈度为7度、8度、9度的桥梁和位于6度震区的B类桥梁以及Ⅲ、Ⅳ类场地的C类桥梁[(分类详见《铁路工程抗震设计规范》(GB 50111—2006)]，均应按多遇地震进行桥墩和基础的强度、偏心及稳定性验算。

(2)桥梁抗震验算的荷载应为地震作用与恒载和活载的最不利组合。具体荷载组合要求见铁路《铁路桥涵地基和基础设计规范》(TB 10093—2017)和《铁路工程抗震设计规范》(GB 50111—2006)相关内容。

(3)位于常年有水河流的可液化土层或软土地基上的桥梁墩台，应采用桩基等深基础，且桩尖伸入稳定土层内不应小于2 m。

(4)位于可液化土层或软土地基上的特大桥、大中桥应将桥台设置在稳定的河岸上。不宜在主河槽与河滩分界的地形突变处设置桥墩。

(5)设防烈度为8度或9度的特大桥、大中桥，桥头路堤高度大于3 m时，应对台后15 m范围内路堤基底以下的可液化土层或软土，采取振密、砂井、砂桩、碎石桩、换填等加固措施。

(6)7度及以上地区的钻孔桩基础，在桩顶(2.5～3.0)d(d 为设计桩径)长度范围内，应适当加强箍筋配置。其间距不应大于10 cm，加强箍筋直径一般不小于20 mm并不小于主筋直径，当桩径大于等于2 m时加强箍筋直径应适当增大。桩身纵向钢筋配筋率不应小于0.55%。

2. 桥梁墩台基础的抗震验算要求

验算一般只需考虑水平地震荷载，并在顺桥(纵向)和横桥(横向)两个方向分别进行计算。对于抗震设防烈度为9度的悬臂结构和预应力混凝土刚构桥等，还应计入竖向地震作用的影响。

(1)桥梁下部结构验算,应符合表 3.18 的规定要求。

表 3.18　桥梁墩台抗震验算要求

项　　目		e
基础底面合力偏心距	未风化至弱风化的硬质岩石	$\leqslant 2.0\rho$
	上项以外的其他岩石	$\leqslant 1.5\rho$
	基本承载力 $\sigma_0>200$ kPa 的土层	$\leqslant 1.2\rho$
	基本承载力 $\sigma_0\leqslant 200$ kPa 的土层	$\leqslant 1.0\rho$
砌体及混凝土墩身截面合力偏心距	圆形	$\leqslant 0.7S$
	矩形及其他形状	$\leqslant 0.8S$
建筑材料容许应力修正系数	混凝土剪应力、弯曲拉应力	1.0
	混凝土压应力	1.5
	钢材的剪应力、拉、压应力	1.5
滑动稳定系数		≥1.1
倾覆稳定系数		≥1.3

注:1. 表中 ρ 为基础底面计算方向的核心半径;
　2. 表中 S 为截面形心至最大压应力边缘的距离。

(2)地基承载力

地震验算,地基承载力提高:验算基础的地基抗震强度时,地基土抗震容许承载力可按式(3.71)计算。

$$[\sigma_E]=\psi[\sigma] \tag{3.71}$$

式中　$[\sigma_E]$——地基土抗震容许承载力,kPa;

ψ——地基土容许承载力修正系数,按表 3.19 采用;

$[\sigma]$——地基土容许承载力,kPa。

表 3.19　抗震验算地基容许承载力修正系数

地　基　土	修正系数 ψ 值
未风化至强风化的硬质岩石	1.5
未风化至微风化的软质岩	1.5
基本承载力 $\sigma_0>500$ kPa 的岩石和土	1.4
基本承载力 150 kPa$<\sigma_0\leqslant 500$ kPa 的岩石和土	1.3
基本承载力 100 kPa$<\sigma_0\leqslant 150$ kPa 的土	1.2

注:1. 软质岩是指饱和单轴极限抗压强度为 15～30 MPa 的岩石。
　2. 100 kPa$<\sigma_0\leqslant 150$ kPa 的土,不包括液化土、软土、人工弃土、填土等。

摩擦桩地基容许承载力修正系数根据土的性质可取 1.2～1.4。液化土层以下的土层容许承载力修正系数,应符合以下第(3)条的规定。液化层以上的土层容许承载力不应修正。

(3)地震液化层承载力折减

饱和砂土、粉土在地震力作用下,土体受到强烈震动后,致使土体丧失强度、土颗粒处于悬浮状态，造成地基失效的作用或现象，称为地震液化。

影响地层液化的因素很多，也很复杂，地震力是产生液化的主要外因，地震强度越大，震动时间越长，越易产生液化；地质条件对液化的影响也非常显著，包括土体的颗粒组成、密实程度、地层结构、可液化土层的埋藏深度等。一般在 7 度区，粉土、粉砂、细砂会发生夜化；8 度区，粉土、粉砂、细砂、中砂会发生夜化；9 度区，粉土、粉砂、细砂、中砂、粗砂会发生夜化。土层的密实程度越高越不易夜化，可液化层埋藏越深越不易液化。根据国内外的震害资料看，7 度区液化深度一般不大于 15 m、8 度区液化深度一般不大于 18 m、9 度区液化深度一般不大于 20 m。实际工作中，在地质勘察阶段通过野外调查和室内试验研究，根据沿线的地震烈度，按现行《铁路工程抗震设计规范》(GB 50111—2006)推荐的方法进行地层液化的评价。

地基内有液化土层(饱和中、细、粉砂层，含砂量较高的粉土层)时，液化土层的弹性抗力、摩阻力和摩擦角、抗剪强度等力学指标应进行折减，液化层的力学指标的折减系数 ψ_1 应符合表 3.20 的规定。

表 3.20 液化土力学折减系数 ψ_1 值

F_i	$d_s \leqslant 10$ m	10 m$<d_s \leqslant 20$ m
$F_i \leqslant 0.6$	0	0.33
$0.6<F_i \leqslant 0.8$	0.33	0.66
$0.8<F_i \leqslant 1.0$	0.66	1.0

注：表中 d_s 为标准贯入、静力触探试验点的深度；F_i 为抗液化指数。

液化土的抗液化指数 F_i 值，应按式(3.72)和式(3.73)计算(一般在地勘阶段完成，提交结构设计者采用)。

①采用标准贯入试验时

$$F_i = N/N_{cr} \tag{3.72}$$

②采用静力触探试验时

$$F_i = P_{sca}/P_s^i \tag{3.73}$$

式中 N——实测标准贯入锤击数；

N_{cr}——液化临界标准贯入锤击数；

P_{sca}——实测的计算贯入阻力，MPa；

P_s^i——液化临界贯入阻力，MPa。

(4)桩基础承台底面的地基柔度系数

桩基础承台底面的地基柔度系数，应计入土的弹性抗力，并应按现行行业标准《铁路桥涵地基和基础设计规范》(TB 10093—2017)规定的方法计算。

(5)地震区桩侧土的地基系数

位于土中的基桩，当桩顶承受反复振动作用的地震荷载时，桩顶的侧移量往往大于非地震荷载作用时的侧移量，因此桩侧地基系数的比例系数 m 值应降低取用。这可能使结构的侧移控制设计。只有在无水砂土中可能存在由于地震而挤密时，使桩侧土地基系数的 m 值增大，有可能导致结构的强度控制设计。

3. 墩台地震力计算

桥台的地震作用按设计地震采用静力法进行计算。

验算桥墩的抗震强度和稳定性时，其地震力作用应采用反应谱理论计算。一般简支梁桥墩应按多质点弹性体系考虑，关于多质点体系的振动分析，可参阅结构动力学相关资料。

地基土的柔性对结构动力特性有明显影响，尤其对非岩石地基，是否考虑地基变形影响，对桥墩内力影响很大。因此在现行《铁路桥涵地基和基础设计规范》(TB 10093—2017)中规定了桥墩地震作用应计入地基变形影响。

4. 特征值求解

求解地震力的关键是如何高效地求出地震振型，目前常采用方法是迭代法，这种方法主要针对非对角对称矩阵提出的，是当前比较高效的求解方法，该方法主要由 Stodola & Vianello 提出，为此也称该法为 Stodola Vianello Method。

假设向量 $\boldsymbol{X}_{M1}^{*}$，则

$$\boldsymbol{FM}\,\boldsymbol{X}_{M1}^{*}=\lambda_1\boldsymbol{X}_{M1}^{*} \tag{3.74}$$

式中 $\boldsymbol{F}$——柔度矩阵；

$\boldsymbol{M}$——质量矩阵；

λ_1——特征值；

$\boldsymbol{X}_{M1}^{*}$——振型。

当按式(3.74)迭代求得第一振型 $\boldsymbol{X}_{M1}^{*}$ 和第一特征值 λ_1 后，可以假设第二振型向量为 $\boldsymbol{X}_{M2}^{*}$，则

$$\boldsymbol{FM}\,\boldsymbol{T}_{S1}\boldsymbol{X}_{M2}^{*}=\lambda_2\boldsymbol{X}_{M2}^{*} \tag{3.75}$$

式中 $\boldsymbol{T}_{S1}$——第一振型的消去矩阵，对于每一阶频率和振型都有对应的消去矩阵。

按式(3.75)采用迭代的方式很容易收敛到第二振型和第二特征值的结果，同理跌代可以求出第 n 阶振型和特征值的求解迭代公式

$$\boldsymbol{FMT}_{S_{n-1}}\cdots\boldsymbol{T}_{S1}\boldsymbol{X}_{Mn}^{*}=\lambda_n\boldsymbol{X}_{Mn}^{*} \tag{3.76}$$

具体推导可以查阅美国 R. 克拉夫的《结构动力学》(中文版，王光远等译校)。

3.7 软土地区小桥涵及附属结构基础设计

3.7.1 桥台锥体及地基处理

按规范要求桥台锥体顺线路方向的坡率应不陡于表 3.21 所列值。对于钢筋混凝土刚架桥的锥体坡面顺线路方向的坡率不陡于 1∶1.5。

表 3.21 桥台锥体顺线路方向坡率

填土高度/m	设防烈度		
	≤7 度	8 度	9 度
0～6	1∶1	1∶1.25	1∶1.5
6～12	1∶1.25	1∶1.5	1∶1.75

锥体填方坡面因受河水及雨水冲刷，容易破坏，且锥体边坡一般较路堤边坡陡，为保证其稳定性，应做全高防护。在近年来高速铁路、客运专线的设计中，旱桥的锥体坡面防护大多采用混凝土预制块，具有较好的经济效益。但根据铁路运营单位对既有线的调查发现，桥台护锥六棱块铺砌防护易出现下沉、开裂、滑坍等危害，现又多建议改用浆砌片石、混凝土等进行铺砌防护。锥体护坡坡脚垂裙顶面应在桥台一般冲刷线以下不少于 0.25 m。对于小桥涵锥体坡面也应铺砌防护，多采用浆砌片石，其上、下游防护高度分别在设计洪水频率水位以上 0.25 m，且不低于锥体高度。

桥台设计需要考虑台后过渡段与桥台地基工后沉降的附加影响，桥台锥体下方应进行地基处理，处理形式与路基一致。软土地基桥台锥体基础持力土层需进行地基处理时，可参照相邻段落的路基地基加固方式，一般采用换填、CFG 桩、水泥搅拌桩、高压旋喷桩等。

软土地基基坑回填一般分为桥台后和台前、台侧两部分，桥台侧及桥台前基坑一般采用原状土回填，表层铺设三七灰土或掺入水泥浆，用以防止积水及积水下渗影响地基稳定性。高速铁路桥梁台后需要设置路桥（涵）过渡段，为便于控制台后过渡段以及开挖基坑后回填料的回填质量，台后基坑应以混凝土、碎石分层填筑压实或级配碎石掺水泥浆等方式回填。对于小桥涵与路桥（涵）过渡段相连部分的基坑回填原则与此相同。

3.7.2 涵洞、基础及地基处理

软土地区地基承载力差，涵洞设计若未能充分考虑地质条件或者地基处理不当，将引发各种涵洞病害，而现实设计中常存在由于设计者不够重视或者不能因地制宜，导致地基处理措施实施困难。这些都迫切需要我们在设计领域不断创新，并结合涵洞两侧路基工程以及地基处理情况进行优化设计。

1. 软土地区高速铁路涵洞类型

除特殊原因外，我国高速铁路的涵洞类型优先考虑钢筋混凝土框架涵，孔径 1.0～6.0 m，必要时可采用双孔或多孔并置形式。对于跨越工点有特殊要求的，也可采用钢筋混凝土圆涵、整体式基础盖（肋）板涵洞、桩—盖板涵洞等。

软土地区涵洞不能使用拱涵及分离式基础的盖板涵。

2. 涵节布置及出入口处理

软土地基上的涵洞，其沉降缝是为避免不均匀沉降或由于竖向受力不均而产生折断。根据施工和养护的经验，分段过短，增加施工困难，过长则防止裂纹效果不大。涵洞的洞身一般都要分成每段 2～5 m 的若干涵节，相邻涵节间用 2 cm 宽沉降缝断开。沉降缝应采用有弹性不透水的材料填塞。

高速铁路无砟轨道线下不设置沉降缝，涵节长度一般控制在 5.0 m 以上，斜交时根据不同法向角度确定中心涵节最小长度。沉降缝设于轨道板下方时，涵节的沉降差可能会引起轨道板的开裂，故沉降缝不允许设在轨道板下方，而应设于两线之间。涵洞分节长度应根据地基和结构情况确定，为了减小轨道的变形影响轨下涵节长度不应小于 5 m，但一般也不宜超过 15 m，以避免边墙和底板施工缝处由于混凝土收缩产生较大裂缝。

软土地区涵洞如果采取延长洞口段和沟床铺砌长度等措施，根据反压原理进行设计时，应按《铁路桥涵地基和基础设计规范》(TB 10093—2017)分段检算地基容许承载力，并应检

算涵洞滑弧稳定及最后沉陷量等是否符合设计要求。

3. 涵洞基础设计

近年来各标准等级铁路的工程实践经验表明，对于设置路涵过渡段的涵洞地基基础，按与其两侧路基过渡段相同的地基处理方式，使路基过渡段与涵洞的工后沉降一致，能够满足行车的平顺性要求。因此，要求设置路涵过渡段的涵洞基础，其工后沉降限值应与相邻过渡段工后沉降限值一致。

(1)当基底下软弱土层厚度及埋深不大时，可采用换填处理，挖除软弱土层，用碎(卵)石分层夯填。换填范围的顶面宜为基础边缘外不小于 0.3 m，换填底面边缘可按自基础边缘向下以 35°～45°扩散角确定，换填底面下地基的承载力和涵洞工后沉降(换填层的沉降量可忽略不计)应满足设计要求。

(2)当基底以下软弱土层厚度较大、换填困难或不经济时，可采用复合地基处理方式，宜与邻近路基的基底处理措施相协调，具体可比照同路段路基基底处理方法，并进行地基承载力和沉降的计算，其地基承载力不小于设计承载力的要求，工后沉降量应满足以下要求。

①无砟轨道涵洞：不宜大于 15 mm，当涵洞所在路段沉降较均匀，且调整轨面高程后竖曲线半径符合相关规定时，不宜大于 30 mm，涵洞与路基的工后沉降差不宜大于 5 mm。

②有砟轨道涵洞：设计时速 300 km、350 km 时，应不大于 50 mm；设计时速 250 km 时，应不大于 100 mm。

(3)涵洞中部竖向土压较大、沉降较多，为保证涵洞的流水坡率，当涵洞置于非岩石地基上且涵洞顶上填方厚超过 2 m 时，涵洞流水槽面的高程可按表 3.22 的规定预留上拱度。涵洞设上拱度后，不应产生与流水方向相反的坡率，故要求入口流水面的高程不应低于中心管节流水面的高程。

表 3.22 涵洞的上拱度

基底土名称	上拱度
碎石土、砾砂、粗砂、中砂、细砂	$H/80$
半干硬状态的、硬塑状态的黏性土及老黄土	$H/50$

注：1. H 为线路中线处自涵洞流水槽面至轨底的高度。
2. 基底土属软塑状态的黏性土或新黄土时，上拱度可适当加大。
3. 基底土为岩石、坡率较陡的涵洞，可不设上拱度。

软土地区涵洞的预留拱度必须按沉降计算确定。当沉降量较大，预留拱度不能满足沉降要求时，可适当加大涵洞净高，使涵洞中部沉陷后有可能补平，不影响涵洞使用。必要时应进行地基加固或改为小桥。

(4)涵洞及其附近路基的软基处理应避免采用排水固结法。

4. 框构及旅客地道等

框构及旅客地道的地基处理原则与涵洞相同，但需要注意一般情况下其出入口挡墙较高，相应受墙后土压力影响较大，挡墙基础稳定性及地基承载力要求较高。尤其在软土地基时，挡墙的地基处理强度较主体结构更高，一般需要加大地基处理的力度，必要时处理手段可在原有基础上提升，甚至采用钻孔灌注桩基础等。

3.7.3 附属结构及大型临时工程

1. 桥面救援疏散通道

当发生地震、火灾等自然灾害或桥上列车出现紧急情况时，需要对列车上的旅客进行疏散。目前高速铁路常用的救援疏散通道一般采用一字式(适用于桥高小于 10 m)、折向式(适用于桥高大于 10 m，见图 3.29)、U 形折返式等，梯道均采用楼梯踏步。

图 3.29 救援疏散通道

平原软土地区多长桥，按要求设置救援疏散通道，支撑梯道的立柱基础一般也采用桩基础，布置为单桩或群桩，根据受力检算确定。

2. 预制梁场

为适应标准梁大规模预制及运输架设便利性需要，制梁场一般选择在地势较平坦，场地开阔区域设置。当场地天然地基条件不满足梁场设置要求时，则需要进行地基处理。尤其是位于软土地基的梁场，需要对其台座、机械走行轨道等相关工程部位的基础进行专门的设计。

制/存梁台座、静载试验台座、提梁台座等的地基一般采用水泥搅拌桩、旋喷桩、混凝土桩等进行加固处理，对于存梁、提梁及静载试验的台座，经检算及技术经济比较后，必要时可选用混凝土灌注桩基础。

对于模板存放台座、机械走行轨道(通道)基础、材料堆放场等，可采用地基换填处理，必要时采用搅拌桩、旋喷桩等地基处理方式。

软土地区高速铁路桥涵附属、小桥涵结构及其他附属结构设计，区别于其他地区铁路之处也在于其基础地基处理，相关内容详见第 6 章。

4 桥梁基础沉降控制

高速铁路桥梁规范中对工后沉降限值有明确的规定，主要目的是保证轨道铺设后不会因为基础持续沉降而影响轨道的平顺性，从而影响高速列车运营的安全性和旅客乘坐的舒适性。过大的沉降，特别是不均匀沉降，会使上部结构发生倾斜、开裂以致不能正常使用。对于超静定结构，相邻墩台的沉降差还将使结构产生附加应力。因此在高速铁路桥梁设计阶段，即需对基础沉降进行检算和控制。

4.1 桥梁基础沉降

4.1.1 总沉降与工后沉降

高速铁路桥梁施工过程中及建成后，在桥梁基底附加压力作用下，地基土将产生竖向变形，这种竖向变形会引起基础沉降。地基土的沉降变形主是由孔隙水的排出而引起的压缩变形。对于软土和松软土地基(如黏性土地基)，由于其透水性很差，土中水沿着孔隙排出速度很慢，在基底附加压力作用下，从基础开始发生沉降到最终沉降停止需要比较长的时间。铁路工程中，把基础从施工开始到最终沉降停止所发生的总的沉降量称为总沉降量。将铁路工程铺轨结束后，基础发生的沉降量与总沉降量之间的差值称为工后沉降量。

工后沉降产生的原因很多，由于地基中软土层一般是饱和软土层，位于地下水位以下，而饱和软土层沉降变形总是以渗透固结和次固结沉降为主，并需要相当长的时间才能完成。桥梁本身及上部荷载等在土层中产生附加应力，这个附加应力首先被软土层中的水承担，随着孔隙水的排出，土体固结，部分孔隙水承担的压力转移给土颗粒承担，称为有效应力。如果未采取强化排水措施或较长时间的超载预压，软土层中的超孔隙水压力消散时间就很长，有效应力增长缓慢，沉降变形就会长时间持续。如果地基土在施工期间没有完全固结，在铺轨工程开始及以后的运营过程中，基础下部深处地基土继续固结沉降，产生新的压缩变形，使桥梁墩台继续沉降，从而引起上部结构不平顺，甚至超标失格。

4.1.2 沉降机理

高速铁路桥梁荷载通过基础传递给地基，使天然土层原有的应力状态发生变化，即在基底附加压力作用下，地基土内各点除了承受土自重引起的自重应力外，还要承受附加应力。在附加应力作用下，地基要产生附加变形，这种变形一般包括体积变形和形状变形，对于土这种材料来说，体积变形通常表现为体积缩小，这种在外力作用下土体积缩小的特性称为土的压缩性。

土的压缩性主要有两个特点：一是由于体积减小而引起，土是由固体颗粒和孔隙水组成，对于饱和土，在工程上一般压力(100～600 kPa)作用下，固体颗粒和孔隙水的压缩量与土的总压缩量相比非常小(不足 1/400)，可不予考虑。二是由于土中水具有流动性，在外力作用下会沿着土中空隙排出，从而引起土的体积减小而发生压缩，称为土的固结；对于饱和黏性土来说，孔隙水排出而引起的压缩是需要时间的，这是由于黏性土的透水性很差，土中水沿着孔隙排出速度很慢。在建筑物荷载作用下，由于土压缩而引起的竖直方向位移称为地基沉降，我们研究土体的压缩性，主要是为了计算地基沉降。

由于土的压缩性有上述两个特点，因此建筑物地基沉降研究也包括两方面的内容：一是绝对沉降量的大小，亦即最终沉降量；二是沉降与时间的关系。

4.2 桥梁基础沉降计算

高速铁路桥梁基础多采用群桩基础，群桩的沉降是由桩、承台、地基土共同作用的结果，铁路桥梁的承台大多为刚性或接近刚性，如考虑桩和桩间土的变形相互协调，桩间土的压缩近似等于桩身的压缩变形值。轨道工程施工完后，恒载施加完毕，桩基的压缩变形基本完成。因此可认为桩基工后沉降主要包括桩端平面压缩层主、次固结沉降两部分。

4.2.1 沉降计算理论和方法

目前，国内外桥梁深基础沉降计算理论分析可以归纳为四种类型。

(1)理论公式法中以分层总和法作为基础沉降计算方法应用最为广泛，为大多数国内行业规范采用。其概念清晰，形式简单，参数可由室内试验获得。但是，计算沉降时一些重要参数的确定不明确，比如群桩基底压缩模量和压缩层厚度的确定，一直困扰着沉降计算结果的可靠性，这使得相关规范给定的沉降修正系数变化范围很大，导致相同理论下，利用不同规范计算的沉降量存在较大差异。

(2)基于固结理论的沉降计算方法，是 Terzaghi 于 1925 年提出的著名有效应力原理。该方法是在一维固结理论的基础上，由 Rendulic 于 1936 年将一维固结理论推广到二维、三维的情况下建立的。但是，对于遇到的类似华北平原等典型的“千层土”中桥梁深基础及下卧层的固结沉降计算中，这种方法也存在计算困难和结果偏差大的问题。

(3)数值计算方法主要包括有限元法、有限差分法、边界元法等，其中以有限元法最具有代表性。有限元法可以计算荷载作用下土中任意一点的应力和应变情况；可以将地基作为二维或三维问题来考虑，反映侧向变形的影响；可以考虑土体应力—应变关系的非线性特性，采用非线性本构模型；可以考虑土与桩共同作用，考虑复杂的边界条件，考虑施工逐级加载，土中水的渗流作用等，关键是选取符合实际情况的土体本构关系及相关参数。

(4)曲线拟合法是由于沉降时间数据的统计规律符合某种曲线形式，进而采用该曲线形式的延伸趋势来预测地基沉降的方法。目前研究包括对数曲线法、双曲线法、指数曲线法等。但是这些方法通常只用于上部荷载不变或变化不大时的沉降曲线拟合，通常只能用于架梁后“荷载—沉降—时间”曲线的拟合。也就是说，这类拟合方法不能对架梁荷载这类产生很大瞬时沉降的曲线进行拟合，因而存在计算结果与实测结果偏离较大的情况。

本文结合工程实践中常用的沉降计算理论和方法做简单介绍，即弹性理论法、分层总和法、应力历史法、斯肯普顿-比伦法、曲线拟合法、数值分析法等。

1. 弹性理论法

弹性理论法计算地基沉降是基于布西奈斯克课题的位移解，因此该方法假定地基是均质、各向同性、线弹性的半无限体；此外还假定基础整个底面和地基一直保持接触。地基沉降的弹性力学公式，常用于计算饱和软黏土地基在荷载作用下的初始沉降，也适用于砂土地基沉降计算。需要指出，布西奈斯克课题是研究荷载作用下地表的情形，因此较适用于荷载作用面埋置深度较浅的情况。当荷载作用位置深度较大时（如深基础），则应采用明德林课题的位移解进行弹性理论法沉降计算。

（1）点荷载作用下的地表沉降

弹性半空间表面作用有一个竖向集中力 Q 时，半空间表面任意点 $M(x,y,z)$ 的竖向位移 $w(x,y,z)$，运用到半无限地基中，当 z 取 0 时，$w(x,y,0)$ 即为地表沉降 S（见图 4.1）。

$$S=\frac{Q(1-\mu^2)}{\pi E\sqrt{x^2+y^2}}=\frac{Q(1-\mu^2)}{\pi Er} \tag{4.1}$$

式中 S——竖向集中力 Q 作用下地表任意点沉降，m；

r——集中力 Q 作用点与地表沉降计算点的距离，即$\sqrt{x^2+y^2}$，m；

E——土的弹性模量（计算饱和黏性土的瞬时沉降）或变形模量（计算最终沉降），MPa；

μ——泊松比。

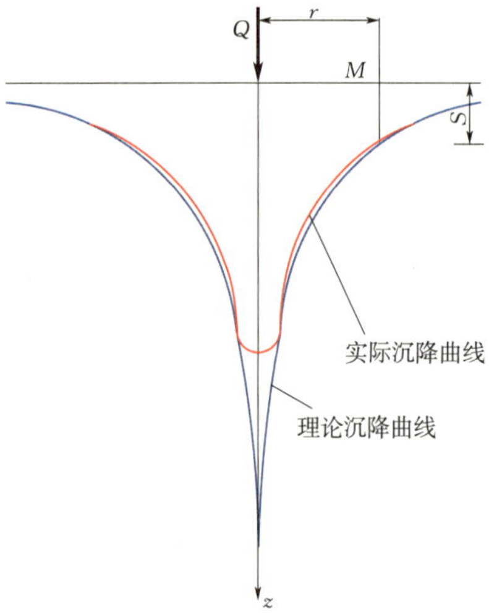

图 4.1 集中荷载作用下的地表沉降

理论的点荷载在实际中是不存在的，荷载总是作用在一定面积上的局部荷载。只是当沉降计算点离开荷载作用范围的距离与荷载作用面的尺寸相比是很大时，可以用一集中力 Q 代替局部荷载利用式（4.1）进行近似计算。

（2）完全柔性基础沉降

由于完全柔性基础抗弯刚度趋于零，无抗弯曲能力，因此，传至基底地基的荷载与作用于基础上的荷载分布完全一致，因此当基础 A 上作用有分布荷载 $p_0(\xi,\eta)$ 时（见图 4.2），基础任一点 $M(x,y)$ 的沉降 $S(x,y)$ 可利用式（4.1）通过在荷载分布面积 A 上积分得

$$S(x,y)=\frac{1-\mu^2}{\pi E_0}\iint_A\frac{p_0(\xi,\eta)\mathrm{d}\xi\mathrm{d}\eta}{\sqrt{(x-\xi)^2+(y-\eta)^2}} \tag{4.2}$$

当 $p_0(\xi,\eta)$ 为矩形面积上的均布荷载时，由式（4.2），角点的沉降 S_c 为

$$S_c=\frac{(1-\mu^2)b}{\pi E}\left[m\ln\frac{1+\sqrt{m^2+1}}{m}+\ln(m+\sqrt{m^2+1})\right]p_0 \tag{4.3a}$$

$$=\delta_c p_0 \tag{4.3b}$$

$$=\frac{(1-\mu^2)}{E}\omega_c b p_0 \tag{4.3c}$$

式中 m——矩形面积的长宽比，$m=l/b$；

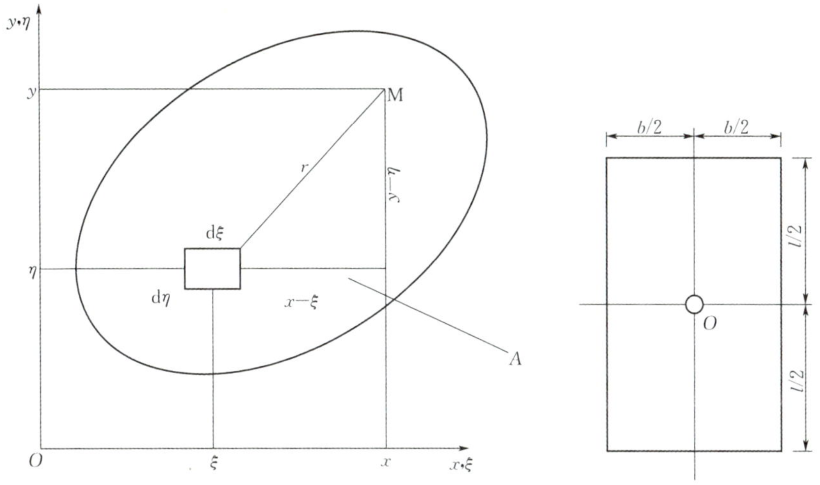

图 4.2 局部柔性荷载作用下的地表沉降

p_0——基底附加压力，kPa；

δ_c——角点沉降系数，即单位矩形均布荷载在角点引起的沉降，

$$\delta_c=\frac{(1-\mu^2)b}{\pi E}\left[m\ln\frac{1+\sqrt{m^2+1}}{m}+\ln(m+1+\sqrt{m^2+1})\right]$$

ω_c——角点沉降影响系数，是长宽比的函数，可由表 4.1 查得，

$$\omega_c=\frac{1}{\pi}\left[m\ln\frac{1+\sqrt{m^2+1}}{m}+\ln(m+\sqrt{m^2+1})\right]$$

利用式(4.3)并采用角点法可得到矩形完全柔性基础上均布荷载作用下地基任意点沉降。如基础中点的沉降 S_0 为

$$S_0=4\cdot\frac{1-\mu^2}{E}\omega_c\cdot\frac{b}{2}\cdot p_0 \tag{4.4a}$$

$$=\frac{1-\mu^2}{E}\omega_0 b p_0 \tag{4.4b}$$

式中 ω_0——中心点沉降影响系数，是长宽比的函数，可由表 4.1 查得，对应某一长宽比，$\omega_0=2\omega_c$。

另外还可以得到矩形完全柔性基础上均布荷载作用下基底面积 A 范围内各点沉降的平均值，即基础平均沉降 S_m：

$$S_m=\frac{\iint_A S(x,y)\mathrm{d}x\mathrm{d}y}{A}=\frac{1-\mu^2}{E}\omega_m b p_0 \tag{4.5}$$

式中 ω_m——平均沉降影响系数，是长宽比的函数，可由表 4.1 查得，对应某一长宽比，$\omega_c<\omega_m<\omega_0$。

当 $P_0(\xi,\eta)$ 为圆形面积上的均布荷载时，可得到与式(4.3b)、式(4.4c)及式(4.5)相似的圆形面积圆心点、周边点及基底平均沉降，沉降影响系数可由表 4.1 查得。

表 4.1 沉降影响系数 ω 值

基础类型		圆形	方形	矩形(l/b)										
		—	1.0	1.5	2.0	3.0	4.0	5.0	6.0	7.0	8.0	9.0	10.0	100
柔性基础	ω_c	0.64	0.56	0.68	0.77	0.89	0.98	1.05	1.12	1.17	2.21	1.25	1.27	2.00
	ω_0	1.00	1.12	1.36	1.53	1.78	1.96	2.10	2.23	2.33	2.42	2.49	2.53	4.00
刚性基础	ω_m	0.85	0.95	1.15	1.30	1.53	1.70	1.83	1.96	2.04	2.12	2.19	2.25	3.69
	ω_r	0.79	0.88	1.08	1.22	1.44	1.61	1.72					2.12	3.40

(3)绝对刚性基础沉降

绝对刚性基础的抗弯刚度为无穷大，受弯矩作用不会发生挠曲变形，因此基础受力后，原来为平面的基底仍保持为平面，计算沉降时，上部传至基础的荷载可用合力来表示。

①中心荷载作用下，地基各点的沉降相等。根据这个条件，可以从理论上得到圆形基础和矩形基础的沉降值。

对于圆形基础，基础沉降为

$$S=\frac{1-\mu^2}{E}\cdot\frac{\pi}{4}dp_0=\frac{1-\mu^2}{E}\omega_r dp_0 \tag{4.6}$$

式中 d——圆形基础直径，m。

对于矩形基础，数学上可以用无穷级数来表示基础沉降，同样沉降可写成：

$$S=\frac{1-\mu^2}{E}\omega_r bp_0 \tag{4.7}$$

式中 p_0——$p_0=P/A$，kPa；

ω_r——刚性基础的沉降影响系数，是关于长宽比的级数，近似地可由表 4.1 查得；

P——中心荷载合力，kN；

A——基底面积，m^2。

②偏心荷载作用下，基础要产生沉降和倾斜。沉降后基底为一倾斜平面，基底倾斜可由弹性力学公式求得。

对于圆形基础

$$\tan\theta=\frac{1-\mu^2}{E}\cdot\frac{6Pe}{d^3} \tag{4.8}$$

对于矩形基础

$$\tan\theta=\frac{1-\mu^2}{E}\cdot 8K\frac{Pe}{b^3} \tag{4.9}$$

式中 b——偏心方向的边长，m；

P——传至刚性基础上的合力大小，kN；

e——合力的偏心距，m；

K——系数，按 l/b 可由图 4.3 查得。

2. 分层总和法

分层总和法是指将地基沉降计算深度内的土层按土层和应力变化情况划分为若干分

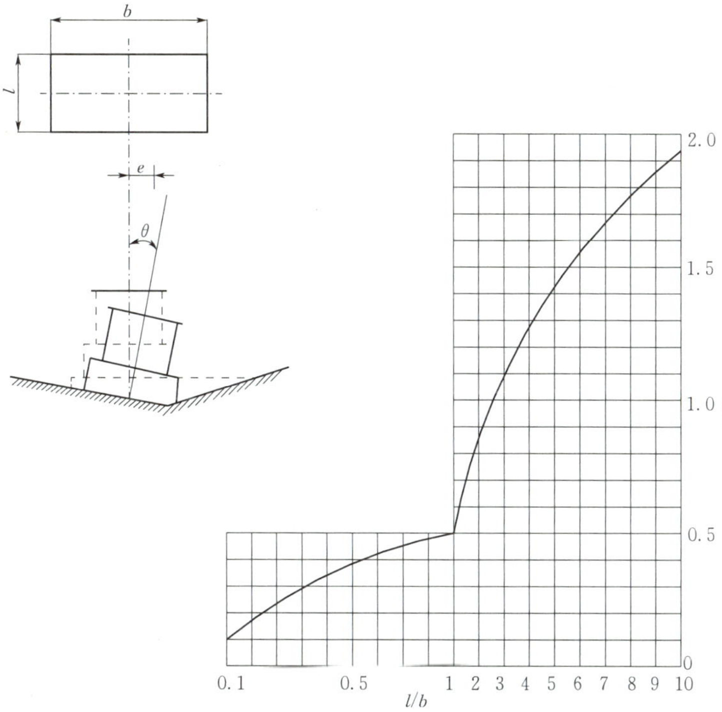

图 4.3 绝对刚性矩形基础倾斜计算系数 K 值

层，分别计算各分层的压缩量，然后求其总和得出地基最终沉降量的地基沉降计算方法。

分层总和法是以地基土无侧向变形假设为基础的简易沉降计算方法，该方法计算简单，所需参数较少且容易在试验室内得到，对各种土体有较好的适用性，长期以来广泛应用于计算工程中的地基最终沉降量计算。分层总和法的基本假设如下：

①一般取基底中心点下地基附加应力来计算各分层土的竖向压缩量，认为基础的平均沉降量 S 为各分层上竖向压缩量 ΔS_i 之和。

②计算 ΔS_i 时，假设地基土为一均匀、等向的半无限空间弹性体，只是在竖向发生压缩变形，没有侧向变形，故可利用室内压缩试验成果进行计算。

③计算深度因工程上附加应力扩散随深度而减少，因此，计算到某一深度（受压层）即可。

分层总和法的计算步骤（见图 4.4）为：

(1)地基土分层。成层土的层面（不同土层的压缩性及容重不同）及地下水面（水面上下土的有效容重不同）是分层界面，此外，分层厚度一般不宜大于 $0.4b$（b 为基底宽度）。附加应力沿深度的变化是非线性的，土的 $e—p$ 曲线也是非线性的，因此分层厚度太大将产生较大的误差。

(2)计算各分层界面处土的自重应力。土的自重应力应从天然地面起算，地下水位以下一般取有效容重，地下水位以上取天然容重。

(3)计算各分层界面处基底中心下竖向附加应力。

(4)确定地基沉降计算深度（或压缩层厚度）。附加应力随深度递减，自重应力随深度递

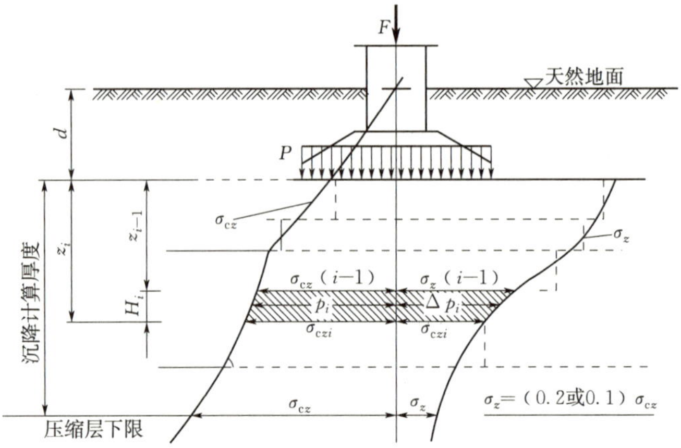

图 4.4 分层总和法计算地基最终沉降量

增，因此，到了一定深度之后，附加应力与自重应力相比很小，引起的压缩变形就可以忽略不计。一般取地基附加应力等于自重应力的 20%（$\sigma_z=0.2\sigma_{cz}$）深度处作为沉降计算深度的限制；若在该深度以下为高压缩性土，则应取地基附加应力等于自重应力的 10%（$\sigma_z=0.1\sigma_{cz}$）深度处作为沉降计算深度的限制。

(5)计算各分层土的压缩量 ΔS_i，利用室内压缩试验成果进行计算。

$$\Delta S_i=\varepsilon_i H_i=\frac{\Delta e_i}{1+e_{1i}}H_i=\frac{e_{1i}-e_{2i}}{1+e_{1i}}H_i=\frac{a_i(p_{2i}-p_{1i})}{1+e_{1i}}H_i=\frac{\Delta p_i}{E_{si}}H_i \tag{4.10}$$

式中 ε_i——第 i 层土的平均压缩应变；

H_i——第 i 层土的厚度，m；

e_{1i}——对应于第 i 分层土上下层面自重应力值的平均值 $p_{1i}=\frac{\sigma_{cz(i-1)}+\sigma_{czi}}{2}$ 从土的压缩曲线上得到的孔隙比；

e_{2i}——对应于第 i 分层土自重应力平均值 p_{1i} 与上下层面附加应力值的平均值 $\Delta p_i=\frac{\sigma_{z(i-1)}+\sigma_{zi}}{2}$ 之和 $p_{2i}=p_{1i}+\Delta p_i$ 从土的压缩曲线上得到的孔隙比；

p_{1i}——第 i 层土上下层面自重应力的平均值，代表土层未受荷载之前的受力情况，kPa；

a_i——第 i 分层对应于 $p_{1i}\sim p_{2i}$ 段的压缩系数；

E_{si}——第 i 分层对应于 $p_{1i}\sim p_{2i}$ 段的压缩模量，MPa。

(6)按式(4.11)计算基础的平均沉降量。

$$S=\sum_{i=1}^{n}\Delta S_i \tag{4.11}$$

简单讨论：

①分层总和法假设地基土在侧向不能变形，而只在竖向发生压缩，这种假设在当压缩土层厚度同基底荷载分布面积相比很薄时才比较接近。如当不可压缩岩层上压缩土层厚度 H 不大于基底宽度之半（即 $b/2$）时，由于基底摩阻力及岩层层面阻力对可压缩土层的限制作

用，土层压缩只出现很少的侧向变形。

②假定地基土侧向不能变形引起的计算结果偏小，取基底中心点下的地基中的附加应力来计算基础的平均沉降导致计算结果偏大，因此在一定程度上得到了相互弥补。

③当需考虑相邻荷载对基础沉降影响时，通过将相邻荷载在基底中心下各分层深度处引起的附加应力叠加到基础本身引起的附加应力中进行计算。

④当基坑开挖面积较大以及暴露时间较长时，地基土有足够的回弹量，因此基础荷载施加之后，不仅附加压力要产生沉降，初始阶段基底地基土恢复到原自重应力状态也会发生再压缩量沉降。简化处理时，一般用 $\sigma_z=p-\alpha\sigma_c$ 来计算地基中附加应力，其中，α 为考虑基坑回弹和再压缩影响的系数，$0\leqslant\alpha\leqslant1$，由于小基坑再压缩量小，$\alpha$ 取 1，对宽达 10 m 以上的大基坑，α 一般取 0；σ_c 为基底处自重应力。

3. 应力历史法

按应力历史可将土层划分为三类固结土，即正常固结土、超固结土和欠固结土。按应力历史法计算基础最终沉降量，通常采用分层总和的侧限条件单向压缩公式，但三类固结土的压缩性指标从 e—$\lg p$ 曲线确定，即由原始压缩曲线或原始再压缩曲线中确定。

应力历史法计算基础最终沉降量时，也采用分层总和的侧限条件单向压缩公式，但土的压缩性指标从原始压缩曲线和原始再压缩曲线确定，即按 e—$\lg p$ 曲线确定，优于单向压缩基本公式按 e—p 曲线无法考虑应力历史的影响。不同应力历史生成的三种固结土层，其变形参数（即压缩性指标）及固结沉降量是不同的；同样应力历史对土的强度也有影响，三种固结土的强度参数（即抗剪强度指标）也是不同的，可见土的变形和强度的性质是紧密地联系在一起的。

4. 斯肯普顿—比伦法

根据对在外荷载作用下黏性土地基实际变形发展的观察和分析，可以认为地基表面总沉降量 S 是由三个分量组成的（见图 4.5），即

$$S=S_d+S_c+S_s \tag{4.12}$$

式中 S_d——瞬时沉降（畸变沉降），m；

S_c——固结沉降（主固结沉降），m；

S_s——次固结沉降（次压缩沉降），m。

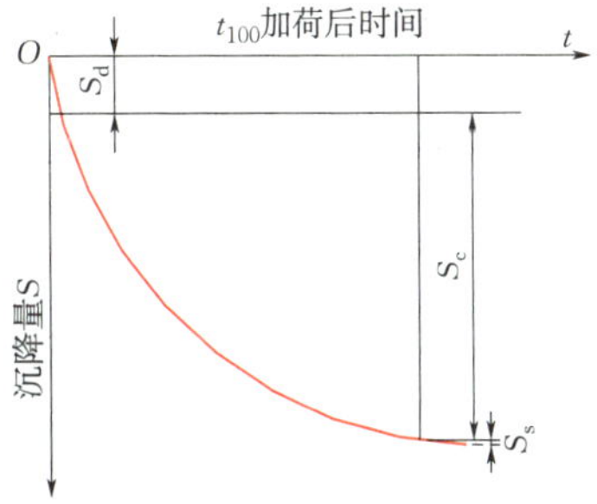

图 4.5 地基表面某点总沉降量的三个分量示意图

此法是 A. W. Skempton（斯肯普顿）和 L. Bjerrum（比伦）在 1955 年提出的比较全面的计算黏性土地基表面最终沉降量的方法，称为斯肯普顿—比伦法。

(1)瞬时沉降

瞬时沉降或畸变沉降是紧随加压之后地基即将发生的沉降，地基土在外荷载作用下体积还来不及发生变形，而是地基土的不排水剪切变形（形状变形），也称为初始沉降或不排水沉降。

(2)固结沉降

固结沉降是由于在荷载作用下随着土中超孔隙水压力的消散有效应力的增长而完成的。斯肯普顿认为黏性土按其成因（应力历史）不同可以有超固结土、正常固结土和欠固结土之分，分别计算这三种不同固结状态黏性土在外荷载作用下的固结沉降，它们的压缩性指

标必须在 e—lg$p$ 曲线上得到。

(3)次固结沉降

次固结沉降被认为与土的骨架蠕变有关；它是超孔隙水压力已经消散、有效应力增长基本不变之后仍随时间缓慢增长的压缩。在次压缩沉降过程中，土的体积变化速率与孔隙水从土中流出速率无关，即次压缩沉降的时间与土层厚度无关。

斯肯普顿—比伦法计算基础最终沉降量，全面考虑了地基变形发展过程由三个部分组成，将瞬时沉降、固结（主固结）沉降及次压缩（次固结）沉降分开来计算，然后叠加。黏性土层瞬时沉降可按弹性力学公式计算。固结沉降又考虑了不同应力历史生成的三类固结土（层），分别采用各自不同的压缩性指标和计算各自不同的固结沉降。对于正常固结土的固结沉降与前面单向压缩分层总和法的总沉降，其计算结果是基本一致的，因为压缩性指标均在单向压缩固结试验的侧限条件下得到，不过这里各指标取自 e—lg$p$ 曲线，沉降计算公式中的 $1+e_0$ 替代 $1+e_1$。本方法计算的三类固结土层各自的固结沉降叠加瞬时沉降和次压缩沉降后更趋于接近实际的最终沉降。本方法又提出了将单向压缩条件下计算的固结沉降乘上一个修正系数，得到轴对称线上的地基为考虑侧向变形修正后的固结沉降，提高了计算精度。但该方法计算的最终沉降量只适用于黏性土层。

5. 曲线拟合法

由于沉降理论计算值与沉降实测值之间存在差异，所以在实际工程应用中，经常从建筑物施工后掌握的沉降观测资料出发，利用其发展趋势来推测未来的沉降规律。常用的方法有对数曲线法和双曲线法，其他方法详见第 10 章内容。

(1)对数曲线法是参照太沙基一维固结理论得到的式(4.13)反映的固结度与时间指数关系而选用式(4.14)的。

$$U_0=1-\frac{8}{\pi^2}e^{-\frac{\pi^2}{4}T_v} \tag{4.13}$$

$$\frac{S_t}{S_\infty}=1-Ae^{-Bt} \tag{4.14}$$

式中 S_t——某时刻 t 的固结沉降，m；

S_∞——最终固结沉降量，m；

T_v——时间因数。

式(4.14)中用 A、B 两个待定参数代替了式(4.13)中的常数。

要确定出 S_t—t 关系，需要定出式(4.14)中的三个量 A、B 及 S_∞，为此利用已有的沉降—时间实测关系曲线（见图 4.6）的末段，在实测曲线上选择三点(t_1,S_{t1})、(t_2,S_{t2})、(t_3,S_{t3})值，$t=0$ 时刻选在施工期的一半处开始，代入式(4.13)即可确定出式(4.14)中的三个待定值 A、B、S_∞，从而得到用对数曲线法推算的后期 S_t—t 关系。

(2)双曲线法的推算公式。

双曲线法的推算公式为

$$\frac{S_t}{S_\infty}=\frac{t}{\alpha+t} \tag{4.15}$$

确定式(4.15)中两个待定参数 S_∞ 和 α 可根据式(4.16)求得。

$$\frac{t}{S_t}=\frac{1}{S_\infty}t+\frac{\alpha}{S_\infty}=at+b \tag{4.16}$$

图 4.7 以 t 为横坐标，以 t/S_t 为纵坐标，将已掌握的 S_t—t 实测数据值按此坐标点在坐标系中标出，然后根据这些点作一条回归直线，根据直线的斜率 $a=\frac{1}{S_\infty}$、截距 $b=\frac{\alpha}{S_\infty}$ 即可求得 S_∞ 和 a，从而得到用双曲线法推算的后期 S_t—t 关系。

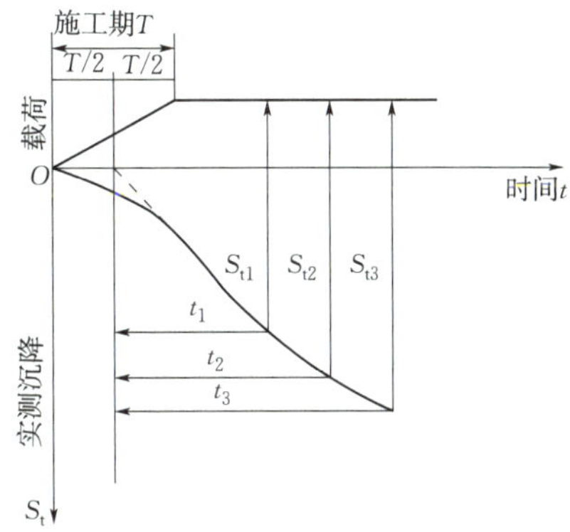

图 4.6　早期实测沉降与时间(S_t—t)关系曲线

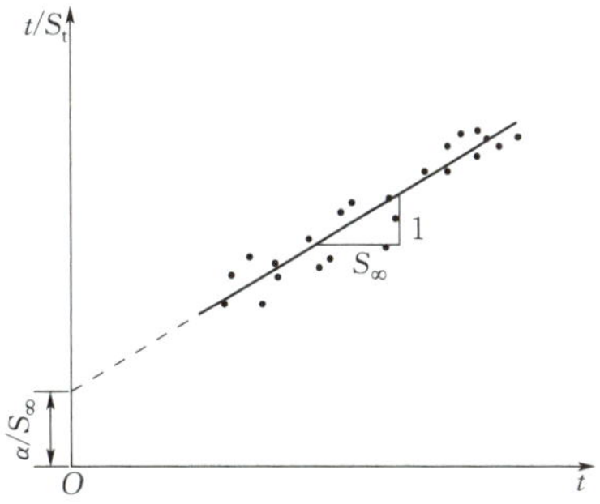

图 4.7　根据 $\frac{t}{S_t}$—t 关系推算后期沉降

用实测资料推算建筑物沉降与时间关系的关键是必须有足够长时间的观测资料，才能得到比较可靠的 S_t—t 关系，同时它也提供了一种估算建筑物最终沉降的方法。

为了对桥梁基础曲线全过程进行拟合和预测，西南交通大学岁浩课题组提出了“变形过程指数法”，该方法也属于利用沉降观测资料推算后期沉降与时间关系的“曲线拟合法”，具体详见第 10 章。

6. 数值分析法

近年来，随着计算机技术的发展数值计算方法得到快速发展。随着工程建设规模的发展，很多地基沉降问题、堤坝稳定问题都变得越来越复杂，已经很少能用单一的数学方法求得精确解，而利用计算机和计算数学对复杂力学能得到更为符合实际的近似解。数值计算方法的主要有有限元法、差分法、加权余量法、边界元法和变分法。这里只介绍有限元法。

有限元法在各种数值计算方法中发展最快。自 1966 年美国的克拉夫和伍德沃德首先采用有限元法分析土坝的变形问题之后，有限元法在岩土工程中的应用日益广泛，目前已经成为一种常用的分析方法。

有限元法有总应力有限元法和有效应力有限元法两种。总应力有限元法不考虑渗流固结，只考虑土体所受总应力；有效应力有限元法区分有效应力和孔隙水压力，同时考虑土骨架与孔隙水的渗透，所以较总应力分析法能更真实反映土体的自身特点，更合理地计算土体对荷载的反应。但有效应力分析较为复杂，需要考虑平衡方程、物理方程、几何方程、连续方程和有效应力原理。

有限元法求解土工问题的实质是将研究区域划分为有限个区域单元，对每个单元通过差分等方法把微分方程变成有限元方程，结合初始条件和边界条件求解。利用有限元法计算地基沉降时，把地基当作一个整体划分网格，取孔隙压力、竖向水平向位移为未知量，在荷载作用下建立方程，求解孔压及位移。有限元计算参数较多，并且一般都需要通过三轴试验确定，因而在工程实际中还没有广泛应用，还不能把有限元作为沉降计算的主要方法，目前主要应用于重点工程和科研等方面。

利用有限元计算沉降量的要点和步骤如下：

(1)将土与地基离散化为有限个单元；

(2)利用土的本构关系，对每个单元建立刚度矩阵；

(3)将各单元的刚度矩阵结合为整个土体的总刚度矩阵[K]，得到总荷载矢量{R}与节点位移矢量{δ}之间的关系：

$$[K]\{\delta\}=\{R\} \tag{4.17}$$

(4)求解式(4.17)，求得节点位移{δ}；

(5)根据节点位移，计算单元的应力与应变。

最常用的本构关系是线弹性模型，此外尚有双线弹性模型、非线弹性模型、弹塑性模型等，并借助计算机进行求解。

4.2.2 沉降计算关键参数

桩基础沉降计算和预估的准确性主要取决于两个主要因素：一是建立合理的桩—承台—地基土共同作用模型，现有的模型越来越复杂，可以反映各种各样的特殊情况；二是计算参数的选取，在这些参数中尤其土的压缩性指标最难确定，压缩性指标主要指压缩层厚度及土层压缩模量等。

1. 压缩模量

(1)定义

压缩模量 E_s 的定义为土样在室内完全侧限条件(即不允许产生侧向变形)试验中竖向应力 σ_z 与相应的竖向变形 λ_z 的比值，又称线压缩模量或线变形模量，即

$$E_s=\frac{\sigma_z}{\lambda_z} \tag{4.18}$$

$$\sigma_z=p_2-p_1 \quad \lambda_z=\frac{S}{h}=\frac{e_1-e_2}{1+e_1}$$

式中 S——土样在压力从 p_1 增大到 p_2 后所产生的压缩量；

e_1,e_2——p_1 和 p_2 作用下的孔隙比；

h——土样高度。

$$E_s=\frac{1+e_1}{a_{0.1\sim0.2}} \tag{4.19}$$

式中 $a_{0.1\sim0.2}$——土的压缩系数。

土的压缩模量不仅反映土的弹性变形，而且还反映土的塑性变形。计算基础沉降时，由于考虑地基受到侧面土的约束作用，通常在基础底面压应力作用下，可不考虑地基的侧向变形，所以采用其压缩模量。如果土的 $E_s<4$ MPa 称为高压缩性土；4 MPa$<E_s<$15 MPa，称为中压缩性土；$E_s>15$ MPa 称为低压缩性土。

压缩模量的工程意义有两种：一是作为土的参数，对土的压缩性、地基均匀性进行评价；二是地基基础沉降计算的重要参数。

压缩模量一般由常规的单项固结试验确定，软土地基铁路桥梁的地质勘察报告中，一般会提供软土地层的压缩曲线，甚至可以通过某一段落不同土层的土工试验结果，对本段落内的各压缩土层的压缩模量给予明确。如无压缩模量的统计值，计算沉降时需要通过计算基底附加应力，根据压缩曲线内插求得较为准确的压缩模量来计算。所以土工实验的压缩曲线是取得准确压缩模量的关键。

(2)室内侧限压缩试验的压缩曲线

进行室内压缩试验时，土样在压力作用下，受到试验仪器的侧向限制，只可能产生竖向压缩。试验时，施加压力(单位面积上的压力)分级进行。在各级压力作用下测定土样压缩后的高度 h，求出其相应缩小高度值。在压力 p 的作用下，土样的相应孔隙比 e 值绘成曲线图，该图称为土的压缩曲线或 $e—p$ 曲线图(见图 4.8)。

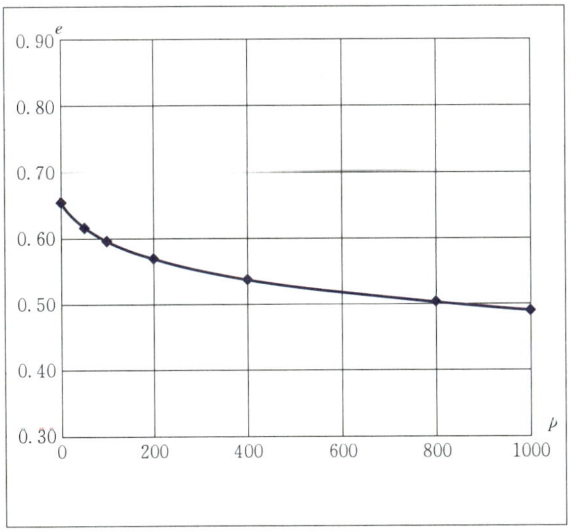

垂直压力 p/kPa	孔隙比 e	压缩系数 /MPa^{-1}	压缩模量 /MPa
0	0.652		
		0.76	2.17
50	0.614		
		0.40	4.04
100	0.594		
		0.26	6.13
200	0.568		
		0.16	9.80
400	0.536		
		0.09	17.07
800	0.502		
		0.05	30.04
1000	0.491		

图 4.8 某工程土工实验压缩曲线图

当施加的压力不大时，曲线接近直线，该直线的斜率为 a，这个斜率 a 称为该土样的压缩系数，这是表示土的压缩性的指标，其单位为 MPa^{-1}。

现有的一般勘察报告中提供的压缩模量 $E_{1\sim2}$，即在 100～200 kPa 压力段对应的压缩模量。上覆自重压力为 200 kPa，对应的土层深度为 10 m 左右，对于一般桩基、特别超长桩基自重应力＋附加应力往往超过了常规压缩试验的应力范围，需进行高压固结试验。但取样、运输及制样过程中的扰动，取样后应力释放等因素导致高压固结试验得到压缩模量值也偏低。因此，获取合理的深厚软土地基土层压缩模量是桥梁基础沉降计算的一项重要工作和有必要进一步研究的内容。

(3)高速铁路试验研究及压缩模量修正

鉴于大多数工程的地质岩土勘察报告只给出了土层的压缩模量 $E_{s,0.1\sim0.2}$ 数值，而压缩模量 $E_{s,0.1\sim0.2}$ 数值不能代表深层土层天然状态下的压缩模量，这使得用压缩模量 $E_{s,0.1\sim0.2}$

进行时值模拟计算常常会带来很大的误差，模拟计算结果缺乏真实性和可靠性。

为改善和提高有限元数值模拟计算的真实、合理和可靠性，京沪高速铁路沉降课题研究过程中，在利用已有土工试验报告中的压缩模量 $E_{s,0.1\sim0.2}$ 和压缩曲线的基础上，提出了与土层深度相关的天然状态下压缩模量计算公式。

$$E_{s,z}=E_{s,0.1\sim0.2}\cdot\beta\sqrt{\frac{z}{h_0}} \tag{4.20}$$

式中 β——系数，取值详见表 4.2；

z——土层深度，m；

h_0——参考深度，可取 $h_0=1$ m；

$E_{s,0.1\sim0.2}$——0.1～0.2 MPa 级压力下的压缩模量，一般可按土工试验报告取值，MPa。

表 4.2 β 取值表

β 值*	地层名称及其特征
2.5～3.5	黏性土、粉土：坚硬、硬塑；砂土：中密及以上；砂砾石土：级配良好
3.5～5.0	黏性土、粉土：可塑；砂土：稍密～中密；砂砾石土：级配不好
5.0～8.0	黏性土、粉土：可塑～软塑；砂土：松散～稍密
8.0～10.0	黏性土、粉土：软塑及更差状态

注：* 表示土质越好，状态指标越好，则 β 取值越小。

通过 6 个桥墩处土层修正压缩模量与室内试验压缩模量的对比分析，及有限元模拟分析等结果表明，上述通过与土层深度相关的压缩模量 $E_{s,z}$ 修正公式能较为准确真实地考虑压缩模量 $E_{s,0.1\sim0.2}$ 与深度的关系，其压缩值与压缩模量室内试验值总体吻合良好，满足软土、松软土地区高速铁路桥梁工程设计要求。但遗憾的是，该方法未得到进一步研究验证，也未在铁路桥涵设计规范修编时纳入。

(4)压缩模量取值原则

通过室内试验、原位试验确定压缩模量，进行沉降总沉降计算时，压缩模量取值的基本原则建议如下：

①土层自重应力＋附加应力水平在 100～200 kPa 之间时，压缩模量按照常规压缩试验确定，采用 $E_{s,0.1\sim0.2}$，同时结合现场试验估算的压缩模量综合确定；

②土层自重应力＋附加应力水平大于 200 kPa 时，黏性土的压缩模量按照高压固结试验确定，同时结合静力触探和标准贯入试验的结果估算压缩模量；

③砂性土的压缩模量应以静力触探和标准贯入试验估算为主，如果采用高压固结试验确定 E_s，则应该适当提高 E_s。

2. 压缩层厚度

目前，我国工程界采用的地基沉降计算方法一般都基于分层总和法，其沉降计算的基本思想是考虑附加应力随深度逐渐减小，地基土的压缩只发生在有限土层深度范围内，在此范围内把土层划分为若干分层，并且压缩变形时不考虑侧向变形，用弹性理论计算地基中的附加应力，以基础中心点下的附加应力和侧限条件下的压缩指标分别计算每一分层土的压缩变形量，并用“应力控制法”或“应变控制法”计算地基的压缩层厚度，最后把每一分层压缩量叠加作为地基的最终沉降量。对于沉降计算深度,由于基础外力作用于地基,在理论上地基的应力与变形延伸到无限深,但这在实际工程中是不可能的,这就产生了一个假定,即沉降计算深度。把地基压缩层深度以下的土层近似看作没有变形或者变形很小的土层,其压缩变形可以忽略不计。因此,桩基沉降的计算深度不是无限的,而是达到桩端以下某一厚度以后即终止,这一厚度即为压缩层厚度。

1)压缩层厚度确定方法

(1)规范公式法确定压缩层厚度

对深厚软土地基下深长桩基础基底压缩层厚度的确定,目前国内外都还没有很好的方法。按不同控制标准来确定深厚软土地基深长桩基础基底压缩层厚度,其厚度值是有差异的,这就是导致地基沉降计算值与实测值相差较大的主要原因之一。规范中所提到的各种地基沉降计算公式都是通过经验系数来修正沉降计算值,并将应用限制在一定范围内,且所使用的经验修正系数变化范围很大。

在现行的规范中,因桩基沉降计算模式不同,压缩层厚度的确定方法也不同。一般有两种方法,即"应力控制法"和"应变控制法"。铁路规范、公路规范和地基规范均采用变形比法(即应变控制法)来确定,但三种规范对计算深度以上所取土层厚度的规定有所不同,因此按此三种规范要求的计算深度也各不相同。另外,《建筑桩基技术规范》《上海地基基础设计规范》采用应力控制法。以下分别对两种方法进行介绍。

①应力控制法

根据《建筑桩基技术规范》(JGJ 94—2008)可知,桩基沉降计算深度 z_n 按应力比法确定,即计算深度处的附加应力 σ_z 与土的自重应力 σ_c 应符合式(4.21)要求。

$$\sigma_z \leqslant 0.2\sigma_c \quad \sigma_z = \sum_{j=1}^{m} a_j p_{0j} \tag{4.21}$$

式中 a_j——附加应力系数,可根据角点划分的矩形长宽比及深宽比按《建筑桩基技术规范》(JGJ 94－2008)附录 D 选用。

p_{0j}——第 j 块矩形地面在荷载准永久组合下的附加压力,kPa。

《上海地基基础设计规范》(DGJ 08—11)要求计算深度处的附加应力为该处自重应力的 0.1 倍。

②应变控制法

地基变形计算总深度(即压缩层厚度)z_n 按"应变控制法"计算,并应满足《铁路桥涵地基和基础设计规范》(TB 10093—2017)及《建筑地基基础设计规范》(GB 50007—2011)的要求。

(2)试验实测法确定压缩层厚度

试验原理:通过在承台处设置液位沉降计,及在压缩层深度范围内设置多个单点沉降计(见图 4.9),对现场单点沉降计压缩量、液位沉降计沉降数据的分析,可以得出桥梁基础的沉降随时间的发展规律及桩底压缩层压缩变形规律,得出压缩层厚度,以此作为数值计算和理论分析的依据。

单点沉降计测得桩底某土层至桩顶出的压缩量 d,液位沉降计测得承台的总沉降 S,由于承台和桩顶沉降相同,故可以通过液位沉降计的沉降量减去单点沉降计的压缩量,即 $S-d$,得到某深度处土层的沉降(见图 4.10)。

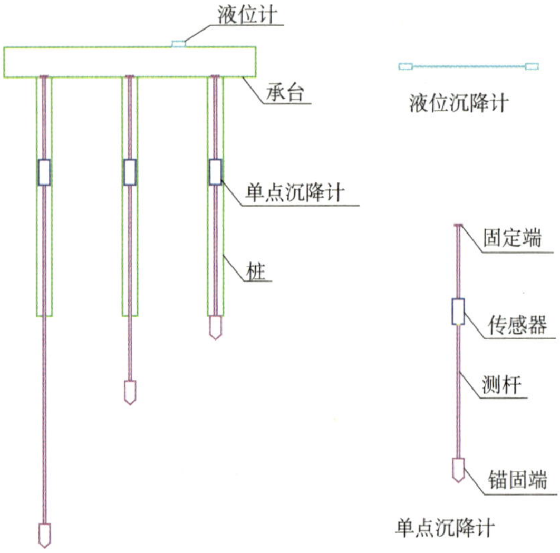

图 4.9　单点沉降计与液位沉降计布置图

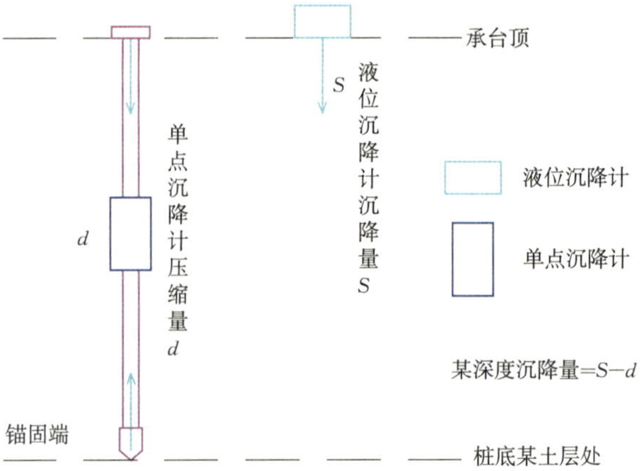

图 4.10　桩底某土层沉降特征曲线计算示意图

通过深长摩擦桩桩端下单点沉降计测出埋设点以上土体的压缩量 d，再通过液位沉降计测出承台顶部的总沉降 S，可以通过液位沉降计测出的沉降量与单点沉降计测出的土体压缩量之差得到相应深度处土体沉降量曲线，由此可以推算出基底压缩层厚度值范围。

(3)数值模拟法确定压缩层厚度

根据现场提供的相关资料，建立三维数值计算模型，模拟深厚软土地基上桥梁基础在上部荷载作用下的沉降模式，通过有限元模拟得出桩底压缩层厚度。

2)铁路桥规法计算压缩层厚度

地基沉降变形、地基承载力、地基土渗流都是公认尚未得到很好解决的问题。过去，由于考虑到桩基础的承载力大、稳定性好、沉降量小等特点，此问题尚不突出。随着高速铁路无砟轨道的兴起，沉降计算和沉降控制则成为高速铁路修建中一个至关重要的问题。地基基底压缩层厚度是沉降计算中非常重要的参数，直接影响沉降计算精度。

理论分析与实测结果表明，压缩层深度与基础的形状、尺寸、基底压力、埋深、土的自重压力以及地基的工程地质和水文地质状况(包括地基土层的力学性质，地下水位)等都有密切关系。

①荷载大小

对一定的基础宽度，地基压缩层的实测深度不一定随着荷载 P_0 的增加而增加，即使增加，增加幅度也不大。

②相邻荷载

当基础附近有相邻基础或者荷载存在时，必将增大地基压缩层深度。

③地基土的连接强度

由于土颗粒的相互接触、挤压，在接触点产生的黏着力及摩擦力称为土的连接强度。由于地基附加应力随深度增加而减小，地基土连接强度随深度增加而增加，当某深度的地基压缩变形不再变化时，即该深度可作为地基压缩层深度。

④基础长宽比

地基压缩层深度的计算一般以地基受荷后地基土的应力与应变的弹性理论解为依据，即以布辛涅斯克(Boussinesq)课题解和 Mindlin 课题解为基础。基础的长宽比对地基压缩层深度有很大影响。

目前高速铁路桥梁多采用应变比法进行计算，地基压缩层深度下限的计算深度 z_n，应符合式(4.22)要求，当确定的计算深度下仍然有软弱层，则应继续计算。

$$\Delta S'_n \leqslant 0.025\sum_{i=1}^{n} S'_i \tag{4.22}$$

式中　$\Delta S'_i$——在计算深度范围内，第 i 层土的计算变形值，m；

$\Delta S'_n$——在由计算深度向上取厚度为 Δz 的土层计算变形值，m，Δz 根据表 4.3 确定；

n——为沉降计算地基土分层层数。

表 4.3　Δz 取值

基底宽度 b/m	$b\leqslant2$	$2<b\leqslant4$	$4<b\leqslant8$	$b>8$
Δz/m	0.3	0.6	0.8	1.0

3)高速铁路现场试验研究成果

在京沪高速铁路课题研究中，选取 3 处工点(见表 4.4)，对软土、松软土地基桥梁桩基础压缩层厚度进行了研究(具体详见课题报告)，其结论如下所述。

表 4.4　试验段工点墩基础情况

工　点	墩号	桩数/根	桩长/m	桩径/m	承台长×宽/(m×m)	荷载/t	持力层
DK124	D18	12	52	1.25	12.5×9.1	2100	粉砂 200 kPa
	D19	12	52	1.25	12.5×9.1	2100	粉砂 200 kPa
DK152	F371	8	50	1	10.4×5	1472	粉质黏土 250 kPa
	F372	8	50	1	10.4×5	1487	粉质黏土 250 kPa
	F373	10	47	1	10.4×7.1	1502	粉质黏土 250 kPa

续上表

工　点	墩号	桩数/根	桩长/m	桩径/m	承台长×宽/(m×m)	荷载/t	持力层
DK240	D48	8	48	1	10.4×5	1412	黏土 240 kPa
	D49	8	48	1	10.4×5	1412	黏土 240 kPa
	D50	8	48	1	10.4×5	1412	黏土 240 kPa

(1)根据桥梁桩基下压缩层厚度实测结果表明,深长桩基桩端压缩层厚度与持力层土质有密切关系:

对于粉砂类持力层,压缩层厚度约为桩基外缘轮廓短边长度的 1.2 倍;

对于粉质黏土持力层,压缩层厚度约为桩基外缘轮廓短边长度的 1.5 倍;

对于黏土类持力层,压缩层厚度约为桩基外轮缘轮廓短边长度的 2.1 倍。

(2)桥梁桩基压缩层厚度实测值与规范计算值对比分析见表 4.5,可见:

表 4.5　压缩层厚度实测值与规范计算值对比表

工　　点	实测压缩层厚度值/m	“应力控制法”计算值(m)与实测值对比		“应变控制法”计算值(m)与实测值对比
		应力比≤20%	应力比≤10%	
DK124 工点 D19	9.5	6.62	12.62	15.48
		69.7%	132.8%	162.9%
DK152 工点 F373	10	7.3	9.64	16.39
		73%	96.4%	163.9%
DK240 工点 D48	8.2	6.35	9.65	16.75
		77.4%	117.7%	204.3%

注:1.“应力控制法”见《建筑桩基技术规范》(JGJ 94—2008);

2.“应力比≤20%”为上述规范给定的压缩层厚度计算控制标准;

3.“应力比≤10%”为针对高速铁路课题特殊情况提出的计算控制标准;

4.“应变控制法”见《铁路桥涵地基和基础设计规范》(TB 10093—2017)及《建筑地基基础设计规范》(GB 50007—2011)。

与实测值相比,以 10%应力比为条件的“应力控制法”计算得出的压缩层厚度最为接近,平均值比实测值大 15%;

与实测值相比,以 20%应力比为条件的“应力控制法”计算得出的压缩层厚度偏小,平均值比实测值小 27%;

与实测值相比,“应变控制法”计算得出的压缩层厚度普遍偏大,平均值比实测值大 77%;

“应力控制法”求得的压缩层厚度小于“应变控制法”,就平均值而言,“应变控制法”计算得到的基底压缩层厚度是以 10%和 20%为条件的“应力控制法”计算的 1.52 倍和 2.4 倍;

对于试验工点地层、桥梁桩基、荷载的情况,建议采用 10%应力比为条件的“应力控制法”计算压缩层厚度为宜。

应变比法确定地基压缩层深度随分层厚度的增大而增大，当分层厚度取 1 m，计算压缩层厚度值与实测结果相近。

对于高速铁路深厚软土、松软土地区桥梁深长群桩而言，“应变控制法”计算得出的压缩层厚度偏于保守。

4.2.3 “规范”法计算桥梁桩基础沉降

目前国内规范计算基础沉降常用的有《铁路桥涵地基和基础设计规范》(TB 10093—2017)、《建筑地基基础设计规范》(GB 50007—2011)、《公路桥涵地基与基础设计规范》(JTG 3363—2019)、《上海基础设计规范》(DGJ 08—11)、《建筑桩基技术规范》(JGJ 94—2008)。五种规范关于群桩基础沉降计算方法是一致的，主要区别在于沉降计算修正系数、附加应力和压缩层计算深度的选取和确定方法不一致。

(1)关于沉降计算修正系数：铁路规范和地基规范的采取方法完全一样，是依据计算深度范围内压缩模量的当量值兼顾桩端底面处的地基承载力来考虑的；公路规范则仅考虑计算深度范围内压缩模量的当量值；而桩基规范的经验修正系数为 ψ/ψ_e，其中 ψ 为沉降计算系数，根据桩端持力层性质和桩长来确定；ψ_e 为桩基等效沉降系数，依据距径比、长径比、等效基础长宽比和布桩情况按所提供的公式确定；上海地基规范是按照桩端入土深度确定该系数。

(2)关于附加应力：铁路规范、公路规范、地基规范都考虑了应力的扩散；而桩基规范则直接取承台底面的平均附加应力近似作为桩端的等效附加应力；上海地基规范将上部荷载平均分配到每一根桩上。

(3)对于沉降计算深度：如第 4.2.2 节所述。

各种规范方法均有大量的应用和实践，对各行业的工程建设起到了积极作用。

1. 铁路桥梁规范公式法

铁路桥梁规范中，各种基础的沉降，均采用分层总和法进行计算。如图 4.11 所示，桥涵基础底面以下受压土层 z_n 压缩产生的总沉降量 S 可按式(4.23)计算。

$$S = m_s \sum_{i=1}^{n} \Delta S_i = m_s \sum_{i=1}^{n} \frac{\Delta\sigma_{z(0)}}{E_{si}} (z_i C_i - z_{i-1} C_{i-1}) \tag{4.23}$$

式中 S——基础的总沉降量，m；

n——基底以下地基沉降计算深度范围内按压缩模量划分的土层分层数目；

$\sigma_{z(0)}$——基础底面处的附加压应力，kPa，$\sigma_{z(0)}=\sigma_h-\gamma h$；

σ_h——基底压应力，kPa：当 $z/b>1$ 时，σ_h 采用基底平均压应力；当 $z/b\leqslant 1$ 时，σ_h 采用基底压应力图形中距最大应力点 $b/4 \sim b/3$ 处的压应力；

b——基础的宽度，m；

γ——土的容重，kN/m^3；

h——基底埋置深度，m：当基础受水流冲刷时，由一般冲刷线算起；当不受水流冲刷时，由天然地面算起，如位于挖方内，则由开挖后地面算起；

z——基底至计算土层顶面的距离，m；

z_i，z_{i-1}——自基底至第 i 和第 $i-1$ 层底面距离，m，地基沉降计算总深度 z_n 应符合式(4.22)要求，当计算土层下部仍有较软土层时，应继续计算；

ΔS_i——计算深度范围内第 i 层土的沉降量，m；

ΔS_n——深度 z_n 处向上取厚度为 Δz（见表 4.3）的土层的沉降值；

E_{si}——基础底面以下受压土层内第 i 层的压缩模量，kPa，根据压缩曲线按实际应力范围取值；

m_s——沉降经验修正系数，根据地区沉降观测资料及经验确定，无地区经验时可按表 4.6 采用，对于软土地基 m_s 不应小于 1.3；

C_i，C_{i-1}——基础底面至第 i 层底面范围内和至第 $i-1$ 层底面范围内的平均附加应力系数（见图 4.9），可按表 4.7 查得。

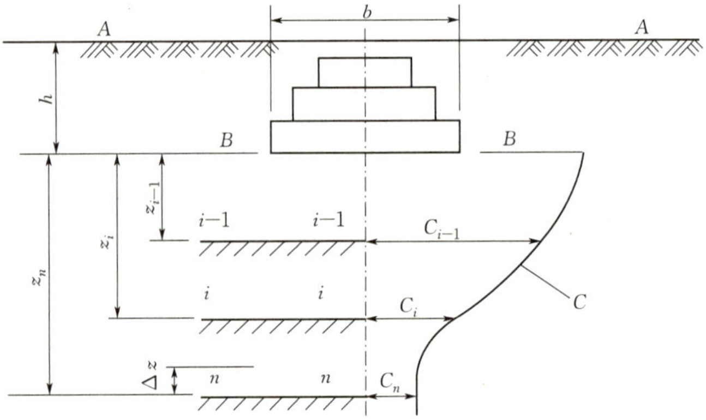

A-A—地面；i-i—第i层底面；B-B—基础底面；n-n—第n层底面；
（i−1）-（i−1）—第i−1层底面；C—平均附加应力系数曲线

图 4.11　基础沉降计算图

桩基础总沉降量及工后沉降量计算，不计桩身的压缩量（桩身压缩量随荷载作用而立即发生，不影响工后沉降量），可将桩基础视为“实体基础”，按《铁路桥涵地基和基础设计规范》（TB 10093—2017）附录 E 及本章相关内容执行。当桩底面处桩中心距大于 $6d$（d 为桩径或桩短边边长）时，桩基沉降量可取单桩的沉降量。

表 4.6　沉降经验修正系数 m_s

基础底面处附加压应力 $\sigma_{z(0)}$/kPa	地基压缩模量当量值 E_s/kPa				
	2 500	4 000	7 000	15 000	20 000
$\sigma_{z(0)} \geqslant \sigma_0$	1.4	1.3	1.0	0.4	0.2
$\sigma_{z(0)} \leqslant 0.75\sigma_0$	1.1	1.0	0.7	0.4	0.2

注：1. 表中 $\bar{E}_s$——沉降计算总深度 z_n 内地基压缩模量的当量值，按下式确定：

$$\bar{E}_s = \frac{\sum A_i}{\sum \frac{A_i}{E_{si}}}$$

其中，A_i 为第 i 层土平均附加应力系数沿该土层厚度的积分值，即第 i 层土的平均附加应力系数面积。

2. $\sigma_{z(0)}$ 为基础底面处的附加压应力，$\sigma_{z(0)}=\sigma_h-\gamma h$。其中 σ_h 为基底压应力，kPa，近似地取基底压应力图形中距最大压应点为 $b/4 \sim b/3$ 处的压应力。

3. σ_0 为基础底面处地基基本承载力。

表 4.7 矩形面积上均布荷载作用下通过中心点竖线上的平均附加应力系数 C

z/b	a/b												
	1.0	1.2	1.4	1.6	1.8	2.0	2.4	2.8	3.2	3.6	4.0	5.0	≥10
0.0	1.000	1.000	1.000	1.000	1.000	1.000	1.000	1.000	1.000	1.000	1.000	1.000	1.000
0.1	0.997	0.998	0.998	0.998	0.998	0.998	0.998	0.998	0.998	0.998	0.998	0.998	0.998
0.2	0.987	0.990	0.991	0.992	0.992	0.992	0.993	0.993	0.993	0.993	0.993	0.993	0.993
0.3	0.967	0.973	0.976	0.978	0.979	0.979	0.980	0.980	0.981	0.981	0.981	0.981	0.981
0.4	0.936	0.947	0.953	0.956	0.958	0.965	0.961	0.962	0.962	0.963	0.963	0.963	0.963
0.5	0.900	0.915	0.924	0.929	0.933	0.935	0.937	0.939	0.939	0.940	0.940	0.940	0.940
0.6	0.858	0.878	0.890	0.898	0.903	0.906	0.910	0.912	0.913	0.914	0.914	0.915	0.915
0.7	0.816	0.840	0.855	0.865	0.871	0.876	0.881	0.884	0.885	0.886	0.887	0.887	0.888
0.8	0.775	0.801	0.819	0.831	0.839	0.844	0.851	0.855	0.857	0.858	0.859	0.860	0.860
0.9	0.735	0.764	0.784	0.797	0.806	0.813	0.821	0.826	0.829	0.830	0.831	0.832	0.836
1.0	0.698	0.728	0.749	0.764	0.775	0.783	0.792	0.798	0.801	0.803	0.804	0.806	0.807
1.1	0.663	0.694	0.717	0.733	0.744	0.753	0.764	0.771	0.775	0.777	0.779	0.780	0.782
1.2	0.631	0.663	0.686	0.703	0.715	0.725	0.737	0.744	0.749	0.752	0.754	0.756	0.758
1.3	0.601	0.633	0.657	0.674	0.688	0.698	0.711	0.719	0.725	0.728	0.730	0.733	0.735
1.4	0.573	0.605	0.629	0.648	0.661	0.672	0.687	0.696	0.701	0.705	0.708	0.711	0.714
1.5	0.548	0.580	0.604	0.622	0.637	0.648	0.664	0.673	0.679	0.683	0.686	0.690	0.693
1.6	0.524	0.556	0.580	0.599	0.613	0.625	0.641	0.651	0.658	0.663	0.666	0.670	0.675
1.7	0.502	0.533	0.558	0.577	0.591	0.603	0.620	0.631	0.638	0.643	0.646	0.651	0.656
1.8	0.482	0.513	0.537	0.556	0.571	0.588	0.600	0.611	0.619	0.624	0.629	0.633	0.638
1.9	0.463	0.493	0.517	0.536	0.551	0.563	0.581	0.593	0.601	0.606	0.610	0.616	0.622
2.0	0.446	0.475	0.499	0.518	0.533	0.545	0.563	0.575	0.584	0.590	0.594	0.600	0.606
2.1	0.429	0.459	0.482	0.500	0.515	0.528	0.546	0.559	0.567	0.574	0.578	0.585	0.591
2.2	0.414	0.443	0.466	0.484	0.499	0.511	0.530	0.543	0.552	0.558	0.563	0.570	0.577
2.3	0.400	0.428	0.451	0.469	0.484	0.496	0.515	0.528	0.537	0.544	0.548	0.554	0.564
2.4	0.387	0.414	0.436	0.454	0.469	0.481	0.500	0.513	0.523	0.530	0.535	0.543	0.551
2.5	0.374	0.401	0.423	0.441	0.455	0.468	0.486	0.500	0.509	0.516	0.522	0.530	0.539
2.6	0.362	0.389	0.410	0.428	0.442	0.473	0.473	0.487	0.496	0.504	0.509	0.518	0.528
2.7	0.351	0.377	0.398	0.416	0.430	0.461	0.461	0.474	0.484	0.492	0.497	0.506	0.517
2.8	0.341	0.366	0.387	0.404	0.418	0.449	0.449	0.463	0.472	0.480	0.486	0.495	0.506
2.9	0.331	0.356	0.377	0.393	0.407	0.438	0.438	0.451	0.461	0.469	0.475	0.485	0.496
3.0	0.322	0.346	0.366	0.383	0.397	0.409	0.429	0.441	0.451	0.459	0.465	0.474	0.487
3.1	0.313	0.337	0.357	0.373	0.387	0.398	0.417	0.430	0.440	0.448	0.454	0.464	0.477
3.2	0.305	0.328	0.348	0.364	0.377	0.389	0.407	0.420	0.431	0.439	0.445	0.455	0.468
3.3	0.297	0.320	0.339	0.355	0.368	0.379	0.397	0.411	0.421	0.429	0.436	0.446	0.460
3.4	0.289	0.312	0.331	0.346	0.359	0.371	0.388	0.402	0.412	0.420	0.427	0.437	0.452

续上表

z/b	a/b												
	1.0	1.2	1.4	1.6	1.8	2.0	2.4	2.8	3.2	3.6	4.0	5.0	≥10
3.5	0.282	0.304	0.323	0.338	0.351	0.362	0.380	0.393	0.403	0.412	0.418	0.429	0.444
3.6	0.276	0.297	0.315	0.330	0.343	0.354	0.372	0.385	0.395	0.403	0.410	0.421	0.436
3.7	0.269	0.290	0.308	0.323	0.335	0.346	0.364	0.377	0.387	0.395	0.402	0.413	0.429
3.8	0.263	0.284	0.301	0.316	0.328	0.339	0.356	0.369	0.379	0.388	0.394	0.405	0.422
3.9	0.257	0.277	0.294	0.309	0.321	0.332	0.349	0.362	0.372	0.380	0.387	0.398	0.415
4.0	0.251	0.271	0.288	0.302	0.311	0.325	0.342	0.355	0.365	0.373	0.379	0.391	0.408
4.1	0.246	0.265	0.282	0.296	0.308	0.318	0.335	0.348	0.358	0.366	0.372	0.384	0.402
4.2	0.241	0.260	0.276	0.290	0.302	0.312	0.328	0.341	0.352	0.359	0.366	0.377	0.396
4.3	0.236	0.255	0.270	0.284	0.296	0.306	0.322	0.335	0.345	0.353	0.359	0.371	0.390
4.4	0.231	0.250	0.265	0.278	0.290	0.300	0.316	0.329	0.339	0.347	0.353	0.365	0.384
4.5	0.226	0.245	0.260	0.273	0.285	0.294	0.310	0.323	0.333	0.341	0.347	0.359	0.378
4.6	0.222	0.240	0.255	0.268	0.279	0.289	0.305	0.317	0.327	0.335	0.341	0.353	0.373
4.7	0.218	0.235	0.250	0.263	0.274	0.284	0.299	0.312	0.321	0.329	0.336	0.347	0.367
4.8	0.214	0.231	0.245	0.258	0.269	0.279	0.294	0.306	0.316	0.324	0.330	0.342	0.362
4.9	0.210	0.227	0.241	0.253	0.265	0.274	0.289	0.301	0.311	0.319	0.325	0.337	0.357
5.0	0.206	0.223	0.237	0.249	0.260	0.269	0.284	0.296	0.306	0.313	0.320	0.332	0.352

注：表中 a、b 分别为矩形面积的长边和短边；z 为从基础底面算起的土层深度。

摩擦桩基础的总沉降量计算，将桩基视为图 4.12 中 1—2—3—4 范围内的实体基础，采用分层总和法进行沉降计算。附加压应力 $\sigma_{z(0)}$ 应为桩底平面处的附加压应力。实体基础的底面积可按图 4.12 所示取值。

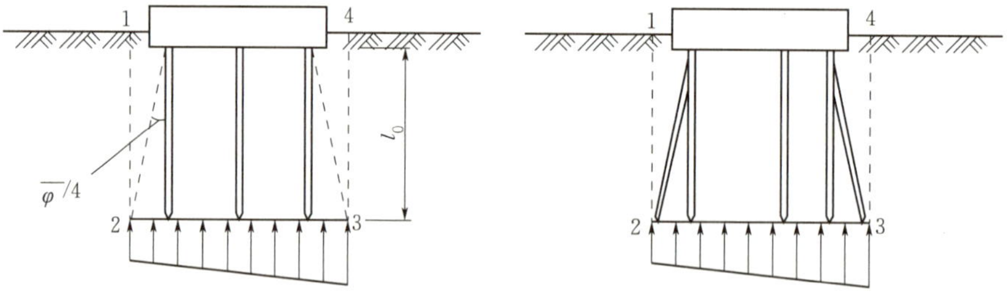

图 4.12 桥涵桩基当作实体基础的检算示意图

图 4.12 中 $\bar{\varphi}$ 为桩基所穿过土层的加权平均内摩擦角，按式(4.24)计算。

$$\bar{\varphi}=\frac{\varphi_1 l_1+\varphi_1 l_1+\cdots+\varphi_n l_n}{l_0} \tag{4.24}$$

式中 $\varphi_1,\varphi_2,\cdots,\varphi_n$——厚度 $l_1,l_2,\cdots,l_n$ 各土层的内摩擦角，(°)；

l_1——桩位于土中的深度，m。

2. 其他规范公式法

公路桥梁规范中，各种基础的沉降计算，也采用与铁路桥梁规范完全相同的分层总和法。只是公路桥梁沉降限值规定没有铁路桥梁严格。

《建筑地基基础设计规范》(GB 50007—2011)中各种基础的沉降计算,推荐使用的最终沉降计算方法对分层总和法单向压缩公式作了进一步修正,应用了“应力面积”的基本概念,故称为应力面积法。应力面积法也是基于分层总和法一样的基本假设,因此实质上它是一种简化并经修正的分层总和法,其理论及参数取值详见《建筑地基基础设计规范》(GB 50007—2011)第5.3节及相应附录。

3. 各规范方法的比较

就各规范方法在高速铁路桥梁基础沉降计算适用性问题,京沪高速铁路沉降课题研究中采用实测沉降数据为基准,对前文所述5种规范规定的沉降计算方法进行了对比分析。这里选择某特大桥的22个桥墩基础(涉及1.0 m、1.25 m和1.5 m三种桩径)群桩基础沉降的对比情况加以说明,详见表4.8及图4.13。

表4.8 各规范方法沉降计算结果一览表 单位:mm

序号	墩号	公路规范	铁路规范	建筑桩基规范	上海地基规范	建筑地基规范	实测沉降值
1	195	10.628	9.429	5.379	5.612	17.681	8.46
2	203	12.405	11.095	5.989	6.165	20.829	9.13
3	207	11.192	10.323	4.273	5.333	19.202	8.07
4	215	11.335	9.083	5.682	5.779	16.952	10.27
5	894	16.383	15.440	7.346	5.915	19.364	5.77
6	903	15.878	14.370	7.774	6.430	22.549	8.17
7	920	15.914	15.314	9.705	7.642	20.469	5.20
8	934	12.735	10.929	6.320	6.278	20.283	6.61
9	117	16.254	15.743	7.491	6.735	29.549	10.09
10	130	11.892	10.938	6.467	7.788	20.540	6.12
11	140	12.430	10.375	5.744	5.153	19.451	6.28
12	144	10.857	9.583	4.116	3.531	18.002	8.05
13	150	13.292	11.785	4.079	3.830	21.979	5.55
14	497	7.867	6.171	2.310	2.416	11.570	4.63
15	504	7.706	6.924	2.584	2.371	13.016	4.10
16	515	6.647	5.796	3.294	3.704	10.819	5.22
17	612	11.327	10.016	4.826	4.181	18.653	6.99
18	159	12.748	11.071	5.892	3.476	25.249	11.88
19	160	13.425	11.759	6.176	3.316	25.694	12.88
20	87	18.980	15.973	8.195	9.739	29.932	8.43
21	88	18.794	15.832	7.515	8.340	29.582	13.02
22	89	16.769	16.082	7.354	7.222	29.994	7.73

注:表中各种规范方法计算的沉降值为桥梁基础的总沉降量。

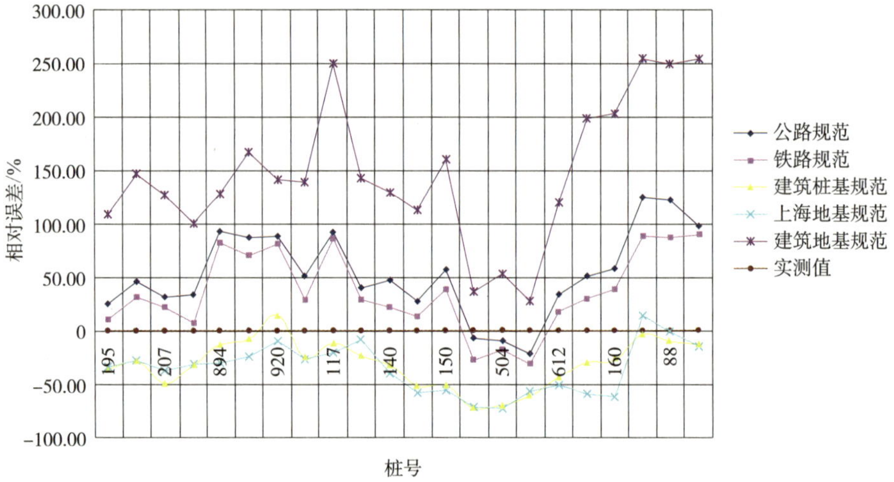

图 4.13 各规范方法计算值与实测值差值比值图

经与实测值的比较，采用上海地基规范、建筑桩基规范公式计算结果较实测值偏小，建筑地基规范偏大且差值最大，铁路规范和公路规范稍大，且相对更接近实测值。因此高速铁路桥梁群桩基础总沉降计算采用现行铁路桥梁规范方法是适宜的。

4.3 基础沉降控制技术

桥梁作为高速铁路轨道的下部结构，为确保高速运行条件下的安全性、平稳性和乘车舒适性要求，必须具有高平顺性、高稳定性和高可靠性等特点。软土及松软土地区，地基具有三高三低的基本特性，建于软土地基上的桥涵结构沉降量大，基础易于滑走，地基易于挤出，软土地基上的桥涵设计及施工，应对结构形式、控制沉降等方面采取措施，保证结构良好和正常使用。

4.3.1 桥梁墩台基础工后沉降限值标准

对于桥梁基础沉降量给予一定的限制，是为了保证墩台发生沉降后桥头和桥上线路坡率的改变不致影响列车的正常运行，即使要进行线路高程调整，其调整工作量不致太大，不会引起梁上道砟槽边墙改建和桥梁结构加固。现行各标准铁路规范中关于沉降限值的确定主要是基于列车运营安全和舒适要求的不同。我国《高速铁路设计规范》(TB 10621—2014)和《铁路桥涵设计规范》(TB 10002—2017)规定：

墩台基础的沉降应按恒载计算，其在恒载作用下产生的工后沉降量及相邻墩台沉降差不应超过表 4.9 规定的限值。特殊条件下无砟轨道桥梁无法满足沉降限值要求时，可采取预留调整措施的方式满足轨道平顺要求。

表 4.9 静定结构墩台基础工后沉降限值 单位:mm

沉降类型	桥上轨道类型	限值
墩台均匀沉降	有砟轨道	30
	无砟轨道	20
相邻墩台沉降差	有砟轨道	15
	无砟轨道	5

注:超静定结构相邻墩台沉降量之差除应满足上述规定外尚应根据沉降差对结构产生的附加应力的影响确定。

桥梁墩台基础工后沉降限值主要为满足高速列车运营安全和舒适要求。墩台基础不均匀沉降将在墩台位置产生变坡点,即出现明显的折角,直接影响行车的安全和舒适。中国铁道科学研究院在“客运专线铁路墩台基础沉降限值标准研究”中,采用车—桥耦合动力模型,分析不同桥跨(20 m、24 m、32 m 和 40 m 等跨布置简支梁)、不同沉降类型(单墩沉降、单墩相对上抬、两相邻墩沉降和两非相邻墩沉降)和不同沉降量(5 mm、10 mm、15 mm、20 mm和30 mm)对高速行车安全和舒适的影响,如图 4.14 所示。

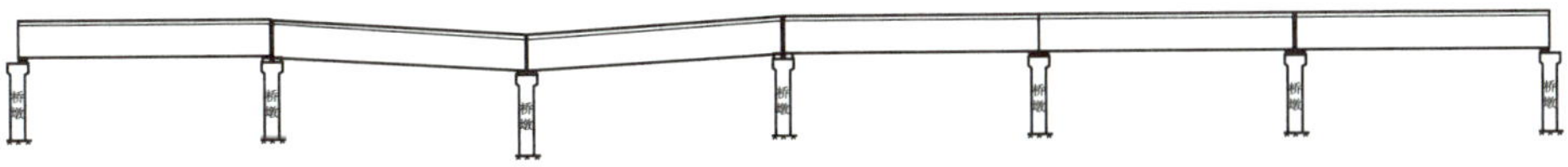

(a) 单墩沉降工况

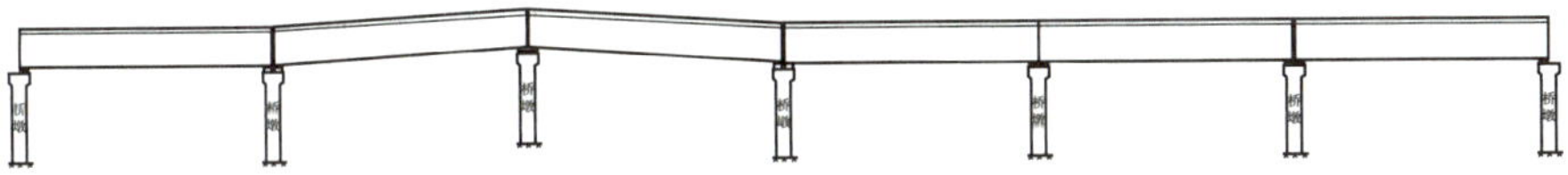

(b) 单墩相对上抬工况

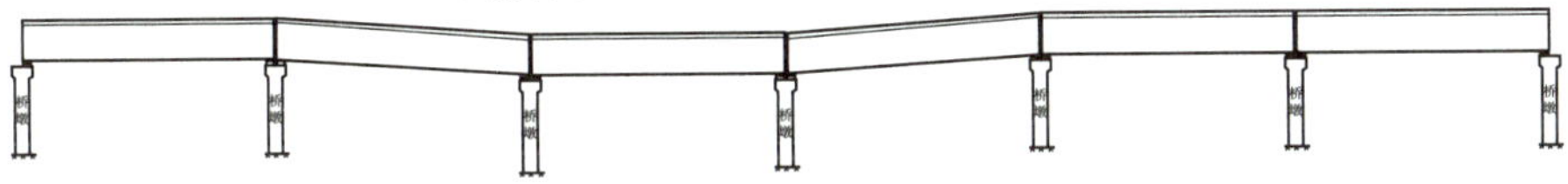

(c) 两相邻墩沉降工况

(d) 两非相邻墩沉降工况

图 4.14 墩台不均匀沉降分析工况

研究分析结果表明:不同沉降限值对于梁体动力效应影响较小,而主要影响车辆动力效应;列车轮重减载率随不均匀沉降值的增大而增大;车体竖向加速度、列车车体平稳性指标除与车体自身动力性能具有一定的关系外,也随不均匀沉降量增加呈增大的趋势。单墩沉降工况时高速列车车体动力响应如图 4.15 所示。

由于墩台基础不均匀沉降对行车安全和乘坐舒适具有直接影响,随着不均匀沉降量值的增加列车安全指标和舒适性指标明显恶化。京津城际铁路建设中墩台基础大量实测沉降数据表明，按铁路规范进行基础沉降计算可以基本满足控制精度要求，墩台工后均匀沉降预测值小于 20 mm、相邻墩工后沉降量差值小于 5 mm。特殊条件下，当无砟轨道桥梁不能满足沉降差限值要求时，应设置可调高支座或其他调整措施来满足结构和轨道平顺性要求。

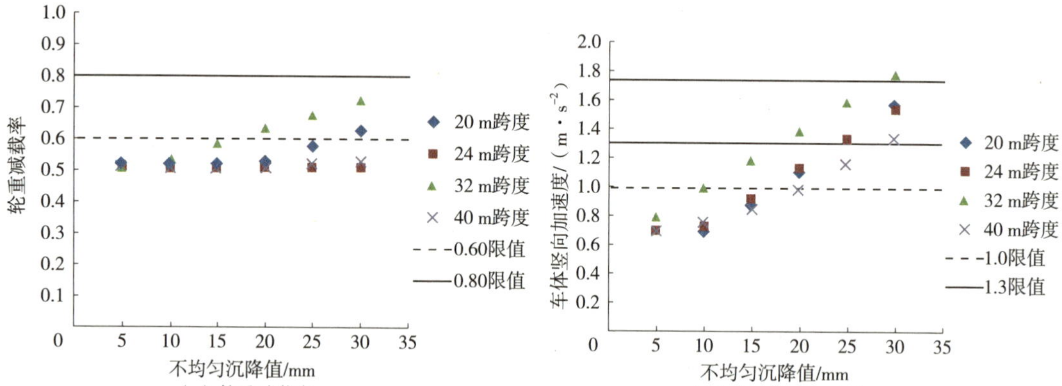

（a）轮重减载率　（b）车体竖向加速度

图 4.15　高速列车通过时车体响应结果

4.3.2　勘察设计阶段沉降控制要点

1. 勘察阶段

发现与绕避，是勘测阶段预防工程沉降的要点。软土具有含水率高、孔隙比大、压缩性高、抗剪强度低、承载力低和透水性差等特性，桥梁基础沉降会控制不易或更高工程造价等，对工程存在较直接影响。因此铁路选线，在完成软土普查工作及控制点勘探、进一步摸清软土分布特征的同时，一般应首先考虑避让软土地区，特别是形成年代比较新、沉积厚度比较大的软土或松软土区域、因开采地下水过度产生的区域沉降漏斗区、深厚填筑土以及新近堆积层地带等；若必须通过时，应选在影响区域最窄地带通过。此外，在保证最小路肩高程的基准上改善线路纵断面，降低路肩高程，减小工程规模。

重视路桥比较工作。软土因其独有特性给软土地区修建铁路带来了诸多不利影响。特别是在高速铁路建设中，修建高路堤则其稳定性差、沉降时间长、沉降变形大、工后沉降难以控制，严重影响铁路的质量和使用。从沉降控制看，桥梁设置桩基础更有利于控制基础沉降；从全寿命经济比较看，软土地质条件下桥梁方案与路基方案相比，发生病害的概率小，养护维修成本低。采用桥梁代替软土地区的高路堤方案已经成为工程界的广泛共识；但当线位穿越沉降漏斗区时，根据 InSAR 地面沉降云图，线位一般予以绕避，当不可避免时应绕避核心区域，在漏斗区边缘通过，同时采用简单易修复的结构，通常采用路基结构及有砟轨道。

2. 设计阶段

精准预测、合理整治与有效备策是设计阶段控制工程沉降的要点。软土地基桥涵的设计除应着重于地基加固外，尚需从桥涵建筑物本身的结构上采取措施。

(1)桥梁结构选择

为保证正常使用，软土地基桥涵结构选择一般采取下列原则，以减缓不均匀沉降的发生或增加结构的适应性避免沉降量超限：

①采用轻型结构，以减轻其对地基的附加荷载。

②应优先采用静定结构(如大量采用简支箱梁)，并尽可能通过技术经济比较后使用高度较低的梁式结构，以降低路堤填土高度和适应软土地基容许承载力低、透水性差和地基压缩性大的特点。

③一般采用桩基础，并增大基础刚度，保证其强度，以承受不均匀沉降所产生的应力，并迫使地基中应力再分布，从而获得比较均匀的沉降。

④优先选用封闭式结构，例如圆管、箱涵、箱形桥、整体框构桥等。涵洞每 2 m 设一个沉降缝，以便加大预留拱度，出入口亦应采用整体基础。洞身沉降“塌腰”不得超过 0.10 m，且不影响使用要求，否则应对地基进行加固。

(2)桩基础布置

设计阶段在软土地区的铁路桥梁桩基础除要考虑承载力的要求外，还要考虑桩基础的沉降是否满足规范要求，尤其是桩基础全部位于软土地层中时更要注意。在铁路桥梁实际工程中，墩台的桩基础通常由群桩组成。由摩擦桩和承台组成的群桩，在竖向荷载作用下，其沉降的变形性状是桩、承台、地基土之间相互影响的综合结果，发生沉降多为群桩整体下沉。群桩沉降与孤立的单桩明显不同，群桩沉降性状涉及群桩几何尺寸(如桩间距、桩长、桩数、桩基础宽度与桩长的比值等)、成桩工艺、桩基施工与流程、土的类别与性质、荷载大小、持续时间及承台的设置方式等因素。在实际设计过程中，主要考虑的是桩端以下地基土压缩变形对群桩沉降的影响。

由于活载作用下的沉降变形是瞬间的、弹性的，一般可以恢复，所以规范规定：桥涵基础的沉降仅按恒载计算，对于静定结构，其墩台总沉降量与墩台施工完成时的沉降量之差不得大于规范规定的容许值，对于超静定结构相邻墩台沉降量之差除应满足规范规定外，尚应视其对结构产生附加应力的程度确定。

由于软土地基大部分属于饱和性黏土，为了减少桩间土的影响和干扰，保持土的天然结构不受破坏，减小沉降量，在设计时，宜采用较大的桩间距，同时，优先考虑小桩径、多桩数的方案。桩间距过小，不但会使地基土遭到破坏，还会给施工带来困难。实验表明，桩周表面摩擦力随软土固结而提高，桩间距为 3.5 倍桩径的桩周表面摩擦力要比桩间距为 3 倍时桩径的桩周表面摩擦力提高 20%。桩尖持力层一般选择在深层砂类土或土质均匀、压缩模量较大的土层中，可减少单墩沉降并减少差异沉降，从而更好地进行沉降控制。

在建设条件允许、地质条件适用、桩长过长、沉降难以控制等情况下，可进行旋挖挤扩桩、打入预制桩的试用和推广(详见后续章节内容，此处不再赘述)。

(3)后调整措施

高速铁路工程的最大特点就是线路的高平顺性和高稳定性，对于软土地区地层特性不均匀、难于控制墩台差异沉降的区域，一般需要预留整治的工程措施。在新建高速铁路工程中桥梁占比大，且线路软土等不良地质区段长，相邻梁体墩高差异大，桥梁基础的工后沉降尤其是不均匀沉降，以及温度引起的墩高差异变形不可避免，要实现轨道的高平顺性和高稳定性绝非易事。设计中虽然考虑了基础的沉降，在相邻桥墩沉降计算结果的差值也不宜过大，在桩基数量和梁部预应力筋方面做了预留，但现场建设过程中还需要在一定部位考虑调高。

支座是上部结构和下部结构的连接部件，除传递垂直力和水平力、适应梁端转角外，还可以通过机械结构起到调高作用。调高支座可以在不改变上、下部结构构造的情况下调节上部结构和轨道高程，使结构实际受力状态同设计一致，消除沉降对轨道平顺性的影响，节约成本、处理方便。随着材料和加工技术的进步，目前我国桥梁支座已经形成了多种材料系列化定型产品，同时也形成了系列化设计、加工、安装、养护维修方面的技术规程。为满足高速铁路桥梁更高的刚度需求、适应某些区域沉降地区特点、预留建成后沉降的调整条件，我国已研发了满足调高需求的可调高支座。

我国目前采用大调高量支座的高速铁路项目比较多，大部分为沿海软土区域或大河冲洪积下游软土区域的高速铁路，这些区域会因为多种复杂的原因发生区域性沉降，目前高速铁路工程常采用的控制区域沉降的大调高支座的预留调高量范围为 0～60 mm。

4.3.3 施工阶段沉降控制重点

1. 成桩施工工艺

钻孔灌注桩在施工中振动、噪声较小，因此应用很广泛，可是软土地区地质条件较差，土层为软塑或流塑状态的软土很容易在施工中发生缩径、夹层、离析、断桩、混凝土强度偏低等缺陷，严重影响结构安全。在软基中的钻孔灌注桩施工可以归纳为以下几点：(1)大范围内地质情况差异较大，小区域内具有一致性。(2)软土地区地基中钻孔灌注桩井孔孔壁侧软土在水平附加力作用下会产生一定的水平位移，并且在软土中部区域较显著，其位移随时间而增加。(3)钻孔桩井孔孔壁侧的软土在一定条件下可达到平衡，而不产生塑变占据孔位。(4)随软土层厚度的增加，桩基缺陷产生的概率增大。

在钻孔施工中应从钻机选择、钻孔方法、钻压和钻速、泥浆比重、混凝土施工、施工操作等方面着手，实现孔壁侧软土排水固结，并同泥浆作用形成较厚的泥皮，以求加强孔壁侧软土稳定性，实现降低软土塑变影响的目的，可以提高桩基施工质量。

软土地基中，应对钻孔桩进行百分之百检测，以期早发现严重质量问题，避免影响安全使用。

2. 沉降变形观测与评估

依据《铁路工程沉降变形观测与评估技术规程》(Q/CR 9230—2016)，无砟轨道桥涵、设计时速 200 km 及以上有砟轨道桥涵应进行沉降变形观测。

墩台基础沉降的发展及总量受桥位地质情况、施工荷载、施工工期等因素影响。为确保墩台基础工后沉降满足设计要求，保证无砟轨道结构的平顺性，在墩台施工完成至无砟轨道铺设前要进行墩台基础沉降变形观测，并对工后沉降进行预测。桥涵主体工程完工后，沉降变形观测期不应少于 6 个月；岩石地基等良好地质区段的桥梁，沉降变形观测期不应少于 2 个月。观测数据不足或工后沉降评估不能满足设计要求时，应适当延长观测期。软土地区墩台基础沉降一般要在梁部架设 6～18 个月后才能稳定。

在进行桥涵基础沉降观测时，选取外界环境变化相对较小时段进行，尽量保证各次测量时结构所处环境条件相差不大，以消除结构温度变形对观测结果的影响。同时，要记录观测时结构荷载状况、环境温度及天气、日照等，以便为评估分析提供可靠的资料。

3. 地基加固措施

桩基的沉降控制除通过试桩确定施工控制参数，验证设计可靠度，并通过常规施工工艺及技术措施进行有效的控制外，对钻孔灌注桩可采取堆载预压或桩底压浆技术。

4.3.4 运营阶段沉降控制要点

1. 地下水开采

《铁路安全管理条例》明确规定，高速铁路线路路堤坡脚、路堑坡顶或者铁路桥梁外侧起向外 200 m 范围内禁止抽取地下水。

2. 后建工程影响

(1)下穿运营高速铁路工程

一般情况下，运营后的高速铁路线路或多或少已有轨道几何尺寸的偏差，而下穿工程也会进一步影响轨道的平顺性。为了控制运营中的高速铁路沉降，对于下穿高速铁路的工程影响轨道平顺性问题，受下穿工程影响的高速铁路桥梁墩台顶位移限值见表 4.10。

表 4.10 墩台顶位移限值 单位：mm

轨道类型	墩顶横向水平位移限值	墩顶纵向水平位移限值	墩顶竖向位移限值
有砟轨道	3	3	3
无砟轨道	2	2	2

下穿工程宜采用正交穿越高速铁路。采用正交穿越高速铁路桥梁，则下穿结构物与铁路桥墩的安全距离、下穿工程桩与铁路桥梁基桩桩间距等条件容易满足；采用正交下穿与斜交相比，施工及运营阶段对高速铁路桥梁的影响要小，下穿结构物的长度也可短些。

为尽量减小下穿工程钻孔桩施工对高速铁路桥梁结构和运营安全的影响，下穿工程采用钻孔桩基础时，其与高速铁路桥梁基桩的中心距应符合软黏土及饱和粉、细砂土层等不良土层要求，不宜小于 6 倍下穿工程桩径，其他良好土层不宜小于 4 倍下穿工程桩径。

下穿工程基坑施工时，应根据工程地质和水文地质条件、开挖深度、基坑与高速铁路桥墩位置关系以及桥下净空等因素，综合确定支护结构类型，当地下水位较高时，围护结构应有止水功能；高速铁路影响区进行地下水降水会造成桥墩周边土体沉降，使高速铁路桥梁桩基产生负摩阻力，降低桩基承载力；土体下沉还会引起桥梁墩身沉降。因此，对于地下水位高，开挖前坑内降水的，围护结构要有止水功能；在基坑外不允许抽降地下水。下穿工程基坑的支护结构与高速铁路桥墩承台距离应根据计算确定，当基坑底面低于承台底面时，不宜小于 3 m。支护结构采用钻孔桩时，要满足钻孔桩与高速铁路基桩桩间距的要求。

下穿工程弃土应放在高速铁路影响区外。

(2)并行运营高速铁路工程

综合考虑沉降分析及安全施工影响，并行运营高速铁路的铁路工程一般推荐线间距如下：

①既有运营中的高速铁路为桥梁，新建铁路工程为修建桥梁，推荐相邻线线间距为 25 m。

②既有运营中的高速铁路为路基，新建铁路工程为修建桥梁，推荐相邻线线间距为 30 m。

③既有运营中的高速铁路为桥梁，新建铁路工程为修建路基，推荐相邻线线间距为 40 m。

④既有运营中的高速铁路为路基，新建铁路工程为修建路基，推荐相邻线线间距为 40 m。

3. 既有构筑物监测监控

加强软土地区及区域地面沉降段既有高速铁路桥涵及基础沉降监测工作，有条件时，应尽量普及自动化、智能化监测系统，对发现的问题及时预警，并采取必要的应对措施，以保证结构安全和运营安全。具体详见后续章节内容，不再赘述。

5 路基地基设计

铁路路基是经填筑或开挖而形成的直接支承轨道系统的结构。沉降变形是高速铁路路基工程设计所考虑的主要控制因素，路基沉降由地基和路基本体产生，路基本体沉降在填筑期或静置期基本完成，而地基沉降持续时间较长，特别是对软土、松软土地基而言，由于土的压缩性大、渗透性弱等特性，路基建成后，需延续很长时间才能完成，因此，软土地区高速铁路路基地基处理工程直接关系到路基工后沉降能否满足要求。

5.1 高速铁路路基的一般要求

5.1.1 基底强度要求

1. 天然地基基床强度

铁路路基基床应满足强度要求，保证其在列车荷载、降水、干湿循环及冻融循环等因素的影响下具有长期稳定性。高速铁路路基要求基床底层范围内的天然地基基本承载力不小于 180 kPa。路堑基床范围内的土质密实度、承载力等不能满足要求，或受地下水等因素影响不能满足要求时，应采取换填、排水等适宜的措施加固处理。

2. 路堤基底强度

经处理后的复合地基承载力应满足式(5.1)要求：

$$p_k \leqslant k[\sigma] \tag{5.1}$$

式中 p_k——路基底面处压力值，kPa；

$[\sigma]$——处理后地基容许承载力，kPa；

k——地基承载力计算修正系数：对于挡土墙、涵洞等刚性基础地基其值取 1.0，对于路堤、场坪等柔性基础地基其值可取 1.2～1.5。

刚性桩处理后的地基，桩的承载力应满足以下规定：

$$P_0 \leqslant [P] \tag{5.2}$$

式中 P_0——单桩顶面承受的荷载，kN；

$[P]$——单桩竖向容许承载力，kN。

一般说来，基底强度应根据荷载确定，路堤由散体材料填筑而成，对于变形的适应能力相对较强，而地基在荷载作用下发生压缩变形，强度会有不同程度的提高。

5.1.2 路基稳定性要求

《铁路工程地基处理技术规程》(TB 10106—2010)规定的高速铁路路基稳定系数不得小于表 5.1 所列数值。

表 5.1 路堤稳定安全系数

列车设计行车速度 $v/(\mathrm{km\cdot h^{-1}})$	稳定安全系数	
	施工期	运营期
$250\leqslant v\leqslant 350$	1.15	1.30

注：对于斜坡软弱地基路堤，采用圆弧法检算时，其稳定安全系数应根据软弱地基横向坡率大小，按表 5.2进行修正。

表 5.2 斜坡软弱地基路堤稳定安全系数

斜坡地基横向坡率	水平地基	1∶20	1∶10	1∶7.5
稳定安全系数	$[F_s]$	$[F_s]+0.05$	$[F_s]+0.10$	$[F_s]+0.15$

需要注意的是，各规范对路基稳定安全系数的规定不完全一致，设计过程中可取较大的稳定安全系数作为控制值。

5.1.3 路基沉降要求

1.无砟轨道路基沉降要求

无砟轨道基础一旦出现变形，将会直接反映到轨面上，如果轨道铺设后路基发生不均匀沉降，将会使轨道结构产生变形附加应力，在列车长期动荷载作用下可能导致轨道发生结构性开裂，影响其耐久性甚至安全性。因无砟轨道整治和维修较困难，投入很大，因此，无砟轨道路基工后沉降较有砟轨道控制更严。

中国和德国无砟轨道路基规范都是以 Vossloh300-1 型扣件系统的可调空间 30 mm 为基础来确定路基的允许工后沉降和允许附加沉降值。扣除由于施工过程产生的几何误差（+6 mm，−4 mm），则仅有 20 mm 可以调整。根据德国无砟轨道建设经验，由列车荷载产生的附加沉降一般不会超过 5 mm。因此德国路基规范（Ril 836:2008）有列车动荷载产生的允许附加沉降不大于 5 mm 的规定，余量 15 mm 即为一般情况下路基工后沉降变形控制值。路基的沉降量不大于 15 mm 时（不包括允许附加沉降 5 mm）才能保证设计的轨道高程。德国规范除了控制路基工后沉降变形绝对值外，还对沿线路纵向不均匀工后沉降与对应长度的比值提出了要求，即不均匀沉降按不大于 1/500 控制。

我国高速铁路规范规定：路基在无砟轨道铺设完成后的工后沉降，应满足扣件调整和线路竖曲线圆顺的要求。工后沉降一般不应超过扣件允许的沉降调高量 15 mm；沉降比较均匀、长度大于 20 m 的路基，允许的最大工后沉降量为 30 mm，并且调整轨面高程后的竖曲线半径应能满足下列要求：

$$R_{sh}\geqslant 0.4v_{sj}^2 \tag{5.3}$$

式中 R_{sh}——轨面圆顺的竖曲线半径，m；

v_{sj}——设计最高速度，km/h。

路基与桥梁、隧道或横向结构物交界处的工后沉降差不应大于 5 mm，不均匀沉降造成的折角不应大于 1/1 000。

2.有砟轨道路基沉降要求

我国广深准高速铁路为路堤工后沉降小于 20 cm；秦沈客运专线为路堤工后沉降小于

15 cm，竣工初期年沉降速率小于 4 cm，桥路过渡段路基工后沉降要求控制在 8 cm 以内。表 5.3为我国高速铁路对有砟轨道路基工后沉降的控制标准。

表 5.3　高速铁路对有砟轨道路基工后沉降的控制标准

设计速度/(km·h^{-1})	一般地段工后沉降/cm	桥台台尾过渡段工后沉降/cm	沉降速率/(cm·年$^{-1}$)
250	≤10	≤5	≤3
300、350	≤5	≤3	≤2

5.2　承载力计算

作为土力学中的一个重要课题，地基承载力研究的目的是掌握地基的承载规律，发挥地基的承载能力，确定地基承载力大小，确保地基不致因荷载作用而发生剪切破坏，不会因产生过大变形而影响建筑物的正常使用。路基地基基础设计一般都限制基底压力最大不超过地基容许承载力或地基承载力特征值。

确定地基承载力的方法有原位试验法、理论公式法、规范表格法、当地经验法四种。原位试验法是一种通过现场直接试验确定承载力的方法，现场直接试验包括静载荷试验、静力触探试验、标准贯入试验、旁压试验等。理论公式法是根据土的抗剪强度指标通过理论公式确定承载力的方法。规范表格法是根据室内试验指标、现场测试指标通过查规范所列表格得到承载力的方法。当地经验法是一种基于地区的使用经验，进行类比判断确定承载力的方法。

5.2.1　地基承载力计算

地基承载力特征值可由载荷试验或其他原位测试、公式计算并结合工程实践经验等方法综合确定。

当基础宽度大于 3 m 或埋置深度大于 0.5 m 时，从载荷试验或其他原位测试、经验值等方法确定的地基承载力特征值，尚应按式(5.4)修正。

$$f_a = f_{ak} + \eta_b \gamma (b-3) + \eta_d \gamma_m (d-0.5) \tag{5.4}$$

式中　f_a——修正后的地基承载力特征值，kPa；

f_{ak}——地基承载力特征值，kPa；

η_b，η_d——基础宽度和埋深的地基承载力修正系数，按基底下土的类别查表 5.4 取值；

γ——基础底面以下土的容重，kN/m^3，地下水位以下取浮容重；

b——基础底面宽度，m，当基础底面宽度小于 3 m 时按 3 m 取值，大于 6 m 时按 6 m 取值；

γ_m——基础底面以上土的加权平均容重，kN/m^3，位于地下水位以下的土层取浮容重；

d——基础埋置深度，m，在填方整平地区，可自填土地面高程算起，但填土在上部结构施工后完成时，应从天然地面高程算起。

表 5.4 承载力修正系数

土的类别		η_b	η_d
淤泥和淤泥质土		0	1.0
人工填土、e 或 I_L 大于等于 0.85 的黏性土		0	1.0
红黏土	含水比 $\alpha_w>0.8$ 含水比 $\alpha_w\leqslant 0.8$	0 0.15	1.2 1.4
大面积压实填土	压实系数大于 0.95、黏粒含量 $\rho_c\geqslant 10\%$ 的粉土	0	1.5
	最大干密度大于 2 100 kg/m^3 的级配砂石	0	2.0
粉土	黏粒含量 $\rho_c\geqslant 10\%$ 的粉土 黏粒含量 $\rho_c<10\%$ 的粉土	0.3 0.5	1.5 2.0
e 及 I_L 均小于 0.85 的黏性土 粉砂、细砂(不包括很湿与饱和时的稍密状态) 中砂、粗砂、砾砂和碎石土		0.3 2.0 3.0	1.6 3.0 4.4

注:1. 强风化和全风化的岩石,可参照所风化成的相应土类取值,其他状态下的岩石不修正;

2. 地基承载力特征值按深层平板载荷试验确定时 η_d 取 0;

3. 含水比是指土的天然含水量与液限的比值;

4. 大面积压实填土是指填土范围大于两倍基础宽度的填土。

当偏心距 e 小于或等于 0.033 倍基础底面宽度时,根据土的抗剪强度指标确定地基承载力特征值可按式(5.5)计算,并应满足变形要求。

$$f_a=M_b\lambda b+M_d\gamma_m d+M_c c_k \tag{5.5}$$

式中 f_a——由土的抗剪强度指标确定的地基承载力特征值,kPa;

M_b,M_d,M_c——承载力系数,按表 5.5 确定;

b——基础底面宽度,m,大于 6 m 时按 6 m 取值,对于砂土小于 3 m 时按 3 m 取值;

c_k——基底下一倍短边宽度的深度范围内土的黏聚力标准值,kPa。

表 5.5 承载力系数 M_b,M_d,M_c

土的内摩擦角标准值 φ_k/(°)	M_b	M_d	M_c
0	0	1.00	3.14
2	0.03	1.12	3.32
4	0.06	1.25	3.51
6	0.10	1.39	3.71
8	0.14	1.55	3.93
10	0.18	1.73	4.17
12	0.23	1.94	4.42
14	0.29	2.17	4.69
16	0.36	2.43	5.00
18	0.43	2.72	5.31
20	0.51	3.06	5.66

续上表

土的内摩擦角标准值 φ_k/(°)	M_b	M_d	M_c
22	0.61	3.44	6.04
24	0.80	3.87	6.45
26	1.10	4.37	6.90
28	1.40	4.93	7.40
30	1.90	5.59	7.95
32	2.60	6.35	8.55
34	3.40	7.21	9.22
36	4.20	8.25	9.97
38	5.00	9.44	10.80
40	5.80	10.84	11.73

注:φ_k为基底下1倍短边宽度的深度范围内土的内摩擦角标准值。

当地基受力层范围内有软弱下卧层时,应按式(5.6)验算软弱下卧层的地基承载力。

$$p_z + p_{cz} \leqslant f_{az} \tag{5.6}$$

式中 p_z——相应于作用的标准组合时,软弱下卧层顶面处的附加压力值,kPa;

p_{cz}——软弱下卧层顶面处土的自重压力值,kPa;

f_{az}——软弱下卧层顶面处经深度修正后的地基承载力特征值,kPa。

对条形基础和矩形基础,式(5.6)中的 p_z 值可按下列公式简化计算:

条形基础

$$p_z = \frac{b(p_k - p_c)}{b + 2z\tan\theta} \tag{5.7}$$

矩形基础

$$p_z = \frac{lb(p_k - p_c)}{(b + 2z\tan\theta)(l + 2z\tan\theta)} \tag{5.8}$$

式中 b——矩形基础或条形基础底边的宽度,m;

l——矩形基础底边的长度,m;

p_c——基础底面处土的自重压力值,kPa;

z——基础底面至软弱下卧层顶面的距离,m;

θ——地基压力扩散线与垂直线的夹角,(°),可按表5.6采用。

表5.6 地基压力扩散角 θ

E_{s1}/E_{s2}	z/b	
	0.25	0.50
3	6°	23°
5	10°	25°
10	20°	30°

注:1. E_{s1}为上层土压缩模量;E_{s2}为下层土压缩模量;

2. $z/b<0.25$ 时取 $\theta=0°$,必要时,宜由试验确定;$z/b>0.50$ 时 θ 值不变;z/b 在0.25与0.50之间可插值使用。

对于沉降已经稳定的建筑或经过预压的地基,可适当提高地基承载力。

5.2.2 桩基承载力计算

1. 竖向承载力特征值

单桩竖向承载力特征值 R_a 可按式(5.9)确定。

$$R_a = \frac{1}{K} Q_{uk} \tag{5.9}$$

式中 Q_{uk}——单桩竖向极限承载力标准值;

K——安全系数,取 $K=2$。

1)不考虑承台效应

对于端承型桩基、桩数少于 4 根的摩擦型柱下独立桩基,或由于地层土性、使用条件等因素不宜考虑承台效应时,基桩竖向承载力特征值应取单桩竖向承载力特征值。

2)考虑承台效应

对于符合下列条件之一的摩擦型桩基,宜考虑承台效应确定其复合基桩的竖向承载力特征值:

(1)上部结构整体刚度较好、体型简单的建(构)筑物;

(2)对差异沉降适应性较强的排架结构和柔性构筑物;

(3)按变刚度调平原则设计的桩基刚度相对弱化区;

(4)软土地基的减沉复合疏桩基础。

考虑承台效应的复合基桩竖向承载力特征值可按下列公式确定:

不考虑地震作用时

$$R = R_a + \eta_c f_{ak} A_c \tag{5.10}$$

考虑地震作用时

$$R = R_a + \frac{\zeta_a}{1.25} \eta_c f_{ak} A_c \tag{5.11}$$

$$A_c = (A - nA_{ps})/n \tag{5.12}$$

式中 η_c——承台效应系数,可按表 5.7 取值;

f_{ak}——承台下 1/2 承台宽度且不超过 5 m 深度范围内各层土的地基承载力特征值按厚度加权的平均值;

A_c——计算基桩所对应的承台底净面积;

A_{ps}——为桩身截面面积;

A——为承台计算域面积:对于柱下独立桩基,A 为承台总面积;对于桩筏基础,A 为柱、墙筏板的 1/2 跨距和悬臂边 2.5 倍筏板厚度所围成的面积;桩集中布置于单片墙下的桩筏基础,取墙两边各 1/2 跨距围成的面积,按条基计算 η_c;

ζ_a——地基抗震承载力调整系数,应按《建筑抗震设计规范》(GB 50011)采用。

当承台底为可液化土、湿陷性土、高灵敏度软土、欠固结土、新填土时,沉桩引起超孔隙水压力和土体隆起时,不考虑承台效应,取 $\eta_c=0$。

表 5.7 承台效应系数 η_c

B_c/l	s_a/d				
	3	4	5	6	>6
≤0.4	0.06～0.08	0.14～0.17	0.22～0.26	0.32～0.38	0.50～0.80
0.4～0.8	0.08～0.10	0.17～0.20	0.26～0.30	0.38～0.44	
>0.8	0.10～0.12	0.20～0.22	0.30～0.34	0.44～0.50	
单排桩条形承台	0.15～0.18	0.25～0.30	0.38～0.45	0.50～0.60	

注：1. 表中 s_a/d 为桩中心距与桩径之比；B_c/l 为承台宽度与桩长之比。当计算基桩为非正方形排列时，$s_a=\sqrt{A/n}$，A 为承台计算域面积，n 为总桩数。

2. 对于桩布置于墙下的箱、筏承台，η_c 可按单排桩条基取值。

3. 对于单排桩条形承台，当承台宽度小于 1.5d 时，η_c 按非条形承台取值。

4. 对于采用后注浆灌注桩的承台，η_c 宜取低值。

5. 对于饱和黏性土中的挤土桩基、软土地基上的桩基承台，η_c 宜取低值的 0.8 倍。

2. 竖向承载力标准值

1)单桩竖向极限承载力标准值确定要求

设计采用的单桩竖向极限承载力标准值依据建筑等级确定：

(1)设计等级为甲级的建筑桩基，应通过单桩静载试验确定；

(2)设计等级为乙级的建筑桩基，当地质条件简单时，可参照地质条件相同的试桩资料，结合静力触探等原位测试和经验参数综合确定；其余均应通过单桩静载试验确定；

(3)设计等级为丙级的建筑桩基，可根据原位测试和经验参数确定。

2)单桩竖向极限承载力标准值确定原则

单桩竖向极限承载力标准值、极限侧阻力标准值和极限端阻力标准值按以下原则确定：

(1)单桩竖向静载试验依据《建筑基桩检测技术规范》(JGJ 106—2014)；

(2)对于大直径端承型桩，也可通过深层平板(平板直径应与孔径一致)载荷试验确定极限端阻力；

(3)对于嵌岩桩，可通过直径为 0.3 m 岩基平板载荷试验确定极限端阻力标准值，也可通过直径为 0.3 m 嵌岩短墩载荷试验确定极限侧阻力标准值和极限端阻力标准值；

(4)桩的极限侧阻力标准值和极限端阻力标准值宜通过埋设桩身轴力测试元件由静载试验确定。并通过测试结果建立极限侧阻力标准值和极限端阻力标准值与土层物理指标、岩石饱和单轴抗压强度以及与静力触探等土的原位测试指标间的经验关系，以经验参数法确定单桩竖向极限承载力。

3)单桩竖向极限承载力标准值计算

(1)当根据单桥探头静力触探资料确定混凝土预制桩单桩竖向极限承载力标准值时，如无当地经验，可按式(5.13)计算。

$$Q_{uk}=Q_{sk}+Q_{pk}=u\sum q_{sik}l_i+\alpha p_{sk}A_p \tag{5.13}$$

当 $p_{sk1}\leqslant p_{sk2}$ 时

$$p_{sk}=\frac{1}{2}(p_{sk1}+\beta\cdot p_{sk2}) \tag{5.14}$$

当 $p_{sk1}>p_{sk2}$ 时

$$p_{sk}=p_{sk2} \tag{5.15}$$

式中 u——桩身周长；

Q_{sk},Q_{pk}——总极限侧阻力标准值和总极限端阻力标准值；

q_{sik}——用静力触探比贯入阻力值估算的桩周第 i 层土的极限侧阻力；

l_i——桩周第 i 层土的厚度；

α——桩端阻力修正系数，可按表 5.8 取值；

p_{sk}——桩端附近的静力触探比贯入阻力标准值(平均值)；

A_p——桩端面积；

p_{sk1}——桩端全截面以上 8 倍桩径范围内的比贯入阻力平均值；

p_{sk2}——桩端全截面以下 4 倍桩径范围内的比贯入阻力平均值，如桩端持力层为密实的砂土层，其比贯入阻力平均值 p_s 超过 20 MPa 时，则需乘以表 5.9 中系数 C 予以折减后，再计算 p_{sk2} 及 p_{sk1} 值；

β——折减系数，按表 5.10 选用。

注：(1) q_{sik} 值应结合土工试验资料，依据土的类别、埋藏深度、排列次序，按图 5.1 折线取值；直线 A(线段 gh)适用于地表下 6 m 范围内的土层；折线 B(线段 $0abc$)适用于粉土及砂土土层以上(或无粉土及砂土土层地区)的黏性土；折线 C(线段 $0def$)适用于粉土及砂土土层以下的黏性土；折线 D(线段 $0ef$)适用于粉土、粉砂、细砂及中砂；

(2) p_{sk} 为桩端穿过的中密～密实砂土、粉土的比贯入阻力平均值；p_{sl} 为砂土、粉土的下卧软土层的比贯入阻力平均值；

(3) 采用的单桥探头，圆锥底面积为 15 cm²，底部带 7 cm 高滑套，锥角 60°；

(4) 当桩端穿过粉土、粉砂、细砂及中砂层底面时，折线 D 估算的 q_{sik} 值需乘以表 5.11 中系数 η_s 值。

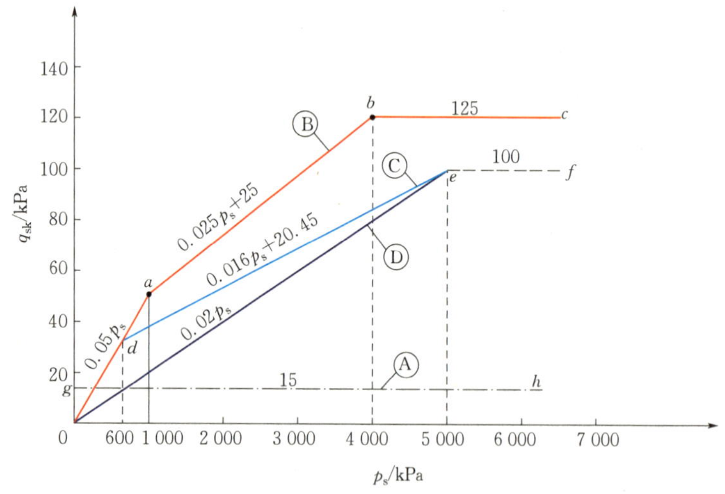

图 5.1 q_{sk}—p_s 曲线

表 5.8 桩端阻力修正系数 α 值

桩长/m	$l<15$	$15\leqslant l\leqslant 30$	$30<l\leqslant 60$
α	0.75	0.75～0.90	0.90

注：桩长 15 m≤l≤30 m，α 值按 l 值直线内插；l 为桩长(不包括桩尖高度)。

表 5.9 系数 C

p_s/MPa	20～30	35	>40
C	5/6	2/3	1/2

表 5.10 折减系数 β

p_{sk2}/p_{sk1}	≤5	7.5	12.5	≥15
β	1	5/6	2/3	1/2

注：可内插取值。

表 5.11 系数 η_s 值

p_{sk}/p_{sl}	≤5	7.5	≥10
η_s	1.00	0.50	0.33

(2)当根据双桥探头静力触探资料确定混凝土预制桩单桩竖向极限承载力标准值时，对于黏性土、粉土和砂土，如无当地经验时可按式(5.16)计算。

$$Q_{uk}=Q_{sk}+Q_{pk}=u\sum l_i\cdot\beta_i\cdot f_{si}+\alpha\cdot q_c\cdot A_p \tag{5.16}$$

式中 f_{si}——第 i 层土的探头平均侧阻力，kPa；

q_c——桩端平面上、下探头阻力，取桩端平面以上 $4d$(d 为桩的直径或边长)范围内按土层厚度的探头阻力加权平均值，kPa，然后再和桩端平面以下 d 范围内的探头阻力进行平均；

α——桩端阻力修正系数，对于黏性土、粉土取 2/3，饱和砂土取 1/2；

β_i——第 i 层土桩侧阻力综合修正系数，黏性土、粉土 $\beta_i=10.04f_{si}^{-0.55}$；砂土 $\beta_i=5.05f_{si}^{-0.45}$。

注：双桥探头的圆锥底面积为 15 cm²，锥角 60°，摩擦套筒高 21.85 cm，侧面积 300 cm²。

(3)当根据土的物理指标与承载力参数之间的经验关系确定单桩竖向极限承载力标准值时，可按式(5.17)估算。

$$Q_{uk}=Q_{sk}+Q_{pk}=u\sum q_{sik}l_i+q_{pk}A_p \tag{5.17}$$

式中 q_{pk}——极限端阻力标准值，如无当地经验时，可按表 5.15 取值；

q_{sik}——桩侧第 i 层土的极限侧阻力标准值，如无当地经验时，可按表 5.12 取值。

表 5.12 桩的极限侧阻力标准值 q_{sik} 单位：kPa

土的名称	土的状态	混凝土预制桩	泥浆护壁钻(冲)孔桩	干作业钻孔桩
填土	—	22～30	20～28	20～28
淤泥	—	14～20	12～18	12～18
淤泥质土	—	22～30	20～28	20～28

续上表

土的名称	土的状态		混凝土预制桩	泥浆护壁钻(冲)孔桩	干作业钻孔桩
黏性土	流塑	$I_L>1$	24～40	21～38	21～38
	软塑	$0.75<I_L\leqslant 1$	40～55	38～53	38～53
	可塑	$0.50<I_L\leqslant 0.75$	55～70	53～68	53～66
	硬可塑	$0.25<I_L\leqslant 0.50$	70～86	68～84	66～82
	硬塑	$0<I_L\leqslant 0.25$	86～98	84～96	82～94
	坚硬	$I_L\leqslant 0$	98～105	96～102	94～104
红黏土	$0.7<a_w\leqslant 1$		13～32	12～30	12～30
	$0.5<a_w\leqslant 0.7$		32～74	30～70	30～70
粉土	稍密	$e>0.9$	26～46	24～42	24～42
	中密	$0.75\leqslant e\leqslant 0.9$	46～66	42～62	42～62
	密实	$e<0.75$	66～88	62～82	62～82
粉细砂	稍密	$10<N\leqslant 15$	24～48	22～46	22～46
	中密	$15<N\leqslant 30$	48～66	46～64	46～64
	密实	$N>30$	66～88	64～86	64～86
中砂	中密	$15<N\leqslant 30$	54～74	53～72	53～72
	密实	$N>30$	74～95	72～94	72～94
粗砂	中密	$15<N\leqslant 30$	74～95	74～95	76～98
	密实	$N>30$	95～116	95～116	98～120
砾砂	稍密	$5<N_{63.5}\leqslant 15$	70～110	50～90	60～100
	中密(密实)	$N_{63.5}>15$	116～138	116～130	112～130
圆砾、角砾	中密、密实	$N_{63.5}>10$	160～200	135～150	135～150
碎石、卵石	中密、密实	$N_{63.5}>10$	200～300	140～170	150～170
全风化软质岩	—	$30<N\leqslant 50$	100～120	80～100	80～100
全风化硬质岩	—	$30<N\leqslant 50$	140～160	120～140	120～150
强风化软质岩	—	$N_{63.5}>10$	160～240	140～200	140～220
强风化硬质岩	—	$N_{63.5}>10$	220～300	160～240	160～260

注：1. 对于尚未完成自重固结的填土和以生活垃圾为主的杂填土，不计算其侧阻力；

2. a_w 为含水比，$a_w=w/w_L$，w 为土的天然含水率，w_L 为土的液限；

3. N 为标准贯入击数；$N_{63.5}$ 为重型圆锥动力触探击数；

4. 全风化、强风化软质岩和全风化、强风化硬质岩系指其母岩分别为 $f_{rk}\leqslant 15$ MPa、$f_{rk}>30$ MPa 的岩石。

(4)根据土的物理指标与承载力参数之间的经验关系，确定大直径桩单桩极限承载力标准值时，可按式(5.18)计算。

$$Q_{uk}=Q_{sk}+Q_{pk}=u\sum\psi_{si}q_{sik}l_i+\psi_p q_{pk}A_p \tag{5.18}$$

式中 q_{sik}——桩侧第 i 层土极限侧阻力标准值，kPa，如无当地经验值时，可按表 5.12 取值，对于扩底桩变截面以上 $2d$ 长度范围不计侧阻力；

q_{pk}——桩径为 800 mm 的极限端阻力标准值，kPa：对于干作业挖孔（清底干净）可采用深层载荷板试验确定；当不能进行深层载荷板试验时，可按表 5.13取值；

ψ_{si}，ψ_{p}——大直径桩侧阻、端阻尺寸效应系数，按表 5.14 取值；

u——桩身周长，m，当人工挖孔桩桩周护壁为振捣密实的混凝土时，桩身周长可按护壁外直径计算。

表 5.13　干作业挖孔桩(清底干净，$D=800$ mm)极限端阻力标准值 q_{pk}

土的名称		土的状态	q_{pk}/kPa
黏性土		$0.25<I_L\leqslant 0.75$	800～1 800
		$0<I_L\leqslant 0.25$	1 800～2 400
		$I_L\leqslant 0$	2 400～3 000
粉土		$0.75\leqslant e\leqslant 0.9$	1 000～1 500
		$e<0.75$	1 500～2 000
砂土、碎石类土	粉砂	稍密	500～700
		中密	800～1 100
		密实	1 200～2 000
	细砂	稍密	700～1 100
		中密	1 200～1 800
		密实	2 000～2 500
	中砂	稍密	1 000～2 000
		中密	2 200～3 200
		密实	3 500～5 000
	粗砂	稍密	1 200～2 200
		中密	2 500～3 500
		密实	4 000～5 500
	砾砂	稍密	1 400～2 400
		中密	2 600～4 000
		密实	5 000～7 000
	圆砾、角砾	稍密	1 600～3 000
		中密	3 200～5 000
		密实	6 000～9 000

续上表

土的名称		土的状态	q_{pk}/kPa
砂土、碎石类土	卵石、碎石	稍密	2 000～3 000
		中密	3 300～5 000
		密实	7 000～11 000

注：1. 当桩进入持力层的深度 h_b 分别为：$h_b \leqslant D$，$D < h_b \leqslant 4D$，$h_b > 4D$ 时，q_{pk} 可相应取低、中、高值。

2. 砂土密实度可根据标贯击数判定，$N \leqslant 10$ 为松散，$10 < N \leqslant 15$ 为稍密，$15 < N \leqslant 30$ 为中密，$N > 30$ 为密实。

3. 当桩的长径比 $l/d \leqslant 8$ 时，q_{pk} 宜取较低值。

4. 当对沉降要求不严时，q_{pk} 可取高值。

表 5.14　大直径灌注桩侧阻尺寸效应系数 ψ_{si}、端阻尺寸效应系数 ψ_p

土的类型	黏性土、粉土	砂土、碎石类土
ψ_{si}	$(0.8/d)^{1/5}$	$(0.8/d)^{1/3}$
ψ_p	$(0.8/D)^{1/4}$	$(0.8/D)^{1/3}$

(5)当根据土的物理指标与承载力参数之间的经验关系确定敞口预应力混凝土空心桩单桩竖向极限承载力标准值时，可按式(5.19)计算。

$$Q_{uk} = Q_{sk} + Q_{pk} = u\sum q_{sik} l_i + q_{pk}(A_j + \lambda_p A_{p1}) \tag{5.19}$$

当 $h_b/d < 5$ 时

$$\lambda_p = 0.16 h_b/d \tag{5.20}$$

当 $h_b/d \geqslant 5$ 时

$$\lambda_p = 0.8 \tag{5.21}$$

式中　q_{sik}，q_{pk}——按表 5.12、表 5.15 取与混凝土预制桩相同值；

A_j——空心桩桩端净面积：管桩：$A_j = \frac{\pi}{4}(d^2 - d_1^2)$；空心方桩：$A_j = b^2 - \frac{\pi}{4}d_1^2$；

A_{p1}——空心桩敞口面积：$A_{p1} = \frac{\pi}{4}d_1^2$；

λ_p——桩端土塞效应系数；

d，b——空心桩外径、边长；

d_1——空心桩内径。

(6)桩端置于完整、较完整基岩的嵌岩桩单桩竖向极限承载力，由桩周土总极限侧阻力和嵌岩段总极限阻力组成。当根据岩石单轴抗压强度确定单桩竖向极限承载力标准值时，可按下列公式计算：

$$Q_{uk} = Q_{sk} + Q_{rk} \tag{5.22}$$

$$Q_{sk} = u\sum q_{sik} l_i \tag{5.23}$$

$$Q_{rk} = \zeta_r f_{rk} A_p \tag{5.24}$$

式中　Q_{sk}，Q_{rk}——土的总极限侧阻力、嵌岩段总极限阻力；

q_{sik}——桩周第 i 层土的极限侧阻力，无当地经验时，可根据成桩工艺按表 5.12 取值；

f_{rk}——岩石饱和单轴抗压强度标准值，黏土岩取天然湿度单轴抗压强度标准值；

表 5.15 桩的极限端阻力标准值 q_{pk}

单位：kPa

土的名称	土的状态		混凝土预制桩桩长 l/m				泥浆护壁钻(冲)孔桩桩长 l/m				干作业钻孔桩桩长 l/m		
			$l\leqslant9$	$9<l\leqslant16$	$16<l\leqslant30$	$l>30$	$5\leqslant l<10$	$10\leqslant l<15$	$15\leqslant l<30$	$30\leqslant l$	$5\leqslant l<10$	$10\leqslant l<15$	$15\leqslant l$
黏性土	软塑	$0.75<I_L\leqslant1$	210～850	650～1 400	1 200～1 800	1 300～1 900	150～250	250～300	300～450	300～450	200～400	400～700	700～950
	可塑	$0.50<I_L\leqslant0.75$	850～1 700	1 400～2 200	1 900～2 800	2 300～3 600	350～450	450～600	600～750	750～800	500～700	800～1 100	1 000～1 600
	硬可塑	$0.25<I_L\leqslant0.50$	1 500～2 300	2 300～3 300	2 700～3 600	3 600～4 400	800～900	900～1 000	1 000～1 200	1 200～1 400	850～1 100	1 500～1 700	1 700～1 900
	硬塑	$0<I_L\leqslant0.25$	2 500～3 800	3 800～5 500	5 500～6 000	6 000～6 800	1 100～1 200	1 200～1 400	1 400～1 600	1 600～1 800	1 600～1 800	2 200～2 400	2 600～2 800
粉土	中密	$0.75\leqslant e\leqslant0.9$	950～1 700	1 400～2 100	1 900～2 700	2 500～3 400	300～500	500～650	650～750	750～850	800～1 200	1 200～1 400	1 400～1 600
	密实	$e<0.75$	1 500～2 600	2 100～3 000	2 700～3 600	3 600～4 400	650～900	750～950	900～1 100	1 100～1 200	1 200～1 700	1 400～1 900	1 600～2 100
粉砂	稍密	$10<N\leqslant15$	1 000～1 600	1 500～2 300	1 900～2 700	2 100～3 000	350～500	450～600	600～700	650～750	500～950	1 300～1 600	1 500～1 700
	中密、密实	$N>15$	1 400～2 200	2 100～3 000	3 000～4 500	3 800～5 500	600～750	750～900	900～1 100	1 100～1 200	900～1 000	1 700～1 900	1 700～1 900
细砂	中密、密实	$N>15$	2 500～4 000	3 600～5 000	4 400～6 000	5 300～7 000	650～850	900～1 200	1 200～1 500	1 500～1 800	1 200～1 600	2 000～2 400	2 400～2 700
中砂			4 000～6 000	5 500～7 000	6 500～8 000	7 500～9 000	850～1 050	1 100～1 500	1 500～1 900	1 900～2 100	1 800～2 400	2 800～3 800	3 600～4 400
粗砂			5 700～7 500	7 500～8 500	8 500～10 000	9 500～11 000	1 500～1 800	2 100～2 400	2 400～2 600	2 600～2 800	2 900～3 600	4 000～4 600	4 600～5 200
砾砂	中密、密实	$N>15$	6 000～9 500		9 000～10 500		1 400～2 000		2 000～3 200		3 500～5 000		
角砾、圆砾		$N_{63.5}>10$	7 000～10 000		9 500～11 500		1 800～2 200		2 200～3 600		4 000～5 500		
碎石、卵石		$N_{63.5}>10$	8 000～11 000		10 500～13 000		2 000～3 000		3 000～4 000		4 500～6 500		
全风化软质岩		$30<N\leqslant50$	4 000～6 000				1 000～1 600				1 200～2 000		
全风化硬质岩		$30<N\leqslant50$	5 000～8 000				1 200～2 000				1 400～2 400		
强风化软质岩		$N_{63.5}>10$	6 000～9 000				1 400～2 200				1 600～2 600		
强风化硬质岩		$N_{63.5}>10$	7 000～11 000				1 800～2 800				2 000～3 000		

注：1. 砂土和碎石类土中桩的极限端阻力取值，宜综合考虑土的密实度，桩端进入持力层的深径比 h_b/d，土愈密实，h_b/d 愈大，取值愈高。

2. 预制桩的岩石极限端阻力指桩端支承于中、微风化基岩表面或进入强风化岩、软质岩一定深度条件下极限端阻力。

3. 全风化、强风化软质岩和全风化、强风化硬质岩指其母岩分别为 $f_{rk}\leqslant15$ MPa、$f_{rk}>30$ MPa 的岩石。

ζ_r——嵌岩段侧阻和端阻综合系数，与嵌岩深径比 h_r/d、岩石软硬程度和成桩工艺有关，可按表 5.16 采用；表中数值适用于泥浆护壁成桩，对于干作业成桩（清底干净）和泥浆护壁成桩后注浆，ζ_r 应取表列数值的 1.2 倍。

表 5.16 嵌岩段侧阻和端阻综合系数 ζ_r

嵌岩深径比 h_r/d	0	0.5	1.0	2.0	3.0	4.0	5.0	6.0	7.0	8.0
极软岩、软岩	0.60	0.80	0.95	1.18	1.35	1.48	1.57	1.63	1.66	1.70
较硬岩、坚硬岩	0.45	0.65	0.81	0.90	1.00	1.04	—	—	—	—

注：1. 极软岩、软岩指 $f_{rk} \leqslant 15$ MPa，较硬岩、坚硬岩指 $f_{rk} > 30$ MPa，介于二者之间可内插取值。

2. h_r 为桩身嵌岩深度，当岩面倾斜时，以坡下方嵌岩深度为准；当 h_r/d 为非表列值时，ζ_r 可内差取值。

（7）后注浆灌注桩的单桩极限承载力，应通过静载试验确定。在规范注浆技术实施的条件下，其后注浆单桩极限承载力标准值可按式（5.25）估算。

$$Q_{uk} = Q_{sk} + Q_{gsk} + Q_{gpk} = u\sum q_{sjk} l_j + u\sum \beta_{si} q_{sik} l_{gi} + \beta_p q_{pk} A_p \tag{5.25}$$

式中 Q_{sk}——后注浆非竖向增强段的总极限侧阻力标准值；

Q_{gsk}——后注浆竖向增强段的总极限侧阻力标准值；

Q_{gpk}——后注浆总极限端阻力标准值；

u——桩身周长；

l_j——后注浆非竖向增强段第 j 层土厚度；

l_{gi}——后注浆竖向增强段内第 i 层土厚度：对于泥浆护壁成孔灌注桩，当为单一桩端后注浆时，竖向增强段为桩端以上 12 m；当为桩端、桩侧复式注浆时，竖向增强段为桩端以上 12 m 及各桩侧注浆断面以上 12 m，重叠部分应扣除；对于干作业灌注桩，竖向增强段为桩端以上、桩侧注浆断面上下各 6 m；

q_{sik}，q_{sjk}，q_{pk}——后注浆竖向增强段第 i 土层初始极限侧阻力标准值、非竖向增强段第 j 土层初始极限侧阻力标准值、初始极限端阻力标准值；

β_{si}，β_p——后注浆侧阻力、端阻力增强系数，无当地经验时，可按表 5.17 取值。对于桩径大于 800 mm 的桩，应进行侧阻和端阻尺寸效应修正。

表 5.17 后注浆侧阻力增强系数 β_{si}、端阻力增强系数 β_p

土层名称	淤泥，淤泥质土	黏性土，粉土	粉砂，细砂	中　砂	粗砂，砾砂	砾石，卵石	全风化岩，强风化岩
β_{si}	1.2～1.3	1.4～1.8	1.6～2.0	1.7～2.1	2.0～2.5	2.4～3.0	1.4～1.8
β_p	—	2.2～2.5	2.4～2.8	2.6～3.0	3.0～3.5	3.2～4.0	2.0～2.4

注：干作业钻、挖孔桩，β_p 按表列值乘以小于 1.0 的折减系数。当桩端持力层为黏性土或粉土时，折减系数取 0.6；为砂土或碎石土时，取 0.8。

后注浆钢导管注浆后可替代等截面、等强度的纵向主筋。

对于桩身周围有液化土层的低承台桩基，当承台底面上下分别有厚度不小于 1.5 m、1.0 m 的非液化土或非软弱土层时，可将液化土层极限侧阻力乘以土层液化折减系数计算单桩极限承载力标准值。土层液化折减系数 ψ_l 可按表 5.18 确定。

表 5.18 土层液化折减系数 ψ_l

$\lambda_N=\dfrac{N}{N_{cr}}$	自地面算起的液化土层深度 d_L/m	ψ_l
$\lambda_N \leqslant 0.6$	$d_L \leqslant 10$ $10 < d_L \leqslant 20$	0 1/3
$0.6 < \lambda_N \leqslant 0.8$	$d_L \leqslant 10$	1/3
	$10 < d_L \leqslant 20$	2/3
$0.8 < \lambda_N \leqslant 1.0$	$d_L \leqslant 10$ $10 < d_L \leqslant 20$	2/3 1.0

注：1. N 为饱和土标贯击数实测值；N_{cr} 为液化判别标贯击数临界值；λ_N 为土层液化指数。

2. 对于挤土桩当桩距小于 $4d$，且桩的排数不少于 5 排、总桩数不少于 25 根时，土层液化影响折减系数可按表列值提高一档取值；桩间土标贯击数达到 N_{cr} 时，取 $\psi_l=1$。

3. 当承台底面上下非液化土层厚度较小时，土层液化影响折减系数 ψ_l 取 0。

3. 下卧层承载力验算

对于桩距不超过 $6d$ 的群桩基础，桩端持力层下存在承载力低于桩端持力层承载力 1/3 的软弱下卧层时，可按下列公式验算软弱下卧层的承载力（见图 5.2）：

$$\sigma_z+\gamma_m z \leqslant f_{az} \tag{5.26}$$

$$\sigma_z=\frac{(F_k+G_k)-3/2(A_0+B_0)\cdot \sum q_{sik} l_i}{(A_0+2t\cdot\tan\theta)(B_0+2t\cdot\tan\theta)} \tag{5.27}$$

式中 σ_z——作用于软弱下卧层顶面的附加应力；

γ_m——软弱层顶面以上各土层容重（地下水位以下取浮容重）的厚度加权平均值；

t——硬持力层厚度；

f_{az}——软弱下卧层经深度 z 修正的地基承载力特征值；

A_0，B_0——桩群外缘矩形底面的长、短边边长；

q_{sik}——桩周第 i 层土的极限侧阻力标准值，无当地经验时，可根据成桩工艺按表 5.12 取值；

θ——桩端硬持力层压力扩散角，按表 5.19 取值。

表 5.19 桩端硬持力层压力扩散角 θ

E_{s1}/E_{s2}	$t=0.25B_0$	$t \geqslant 0.50B_0$
1	4°	12°
3	6°	23°
5	10°	25°
10	20°	30°

注：1. E_{s1}、E_{s2} 为硬持力层、软弱下卧层的压缩模量；

2. 当 $t<0.25B_0$ 时，取 $\theta=0°$，必要时，宜通过试验确定；当 $0.25B_0<t<0.50B_0$ 时，可内插取值。

4. 负摩阻力计算

1）负摩阻力计算条件

符合下列条件之一的桩基，当桩周土层产生的沉降超过基桩的沉降时，在计算基桩承载

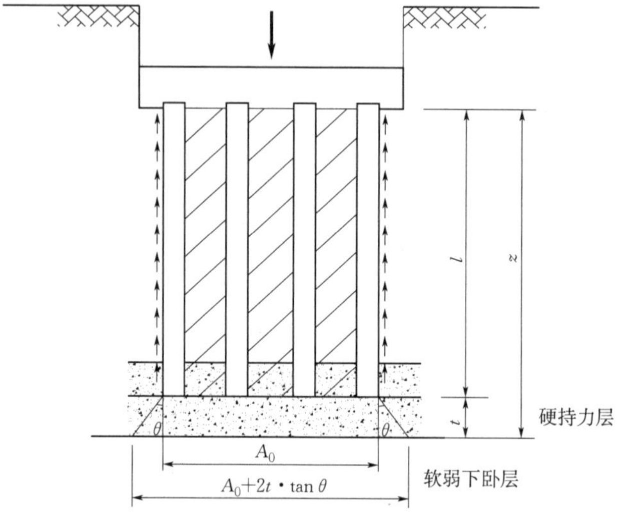

图 5.2 软弱下卧层承载力验算

力时应计入桩侧负摩阻力：

(1)桩穿越较厚松散填土、自重湿陷性黄土、欠固结土、液化土层进入相对较硬土层时；

(2)桩周存在软弱土层，邻近桩侧地面承受局部较大的长期荷载，或地面大面积堆载(包括填土)时；

(3)由于降低地下水位，使桩周土有效应力增大，并产生显著压缩沉降时。

2)负摩阻力计算

桩周土沉降可能引起桩侧负摩阻力时，应根据工程具体情况考虑负摩阻力对桩基承载力和沉降的影响；当缺乏可参照的工程经验时，可按下列规定验算。

(1)对于摩擦型基桩可取桩身计算中性点以上侧阻力为零，并可按式(5.28)验算基桩承载力。

$$N_k \leqslant R_a \tag{5.28}$$

式中 N_k——基桩平均竖向力；

R_a——基桩的竖向承载力特征值；

(2)对于端承型基桩除应满足式(5.28)要求外，尚应考虑负摩阻力引起基桩的下拉荷载 Q_g^n，并可按式(5.29)验算基桩承载力。

$$N_k + Q_g^n \leqslant R_a \tag{5.29}$$

式中 N_k——基桩平均竖向力；

Q_g^n——负摩阻力引起基桩的下拉荷载。

(3)当土层不均匀或建筑物对不均匀沉降较敏感时，尚应将负摩阻力引起的下拉荷载计入附加荷载验算桩基沉降。

注：本条中基桩的竖向承载力特征值 R_a 只计中性点以下部分侧阻值及端阻值。

桩侧负摩阻力及其引起的下拉荷载，当无实测资料时可按下列规定计算：

①中性点以上单桩桩周第 i 层土负摩阻力标准值，可按式(5.30)计算。

$$q_{si}^n = \xi_{ni}\sigma_i' \tag{5.30}$$

当填土、自重湿陷性黄土湿陷、欠固结土层产生固结和地下水降低时：$\sigma_i'=\sigma_{ri}'$；当地面分布大面积荷载时：$\sigma_i'=p+\sigma_{ri}'$。

$$\sigma_{ri}'=\sum_{m=1}^{i-1}\gamma_m\Delta z_m+\frac{1}{2}\gamma_i\Delta z_i \tag{5.31}$$

式中 q_{si}^n——第 i 层土桩侧负摩阻力标准值；当按式(5.30)计算值大于正摩阻力标准值时，取正摩阻力标准值进行设计；

ξ_{ni}——桩周第 i 层土负摩阻力系数，可按表 5.20 取值；

σ_{ri}'——由土自重引起的桩周第 i 层土平均竖向有效应力；桩群外围桩自地面算起，桩群内部桩自承台底算起；

σ_i'——桩周第 i 层土平均竖向有效应力；

γ_i,γ_m——第 i 计算土层和其上第 m 土层的容重，地下水位以下取浮容重；

$\Delta z_i,\Delta z_m$——第 i 层土、第 m 层土的厚度；

p——地面均布荷载。

表 5.20 负摩阻力系数 ξ_n

土 类	ξ_n
饱和软土	0.15～0.25
黏性土、粉土	0.25～0.40
砂土	0.35～0.50
自重湿陷性黄土	0.20～0.35

注：1. 在同一类土中，对于挤土桩，取表中较大值，对于非挤土桩，取表中较小值，

2. 填土按其组成取表中同类土的较大值。

②考虑群桩效应的基桩下拉荷载可按式(5.32)计算。

$$Q_g^n=\eta_n\cdot u\sum_{i=1}^{n}q_{si}^n l_i \tag{5.32}$$

$$\eta_n=s_{ax}\cdot s_{ay}/\left[\pi d\left(\frac{q_s^n}{\gamma_m}+\frac{d}{4}\right)\right] \tag{5.33}$$

式中 n——中性点以上土层数；

l_i——中性点以上第 i 土层的厚度；

η_n——负摩阻力群桩效应系数；对于单桩基础或按式(5.33)计算的群桩效应系数 $\eta_n>1$ 时，取 $\eta_n=1$；

s_{ax},s_{ay}——纵横向桩的中心距；

q_s^n——中性点以上桩周土层厚度加权平均负摩阻力标准值；

γ_m——中性点以上桩周土层厚度加权平均容重(地下水位以下取浮容重)。

③中性点深度 l_n 应按桩周土层沉降与桩沉降相等的条件计算确定，也可参照表 5.21 确定。

表 5.21 中性点深度 l_n

持力层性质	黏性土、粉土	中密以上砂	砾石、卵石	基岩
中性点深度比 l_n/l_0	0.5～0.6	0.7～0.8	0.9	1.0

注：1. l_n、l_0 分别为自桩顶算起的中性点深度和桩周软弱土层下限深度；

2. 桩穿过自重湿陷性黄土层时，l_n 可按表列值增大 10%（持力层为基岩除外）；

3. 当桩周土层固结与桩基固结沉降同时完成时，取 $l_n=0$；

4. 当桩周土层计算沉降量小于 20 mm 时，l_n 应按表列值乘以 0.4～0.8 折减。

5. 抗拔验算

1）抗拔承载力计算

承受拔力的桩基，应按下列公式同时验算群桩基础呈整体破坏和呈非整体破坏时基桩的抗拔承载力：

$$N_k \leqslant T_{gk}/2+G_{gp} \tag{5.34}$$

$$N_k \leqslant T_{uk}/2+G_p \tag{5.35}$$

式中 N_k——按荷载效应标准组合计算的基桩拔力；

T_{gk}——群桩呈整体破坏时基桩的抗拔极限承载力标准值；

T_{uk}——群桩呈非整体破坏时基桩的抗拔极限承载力标准值；

G_{gp}——群桩基础所包围体积的桩土总自重除以总桩数，地下水位以下取浮容重；

G_p——基桩自重，地下水位以下取浮容重，对于扩底桩应按表 5.22 确定桩、土柱体周长，计算桩、土自重。

表 5.22 扩底桩破坏表面周长 u_i

自桩底起算的长度 l_i	$\leqslant(4\sim10)d$	$>(4\sim10)d$
u_i	πD	πd

注：l_i 对于软土取低值，对于卵石、砾石取高值；l_i 取值按内摩擦角增大而增加。

群桩基础及其基桩的抗拔极限承载力的确定应符合下列规定：

（1）对于设计等级为甲级和乙级建筑桩基，基桩的抗拔极限承载力应通过现场单桩上拔静载荷试验确定。单桩上拔静载荷试验及抗拔极限承载力标准值取值可按现行行业标准《建筑基桩检测技术规范》（JGJ 106—2014）进行。

（2）如无当地经验时，群桩基础及设计等级为丙级建筑桩基，基桩的抗拔极限载力取值可按下列规定计算：

①群桩呈非整体破坏时，基桩的抗拔极限承载力标准值可按式（5.36）计算。

$$T_{uk}=\sum\lambda_i q_{sik} u_i l_i \tag{5.36}$$

式中 T_{uk}——基桩抗拔极限承载力标准值；

u_i——桩身周长，对于等直径桩取 $u_i=\pi d$；对于扩底桩按表 5.22 取值；

q_{sik}——桩侧表面第 i 层土的抗压极限侧阻力标准值，可按表 5.15 取值；

λ_i——抗拔系数，可按表 5.23 取值。

表 5.23 抗拔系数 λ

土 类	λ 值
砂土	0.50～0.70
黏性土、粉土	0.70～0.80

注：桩长 l 与桩径 d 之比小于 20 时，λ 取小值。

②群桩呈整体破坏时，基桩的抗拔极限承载力标准值可按式(5.37)计算：

$$T_{gk}=\frac{1}{n}u_l\sum\lambda_i q_{sik}l_i \tag{5.37}$$

式中 u_l——桩群外围周长。

2)季节冻土抗拔稳定性验算

季节冻土上轻型建筑的短桩基础，应按下列公式验算其抗冻拔稳定性：

$$\eta_f q_f u z_0 \leqslant T_{gk}/2+N_G+G_{gp} \tag{5.38}$$

$$\eta_f q_f u z_0 \leqslant T_{uk}/2+N_G+G_p \tag{5.39}$$

式中 η_f——冻深影响系数，按表 5.24 采用；

q_f——切向冻胀力，按表 5.25 采用；

z_0——季节性冻土的标准冻深；

T_{gk}——标准冻深线以下群桩呈整体破坏时基桩抗拔极限承载力标准值；

T_{uk}——标准冻深线以下单桩抗拔极限承载力标准值；

N_G——基桩承受的桩承台底面以上建筑物自重、承台及其上土重标准值。

表 5.24 η_f 值

标准冻深/m	$z_0\leqslant 2.0$	$2.0<z_0\leqslant 3.0$	$z_0>3.0$
η_f	1.0	0.9	0.8

表 5.25 q_f 值 单位：kPa

土 类	冻胀性分类			
	弱冻胀	冻胀	强冻胀	特强冻胀
黏性土、粉土	30～60	60～80	80～120	120～150
砂土、砾(碎)石(黏、粉粒含量>15%)	<10	20～30	40～80	90～200

注：1. 表面粗糙的灌注桩，表中数值应乘以系数 1.1～1.3；

2. 本表不适用于含盐量大于 0.5%的冻土。

3)膨胀土抗拔稳定性验算

膨胀土上轻型建筑的短桩基础，应按下列公式验算群桩基础呈整体破坏和非整体破坏的抗拔稳定性：

$$u\sum q_{ei}l_{ei}\leqslant T_{gk}/2+N_G+G_{gP} \tag{5.40}$$

$$u\sum q_{ei}l_{ei}\leqslant T_{uk}/2+N_G+G_P \tag{5.41}$$

式中 T_{gk}——群桩呈整体破坏时，大气影响急剧层下稳定土层中基桩的抗拔极限承载力标准值；

T_{uk}——群桩呈非整体破坏时，大气影响急剧层下稳定土层中基桩的抗拔极限承载力标准值；

q_{ei}——大气影响急剧层中第 i 层土的极限胀切力，由现场浸水试验确定；

l_{ei}——大气影响急剧层中第 i 层土的厚度。

5.2.3 复合地基承载力计算

复合地基承载力特征值应通过复合地基静载荷试验或采用增强体静载荷试验结果和其周边土的承载力特征值结合经验确定，初步设计时，可按下列公式估算：

1.散体材料增强体复合地基

$$f_{spk}=[1+m(n-1)]f_{sk} \tag{5.42}$$

式中 f_{spk}——复合地基承载力特征值，kPa；

f_{sk}——处理后桩间土承载力特征值，kPa，可按地区经验确定；

n——复合地基桩土应力比，可按地区经验确定；

m——面积置换率，$m=d^2/d_e^2$；d 为桩身平均直径，m，d_e 为一根桩分担的处理地基面积的等效圆直径，m；等边三角形布桩 $d_e=1.05s$，正方形布桩 $d_e=1.13s$，矩形布桩 $d_e=1.13\sqrt{s_1 s_2}$，s、s_1、s_2 分别为桩间距、纵向桩间距和横向桩间距。

2.有黏结强度增强体复合地基

$$f_{spk}=\left[\lambda m\frac{R_a}{A_p}+\beta(1-m)\right]f_{sk} \tag{5.43}$$

式中 λ——单桩承载力发挥系数，可按地区经验取值；

R_a——单桩竖向承载力特征值，kN；

A_p——桩的截面积，m^2；

β——桩间土承载力发挥系数，可按地区经验取值。

3.单桩竖向承载力特征值

$$R_a=u_p\sum_{i=1}^{n}q_{si}l_{pi}+\alpha_p q_p A_p \tag{5.44}$$

式中 u_p——桩的截面周长，m；

q_{si}——桩周第 i 层土的侧阻力特征值，kPa，可按地区经验确定；

l_{pi}——桩长范围内第 i 层土的厚度，m；

α_p——桩端端阻力发挥系数，应按地区经验确定；

q_p——桩端端阻力特征值，kPa，可按地区经验确定；对于水泥搅拌桩、旋喷桩应取未经修正的桩端地基土承载力特征值。

有黏结强度复合地基增强体桩身强度应满足式(5.45)的要求。当复合地基承载力进行基础埋深的深度修正时，增强体桩身强度应满足式(5.46)的要求。

$$f_{cu}\geqslant 4\frac{\lambda R}{A_p} \tag{5.45}$$

$$f_{cu}\geqslant 4\frac{\lambda R}{A_p}\left[1+\frac{\gamma_m(d-0.5)}{f_{spa}}\right] \tag{5.46}$$

式中 f_{cu}——桩体试块(边长 150 mm 立方体)标准养护 28 d 的立方体抗压强度平均值,kPa;对水泥土搅拌桩应取与搅拌桩桩身水泥土配比相同的室内加固土试块,边长为 70.7 mm 的立方体在标准养护条件下 90 d 龄期的立方体抗压强度平均值;

λ_m——基础底面以上土的加权平均容重,kN/m^3,地下水位以下取浮容重;

d——基础埋置深度,m;

f_{spa}——深度修正后的复合地基承载力特征值,kPa。

复合地基处理范围以下存在软弱下卧层时,下卧层承载力应按式(5.47)验算。

$$p_z + p_{cz} \leqslant f_{az} \tag{5.47}$$

式中 p_z——荷载效应标准组合时,软弱下卧层顶面处的附加压力值,kPa;

p_{cz}——软弱下卧层顶面处土的自重压力值,kPa;

f_{az}——软弱下卧层顶面处经深度修正后的地基承载力特征值,kPa。

当采用长—短桩复合地基时,复合地基承载力特征值可按式(5.48)计算。

$$f_{spk} = \beta_{p1} m_1 R_{a1}/A_{p1} + \beta_{p2} m_2 R_{a2}/A_{p2} + \beta_s (1 - m_1 - m_2) f_{sk} \tag{5.48}$$

式中 A_{p1}——长桩的单桩截面积,m^2;

A_{p2}——短桩的单桩截面积,m^2;

R_{a1}——长桩单桩竖向抗压承载力特征值,kN;

R_{a2}——短桩单桩竖向抗压承载力特征值,kN;

m_1——长桩的面积置换率;

m_2——短桩的面积置换率;

β_{p1}——长桩竖向抗压承载力发挥系数,宜综合复合地基中长桩实际竖向抗压承载力和复合地基破坏时长桩竖向抗压承载力发挥度,结合工程经验取值;

β_{p2}——短桩承载力发挥系数,宜综合复合地基中短桩实际竖向抗压承载力和复合地基破坏时短桩竖向抗压承载力发挥度,结合工程经验取值;

β_s——桩间土地基承载力修正系数,宜综合复合地基中桩间土实际承载力和复合地基破坏时桩间地基承载力发挥度,结合工程经验取值。

复合地基承载力的基础宽度承载力修正系数应取 0;基础埋深的承载力修正系数应取 1.0。修正后的复合地基承载力特征值 f_a 应按式(5.49)计算。

$$f_a = f_{spk} + \gamma_m (D - 0.5) \tag{5.49}$$

式中 f_{spk}——复合地基承载力特征值,kPa;

γ_m——基础底面以上土的加权平均容重,kN/m^3,地下水位以下取浮容重;

D——基础埋置深度,m,在填方整平地区,可自填土地面高程算起,但填土在上部结构施工完成后进行时,应从天然地面高程算起。

5.3 稳定计算

5.3.1 地基稳定性计算

地基稳定性可采用圆弧滑动面法进行验算。最危险的滑动面上诸力对滑动中心所产生的抗滑力矩与滑动力矩应符合式(5.50)要求。

$$M_R/M_S \geqslant 1.2 \tag{5.50}$$

式中　M_S——滑动力矩,kN·m;

M_R——抗滑力矩,kN·m。

位于稳定土坡坡顶上的建筑,应符合下列规定:

(1)对于条形基础或矩形基础,当垂直于坡顶边缘线的基础底面边长小于或等于 3 m 时,其基础底面外边缘线至坡顶的水平距离(见图 5.3)应符合式(5.51)和式(5.52)要求,且不得小于 2.5 m。

条形基础

$$a \geqslant 3.5b - \frac{d}{\tan\beta} \tag{5.51}$$

矩形基础

$$a \geqslant 2.5b - \frac{d}{\tan\beta} \tag{5.52}$$

式中　a——基础底面外边缘线至坡顶的水平距离,m;

b——垂直于坡顶边缘线的基础底面边长,m;

d——基础埋置深度,m;

β——边坡坡角,(°)。

(2)当基础底面外边缘线至坡顶的水平距离不满足式(5.51)和式(5.52)的要求时,可根据基底平均压力按式(5.50)确定基础距坡顶边缘的距离和基础埋深。

(3)当边坡坡角大于 45°、坡高大于 8 m 时,尚应按式(5.50)验算坡体稳定性。

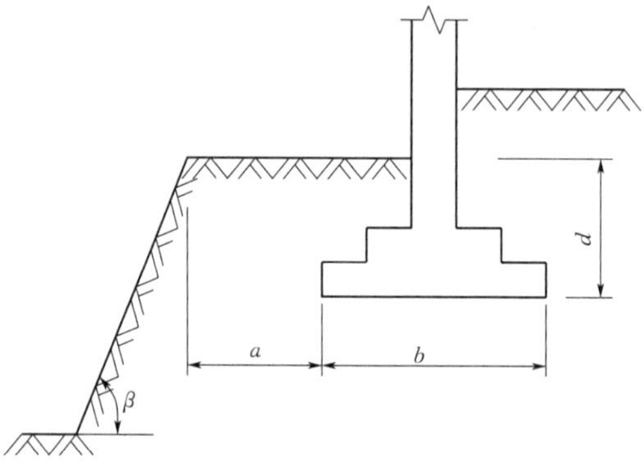

图 5.3　基础底面外边缘线至坡顶的水平距离示意

5.3.2　复合地基稳定性计算

《复合地基技术规范》(GB/T 50783—2012)规定复合地基稳定性分析中,所采用的稳定分析方法、计算参数、计算参数的测定方法和稳定性安全系数取值应相互匹配。

复合地基稳定性可采用圆弧滑动总应力法进行分析。稳定性安全系数按式(5.53)计算。

$$K=\frac{T_s}{T_t} \tag{5.53}$$

式中 T_t——荷载效应标准组合时最危险滑动面上的总剪切力，kN；

T_s——最危险滑动面上的总抗剪切力，kN；

K——安全系数。

复合地基竖向增强体长度应深入设计要求安全度对应的危险滑动面下至少 2.0 m。

复合地基稳定性分析方法宜根据复合地基类型合理选用。

在散体材料桩复合地基稳定分析中，最危险滑动面上的总剪切力由传至复合地基面上的荷载效应形成，最危险滑动面上的总抗剪切力计算中，复合地基加固区强度指标可采用复合土体综合强度指标，也可分别采用桩体和桩间土的强度指标计算；未加固区采用天然地基土体强度指标。

对柔性桩复合地基可采用上述散体材料桩复合地基稳定分析方法。在分析时，应视桩土模量比对抗力的贡献进行折减。

在刚性桩复合地基，最危险滑动面上的总剪切力可只考虑传至复合地基桩间土地基面上的荷载，最危险滑动面上的总抗剪切力计算中，可只考虑复合地基加固区桩间土和未加固区天然地基土体对抗力的贡献，稳定安全系数可通过综合考虑桩体类型、复合地基置换率、工程地质条件、桩持力层情况等因素确定。稳定分析中没有考虑由刚性桩承担的荷载产生的滑动力效应可能比刚性桩抵抗滑动的贡献要大，稳定分析安全系数应适当提高。

5.3.3 路基稳定性计算

《铁路工程地基处理技术规程》(TB 10106—2010)规定铁路地基稳定性分析的强度参数，应根据土工试验和原位测试成果，并结合当地经验综合确定。

1. 路堤填料物理力学指标的确定

路堤填料的物理力学指标应根据试验资料确定。无试验资料时，可按表 5.26 选用。

表 5.26 路堤填料物理力学指标

填料种类	黏聚力 c/kPa	内摩擦角 φ/(°)	容重/(kN·m^{-3})
细粒土	20～25	20～25	18～20
砂类土	—	35	19～20
碎石类、砾石类土	5～10	35～40	20～21
不易风化的块石类土	5～10	40	21～22

注：1. 填料的容重可根据填料性质和压实等情况作适当修正；

2. 全风化岩石、特殊土的 c、φ 值宜根据试验资料确定。

2.地基土物理力学指标的确定

天然地基土的抗剪强度参数 c、φ 值，宜通过快剪或三轴不固结不排水剪试验确定。采用排水固结法或复合地基加固地基时，地基土强度参数可根据不同检算工况，按表 5.27 选用。

表 5.27 地基土抗剪强度指标的试验方法

地基处理方法	试验方法 检算工况	直剪		三轴剪切			无侧限 抗压强度	十字 板剪切
		快剪	固结 快剪	不固结 不排水	固结 不排水	固结 排水		
排水固结法	施工期	√	△	√	△		△	△
	运营期		√		√	△		
复合地基法	施工期	√		√				
	运营期	√	△	√	△			

注:1. 表中所列项目考虑了施工期与运营期两种检算工况,实际工程中应根据不同检算工况的选用;
2. 室内剪切试验宜以三轴剪切试验为主;
3. "√"表示优先采用,"△"表示可采用;
4. 采用排水固结法时,应根据工期及填土速率考虑地基固结强度增长;
5. 采用复合地基处理时,对于有排水功能的措施方可采用固结快剪指标。

3. 复合地基抗剪强度指标的确定

复合地基抗剪强度指标宜按如下方法进行确定。

(1)散体材料桩复合地基的复合抗剪强度指标宜按式(5.54)和式(5.55)进行确定。

$$c_c=(1-m)c_s \tag{5.54}$$

$$\tan\varphi_c=(1-m)\tan\varphi_s+m\tan\varphi_p \tag{5.55}$$

式中 c_c,φ_c——复合地基土的黏聚力和内摩擦角;

c_s,φ_s——桩间土的黏聚力和内摩擦角;

φ_p——桩体的内摩擦角,(°);

m——复合地基置换率。

(2)柔性桩复合地基的复合抗剪强度指标宜按式(5.56)进行确定。

$$\tau_c=m\tau_p+(1-m)\tau_s \tag{5.56}$$

式中 τ_c——复合地基抗剪强度,kPa;

τ_p——桩体的抗剪强度,kPa;

τ_s——桩间土的抗剪强度,kPa。

4. 软弱层强度参数的确定

分析路堤沿斜坡地基或软弱层带滑动的稳定性时,应结合场地条件,选择软弱层面的土层试验获得强度参数 c、φ 值。可采用直剪(快剪)或三轴不固结不排水剪试验。当可能存在地下水时,应采用饱水试件进行试验。

5. 稳定性验算要求

稳定性验算应分别检算路堤施工期及铁路运营期的稳定系数,以运营期的稳定安全系数作为设计指标,施工期的稳定安全系数作为验算指标。路堤施工期荷载应考虑路堤自重和运架梁车等施工临时荷载;运营期荷载应包括路堤自重、列车和轨道荷载。地震力的计算应遵照现行《铁路工程抗震设计规范》(GB 50111—2006)的规定执行。

铁路路基稳定性分析应符合以下规定:

(1)路堤和地基的整体稳定性宜采用圆弧滑动法进行计算,稳定系数 F_s 可按式(5.57)

或式(5.58)进行计算(见图5.4)。

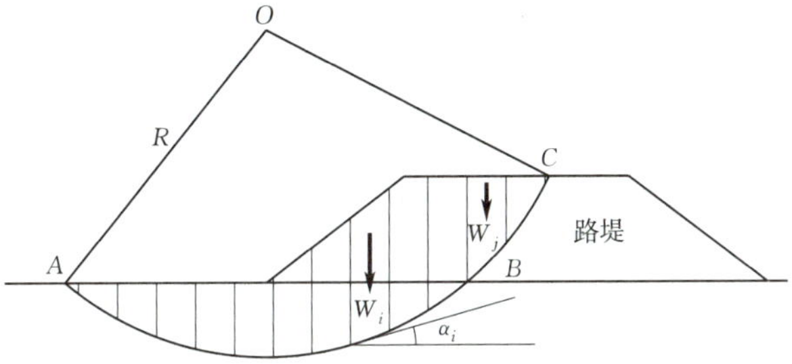

图5.4 圆弧滑动法计算示意图

R——滑动圆弧半径,m

①不考虑固结

$$F_s=\frac{\sum S_i+\sum S_j}{P_t} \tag{5.57}$$

式中 i,j——土条编号,下标 i 表示土条底部的滑裂面在地基土层内,下标 j 表示土条底部的滑裂面在路堤填料内;

P_t——各土条在滑弧切线方向的下滑力的总和,$P_t=\sum W_i\sin\alpha_i+\sum W_j\sin\alpha_j$;

S_i——地基土内(AB 弧)抗剪力,kN/m,$S_i=W_i\cos\alpha_i\tan\varphi_{qi}+c_{qi}l_i$;

S_j——路堤内(BC 弧)抗剪力。

$$S_j=W_j\cos\alpha_j\tan\varphi_{qj}+c_{qj}l_j$$

其中 W_i,W_j——第 i、j 土条重量,$W_i=W_{ti}+W_{di}$,

W_{di},W_{ti}——当第 i 土条的滑裂面处于地基内(AB 弧)时,分别为滑面以上该土条中的地基自重及路堤自重,

α_i,α_j——第 i、j 土条底滑面的倾角,

l_i,l_j——第 i、j 土条底滑面的长度,m,

c_{qi},φ_{qi}——当第 i 土条的滑裂面处于地基内(AB 弧)时,分别为该土条所在土层的快剪黏聚力及快剪内摩擦角,

c_{qj},φ_{qj}——当第 i 土条的滑裂面处于地基内(BC 弧)时,分别为该土条所在路堤填料的黏聚力与内摩擦角。

②考虑固结

$$F_s=\frac{\sum(S_i+\Delta S_i)+\sum S_j}{P_t} \tag{5.58}$$

式中 ΔS_i——由于固结增长的地基强度,$\Delta S_i=W_iU_i\cos\alpha_i\tan\varphi_{gi}$;

U_i——地基土平均固结度;

φ_{gi}——第 i 土条所在土层的固结快剪或三轴固结不排水剪的内摩擦角,(°);

其余符号意义同前。

(2)当软弱土层较薄时,路堤沿复式滑面滑动的稳定性宜按不平衡推力法进行计算(见图5.5)。

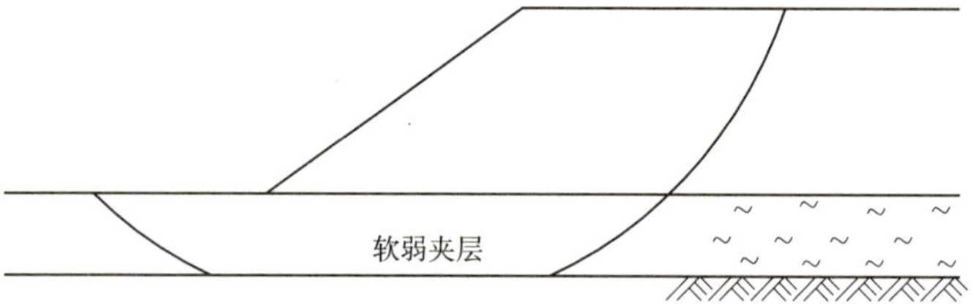

图 5.5 复式滑面计算示意图

(3)路堤沿斜坡地基或软弱层带滑动的稳定性除按圆弧滑动法进行计算外，还应采用不平衡推力法进行分析，稳定系数 F_s 可采用式(5.59)和式(5.60)计算(见图 5.6)。

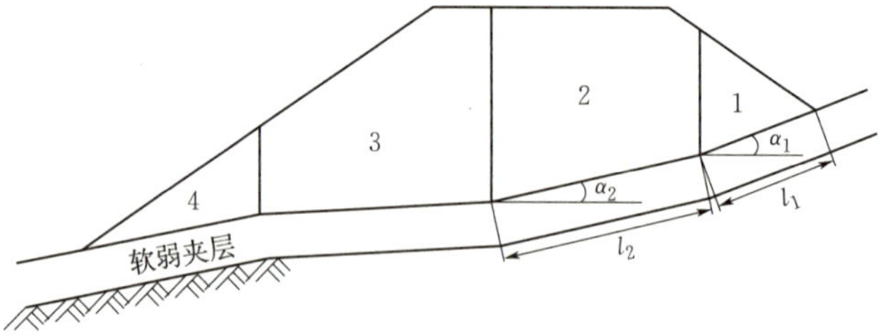

图 5.6 路堤沿斜坡软弱地基滑动的稳定性计算示意图

$$E_i = W_{Qi}\sin\alpha_i - \frac{1}{F_s}(c_i l_i + W_{Qi}\cos\alpha_i\tan\varphi_i) + E_{i-1}\psi_{i-1} \tag{5.59}$$

$$\psi_{i-1} = \cos(\alpha_{i-1} - \alpha_i) - \frac{\tan\varphi_i}{F_s}\sin(\alpha_{i-1} - \alpha_i) \tag{5.60}$$

式中 W_{Qi}——第 i 个土条的重力与外加竖向荷载之和；

l_i——第 i 个土条底滑面的长度，m；

α_i，α_{i-1}——第 i、第 $i-1$ 个土条底滑面的倾角；

c_i，φ_i——第 i 土条底的黏结力和内摩擦角；

E_{i-1}——第 $i-1$ 个土条传递给第 i 个土条的下滑力；

ψ_{i-1}——剩余下滑力传递系数。

用式(5.59)和式(5.60)试算，直到第 n 条(最后一条)的剩余推力为零，由此确定稳定系数 F_s。

5.4 沉降计算

天然地基实际是由不同土层所组成，地基中自重应力和引起地基变形的附加应力均沿深度变化，因此工程中计算地基沉降时，在地基可能产生沉降的土层深度内，按土的特性和应力状态的变化将地基分为若干层，假定每一分层土质均匀且应力沿厚度均匀分布，对每一分层分别计算其沉降量，将各分层的沉降量相加得到地基表面的最终沉降量，上述方法称为分层总和法。

分层总和法的基本思路是：将压缩层范围内地基分层，用式(4.22)计算每一分层的沉降量，然后累加得到总沉降量，实际应用时根据确定 Δe 时可以根据 e—p 曲线求得，也可以由 e—$\lg p$ 曲线确定，

5.4.1 压缩层厚度的确定

压缩层厚度的确定对于地基沉降控制设计具有非常重要的意义，我国铁路设计规范以地基附加应力与自重应力之比为 0.2 或 0.1 作为控制计算深度的标准。《建筑地基基础设计规范》(GB 50007—2011)采用变形比法确定压缩层厚度：

地基变形计算深度 z_n（见图 5.7），应符合式(4.22)的要求，当计算深度下部仍有较软土层时，应继续计算。

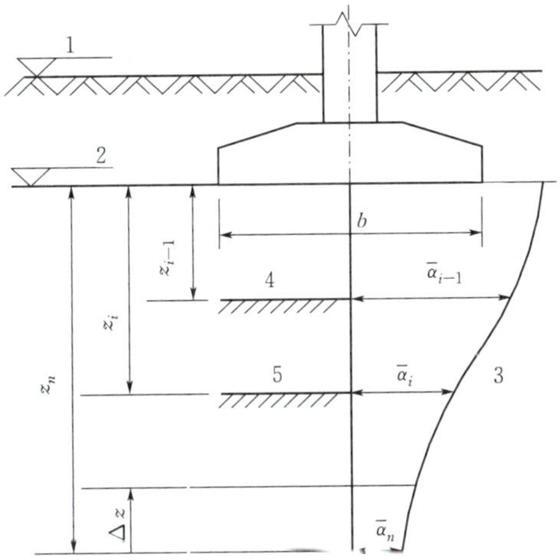

图 5.7 基础沉降计算的分层示意

1—天然地面高程；2—基底高程；3—平均附加应力系数 $\bar{\alpha}$ 曲线；4 $i-1$ 层；5—i 层

当无相邻荷载影响，基础宽度在 1～30 m 范围内时，基础中点的地基变形计算深度也可按简化公式(5.61)进行计算。在计算深度范围内存在基岩时，z_n 可取至基岩表面；当存在较厚的坚硬黏性土层，其孔隙比小于 0.5、压缩模量大于 50 MPa，或存在较厚的密实砂卵石层，其压缩模量大于 80 MPa 时，z_n 可取至该层土表面。此时，地基土附加压力分布应考虑相对硬层存在的影响，按式(5.62)计算地基最终变形量。

$$z_n = B(2.5 - 0.4\ln b) \tag{5.61}$$

式中 B——基础宽度，m。

$$S_{gz} = \beta_{gz} S_z \tag{5.62}$$

式中 S_{gz}——具有刚性下卧层时，地基土的变形计算值，mm；

β_{gz}——刚性下卧层对上覆土层的变形增大系数，按表 5.28 采用；

S_z——变形计算深度相当于实际土层厚度计算确定的地基最终变形计算值，mm。

表 5.28 具有刚性下卧层时地基变形增大系数 β_{gz}

h/b	0.5	1.0	1.5	2.0	2.5
β_{gz}	1.26	1.17	1.12	1.09	1.00

注：h 为基底下的土层厚度；b 为基础底面宽度。

《铁路工程地基处理技术规程》(TB 10106—2010)则规定地基压缩层厚度计算深度应考虑路堤高度、地层结构及地基土特性等因素按下列要求综合确定：

(1)高速铁路地基压缩层的计算深度应满足式(5.63)要求。

$$\sigma_z = 0.1\sigma_t \tag{5.63}$$

式中 σ_z——沉降计算深度 z 处的地基垂直附加应力，kPa；

σ_t——沉降计算深度 z 处的地基自重应力，kPa。

(2)其他铁路地基压缩层的计算深度应满足式(5.64)要求。

$$\sigma_z = 0.2\sigma_t \tag{5.64}$$

(3)按式(5.63)和式(5.64)确定的计算深度以下有软土层时，应继续增加计算深度。

根据国际咨询的有关情况，法国以路堤底宽的3倍来确定压缩层厚度，日本则为路堤底宽的3～5倍。

根据应力比法采用地基附加应力/自重应力为0.2确定的压缩层厚度，一般要大于根据变形比法确定的压缩层厚度；同时路堤底宽的3倍又远远大于附加应力/自重应力为0.1确定的压缩层厚度。

根据中国铁路设计集团有限公司在京津城际铁路武清站和京沪高速铁路廊坊、青县、沧州桩筏基础路基地基的测试结果，压缩层厚度大于根据附加应力/自重应力小于0.1确定的深度。但是采用该厚度计算的沉降值在根据经验系数修正后与实测值吻合较好。因此建议在铁路路基设计中采用式(5.63)确定压缩层厚度，需要注意的是，在经验系数的取值上，地基条件越差宜适当加大，地基条件较差则可适当取小。

5.4.2 *e*—*P* 曲线法

如图5.8所示，根据每层的自重应力 p_{0i} 和附加应力 Δp_i，查对应该层地基土的压缩曲线查出对应的初始孔隙比 e_{0i} 和压缩稳定后孔隙比 e_i，代入式(5.65)中即可求得第 i 分层的压缩量，将计算深度内的每层地基的压缩量相加，即可求得地基的总压缩量。

$$S = \frac{e_{0i} - e_i}{1 + e_{0i}} H_i = \frac{\Delta e}{1 + e_{0i}} H_i \tag{5.65}$$

式中 e_{0i}——加载前该层地基土的孔隙比；

e_i——加载后该层地基土的孔隙比；

H_i——加载前该层地基土的厚度。

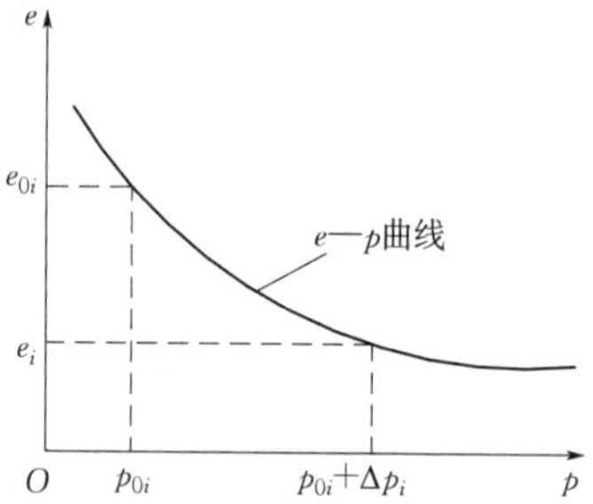

图5.8 *e*—*p* 曲线法示意图

《建筑地基基础设计规范》(GB 50007—2011)根据分层总和法的思路，并根据工程实际经验进行系数修正。

计算地基变形时，地基内的应力分布，可采用各向同性均质线性变形体理论，其最终变形量可按式(5.66)进行计算。

$$S = \psi_s S' = \psi_s \sum_{i=1}^{n} \frac{p_0}{E_{si}} (z_i \bar{\alpha}_i - z_{i-1} \bar{\alpha}_{i-1}) \tag{5.66}$$

式中 S——地基最终变形量，mm；

S'——按分层总和法计算出的地基变形量，mm；

ψ_s——沉降计算经验系数，根据地区沉降观测资料及经验确定，无地区经验时可根据变形计算深度范围内压缩模量的当量值($\bar{E}_s$)、基底附加压力按表5.29取值；

n——地基变形计算深度范围内所划分的土层数(见图5.7)；

p_0——相应于作用的准永久组合时基础底面处的附加压力，kPa；

E_{si}——基础底面下第i层土的压缩模量，MPa，应取土的自重压力至土的自重压力与附加压力之和的压力段计算；

z_i，z_{i-1}——基础底面至第i层、第$i-1$层土底面的距离，m；

$\bar{\alpha}_i$，$\bar{\alpha}_{i-1}$——基础底面计算点至第i层、第$i-1$层土底面范围内平均附加应力系数，可查《建筑地基基础设计规范》(GB 50007—2011)附录K或采用Boussinesq公式计算确定。

表5.29 沉降计算经验系数 ψ_s

基底附加压力	$\bar{E}_s$/MPa				
	2.5	4.0	7.0	15.0	20.0
$p_0 \geqslant f_{ak}$	1.4	1.3	1.0	0.4	0.2
$p_0 \leqslant 0.75 f_{ak}$	1.1	1.0	0.7	0.4	0.2

变形计算深度范围内压缩模量的当量值($\bar{E}_s$)，应按式(5.67)计算。

$$\bar{E}_s = \frac{\sum A_i}{\sum \frac{A_i}{E_{si}}} \tag{5.67}$$

式中 A_i——第i层土附加应力系数沿土层厚度的积分值。

当存在相邻荷载时，应计算相邻荷载引起的地基变形，其值可按应力叠加原理采用角点法计算。

当建筑物地下室基础埋置较深时，地基土的回弹变形量可按式(5.68)进行计算。

$$S_c = \psi_c \sum_{i=1}^{n} \frac{p_c}{E_{ci}} (z_i \bar{\alpha}_i - z_{i-1} \bar{\alpha}_{i-1}) \tag{5.68}$$

式中 S_c——地基的回弹变形量，mm；

ψ_c——回弹量计算的经验系数，无地区经验时可取1.0；

p_c——基坑底面以上土的自重压力，kPa，地下水位以下应扣除浮力；

E_{ci}——土的回弹模量，kPa，按《土工试验方法标准》(GB/T 50123—2019)中土的固结试验回弹曲线的不同应力段计算。

回弹再压缩变形量计算可采用再压缩的压力小于卸荷土的自重压力段内再压缩变形线性分布的假定计算：

$$S'_c = \psi'_c S_c \frac{p}{p_c} \tag{5.69}$$

式中 S'_c——地基的回弹再压缩变形量，mm；

ψ'_c——回弹再压缩变形增大系数，由土的固结回弹再压缩试验确定；

S_c——地基的最大回弹变形量，mm；

p——再压缩的荷载压力，kPa；

p_c——基坑底面以上土的自重压力，kPa，地下水位以下应扣除浮力。

在同一整体大面积基础上建有多栋高层和低层建筑时，宜考虑上部结构、基础与地基的共同作用进行变形计算。

5.4.3 e—lg$p$ 曲线法

根据应力历史的不同将地基土分为正常固结、超固结和欠固结土三种。一般情况下，压缩曲线是由室内单向固结试验得到的，但由于目前钻探取样的技术条件不够理想、土样取出地面后应力的释放、室内试验时切土人工扰动等因素的影响，室内的压缩曲线已经不能代表地基中现场压缩曲线。即使试样的扰动很小，保持土的原始孔隙比基本不变，但应力释放仍是无法完全避免的，所以对室内单向固结试验得到的压缩曲线进行修正，以得到符合原位土体压缩性的现场压缩曲线(见图 5.9)，这样计算出的地基沉降才会更符合实际。

e—lg$p$ 曲线法计算地基最终沉降的一般步骤如下：

(1)选择沉降计算断面和计算点，并将地基分层；

(2)计算地基中各分层面的自重应力及土层平均自重应力 P_{0i}；

(3)计算地基中各分层面的竖向附加应力及土层平均附加应力 ΔP_i；

(4)根据室内压缩曲线确定前期固结应力 P_{ci}，一般使用卡萨格兰德法，由前期固结应力与自重应力的大小关系来判定土层是属于正常固结土、超固结土还是欠固结土；以此可推出现场压缩曲线；

对正常固结土、超固结土和欠固结土分别用不同的方法求各分层的压缩量，后将各分层的压缩量累加得总沉降量。

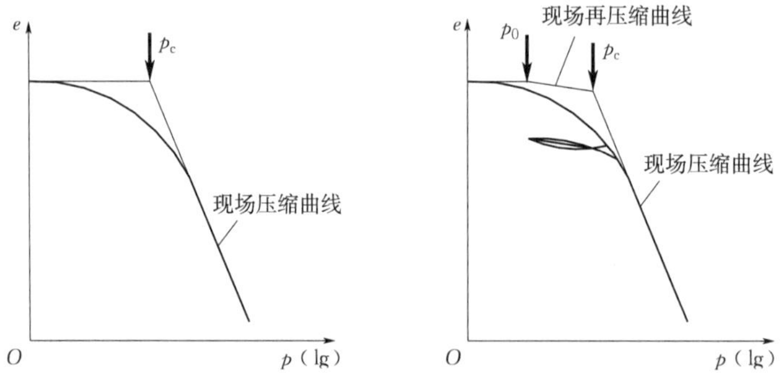

(a) 欠固结、正常固结土曲线　　(b) 超固结土曲线

图 5.9　e—lg$p$ 曲线法示意图

根据不同的土体类型按下列四式得到其孔隙比的变化，后带入式(5.69)求得土体的沉降。

①$\Delta e = -C_{ci} \cdot [\lg(p_{0i}+\Delta p_i) - \lg p_{0i}]$，正常固结土；

②$\Delta e = -C_{ci} \cdot [\lg(p_{0i}+\Delta p_i) - \lg p_{ci}]$，欠固结土；

③$\Delta e = -C_{si} \cdot (\lg p_{ci} - \lg p_{0i}) - C_{ci} \cdot [\lg(p_{0i}+\Delta p_i) - \lg p_{ci}]$，超固结土($p_{0i}+\Delta p_i \geq p_{ci}$)；

④$\Delta e=-C_{si}\cdot[\lg(p_{0i}+\Delta p_i)-\lg p_{0i}]$，超固结土($p_{0i}+\Delta p_i\leqslant p_{ci}$)。

5.4.4 复合模量法

《复合地基技术规范》(GB/T 50783—2012)规定复合地基的沉降由垫层压缩量、加固区复合土层压缩变形 S_1 和加固区下卧土层压缩变形量 S_2 组成。垫层压缩量小，且在施工期已基本完成时，可忽略不计。复合地基沉降按式(5.70)计算。

$$S=S_1+S_2 \tag{5.70}$$

(1)复合地基加固区复合土层压缩变形量(S_1)宜根据复合地基类型分别采用下述公式计算。

①对散体材料桩复合地基和柔性桩复合地基可采用式(5.71)计算。

$$S_1=\psi_{s1}\sum_{i=1}^{n}\frac{\Delta p_i}{E_{spi}}l_i \tag{5.71}$$

式中 Δp_i——第 i 层土的平均附加应力增量，kPa；

l_i——第 i 层土的厚度，mm；

ψ_{s1}——复合地基加固区复合土层压缩变形量计算经验系数，根据复合地基类型地区实测资料及经验确定；

E_{spi}——第 i 层复合土体的压缩模量，MPa。

$$E_{sp}=mE_p+(1-m)E_s \tag{5.72}$$

式中 E_{sp}——复合地基压缩模量，MPa；

E_p——桩身压缩模量，MPa；

E_s——桩间土压缩模量，MPa，宜按当地经验取值，如无经验，可取天然地基压缩模量。

②对刚性桩复合地基可采用式(5.73)计算。

$$S_1=\psi_p\frac{Ql}{E_pA_p} \tag{5.73}$$

式中 Q——刚性桩桩顶附加荷载，kN；

l——刚性桩桩长，m；

E_p——桩身压缩模量，MPa；

A_p——单桩截面积；

ψ_p——刚性桩桩身压缩经验系数，综合考虑刚性桩长径比，桩端刺入量，根据地区实测资料及经验确定。

③复合地基加固区下卧土层压缩变形量 S_2 可采用式(5.74)计算。

$$S_2=\psi_{s2}\sum_{i=1}^{n}\frac{\Delta p_i}{E_{si}}l_i \tag{5.74}$$

式中 Δp_i——第 i 层土的平均附加应力增量，kPa；

l_i——第 i 层土的厚度，mm；

E_{si}——基础底面下第 i 层土的压缩模量，MPa；

ψ_{s2}——复合地基加固区下卧土层压缩变形量计算经验系数，根据复合地基类型地区实测资料及经验确定。

(2)作用在复合地基加固区下卧层顶部的附加压力宜根据复合地基类型分别采用下述计算方法计算。

①对散体材料桩复合地基宜采用压力扩散法(见图 5.10)计算:

$$N = LBp_0 \tag{5.75}$$

$$p_z = \frac{LBp_0}{(a_0 + 2h\tan\theta)(b_0 + 2h\tan\theta)} \tag{5.76}$$

②对刚性桩复合地基宜采用等效实体法(见图 5.11)计算:

$$p_z = \frac{LBp_0 - (2a_0 + 2b_0)hf}{LB} \tag{5.77}$$

式中 p_z——荷载效应标准组合时,软弱下卧层顶面处的附加压力值,kPa;

L——矩形基础底边的长度,m;

B——矩形基础或条形基础底边的宽度,m;

h——复合地基加固区的深度,m;

a_0——基础长度方向桩的外包尺寸,m;

b_0——基础宽度方向桩的外包尺寸,m;

p_0——复合地基加固区顶部的附加压力,kPa;

θ——压力扩散角,(°);

f——复合地基加固区桩侧摩阻力,kPa。

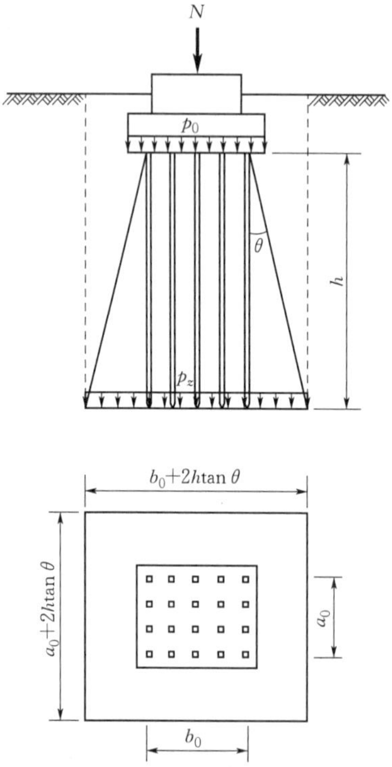

图 5.10 压力扩散法计算简图

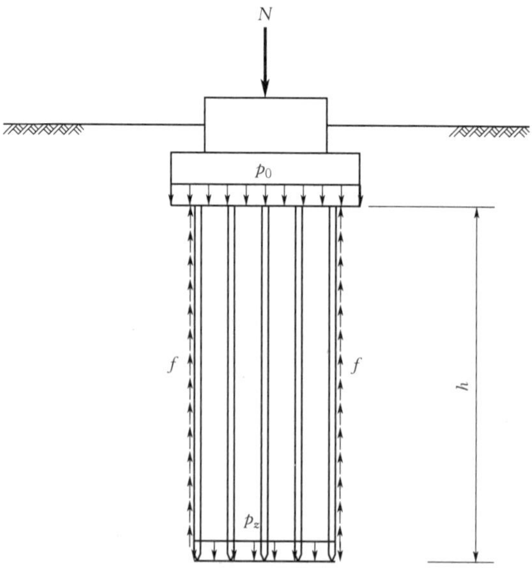

图 5.11 等效实体法计算简图

(3)对柔性桩复合地基视桩土模量比采用压力扩散法或等效实体法计算。

当采用长—短桩复合地基时，复合地基的沉降由垫层压缩量、加固区复合土层压缩变形量 S_1 和加固区下卧土层压缩变形量 S_2 组成。加固区复合土层压缩变形量 S_1 由短桩范围内复合土层压缩变形量 S_{11} 和短桩以下只有长桩部分复合土层压缩变形量 S_{12}。垫层压缩量小，且在施工期已基本完成时，可忽略不计。长—短桩复合地基的沉降宜按式(5.78)计算。

$$S=S_{11}+S_{12}+S_2 \tag{5.78}$$

长—短桩复合地基中短桩范围内复合土层压缩变形量 S_{11} 和短桩以下只有长桩部分复合土层压缩变形量 S_{12} 按式(5.72)计算，加固区下卧土层压缩变形量 S_2 按式(5.74)计算。短桩范围内第 i 层复合土体的压缩模量 $E_{\mathrm{sp}i}$ 按式(5.79)计算。

$$E_{\mathrm{sp}i}=m_1E_{\mathrm{p1}i}+m_2E_{\mathrm{p2}i}+(1-m_1-m_2)E_{\mathrm{s}i} \tag{5.79}$$

式中 $E_{\mathrm{p1}i}$——第 i 层桩体压缩模量，kPa；

$E_{\mathrm{p2}i}$——第 i 层短桩桩体压缩模量，kPa；

m_1——长桩的面积置换率；

m_2——短桩的面积置换率；

$E_{\mathrm{s}i}$——第 i 层桩间土压缩模量，kPa，宜按当地经验取值，无经验时，可取天然地基压缩模量。

(4)复合地基变形计算时复合土层的分层与天然地基相同，各复合土层的压缩模量等于该层天然地基压缩模量的 ζ 倍，ζ 值可按式(5.80)确定。

$$\zeta=\frac{f_{\mathrm{spk}}}{f_{\mathrm{ak}}} \tag{5.80}$$

式中 f_{ak}——基础底面下天然地基承载力特征值；

f_{spk}——基础底面下复合地基承载力特征值，

$$f_{\mathrm{spk}}=m\frac{R_{\mathrm{a}}}{A_{\mathrm{p}}}+\beta(1-m)f_{\mathrm{sk}} \tag{5.81}$$

其中 m——面积置换率，

R_{a}——单桩竖向承载力特征值，kN，

A_{p}——桩的截面积，m^2，

β——桩间土承载力折减系数，宜按地区经验取值，如无经验时可取 0.75～0.95，天然地基承载力较高时取大值，

f_{sk}——处理后桩间土承载力特征值，kPa；宜按当地经验取值，如无经验时，可取天然地基承载力特征值。

(5)增强体单桩竖向承载力特征值可按式(5.82)估算。

$$R_{\mathrm{a}}=u_{\mathrm{p}}\sum_{i=1}^{n}q_{\mathrm{s}i}l_{\mathrm{p}i}+\alpha_{\mathrm{p}}q_{\mathrm{p}}A_{\mathrm{p}} \tag{5.82}$$

式中 u_{p}——桩的周长，m；

$q_{\mathrm{s}i}$——桩周第 i 层土的侧阻力特征值，kPa，可按地区经验确定；

$l_{\mathrm{p}i}$——桩长范围内第 i 层土的厚度，m；

α_{p}——桩端端阻力发挥系数，应按地区经验确定；

q_p——桩端端阻力特征值，kPa，可按地区经验确定；对于水泥搅拌桩、旋喷桩应取未经修正的桩端地基土承载力特征值。

复合地基的沉降计算经验系数，可根据地区沉降观测资料统计值确定，无经验取值时，可采用表5.30的数值。

表5.30 沉降计算经验系数 ψ_s

$\bar{E}_s$/MPa	4.0	7.0	15.0	20.0	35.0
ψ_s	1.0	0.7	0.4	0.25	0.2

注：$\bar{E}_s$ 为变形计算深度范围内压缩模量的当量值，应按式(5.83)计算。

$$\bar{E}_s=\frac{\sum_{i=1}^{n}A_i+\sum_{j=1}^{m}A_j}{\sum_{i=1}^{n}\frac{A_i}{E_{si}}+\sum_{j=1}^{m}\frac{A_j}{E_{sj}}} \tag{5.83}$$

式中 A_i——加固土层第 i 层土附加应力系数沿土层厚度的积分值；

A_j——加固土层下第 j 层土附加应力系数沿土层厚度的积分值。

5.4.5 等效作用法

《建筑桩基技术规范》(JGJ 94—2008)规定对于桩中心距不大于6倍桩径的桩基，其最终沉降量计算可采用等效作用分层总和法。等效作用面位于桩端平面，等效作用面积为桩承台投影面积，等效作用的附加压力近似取承台底平均附加压力。等效作用面以下的应力分布采用各向同性均质直线变形体理论。桩基沉降计算示意图如图5.12所示，桩基任一点最终沉降量可用角点法按式(5.84)计算。

$$S=\psi\cdot\psi_e\cdot S'=\psi\cdot\psi_e\cdot\sum_{j=1}^{m}p_{0j}\sum_{i=1}^{n}\frac{z_{ij}\bar{\alpha}_{ij}-z_{(i-1)j}\bar{\alpha}_{(i-1)j}}{E_{si}} \tag{5.84}$$

式中 S——桩基最终沉降量，mm；

S'——采用 Boussinesq 解，按实体深基础分层总和法计算出的桩基沉降量，mm；

m——角点法计算点对应的矩形荷载分块数；

p_{0j}——第 j 块矩形底面在荷载效应准永久组合下的附加压力，kPa；

n——桩基沉降计算深度范围内所划分的土层数；

E_{si}——等效作用面以下第 i 层土的压缩模量，MPa，采用地基土在自重压力至自重压力加附加压力作用时的压缩模量；

z_{ij}，$z_{(i-1)j}$——桩端平面第 j 块荷载作用面至第 i 层、第 $i-1$ 层土底面的距，m；

$\bar{\alpha}_{ij}$，$\bar{\alpha}_{(i-1)}$——桩端平面第 j 块荷载计算点至第 i 层、第 $i-1$ 层土底面深度范围内平均附加应力系数；

ψ——桩基沉降计算经验系数：当无当地可靠经验时，可按表5.31选用；对于采用后注浆施工工艺的灌注桩，桩基沉降计算经验系数应根据桩端持力土层类别，乘以0.7(砂、砾、卵石)～0.8(黏性土、粉土)折减系数；饱和土中采用预制桩(不含复打、复压、引孔沉桩)时，应根据桩距、土质、沉桩速率和顺序等因素，乘以1.3～1.8挤土效应系数，土的渗透性低，桩距小，桩数多，沉降速率快时取大值；

ψ_e——桩基等效沉降系数，

$$\psi_e = C_0 + \frac{n_b - 1}{C_1(n_b - 1) + C_2} \tag{5.85}$$

$$n_b = \sqrt{n \cdot B_c / L_c} \tag{5.86}$$

其中 n_b——矩形布桩时的短边布桩数，当布桩不规则时可按式(5.86)近似计算，

C_0, C_1, C_2——根据群桩距径比 s_a/d、长径比 l/d 及基础长宽比 L_c/B_c，按《建筑桩基技术规范》(JGJ 94—2008)附录E确定，

L_c, B_c, n——矩形承台的长、宽及总桩数。

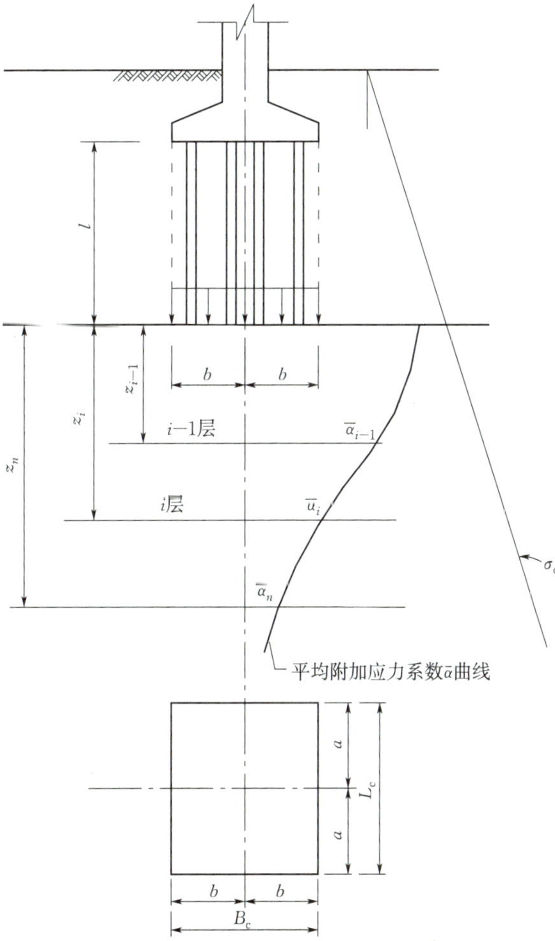

图 5.12 桩基沉降计算示意图

表 5.31 桩基沉降计算经验系数 ψ

$\bar{E}_s$/MPa	≤10	15	20	35	≥50
ψ	1.2	0.9	0.65	0.50	0.40

注：1. $\bar{E}_s$ 为沉降计算深度范围内压缩模量的当量值，可按下式计算：$\bar{E}_s = \sum A_i / \sum (A_i / E_{si})$，式中 A_i 为第 i 层土附加压力系数沿土层厚度的积分值，可近似按分块面积计算；

2. ψ 可根据$\bar{E}_s$ 内差取值。

当布桩不规则时，等效距径比可按下列公式近似计算：

圆形桩
$$s_a/d=\sqrt{A}/(\sqrt{n}\cdot d) \tag{5.87}$$

方形桩
$$s_a/d=0.886\sqrt{A}/(\sqrt{n}\cdot b) \tag{5.88}$$

式中　A——桩基承台总面积；

b——方形桩截面边长。

桩基沉降计算深度 z_n 应按应力比法确定，即计算深度处的附加应力/土的自重应力值不大于 0.2。

5.4.6　Mindlin 应力法

对于桩基下的应力分布，Mindlin 解较 Boussinesq 解更符合桩基的实际情况。对于加固区，Mindlin 应力法用 Geddes 解和 Boussinesq 解来联合求解加固区土层中的附加应力，用复合模量法求加固区的压缩量 S_1；对于下卧层土体，用弹性力学的 Mindlin 解求解地基中的附加应力，然后用分层总和法求得下卧层的压缩量 S_2；将上述两部分沉降量叠加即为复合地基总沉降量 S，其计算式为

$$S=S_1+S_2=\sum_{i=1}^{n_1}\frac{\Delta p_i}{E_{si}}H_i+\sum_{j=1}^{n_2}\frac{\Delta p_j}{E_{sj}}H_j \tag{5.89}$$

式中　n_1——加固区土层的分层数；

n_2——下卧层的土层分层数；

E_{si}——加固区第 i 层的复合模量，N/mm；

E_{sj}——下卧层第 j 层土的压缩模量，N/mm；

H_i——加固区第 i 层土的厚度，m；

H_j——加固区第 j 层土的厚度，m；

Δp_i——加固区第 i 层土的平均附加应力，N/mm²；

Δp_j——下卧层第 j 层土的平均附加应力，N/mm²。

盖德斯(Geddes，1966)根据半无限体内作用一集中力的明德林(Mindlin)课题，研究了下列三种情况(见图 5.13)下土中竖向应力的表达式：

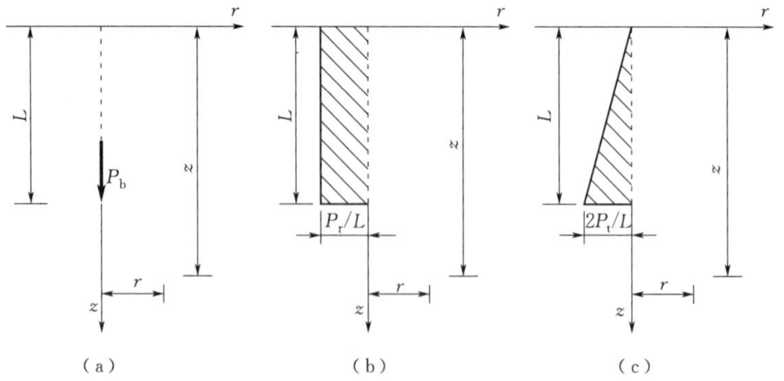

图 5.13　桩周土中应力解的基本图式

(1)桩端阻力简化为一集中荷载，如图5.13(a)所示；
(2)桩侧摩阻力沿深度呈矩形分布，如图5.13(b)所示；
(3)桩侧摩阻力沿深度呈三角形分布，如图5.13(c)所示。
土体中任一点(r,z)的竖向应力可表示为
(1)桩端集中力

$$\sigma_{zb}=\frac{P_b}{L^2}K_b \tag{5.90}$$

$$K_b=\frac{1}{8\pi(1-\mu)}\left[\frac{(1-2\mu)(m-1)}{A^3}+\frac{(1-2\mu)(m-1)}{B^3}-\frac{3(m-1)}{A^5}-\frac{3(3-4\mu)m(m+1)^2-3(m+1)(5m-1)}{B^5}-\frac{30m(m+1)^3}{B^7}\right] \tag{5.91}$$

(2)桩侧阻力呈矩形分布

$$\sigma_{zr}=\frac{P_r}{L^2}K_r \tag{5.92}$$

$$K_r=\frac{1}{8\pi(1-\mu)}\left[-\frac{2(2-\mu)}{A}+\frac{2(2-\mu)+2(1-2\mu)\frac{m}{n}\left(\frac{m}{n}+\frac{1}{n}\right)}{B}-\frac{2(1-2\mu)\left(\frac{m}{n}\right)}{F}+\frac{n^2}{m^3}+\frac{4m^2-4(1+\mu)\left(\frac{m}{n}\right)^2m^2}{F^3}-\frac{2(1-2\mu)\left(\frac{m}{n}\right)}{F}+\frac{n^2}{m^3}+\frac{4m^2-4(1+\mu)\left(\frac{m}{n}\right)^2m^2}{F^3}+\frac{4m(1+\mu)(m+1)\left(\frac{m}{n}+\frac{1}{n}\right)^2-4(m^2+n^2)}{B^3}+\frac{6m^2\left(\frac{m^4-n^4}{n^2}\right)}{F^5}+\frac{6m\left(mn^2-\frac{1}{n^2}(m+1)^5\right)}{B^5}\right] \tag{5.93}$$

(3)桩侧阻力呈正三角形分布

$$\sigma_{zt}=\frac{P_t}{L^2}K_t \tag{5.94}$$

$$K_t=\frac{1}{4\pi(1-\mu)}\left[\frac{-2(2-\mu)p}{A}+\frac{2(2-\mu)(4m+1)-2(1-2\mu)\left(\frac{m}{n}\right)^2(m+1)}{B}+\frac{2(1-2\mu)\frac{m^3}{n^2}-8(2-\mu)m}{F}+\frac{mn^2+(m-1)^2}{A^3}+\frac{4\mu n^2m+4m^3-15n^2m-2(5+2\mu)\left(\frac{m}{n}\right)^2(m+1)^3+(m+1)^3}{B^3}+\right.$$

$$\frac{2(7-2\mu)mn^2-6m^3+2(5+2\mu)\left(\frac{m}{n}\right)^2m^3}{F^3}+\frac{6mn^2(n^2-m^2)+12\left(\frac{m}{n}\right)^2(m+1)^5}{B^5}-$$

$$\left.\frac{12\left(\frac{m}{n}\right)^2m^5+6mn^2(n^2-m^2)}{F^5}-2(2-\mu)\ln\left(\frac{A+m-1}{F+m}\cdot\frac{B+m-1}{F+m}\right)\right] \tag{5.95}$$

式中 P_b,P_r,P_t——桩端荷载,矩形分布侧阻力分担的荷载和正三角形分布侧阻力分担的荷载;

K_b,K_r,K_t——桩端集中力、桩侧阻力矩形分布、桩侧阻力三角形分布情况下的地基中任一点的竖向应力系数;

μ——土的泊松比。

其中,$n=r/L$,$m=z/L$,$F=m^2+n^2$,$A^2=n^2(m-1)^2$,$B^2=n^2+(m+1)^2$,L、r、z 如图 5.13 所示。

对于桩侧阻力为其他图示的分布,可采用以上矩形、三角形分布竖向应力叠加求得。将作用在单桩桩顶的荷载 P 分解为桩端荷载 $P_b=\alpha P$(α 为桩端荷载分担比)和桩侧荷载 P_s,而 P_s 又可根据其分布图式分解为矩形分布荷载 $P_r=\beta P$(β 为矩形分布侧阻力分担荷载之比)和随深度线性增长的三角形分布荷载 $P_t=(1-\alpha-\beta)P$。

侧阻力呈随深度呈线性增长的梯形分布时,土中竖向应力表达式为

$$\sigma_z=\frac{P_b}{L^2}K_b+\frac{P_r}{L^2}K_r+\frac{P_t}{L^2}K_t=\frac{P}{L^2}[\alpha\cdot K_b+\beta K_r+(1-\alpha-\beta)K_t] \tag{5.96}$$

若已知荷载分配的参数 α、β,则可利用式(5.96),采用分层综合法按单项压缩计算单桩的桩端沉降。

复合地基加固区土体中任一点的附加应力,是由桩和桩间土承担的两部分荷载产生的,桩间土承担的荷载 $P_s=P_p/n$(其中,n 为桩土应力比,由工程实测资料确定;P_p 为桩承担的荷载)。由 P_s 在地基内产生的竖向附加应力为 σ_{zs},可用 Boussinesq 解求得。由桩体荷载 P_p 在地基内产生的竖向附加应力为 σ_{zp},可用 Geddes 法求得。复合地基加固区内任一点的附加应力 σ_z 可按式(5.97)计算,即

$$\sigma_z=\sigma_{zs}+\sigma_{zp} \tag{5.97}$$

式中 σ_{zs}——桩间土所承受的荷载引起的地基加固区的附加应力,kPa;

σ_{zp}——CFG 桩桩身受力在地基加固区土层内产生的附加应力,kPa。

(1)利用分层总和法求得加固区的沉降量 S_1。

$$S_1=\sum_{i=1}^{n}\frac{\Delta P_i}{E_{spi}}H_i \tag{5.98}$$

式中 H_i——第 i 层土的厚度;

E_{spi}——加固区第 i 层土的压缩模量;

n——压缩层厚度内加固区的分层数。

(2)利用分层总和法求得下卧层的沉降量 S_2。

$$S_2=\sum_{j=1}^{n}\frac{\Delta P_j}{E_{sj}}H_j \tag{5.99}$$

式中 H_j——第 j 层土的厚度；

E_{sj}——第 j 层土的压缩模量；

n——压缩层厚度内下卧层的分层数。

5.4.7 利用静力初探资料计算法

传统的地基沉降计算方法通常采用现场取土样、进行室内试验，计算得到瞬时沉降、固结沉降和次固结沉降。采用这种方法需要大量钻孔取样和室内试验，存在以下缺点：(1)取土、运输、试验等过程中对土体产生扰动，往往过高估计了土的压缩性；(2)切取小土样时未反映透水夹层作用，致使测得的固结速率偏低；(3)试验数量较少，代表性不够。

深层静力触探测试结果能直接反映地基土体物理力学性质，且测试结果具有快速、可靠、经济和连续的优点，为地基沉降计算提供了一条新的途径。

1. 常用的依据静力触探资料估算基础沉降方法

(1)Meyerhof 方法

$$S=\frac{\sigma_0 BI}{2q_c} \tag{5.100}$$

式中 σ_0——基底面附加压力，kPa；

B——基础等代宽度，m，$B=\sqrt{A}$；

I——深度修正系数，$I=1-0.8D'/B\geqslant 0.5$，其中 D' 为群桩有效埋深，m；

q_c——静力触探锥尖阻力。

适用性评述：

①公式简单易用；

②应用范围较为局限，仅适用基底土性较均一的砂性土地基；

③公式物理意义不够明晰，深度修正系数 I 取决于群桩埋深和基础宽度，但是不能体现基底应力变化的真实情况，且沉降直接与基础等代宽度成正比理论意义不够明晰；

④未考虑基底应力分布影响效应，与实测值相比估算误差较大。

(2)Schmertmann 方法

$$S=C_1 C_2 \Delta p\sum_{i=1}^{n}\frac{I_z}{\chi q_c}\Delta z \tag{5.101}$$

式中 C_1——基础深度影响系数，$C_1=1-0.5(\sigma'_{v0}/\Delta p)$，且 $C_1\geqslant 0.5$；

C_2——时间影响系数，$C_2=1+0.2\lg(10t)$；

Δp——基底静应力增量；

n——沉降影响深度范围内地基土层数；

I_z——应变影响因子，其峰值为 $I_{zp}=0.5+0.1(\Delta p/\sigma'_{vp})^{\frac{1}{2}}$，影响深度分别为 $4B$(条形基础)和 $2B$(长方形基础)，如图 5.14 所示；

χ——基础形状影响因子，$\chi=3.5$(条形基础)、$\chi=2.5$(矩形基础)；

q_c——静力触探锥尖阻力；

Δz——第 i 层土体厚度。

适用性评述：

①公式物理意义较为明确；

②应用范围较为局限，仅适用基底土性比较均一的砂性土地基。

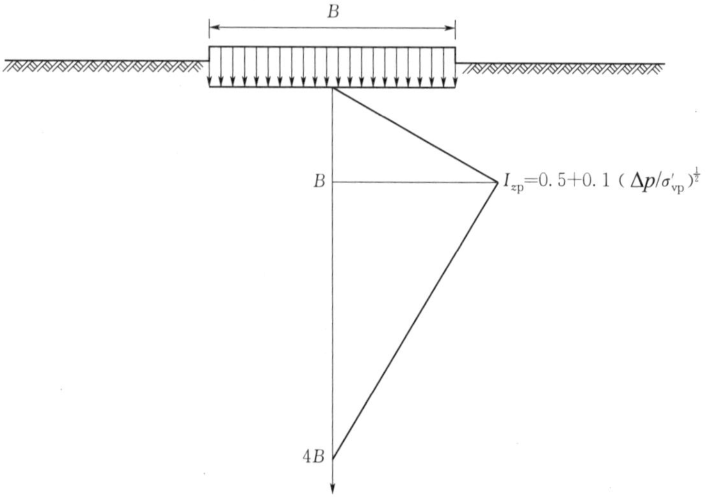

图 5.14 Schmertmann 法应变影响因子计算示意图

(3)《高层建筑岩土工程勘察标准》法

《高层建筑岩土工程勘察标准》(JGJ/T 72—2017)在附录 F.0.4 中提出采用静力触探试验方法估算桩基础最终沉降量公式为

$$S=\psi_s\frac{p_0}{2}B\eta/(3.3\bar{p}_s) \tag{5.102}$$

$$S=\psi_s\frac{p_0}{2}B\eta/(4\bar{q}_c) \tag{5.103}$$

$$S=\psi_s\frac{p_0}{2}B\eta/\bar{N} \tag{5.104}$$

$$B=\sqrt{A} \tag{5.105}$$

$$\eta=1-0.5p_{cz}/p_0 \tag{5.106}$$

式中 S——桩基最终沉降量，mm；

ψ_s——桩基沉降估算经验系数，应根据类似工程条件下沉降观测资料和经验确定；

B——等效基础宽度，m；

η——桩端入土深度修正系数，可按式(5.106)计算，$\eta<0.3$ 时，取 0.3；

A——等效基础面积，m^2；

$\bar{p}_s$——取 1 倍 B 范围内静探比贯入阻力按厚度修正平均值，MPa；

$\bar{q}_c$——取 1 倍 B 范围内静探锥尖阻力按厚度修正平均值，MPa；

$\bar{N}$——取 1 倍 B 范围内标准贯入试验击数按厚度修正平均值，计算方法与静力触探计算方法相同；

p_{cz}——桩端处土的有效自重压力，kPa；

p_0——对应于荷载效应准永久组合时的桩端处的有效附加压力，kPa。

适用性评述：

①公式较为简单易用；

②沉降直接与基础等代宽度成正比理论上意义不够明晰；

③基底应力分布影响效应仅在综合锥尖阻力中有所体现，不能充分反应基底应力影响效应。

2. 基于静力触探的路基及群桩基础（$S\leqslant 6d$）沉降估算推荐方法

中国铁路设计集团有限公司工程实验室在综合分析比较基于静力触探估算基础沉降的Meyerhof法、Schmertmann法和《高层建筑岩土工程勘察标准》法，并结合《建筑地基基础设计规范》（GB 50007—2011）、《建筑桩基技术规范》（JGJ 95—2008）等，提出如下基于静力触探估算路基及群桩基础沉降经验公式。

$$S=\psi\lambda\Delta p\sum_{i=1}^{n}\frac{I_i}{a_i\bar{q}_{ci}+b_i}\Delta z \tag{5.107}$$

式中 S——基础最终沉降量；

ψ——沉降估算经验系数，应根据类似工程条件下沉降观测资料和经验确定，无经验时暂取 $\psi=1.0$；

λ——基础深度影响系数，$\lambda=1-0.5(\sigma'_{v0}/\Delta p)$，若 $\lambda<0.5$ 取 $\lambda=0.5$；

σ'_{v0}——基底处初始有效应力；

Δp——基底附加应力；

n——沉降影响深度范围内地基土层数；

I_i——基底应力影响因子，其具体分布如图 5.15 所示，计算时取各土层均值，其峰值为 $I_{max}=0.5+0.1\sqrt{\Delta p/\sigma'_{vp}}$；

σ'_{vp}——I_{max}深度处地基土体有效应力；

$\bar{q}_{ci}$——第 i 层土平均锥尖阻力，MPa；

a_i，b_i——与土性相关的第 i 层土体变形模量因子，可据静力触探的土类定名按当地经验公式取值。若无经验可统一取 $a=3.3$、$b=1.0$。

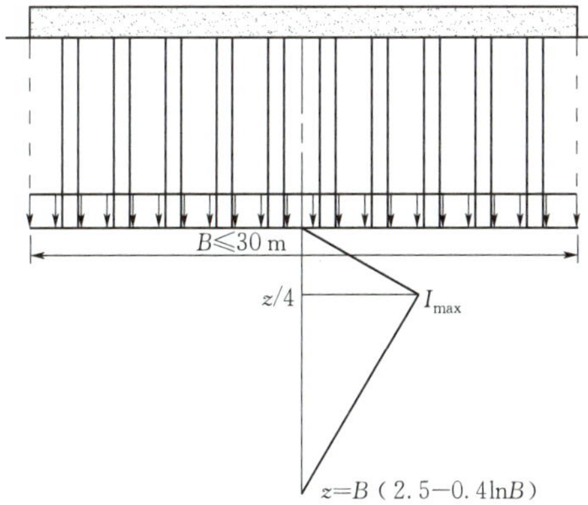

（a）路基基础（$B\leqslant 30$ m）

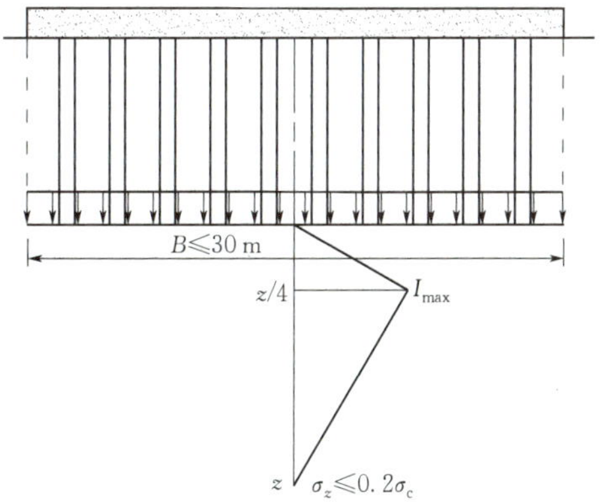

（b）路基基础（$B\leqslant 30$ m）

图 5.15 基底应力影响因子分布示意图

注：z 为影响深度，m。计算方法如下：①当无相邻荷载影响，基础宽度在 1～30 m 范围内时，影响深度 $z=B(2.5-0.4\ln B)$，其中 B 为基底宽度。当计算深度范围内存在基岩时，z 可取至基岩表面；当存在较厚的坚硬黏性土层，其孔隙比小于 0.5、压缩模量大于 50 MPa，或存在较厚的密实砂卵石层，其压缩模量大于 80 MPa 时，z 可取至该层土表面。②除①以外情况，影响深度应按应力比法确定，即附加应力 σ_z 与土的自重应力 σ_c 应符合 $\sigma_z \leqslant 0.2\sigma_c$，$\sigma_z=\sum_{j=1}^{m} a_j p_{0j}$ 要求，式中，a_j 为附加应力系数，据角点法取值。估算自重应力 σ_c 时，若缺乏相应土体容重资料，对于饱和黏性土的容重 γ(kN/m^3)可按下列公式计算：$p_s<400$ kPa 时，$\gamma=8.23p_s^{0.12}$；400 kPa$\leqslant p_s<4\,500$ kPa 时，$\gamma=9.56p_s^{0.095}$；$p_s \geqslant 4\,500$ kPa 时，$\gamma=21.3$；单桥比贯入阻力与双桥锥尖阻力之间可按 $p_s=1.1q_c$ 换算。

5.5 软土地区高速铁路路基设计技术

5.5.1 设计一般规定

1. 软弱地基

对路基工程而言，一般当基底有软塑状黏性土层时，往往不能保证路基结构的稳定或不能满足路基工后沉降的控制标准；路堑及高度小于基床厚度的低路堤，地基为松散饱和状粉土、粉砂、细砂时，承载力不能满足基床要求，且在列车动荷载作用下，较易产生振动液化，从而导致路基失稳、变形破坏。因此，天然含水率较大、承载力较低，或沉降较大的一般黏性土、饱和黄土及粉土、松散饱和的粉砂、细砂等松软土地基，当不能保证路基结构的稳定或不能满足路基工后沉降的控制标准时，应采取相应的地基加固措施。

2. 路基高度

软土地区的路堤过低时，在列车荷载冲击振动的影响下，将导致软土强度降低，而在动荷载直接作用下的反复变形又影响地基的稳定，软土地基基床处理困难，加固工程巨大。因此规定路堤高度不宜小于基床厚度。

对于深厚层软土地基，根据沉降观测分析，一般实测沉降量比理论计算大 5%～20%，特别是后期发生的长期沉降量偏差更大，使路基工后沉降量难以控制。因此对于深厚层软土，应控制填土高度。当加固工艺、质量或预压期难以得到控制和保证时，应与设桥方案做全面的技术经济比较，确定合理的路桥分界高度，有时即使设桥造价略贵，设桥也是合适的。

3. 稳定、沉降计算

由于软土具有天然强度低、压缩性高和排水固结缓慢的特点，所以在其上修筑路堤时必须进行稳定检算和沉降量计算；而地基加固设计是指通过各种具体措施条件下的反复计算分析，结合试验与已建工程的成果，使路堤的稳定和沉降符合要求。

(1)稳定性

软土地基上填土的稳定性随时间变化有如下的规律，如图 5.16 所示，在填筑至设计高度的瞬间，稳定性是最低的。随着在填土荷载作用下软土的固结压密，稳定性又逐渐增高。

列车以及上部建筑的荷载对软土路基的稳定性是有影响的，有荷载以后路基本体的应力水平影响明显提高，对地基也有一定的影响，即上部荷载降低路基的稳定性。

研究与实践经验表明，路堤稳定安全系数取值标准，直接影响路基工后沉降量和地基加固费用。稳定安全系数越低，地基土的性状也越接近塑性状态，这时沉降总量增加，而地基

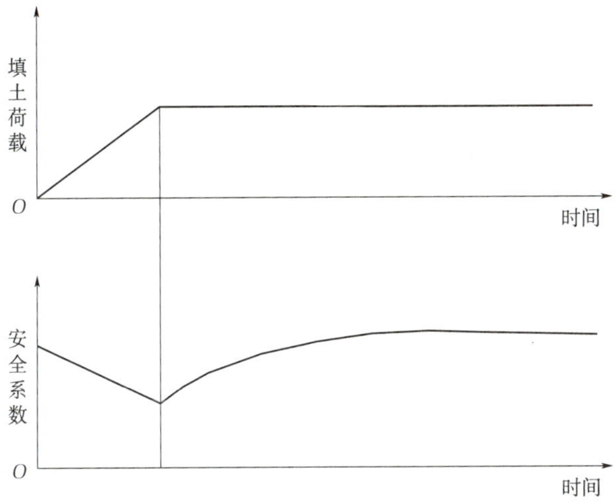

图 5.16 填土稳定性随时间变化曲线

加固措施则较轻；反之，沉降总量减少，而地基加固措施则较重，这对工期或工后沉降控制要求不高的路基又比较浪费。因此，既能合理地控制地基加固的投资规模，又能较好地控制路基工后沉降量，规定路堤的稳定安全系数按铁路等级分别取值。

(2)沉降

沉降主要有：路堤本体在自重作用下的压密沉降；路堤(主要是基床)在列车荷载作用下发生的变形；支承路基的地基压密沉降。在路堤填料的材质与施工质量有保证的前提下，前两部分的数值是有限的，因此控制路堤沉降主要是指控制地基的工后沉降。由于软土具有压缩性大、渗透系数小、固结时间长等特性，路堤建成后，不仅沉降量大而且需延续较长时间才能完成。

路基工后沉降量的规定和取值，将直接影响工程造价和线路的使用性能。不同铁路等级、不同的列车运行速度对线路轨道的平顺度、运营养护维修以及对路基工后沉降量控制都有相应的技术标准和要求，具体见表 5.3。

由于桥台与台后路基的工后沉降不同会造成轨道不平顺，这对列车的平稳运行非常不利，同时使该处的轨道结构不易保持稳定，维修工作量增大。列车运行速度越高，其不利影响越明显。因此对桥台台尾过渡段范围内的路基容许工后沉降值比一般地段要小。

5.5.2 沉降控制措施

1. 换 填

换填是指将软弱土或不良土开挖至一定深度，回填抗剪强度较高、压缩性较小的材料，如砂、砾、石渣等，并分层夯实，形成双层地基。换填后垫层能有效扩散基底压力，提高地基承载力、减小沉降。该措施适用于处理表层各种表层不良土。

2. 砂 垫 层

砂垫层是在路堤基底增加的一个排水面，适用于软土层较薄，也适用于软土层稍厚、中间或底部有透水层的地基。砂垫层施工简易，不需特殊的施工机具，但需放慢填筑速度，使地基有充分的时间进行排水固结。

3. 强夯置换

强夯置换在国内建筑、公路等部门已有不少成功经验，也有失败的教训，在铁路上应用实践较少，故强调施工前进行工艺性试验。强夯置换应穿透软土层至硬底，加固深度不宜超过 6 m，强夯置换材料应采用级配良好的块石、碎石、矿渣等坚硬粗颗粒材料，但粒径大于 300 mm 颗粒含量不宜超过全重的 30%。强夯置换体计算直径可取夯锤直径的 1.1～1.2 倍，间距宜为夯锤直径的 2～3 倍。强夯置换墩固地基设计计算可考虑置换、排水固结和应力集中作用。稳定和沉降计算可采用碎石桩复合地基方法。

4. 预压法

经验证明利用预压加速地基排水固结，是用于路堤堤坝软基加固既经济又有效的措施，但要考虑充分的预压期。预压期根据路基的稳定性和工后沉降的要求来定，若沉降与稳定均为控制因素，则选用两者中较长的预压期。高速铁路堆载预压往往作为沉降控制的辅助措施，抵消列车荷载引起的沉降及利用超载作用减少工后沉降。

5. 复合地基

设置水泥土搅拌桩、旋喷桩、石灰桩、CFG 桩后，桩与桩间土形成复合地基，应考虑桩对地基土的置换作用、应力集中效应，进而减少总沉降，但不考虑桩体加快地基的排水固结速度和对地基的挤密作用。

水泥土搅拌桩分干(粉)喷和湿(浆)喷，应根据土质及厚度选择采用合适的方法，干(粉)喷适用于处理深度不大于 15 m，含水率一般在 30%～60%的淤泥、淤泥质土、软黏性土及粉土等；湿(浆)喷处理深度不宜大于 20 m；当处理泥炭土、塑性指数 $I_p>25$ 的黏土或地下水具有腐蚀性时，须通过试验确定其适用性。

旋喷桩适用于一般软弱地基，当土中含有较多的大粒径块石、大量植物根茎或有过多的有机质时，应根据现场试验结果确定其适用程度及施工方法。

混凝土桩主要用于深厚层(大于 20 m)淤泥、淤泥质土、软黏性土地基。

CFG 桩适用于处理软黏性土，对淤泥质土应按地区经验或通过现场试验确定其适用性，处理深度不宜大于 25 m。

石灰桩适用于一般软土地基，对缺少经验地区，施工前应进行桩身材料配合比、成桩工艺等试验。

强夯、碎石桩、挤密砂桩加固粉土、砂土地基，考虑它们对地基的压实或挤密作用，是防止松软土地基液化的合理有效的处理措施。设置碎石桩后，桩与桩间土形成复合地基，对黏性土而言，主要考虑桩对地基土的置换作用、竖向排水体作用及应力集中作用，但一般要求黏性土的不排水剪切强度 c_u 不小于 20 kPa。

复合地基加固竣工后质量检测及验收是上部路基施工前必需的控制工序。质量检测及验收方法应根据加固目的、要求及上部结构类型确定。

5.5.3 沉降观测与评估

1.软土路基沉降观测

软土地基在施工过程中的观测主要为侧向位移观测和沉降观测。侧向位移是分析在荷载作用下地基的稳定性以及由于侧向位移所引起的沉降大小的重要依据，一般通过设置边桩进行量测，必要时可通过在坡脚附近埋设深层位移测斜仪，量测地基在不同深度处的侧向位移值，以判定某深度处软基挤出变形发展规律；沉降观测主要为路堤中心地基面总沉降量的观测，必要时进行地基分层沉降、路堤外地表沉降或隆起的观测。

利用边桩和路堤地基面沉降观测设备量测的数据，控制填土速率，保证路堤在填筑过程中的稳定。此外，根据沉降观测数据进行最终沉降量推算，使路基的工后沉降量在设计范围之内。当地基沉降与设计有出入时，可以根据实测数据采取相应的措施完善设计，使地基处理达到预定的目标。

2.路基沉降评估

目前利用沉降观测资料开展动态设计主要是根据绘制的“沉降量—时间”曲线，或计算地基的平均固结度，反算地基的平均固线系数和推算地基最终沉降量，与原设计采用参数比较确定设计方案和施工方案的可行性，并及时修正。利用实测数据推算最终沉降量方法很多，常用的有双曲线法、三点法、沉降速率法、星野法、修正双曲线法及修正指数函数法等，这些方法各有其适用条件，应根据工点的具体情况，视拟合程序的优劣，选择与实际情况较吻合或较接近的方法来推算最终沉降量、工后沉降量及沉降速率。根据沉降发展趋势及工期要求，采取相应措施，使地基处理达到预定的要求，并为铺轨前对路基进行评估提供依据。

6　常用地基处理方法与设计

软弱土层地区地基沉降控制是确保轨道平顺性的关键环节。地基处理的恰当与否，将直接影响铁路工程构筑物的使用性能和工程质量，影响行车的安全性及舒适性，对工程投资影响举足轻重。本章针对铁路工程特点，按照安全适用、技术先进、经济合理的要求，对铁路工程常见地基处理方法予以较详尽地介绍。

6.1　地基处理方法及分类

地基处理方法很多，也有不同的分类原则。下面根据地基处理的加固原理，将适用于铁路路基地基处理常用方法分为四类。

1. 置　　换

置换是指用物理力学性质较好的岩土材料置换天然地基中部分或全部软弱土体，以形成双层地基或复合地基，达到提高地基承载力、减小沉降的目的。

属于置换的地基处理方法主要有：换土垫层法、挤淤置换法、褥垫法、砂石桩置换法、强夯置换法等地基处理方法。采用石灰桩法加固地基具有多种效用，其中也有置换效用，故也将它包括在这一部分；另外，气泡混合轻质料填土法和 EPS 超轻质料填土法，采用轻质填料代替比较重的填料，一般不是用于置换，主要用于填方，但为了叙述方便，将气泡混合轻质料填土法和 EPS 超轻质料填土法也包括在这一部分。

2. 排水固结

排水固结是指通过一定的（正、负）荷载作用以及设置排水通道，使土体排水固结，孔隙比减小，抗剪强度提高，以达到提高地基承载力，减少工后沉降的目的。

排水固结的地基处理方法，按预压加载方法可分为：加载预压法、超载预压法、真空预压法、真空预压与堆载预压联合作用法、电渗法，以及降低地下水位法等；按在地基中设置竖向排水系统可分为：普通砂井法、袋装砂井法和塑料排水带法等。

3. 灌入固化物

灌入固化物是指向土体中灌入或拌入水泥、石灰或其他化学固化浆材，在地基中形成增强体，以达到地基处理的目的。

灌入固化物的地基处理方法有：深层搅拌法、高压喷射注浆法、渗入性灌浆法、劈裂灌浆法、挤密灌浆法等。

4. 振密、挤密

振密、挤密是指采用振动或挤压的方法使地基土体变得密实以达到提高地基承载力和减少沉降的目的。

振密、挤密的地基处理方法主要有：表层原位压实法、强夯法、振冲密实法、挤密砂石桩法、爆破挤密法、土桩和灰土桩法、夯实水泥土桩法、柱锤冲扩桩法、孔内夯扩法等。

不少地基处理方法为上述两种或多种原理的复合，例如土桩和灰土桩既有挤密作用又有置换作用。另外，还有一些地基处理方法的加固机理以及计算方法目前还不十分明确，需进一步探讨。而且，地基处理方法也在不断发展，功能不断扩大，也使地基处理方法分类变得更加困难。还有，地基处理方法分类也不宜太细，类别不宜太多。

6.2 常用软土地基处理方法与设计

6.2.1 换填垫层法

1. 概　　述

换填垫层法是将基础下一定深度范围内的软弱土层全部或部分挖除，然后分层回填并夯实砂、碎石、素土、灰土、粉煤灰、高炉干渣等强度较大、性能稳定和无侵蚀性的材料，以提高地基承载能力的一种常用地基处理方法。

当软弱地基的承载力和变形不能满足建筑物要求，且厚度又不很大时，换填垫层法是一种较为经济、简单的浅层处理方法。不同的回填材料形成不同的垫层，如砂垫层、碎石垫层、素土或灰土垫层、粉煤灰垫层及煤渣垫层等。

换土深度较大时，经常出现开挖过程中因地下水位高而不得不采用降水措施；坑壁放坡占地面积大或需要基坑支护；施工土方量大，弃方多等问题，从而使处理费用变高、工期延长，因此换填垫层法的处理深度常控制在 3～5 m 范围以内。当然，若土填垫层太薄，则其作用不甚明显，因此处理深度也不应小于 0.5 m。

换土垫层处理软土地基，其作用主要体现在以下几个方面：①提高浅层地基承载力；②减小地基沉降量；③加速软弱土层的排水固结，即垫层起排水通道作用；④防止土的冻胀，即粗粒垫层材料起排水止胀作用；⑤减少或消除土的胀缩性。换土垫层法在处理一般软弱地基时，其可起的主要作用为前三种，在某些工程中可能几种作用同时发挥（如既起提高地基承载力、减小沉降量的作用，也起排水作用）。

2. 设计内容

垫层的设计内容主要包括垫层厚度和宽度两方面，要求有足够的厚度以置换可能被剪切破坏的软弱土层，有足够的宽度防止因有效承载范围内垫层向两侧挤出降低处理效果。

(1)垫层厚度的确定

垫层厚度应根据垫层下面软弱下卧层土的承载力和建筑物对地基变形要求来确定。如仅以软弱下卧层承载力为控制指标，则应满足式(6.1)要求。

$$p_z + p_{cz} \leqslant f_{az} \tag{6.1}$$

式中　p_z——相应于荷载效应标准组合时垫层底面处的附加压力值；

p_{cz}——软弱下卧层顶面处土的自重压力值；

f_{az}——垫层底面处经深度修正后软弱下卧层的地基承载力特征值。

垫层底面处的附加压力 p_z，可按如下简化方法计算：

条形基础

$$p_z=\frac{(p_k-p_c)b}{b+2z\tan\theta} \tag{6.2}$$

矩形基础

$$p_z=\frac{(p_k-p_c)bl}{(b+2z\tan\theta)(l+2z\tan\theta)} \tag{6.3}$$

式中 p_k——相应于荷载效应标准组合时基础底面处的平均压力值；

p_c——基础底面处土的自重压力值；

b——矩形基础或条形基础底边的宽度；

l——矩形基础底边的长度；

z——垫层厚度；

θ——垫层的压力扩散角可按表 6.1 选用。

表 6.1 垫层应压扩散角 θ

换填材料 z/b	中砂、粗砂、砾砂、碎石、卵石、石屑、矿渣	粉质黏土、粉煤灰	灰土
0.25	20°	6°	28°
≥0.5	30°	23°	

注：1. 当 $z/b<0.5$ 时，除灰土仍取 $\theta=28°$ 外，其余材料均取 $\theta=0°$；

2. 当 $0.25<z/b<0.5$ 时，θ 值可用内插法求得。

垫层厚度的计算方法、步骤为：先假设一个厚度，然后进行验算，若不符合要求，重新假设厚度后再验算，直至满足要求为止。

(2)垫层宽度的确定

垫层宽度应满足基础底面压力扩散的要求，可按式(6.4)计算或根据当地经验确定。

$$b'\geqslant b+2z\tan\theta \tag{6.4}$$

式中 b'——垫层底面宽度。

整片垫层的宽度可根据施工的要求适当加宽。垫层顶面每边宜超出基础底边不小于 300 mm 长度，或从垫层底面两侧向上按当地开挖基坑经验的要求放坡确定。应防止垫层向两侧挤压而破坏侧面土质。如果垫层宽度不足，四周侧面土质又较软弱时，垫层就有可能部分挤入侧面软弱土中，造成基础沉降增大。

(3)垫层材料的选择

①砂石，宜选用碎石、卵石、角砾、圆砾、砾砂、粗砂、中砂或石屑(粒径小于 2 mm 的部分不应超过总质量的 45%)，应级配良好，不含植物残体、垃圾等杂质。当使用粉细砂或石粉(粒径小于 0.075 mm 的部分不超过总质量的 9%)时，应掺入不少于总质量 30%的碎石或卵石。砂石的最大粒径不宜大于 50 mm。对于湿陷性黄土地基、膨胀性岩土地基，不得选用砂石等透水材料。

②灰土，体积配合比宜为 2∶8 或 3∶7。土料宜用粉质黏土，不宜使用块状黏土和砂质粉土，不得含有松软杂质，并应过筛，其颗粒不得大于 15 mm。石灰宜用新鲜的消石灰，其颗粒不得大于 5 mm。

垫层材料应分层夯实并达到一定的密实度，以保证其自身的承载力满足设计要求。

对于比较重要的建筑物，还应计算地基的变形量。地基变形由垫层和下卧土层的两部分变形量组成。

6.2.2 压实法

1. 概述

地下水位以上填土，可采用碾压法和振动压实法，非黏性土或黏粒含量少、透水性较好的松散填土，地基宜采用振动压实法。

压实地基的设计和施工方法的选择，应根据建筑物体型、结构与荷载特点、场地土层条件、变形要求及填料等因素确定。对大型、重要或场地地层条件复杂的工程，在正式施工前，应通过现场试验确定地基处理效果。

以压实填土作为建筑地基持力层时，应根据建筑结构类型、填料性能和现场条件等，对拟压实的填土提出质量要求。未经检验，且不符合质量要求的压实填土，不得作为建筑地基持力层。

对大面积填土的设计和施工，应验算并采取有效措施确保大面积填土自身稳定性、填土下原地基的稳定性、承载力和变形满足设计要求；应评估对邻近建筑物及重要市政设施、地下管线等的变形和稳定的影响；施工过程中，应对大面积填土和邻近建筑物、重要市政设施、地下管线等进行变形监测。

2. 设计内容

压实填土地基的设计应符合下列要求：

(1)压实填土的填料可选用粉质黏土、灰土、粉煤灰、级配良好的砂土或碎石土，以及质地坚硬、性能稳定、无腐蚀性和无放射性危害的工业废料等，并应满足下列要求。

①以碎石土作填料时，其最大粒径不宜大于 100 mm；

②以粉质黏土、粉土作填料时，其含水率宜为最优含水率，可采用击实试验确定；

③不得使用淤泥、耕土、冻土、膨胀土以及有机质含量大于 5%的土料；

④采用振动压实法时，宜降低地下水位到振实面以下不小于 600 mm。

(2)碾压法和振动压实法施工时，应根据压实机械的压实性能，地基土性质、密实度、压实系数和施工含水率等，并结合现场试验确定碾压分层厚度、碾压遍数、碾压范围和有效加固深度等施工参数。无实验数据时初步设计可按表 6.2 选用。

表 6.2 填土每层铺填厚度及压实遍数

施工设备	每层铺填厚度/mm	每层压实遍数
平碾(8～12 t)	200～300	6～8
羊足碾(5～16 t)	200～350	8～16
振动碾(8～15 t)	500～1 200	6～8
冲击碾压(冲击势能 15～25 kJ)	600～1 500	20～40

①对已经回填完成且回填厚度超过表 6.2 中的铺填厚度，或粒径超过 100 mm 的填料含量超过 50%的填土地基，应采用较高性能的压实设备或采用夯实法进行加固。

②压实填土的质量以压实系数控制，并应根据结构类型和压实填土所在部位按表 6.3 的要求确定。

表 6.3 压实填土的质量控制

结构类型	填土部位	压实系数 λ_c	控制含水率/%
砌体承重结构和框架结构	在地基主要受力层范围以内	≥0.97	$w_{op}\pm 2$
	在地基主要受力层范围以下	≥0.95	
排架结构	在地基主要受力层范围以内	≥0.96	
	在地基主要受力层范围以下	≥0.94	

注：地坪垫层以下及基础底面高程以上的压实填土，压实系数不应小于 0.94。

③压实填土的最大干密度和最优含水率，宜采用击实试验确定，当无试验资料时，最大干密度可按式(6.5)计算。

$$\rho_{dmax}=\eta\frac{\rho_w d_s}{1+0.01w_{op}d_s} \tag{6.5}$$

式中 ρ_{dmax}——分层压实填土的最大干密度，t/m³；

η——经验系数，粉质黏土取 0.96，粉土取 0.97；

ρ_w——水的密度，t/m³；

d_s——土粒相对密度(比重)，t/m³；

w_{op}——填料的最优含水率，%。

当填料为碎石或卵石时，其最大干密度可取 2.1～2.2 t/m³。

设置在斜坡上的压实填土，应验算其稳定性。当天然地面坡率大于 20%时，应采取防止压实填土可能沿坡面滑动的措施，并应避免雨水沿斜坡排泄。当压实填土阻碍原地表水畅通排泄时，应根据地形修筑雨水截水沟，或设置其他排水设施。设置在压实填土区的上、下水管道，应采取严格防渗、防漏措施。

压实填土的边坡坡率允许值，应根据其厚度、填料性质等因素，按照填土自身稳定性、填土下原地基的稳定性的验算结果确定，初步设计时可按表 6.4 的数值确定。

表 6.4 压实填土的边坡坡率允许值

填土类型	边坡坡率允许值(高宽比)		压实系数 λ_c
	坡高在 8 m 以内	坡高为 8～15 m	
碎石、卵石	1∶1.50～1∶1.25	1∶1.75～1∶1.50	0.94～0.97
砂夹石(碎石卵石占全重 30%～50%)	1∶1.50～1∶1.25	1∶1.75～1∶1.50	
土夹石(碎石卵石占全重 30%～50%)	1∶1.50～1∶1.25	1∶2.00～1∶1.75	
粉质黏土，黏粒含量 ρ_c≥10%的粉土	1∶1.75～1∶1.50	1∶2.25～1∶1.75	

注：当压实填土厚度 H 大于 15 m 时，可设计成台阶或者采用土工格栅加筋等措施，经验算满足稳定性要求后进行压实填土的施工。

冲击碾压法可用于地基冲击碾压、土石混填或填石路基分层碾压、路基冲击增强补压、旧砂石(沥青)路面冲压和旧水泥混凝土路面冲压等处理;其冲击设备、分层填料的虚铺厚度、分层压实的遍数等的设计应根据土质条件、工期要求等因素综合确定,其有效加固深度宜为3.0～4.0 m,施工前应进行试验段施工,确定施工参数。《铁路工程地基处理技术规程》(TB 10106—2010)规定冲击(振动)碾压处理范围应大于基底范围,宜超出路堤坡脚或基础边缘3 m。

压实填土地基承载力特征值,应根据现场静载荷试验确定,或可通过动力触探、静力触探等试验,并结合静载荷试验结果确定;其下卧层顶面的承载力应满足要求。

压实填土地基的变形,可按现行国家标准《建筑地基基础设计规范》(GB 50007—2011)的有关规定计算,压缩模量应通过处理后地基的原位测试或土工试验确定。

6.2.3　砂　　井

1. 概　　述

我国于1953年第一次在某造船厂应用砂井预压法,其后砂井排水法在铁路路堤、土坝、大型储油罐、堆场、机场、高速公路等工程中得到了广泛的应用。

普通砂井的施工通常采用管端封闭的套管法、射水法及螺旋钻法等。采用管端封闭的套管法施工时产生挤土效应,扰动周围土的结构,降低了土的渗透性和强度,并增加了沉降量。射水法是以一定压力的水冲切土体排土成孔,然后灌砂形成砂井,射水法有使用敞口套管和不使用套管两种,这种方法在欧洲各国用得较多。螺旋钻法是采用敞口套管,用螺旋钻将管内土取出,然后灌砂拔管,这种方法施工对周围土的扰动极小,但孔壁的涂抹问题依然存在,施工过程中要排出废土。处理废土很费事,如不采用套管则容易造成缩孔或塌孔等。

2. 设计内容

砂井设计内容包括砂井直径、间距、深度、排列方式、范围、砂料选择、砂垫层厚度及砂井地基固结度计算等。

(1)砂井直径和间距

砂井直径和间距主要取决于土的固结性质和施工期限的要求。"细而密"比"粗而稀"效果好(也就是说砂井直径可细到不影响施工质量,间距密到不破坏土体结构而又经济合理即可)。砂井直径一般为300～500 mm。工程上常用的井距,一般为砂井直径的6～8倍。

当等边三角形排列时

$$d_e=1.05l \tag{6.6}$$

当正方形排列时

$$d_e=1.13l \tag{6.7}$$

式中　d_e——竖井的有效排水直径;

　　l——竖井的间距。

砂井的间距可根据地基土的固结特性和预定时间内所要求达到的固结度确定。设计时,竖井的间距可按井径比 n 选用($n=d_e/d_w$,d_w 为竖井直径,对塑料排水带可取 $d_w=d_p$,其中,d_p 为塑料排水带当量换算直径)。塑料排水带或袋装砂井的间距可按 $n=15$～22 选用,普通砂井的间距可按 $n=6$～8 选用。

(2)砂井深度

砂井深度主要根据土层的分布、地基中附加应力大小、施工期限和施工条件以及地基稳定性等因素确定,并符合下列要求:

①根据建筑物对地基的稳定性、变形要求和工期确定;

②对以地基抗滑稳定性控制的工程,砂井深度应大于最危险滑动面以下 2.0 m;

③对以变形控制的建筑工程,砂井深度应根据在限定的预压时间内需完成的变形量确定;砂井宜穿透受压土层。

(3)布置范围

一般可由基础的轮廓线向外延伸 2～4 m。

(4)砂料

宜选用中粗砂,其含泥量不能超过 3%。

(5)砂垫层

砂井处理地基应设置与砂井相连的砂垫层,砂垫层应符合下列规定:

①厚度不应小于 500 mm;

②砂垫层砂料宜用中粗砂,黏粒含量不应大于 3%,砂料中可含有少量粒径不大于 50 mm的砾石;砂垫层的干密度应大于 1.5 t/m^3,渗透系数应大于 1×10^{-2} cm/s。

在处理区边缘应设置排水沟,在处理区内宜设置与砂垫层相连的排水盲沟,排水盲沟的间距不宜大于 20 m。

(6)砂井地基固结度计算

固结度计算是排水固结法设计中的一个重要内容。通过固结度计算,可推算出地基强度的增长,从而确定适应地基强度增长的加荷计划。如果已知各级荷载下不同时间的固结度,就可推算出各个时间的沉降量。固结度与砂井布置、排水边界条件、固结时间和地基固结系数等有关。

实际工程中,荷载总是分级逐渐施加的。因此,根据固结理论求得固结时间关系或沉降时间关系都必须加以修正。

6.2.4 袋装砂井

1. 概　　述

袋装砂井是用透水型土工织物长袋装砂砾石,设置在软土地基中形成排水砂柱,以加速软土排水固结的地基处理方法。袋装砂井是一种预制的小直径砂井,袋子材料采用聚丙烯编织布,满灌砂制成细长砂袋。用闭口套管法成孔,放入砂袋,拔出套管即成袋装砂井。与普通砂井相比,袋装砂井用料省、施工简便、进度快、能适应地基变形等优点,但由于直径小,长径比大,井对渗流水的阻力即井阻影响较大,为了减小井阻影响,要求砂料有更高的渗透系数,并适当增大袋装砂井直径。

袋装砂井直径为 70～120 mm,工程上常用的井距,一般为砂井直径的 15～30 倍。

2. 设计内容

袋装砂井与砂井设计内容相同,可参阅第 6.2.3 节相关内容。

袋装砂井适用于各种软土地基的排水固结加固,适用于厚度较大的饱和软土和充填土地基处理，尤其适用于深层软土地基的排水固结加固。施工工艺流程为：测量放线→机具就位→整理桩尖→沉入导管→下砂袋→灌水、拔导管→处理井口、砂袋口→移机进入下一孔位。

砂井的灌砂量，应按井孔的体积和砂在中密状态时的干密度计算，实际灌砂量不得小于计算值的95%。灌入砂袋中的砂宜用干砂，并应灌制密实。袋装砂井施工所用套管内径应大于砂井直径。施工时，平面井距偏差不应大于井径，垂直度允许偏差应为±1.5%，深度应满足设计要求，施工时，宜配置深度检测设备。砂袋埋入砂垫层中的长度不应小于500 mm。

6.2.5　塑料排水板

1. 概　　述

塑料排水板别名塑料排水带（见图6.1），有波浪形、口琴形等多种形状，是由纸带发展而来的一种竖向排水井。中间是挤出成型的塑料芯板，是排水带的骨架和通道，其断面呈并联十字，两面以非织造土工织物包裹作滤层（膜），芯带起支撑作用并将滤层渗进来的水向上排出，是淤泥、淤质土、冲填土等饱和黏性及杂填土运用排水固结法进行软基处理的良好垂直通道，大大缩短软土固结时间。

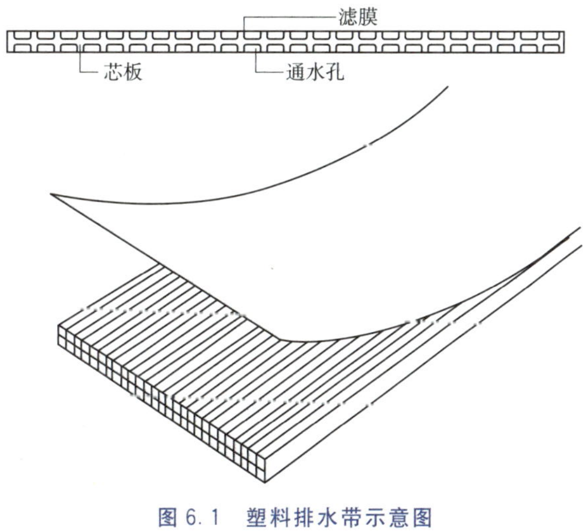

图6.1　塑料排水带示意图

我国于1981年由河海大学等单位与南京塑料研制厂合作生产出第一代产品SPB-I型塑料排水带，并于1982—1984年在天津塘沽新港进行了塑料排水带堆载预压的试验研究。与砂井相比，塑料排水带工厂制作，具有质量指标较稳定、重量轻、运输方便、连续性好，施工简便、效率高等优点。但施工时对周围土的扰动，以及塑料排水带的井阻影响依然存在。塑料排水带的品种多达数十种，尽管其材料、制作方法不同，性能指标不尽相同，但基本上可分为两大类即多孔单质结构型和复合结构型。

(1)多孔单质结构型，所用材料为聚氯乙烯树脂或聚乙烯等。这种塑料排水带因在两片透水带之间仅有若干点以凸椽相接触，其间留有许多微孔，所以透水性很好，而且还有耐酸碱，在土中不膨胀、不变质，带中的沟槽基本上不会被堵塞等优点。

属于单一结构型的还有纤维质无纺布和软质多孔质材料。但这些材料在土压力作用下，其通水量将显著减小。

(2)复合结构型，由带有沟槽或凸椽的芯带和包在芯带外面的滤膜套组合而成。芯带系由硬质聚氯乙烯树脂或聚乙烯经类树脂等制成，滤膜套为丙烯类合成纤维无纺布，有的无纺布中掺有尼龙类化学纤维。

塑料排水带性能指标，包括纵向通水量、复合体抗拉强度与延伸率、滤膜抗拉强度与延伸率、滤膜渗透系数、滤膜等效孔径等。

塑料排水带的当量换算直径可按式(6.8)计算。

$$d_p=\frac{2b+\delta}{\pi} \tag{6.8}$$

式中 d_p——塑料排水带当量换算直径,mm;

b——塑料排水带宽度,mm;

δ——塑料排水带厚度,mm。

2. 设计内容

塑料排水板与砂井设计内容相同,可参阅第6.2.3节相关内容。

塑料排水板用插板机插入软土地基,在上部预压荷载作用下,软土地基中空隙水由塑料排水板排到上部铺垫的砂层或水平塑料排水管中排出,加速软基固结。

塑料排水带的性能指标应符合设计要求,并应在现场妥善保护,防止阳光照射、破损或污染。破损或污染的塑料排水带不得在工程中使用。

塑料排水板需接长时,应采用滤膜内芯带平搭接的连接方法,搭接长度宜大于200 mm。

塑料排水板施工所用套管应保证插入地基中的带子不扭曲。平面井距偏差不应大于井径,垂直度允许偏差应为±1.5%,深度应满足设计要求,施工时,宜配置深度检测设备。埋入砂垫层中的长度不应小于500 mm。

6.2.6 堆载预压

1. 概　　述

预压法处理的目的是利用预压荷载消除或部分消除建筑物或构筑物可能产生的沉降,同时提高地基强度满足承载力及稳定要求。堆载预压是工程中广泛采用、行之有效的方法。堆载一般采用填土、砂石等散粒材料,也可用充水容器等进行预压。

(1)预压分类

根据预压荷载的大小,预压法分为等载预压和超载预压。

①等载预压是指预压荷载与建筑物使用荷载相等,只能消除荷载施加期间地基沉降,其工后沉降与预压时间有关,预压时间越长,工后沉降越小。等载预压设计应根据建筑特征及工后沉降要求,合理确定预压时间。

②超载预压荷载大于使用荷载,理论上,超载预压可更大比例的消除工后沉降,但由于卸载后土层变形会产生回弹,仍会残留少量工后沉降。在相同工后沉降控制目标前提下,采用超载预压可以缩短预压时间。

(2)预压设计原则

堆载预压处理效果取决于预压荷载作用下超孔隙水应力的消散和土层的固结。当预压荷载确定后,预压时间完全取决于软弱土层厚度和排水条件。

①软弱土层底面距离基础底面小于4 m时,可采用天然地基堆载预压法处理;大于4 m时,为加速预压过程,一般采用砂井、塑料排水板等改善土层排水条件或增设降水措施,提高孔隙水的流动速度;

②当软弱土层夹有薄层良好水平向渗透性土层如粉细砂时,可以不设置砂井等排水措施,也能取得较好预压效果;

③对于超固结土，预压荷载的大小还应考虑前期固结压力的影响，只有当土层的有效上覆压力与预压荷载产生的应力水平明显大于前期固结压力时，才会产生压缩；

④对于泥炭土、有机质和其他次固结变形占很大比例的土，设置砂井等排水措施，效果也不佳。

预压地基应预先通过勘察查明土层在水平和竖直方向的分布、层理变化，查明透水层的位置、地下水类型及水源补给情况等。并应通过土工试验确定土层的先期固结压力、孔隙比与固结压力的关系、渗透系数、固结系数、三轴试验抗剪强度指标，通过原位十字板试验确定土的抗剪强度。对重要工程，应在现场选择试验区进行预压试验，在预压过程中应进行地基竖向变形、侧向位移、孔隙水压力、地下水位等项目的监测，同时，应对监测井进行原位十字板剪切试验和室内土工试验。根据试验区获得的监测资料确定加载速率控制指标，推算土的固结系数、固结度及最终竖向变形等，分析地基处理效果，对原设计进行修正，指导整个场区的设计与施工。

对深厚软黏土地基，应设置塑料排水带或砂井等排水竖井。当软土层厚度较小或软土层中含较多薄粉砂夹层，且固结速率能满足工期要求时，可不设置排水竖井。

2. 设计内容

(1)堆载预压地基处理的设计应包括下列内容：

①选择塑料排水带或砂井，确定其断面尺寸、间距、排列方式和深度；

②确定预压区范围、预压荷载大小、荷载分级、加载速率和预压时间；

③计算堆载荷载作用下地基土的固结度、强度增长、稳定性和变形。

(2)预压荷载大小、范围、加载速率应符合下列规定：

①预压荷载大小应根据设计要求确定；对于沉降有严格限制的建筑，可采用超载预压法处理，超载量大小应根据预压时间内要求完成的变形量通过计算确定，并宜使预压荷载下受压土层各点的有效竖向应力大于建筑物荷载引起的相应点的附加应力；

②预压荷载顶面的范围应不小于建筑物基础外缘的范围；

③加载速率应根据地基土的强度确定；当天然地基土的强度满足预压荷载下地基的稳定性要求时，可一次性加载；如不满足应分级逐渐加载，待前期预压荷载下地基土的强度增长满足下一级荷载下地基的稳定性要求时，方可加载。

计算预压荷载下饱和黏性土地基中某点的抗剪强度时，应考虑土体原来的固结状态。对正常固结饱和黏性土地基，某点某一时间的抗剪强度可按式(6.9)计算。

$$\tau_{ft}=\tau_{f0}+\Delta\sigma_z\cdot U_t\tan\varphi_{cu} \tag{6.9}$$

式中 τ_{ft}——t 时刻该点土的抗剪强度，kPa；

τ_{f0}——地基土的天然抗剪强度，kPa；

$\Delta\sigma_z$——预压荷载引起的该点的附加竖向应力，kPa；

U_t——该点土的固结度；

φ_{cu}——三轴固结不排水压缩试验求得的土的内摩擦角，(°)。

预压荷载下地基最终竖向变形量的计算可取附加应力与土自重应力的比值为 0.1 的深度作为压缩层的计算深度，可按式(6.10)计算。

$$S_f = \xi \sum_{i=1}^{n} \frac{e_{0i} - e_{1i}}{1 + e_{0i}} = h_i \tag{6.10}$$

式中 S_{fi}——最终竖向变形量，m；

e_{0i}——第 i 层中点土自重应力所对应的孔隙比，由室内固结试验 e—p 曲线查得；

h_i——第 i 层中点土自重应力与附加应力之和所对应的孔隙比，由室内固结试验 e—p 曲线查得；

h_i——第 i 层土层厚度，m；

ξ——经验系数，可按地区经验确定。无经验时对正常固结饱和黏性土地基可取 1.1～1.4；荷载较大或地基软弱土层厚度大时应取较大值。

堆载预压处理地基设计的平均固结度不宜低于 90%，且应在现场监测的变形速率明显变缓时方可卸载。

对堆载预压工程，预压荷载应分级施加，并确保每级荷载下地基的稳定性。利用地基的天然抗剪强度计算第一级容许施加的荷载 P_1，对长条形填土，可根据 Fellenius 公式计算。

$$P_1 = 5.52 c_u / K \tag{6.11}$$

式中 c_u——天然地基不排水抗剪强度，kPa，可由无侧限、三轴不排水剪试验或原位土剪切试验确定；

K——安全系数，一般可采用 1.1～1.5。

对主要以变形控制设计的建筑物，当地基土经预压所完成的变形量和平均固结度满足设计要求时，方可卸载。对以地基承载力或抗滑稳定性控制设计的建筑物，当地基土经预压后其强度满足建筑物地基承载力或稳定性要求时，方可卸载。

预压地基加固应考虑预压施工对相邻建筑物、地下管线等产生附加沉降的影响。当距离较近时，应对相邻建筑物、地下管线等采取保护措施。

6.2.7 真空预压

1. 概　　述

真空预压法(vacuum preloading)不需要进行堆载和卸荷，是在需要加固的软土地基表面先铺设砂垫层，然后埋设垂直排水管道，再用不透气的封闭膜使其与大气隔绝，薄膜四周埋入土中，通过砂垫层内埋设的吸水管道，使用真空泵或其他真空手段抽进行抽气，使其形成膜下负压(相对大气压而言)，增加地基的有效应力。

在膜下抽真空形成负压(相对大气压而言)，负压沿竖向排水通道向下传递，土体与竖向排水通道的不等压状态又使负压向土体中传递，在负压作用下，孔隙水逐渐渗流到竖向排水通道中以达到土体排水固结、强度增加的效果。真空预压法作为新一代软基加固方法，以其工期短、施工安全、无污染环境、费用低等优点而广泛应用于港口、码头、机场、工业与民用建筑等工程建设。

用真空预压加固软土地基，在固结过程中不仅使土体产生垂直沉降，侧向也会产生向着负压源的水平位移。当在真空预压的影响范围内有其他建筑设施时，使用该法可能会危及其上部结构物的安全。

真空预压的原理主要反映在以下几个方面：

(1)薄膜上面承受等于薄膜内外压差的荷载。在抽气前,薄膜内外都承受一个大气压。抽气后薄膜内气压逐渐下降,首先砂垫层,其次砂井中的气压,故使薄膜紧贴砂垫层。由于土体与砂垫层砂井间的压差,发生渗流,使土中的孔隙水压力不断降低,有效应力不断增加,从而促使土体固结。土体和砂井间的压差随着抽气时间的增长,逐渐变小,最终趋向于零,此时渗流停止,土体固结完成。

(2)地下水位降低,相应增加附加应力。抽气后土体中水位降落,在此水位降落范围内的土体便从浮容重变为湿容重,此时土骨架增加了大约与水位降落距离相当的固结压力。

(3)封闭气泡排出,土的渗透性加大。如饱和土体中含有少量封闭气泡,在正压作用下,该气泡堵塞孔隙,使土的渗透降低,固结过程减慢。但在真空吸力下,封闭气泡被吸出,从而使土体的渗透性提高,固结过程加速。

真空预压即是在总应力不变的情况下,通过减小孔隙水压力来增加有效应力的方法。真空预压是在负超静水压力下排水固结,称为负压固结。

真空预压适用于处理以黏性土为主的软弱地基。当存在粉土、砂土等透水、透气层时,加固区周边应采取确保膜下真空压力满足设计要求的密封措施。对塑性指数大于 25 且含水率大于 85%的淤泥,应通过现场试验确定其适用性。加固土层上覆盖有厚度大于 5 m 以上的回填土或承载力较高的黏性土层时,不宜采用真空预压处理。

2. 设计内容

真空预压处理地基应设置排水竖井,其设计应包括下列内容:

(1)竖井断面尺寸、间距、排列方式和深度;

(2)预压区面积和分块大小;

(3)真空预压施工工艺;

(4)要求达到的真空度和土层的固结度;

(5)真空预压和建筑物荷载下地基的变形计算;

(6)真空预压后的地基承载力增长计算。

排水竖井、砂垫层设计及技术要求,固结度、强度及变形计算参见堆载预压部分。

真空预压竖向排水通道宜穿透软土层,但不应进入下卧透水层。当软土层较厚且以地基抗滑稳定性控制的工程,竖向排水通道的深度不应小于最危险滑动面下 2.0 m。对以变形控制的工程,竖井深度应根据在限定的预压时间内需完成的变形量确定,且宜穿透主要受压土层。

真空预压法施工流程:测量放线→铺设主支滤排水管→铺设上层砂垫层→砂面整平→铺设聚氯乙烯薄膜→施工密封沟→设置测量标志→安装真空泵→抽真空预压固结土层。

真空预压区边缘应大于建筑物基础轮廓线,每边增加量不得小于 3.0 m。真空预压的膜下真空度应稳定地保持在压强不高于 86.7 kPa(650 mmHg),且应均匀分布,排水竖井深度范围内土层的平均固结度应大于 90%。对于表层存在良好的透气层或在处理范围内有充足水源补给的透水层,应采取有效措施隔断透气层或透水层。

真空预压地基最终竖向变形修正系数 ξ 可按当地经验取值,无当地经验时,ξ 可取 1.0~1.3。

真空预压地基加固面积较大时,宜采取分区加固,每块预压面积应尽可能大且呈方形,分区面积宜为 20 000~40 000 m^2,可根据加固面积的大小、形状和土层结构特点,按每套设备可加固地基 1 000～1 500 m^2 确定设备数量。

真空预压预压时间不宜低于 90 d。当设计地基预压荷载大于 80 kPa，且进行真空预压处理地基不能满足设计要求时可采用真空和堆载联合预压地基处理。堆载体的坡肩线宜与真空预压边线一致。对于一般软黏土，上部堆载施工宜在真空预压膜下真空度稳定地达到 86.7 kPa(650 mmHg)且抽真空时间不少于 10 d 后进行。对于高含水率的淤泥类土，上部堆载施工宜在真空预压膜下真空度稳定地达到 86.7 kPa(650 mmHg)且抽真空 20～30 d 后可进行。当堆载较大时，真空和堆载联合预压应采用分级加载，分级数应根据地基土稳定计算确定。分级加载时，应待前期预压荷载下地基的承载力增长满足下一级荷载下地基的稳定性要求时，方可增加堆载。

6.2.8 动力排水固结

1. 概　　述

动力排水固结法(dynamic consolidation with pre-compmssion)是动力固结法与堆载预压法结合对软土进行加固的方法。与强夯法不同之处在于，动力排水固结法强调软土的排水固结特性。软土由于其高含水率、大孔隙比、低强度和易流动等特点，不可能像粗颗粒土那样在强夯后迅速提高其承载力和压缩模量，过量夯击将产生大量剪切变形和侧向挤出破坏，甚至会产生“橡皮土”现象。软土性质的改善取决于孔隙水压力能否迅速消散，孔隙水能否迅速排出，以及软土不被过分扰动，以保持软土本身的微结构不被破坏。因此动力排水固结法强调排水体的设置，即采用该法时应首先按排水固结法在软土中设立竖向排水体(如塑料排水板、袋装砂井等)和水平排水体(如砂垫层、盲沟、集水井等)，并强调及时用水泵强制排水以保证加固区地下水位不上升。

动力排水固结法先加固浅层软土，待浅层排水固结强度有所提高后，再逐渐加大能量，以加固深层软土。

该法的另一特点是强调动静荷载的联合使用，此法要求有一定厚度的回填土作静载，因为只有当软土上有一定静固结压力(即静载)时，强夯才能激发较高的动孔隙水压力且不至于使软土产生大量挤出破坏。动、静荷载相辅相成，互相激发，其作用不是两者的简单叠加。动力排水固结法一般适用于渗透系数小于 1×10^{-4} cm/s 的土层，渗透系数介于 1×10^{-5}～1×10^{-4} cm/s 时需结合真空电渗降水。该法强调现场监控，实行信息化施工。

2. 设计内容

动力排水固结法集强夯法和排水固结法等方法的优点，在设计时主要考虑：①排水体的设计；②分级堆载的高度；③强夯参数的选取。

(1)排水体的设计

水平排水体通常由砂垫层，排水盲沟等组成。砂垫层一般要求用透水性好的中粗砂，含泥量应小于 3%～5%，砂垫层厚度应大于或等于 50 cm，纵横盲沟间距一般在 20～30 m，在纵横盲沟交汇处设置集水井，用水泵降水，必须保证加固期间加固区域内地下水位不上升。并使地下水位在砂垫层底面以下。

垂直排水体可用袋装砂井，更好的办法是，插入塑料排水板，后者便于机械化快速施工，短时间内能完成大面积软基处理任务，加上静力放插可减小对淤泥的扰动，增强排水效果。

塑料排水板适应地基变形能力较强，当在其上施加动载时，不会发生折断或破裂而丧失透水性能的事故。

(2)分级堆载的高度

确定原则是在满足软土地基稳定前提条件下尽快将回填土填至设计高程，以使软土满荷载预压时间尽可能长。在池塘、江河滩地、填海工程中通常要求在软土面上回填 3～6 m 厚或者更厚的填土作为第一级静荷栽，然后在第一级填土地基上进行强夯，对软土施加动载。通常强夯 2～6 遍，再填下一层土，每次填土后均强夯，随填土厚度的增加而加大。

(3)强夯参数的选取

参数的选取应考虑两方面的因素：①应给软土施加充分的动载，使土中动孔隙水压力大幅度增长；②要避免过高夯击能使软土大量隆起或水平挤出，即避免过分扰动，破坏土的结构。

一般第一级击能取为 1 000～1 500 kN・m，以后可逐渐加大到 3 000～5 000 kN・m。

6.2.9 夯实法

1. 概　　述

夯实法可分为强夯和强夯置换处理两种。强夯处理地基适用于碎石土、砂土、低饱和度的粉土与黏性土、湿陷性黄土、素填土和杂填土等地基；强夯置换适用于高饱和度的粉土与软塑～流塑的黏性土地基上对变形要求不严格的工程。

强夯法起源于法国，1969 年首先用于法国戛纳附近德利厄海边 20 多幢八层楼居住建筑的地基加固工程。现场的地质条件表层 4～8 m 为采石场废石弃土填海造地，以下 15～20 m 为夹泥灰岩。采用强力夯实，仅一遍(锤重 80 kN，落距 10 m，夯击能为 1 200 kN・m)就沉降了 50 cm。房屋竣工后，基础底面压力为 300 kPa，绝对沉降仅 1 cm，因而引起人们的注意。这种方法将 50～400 kN(最终可达 2 000 kN)的夯锤起吊到 6～30 m 自由落下，对土进行强力夯实，以提高其强度、降低压缩性。该法开始时仅用于加固砂土和碎石土地基，后推广至砾石到黏性土的各类地基，具有效果显著、设备简单、施工方便、适用范围广、经济易行、工期短和节省材料等优点。

(1)强夯和强夯置换施工前，应在施工现场有代表性的场地选取一个或几个试验区，进行试夯或试验性施工。每个试验区面积不宜小于 20 m×20 m，试验区数量应根据建筑场地复杂程度、建筑规模及建筑类型确定。

(2)场地地下水位高，影响施工或夯实效果时，应采取降水或其他技术措施进行处理。

(3)强夯置换处理地基，必须通过现场试验确定其适用性和处理效果。

2. 设计内容

1)强夯

强夯设计应包括以下内容：

(1)加固深度

强夯的有效加固深度，应根据现场试夯或地区经验确定。在缺少试验资料或经验时，可按表 6.5 进行预估。

表 6.5 强夯的有效加固深度

单击夯击能 E/(kN·m)	碎石土、砂土等粗颗粒土/m	粉土、粉质黏土、湿陷性黄土等细颗粒土/m
1 000	4.0～5.0	3.0～4.0
2 000	5.0～6.0	4.0～5.0
3 000	6.0～7.0	5.0～6.0
4 000	7.0～8.0	6.0～7.0
5 000	8.0～8.5	7.0～7.5
6 000	8.5～9.0	7.5～8.0
8 000	9.0～9.5	8.0～8.5
10 000	9.5～10.0	8.5～9.0
12 000	10.0～11.0	9.0～10.0

注：强夯法的有效加固深度应从最初起夯面算起；单击夯击能 E 大于 12 000 kN·m 时，强夯的有效加固深度应通过试验确定。

(2)夯击次数

夯点的夯击次数，应根据现场试夯的夯击次数和夯沉量关系曲线确定，并应同时满足下列条件：

①最后两击的平均夯沉量，宜满足表 6.6 的要求，当单击夯击能 E 大于 12 000 kN·m 时，应通过试验确定；

表 6.6 强夯法最后两击平均夯沉量

单击夯击能 E/(kN·m)	最后两击平均夯沉量不大于/mm	单击夯击能 E/(kN·m)	最后两击平均夯沉量不大于/mm
$E<4\ 000$	50	$6\ 000\leqslant E<8\ 000$	150
$4\ 000\leqslant E<6\ 000$	100	$8\ 000\leqslant E<12\ 000$	200

②夯坑周围地面不应发生过大的隆起；

③不因夯坑过深而发生提锤困难。

(3)夯击遍数

夯击遍数应根据地基土的性质确定，可采用点夯 2～4 遍，对于渗透性较差的细颗粒土，应适当增加夯击遍数；最后以低能量满夯 2 遍，满夯可采用轻锤或低落距锤多次夯击，锤印搭接。

(4)夯击时间间隔

两遍夯击之间，应有一定的时间间隔，间隔时间取决于土中超静孔隙水压力的消散时间。当缺少实测资料时，可根据地基土的渗透性确定，对于渗透性较差的黏性土地基，间隔时间不应少于 2～3 周；对于渗透性好的地基可连续夯击。

(5)夯击点布置

夯击点位置可根据基础底面形状，采用等边三角形、等腰三角形或正方形布置。第一遍夯击点间距可取夯锤直径的 2.5～3.5 倍，第二遍夯击点应位于第一遍夯击点之间。以后各遍夯击点间距可适当减小。对处理深度较深或单击夯击能较大的工程，第一遍夯击点间距宜适当增大。

(6)处理范围

强夯处理范围应大于建筑物基础范围，每边超出基础外缘的宽度宜为基底下设计处理深度的1/2～2/3，且不应小于3 m；对可液化地基，基础边缘的处理宽度，不应小于5 m；对湿陷性黄土地基，应符合现行国家标准《湿陷性黄土地区建筑标准》(GB 50025—2018)的有关规定。

(7)试夯

根据初步确定的强夯参数，提出强夯试验方案，进行现场试夯。应根据不同土质条件，待试夯结束一周至数周后，对试夯场地进行检测，并与夯前测试数据进行对比，检验强夯效果，确定工程采用的各项强夯参数。

(8)夯沉量

根据基础埋深和试夯时所测得的夯沉量，确定起夯面高程、夯坑回填方式和夯后高程。

(9)承载力特征值

强夯地基承载力特征值应通过现场静载荷试验确定。

(10)变形计算

强夯地基变形计算，应符合现行国家标准《建筑地基基础设计规范》(GB 50007—2011)有关规定。夯后有效加固深度内土的压缩模量，应通过原位测试或土工试验确定。

2)强夯置换

强夯置换处理地基的设计，应包括以下内容：

(1)加固深度

强夯置换墩的深度应由土质条件决定。除厚层饱和粉土外，应穿透软土层，到达较硬土层上，深度不宜超过10 m。

(2)单击夯击能

强夯置换的单击夯击能应根据现场试验确定。

(3)墩体材料

墩体材料可采用级配良好的块石、碎石、矿渣、工业废渣、建筑垃圾等坚硬粗颗粒材料，且粒径大于300 mm的颗粒含量不宜超过30%。

(4)夯击次数

夯点的夯击次数应通过现场试夯确定，并应满足下列条件：

①墩底穿透软弱土层，且达到设计墩长；

②累计夯沉量为设计墩长的1.5～2.0倍；

③最后两击的平均夯沉量可按表6.6确定。

(5)墩位布置

墩位布置宜采用等边三角形或正方形。对独立基础或条形基础可根据基础形状与宽度作相应布置。

(6)墩间距

墩间距应根据荷载大小和原状土的承载力选定，当满堂布置时，可取夯锤直径的2～3倍；

对独立基础或条形基础可取夯锤直径的 1.5～2.0 倍；墩的计算直径可取夯锤直径的 1.1～1.2 倍。

(7)处理范围

强夯置换处理范围同强夯。

(8)垫层

墩顶应铺设一层厚度不小于 500 mm 的压实垫层，垫层材料宜与墩体材料相同，粒径不宜大于 100 mm。

(9)抬高值

强夯置换设计时，应预估地面抬高值，并在试夯时校正。

(10)承载力

软黏性土中强夯置换地基承载力特征值应通过现场单墩静载荷试验确定；对于饱和粉土地基，当处理后形成 2.0 m 以上厚度的硬层时，其承载力可通过现场单墩复合地基静载荷试验确定。

初步设计时，单墩承载力特征值 R_a 可按式(6.12)计算。

$$R_a = u_p \sum_{i=1}^{n} q_{si} l_i + q_p A_p \tag{6.12}$$

式中 u_p——墩的截面周长，m；

q_{si}——第 i 层土的墩侧摩阻力特征值，kPa；

l_i——第 i 层土的厚度，m；

A_p——墩的截面积，m^2；

q_p——墩端土承载力特征值，kPa。

饱和粉土中的复合地基承载力特征值 f_{spk} 可按式(6.13)计算。

$$f_{spk} = m \frac{R_a}{A_p} + \beta(1-m) f_{sk} \tag{6.13}$$

式中 m——复合地基置换率；

b——墩间土承载力折减系数，宜按地区经验取值，如无地区经验时可取 0.75～0.95，承载力较高时取大值；

f_{sk}——处理后的墩间土承载力特征值，kPa。

(11)变形计算

强夯置换地基的变形宜按单墩静载荷试验确定的变形模量计算加固区的地基变形，对墩下地基土的变形可按置换墩材料的压力扩散角计算传至墩下土层的附加应力。

6.2.10 柱锤冲扩桩

1. 概　　述

柱锤冲扩桩复合地基适用于处理地下水位以上的杂填土、粉土、黏性土、素填土和黄土等地基；对地下水位以下饱和土层处理，应通过现场试验确定其适用性。

柱锤冲扩桩处理地基的深度不宜超过 10 m。对大型的、重要的或场地复杂的工程，在正式施工前，应在有代表性的场地进行试验。

2. 设计内容

(1)处理范围

处理范围应大于基底面积。对一般地基，在基础外缘应扩大 1～3 排桩，且不应小于基底下处理土层厚度的 1/2；对可液化地基，在基础外缘扩大的宽度，不应小于基底下可液化土层厚度的 1/2，且不应小于 5 m；《铁路工程地基处理技术规程》(TB 10106—2010)规定处理范围应大于路基基底面积，一般路基，处理范围应在路堤坡脚外缘扩大 1～2 排桩，且不应小于 2 m；自重湿陷性黄土地基，处理范围应在路堤坡脚外缘扩大不小于 3 m。

(2)桩位布置

桩位布置宜为正方形和等边三角形，桩距宜为 1.2～2.5 m 或取桩径的 2～3 倍。

(3)桩径

桩径宜为 500～800 mm，桩孔内填料量应通过现场试验确定。

(4)地基处理深度

对相对硬土层埋藏较浅地基，应达到相对硬土层深度；对相对硬土层埋藏较深地基，应按下卧层地基承载力及建筑物地基的变形允许值确定；对可液化地基，应按现行国家标准《建筑抗震设计规范》(GB 50011—2010)的有关规定确定。

(5)垫层

桩顶部应铺设 200～300 mm 厚砂石垫层，垫层的夯填度不应大于 0.9；对湿陷性黄土，垫层材料应采用灰土。

(6)桩体材料

可采用碎砖三合土、级配砂石、矿渣、灰土、水泥混合土等，当采用碎砖三合土时，其体积比可采用生石灰∶碎砖∶黏性土为 1∶2∶4，当采用其他材料时，应通过试验确定其适用性和配合比。

(7)承载力特征值

应通过现场复合地基静载荷试验确定，初步设计时，可按式(6.13)估算，置换率 m 宜取 0.2～0.5；桩土应力比 n 应通过试验确定或按地区经验确定，无经验值时，可取 2～4。

(8)处理后地基变形计算

复合土层的压缩模量等于该层天然地基压缩模量的 ξ 倍，按式(6.14)计算。

$$\xi=\frac{f_{\mathrm{spk}}}{f_{\mathrm{ak}}} \tag{6.14}$$

式中　f_{spk}——复合土层承载力特征值，kPa；

f_{ak}——基础底面下天然地基承载力特征值，kPa。

(9)下卧层地基承载力验算

当柱锤冲扩桩处理深度以下存在软弱下卧层时，应进行软弱下卧层地基承载力验算。

6.2.11　砂石桩

1. 概　　述

采用振冲、振动沉管等施工方法在软弱地基中成孔，再将砂石等粗颗粒填料填入孔中，经振动挤密形成砂石桩，在成桩的同时桩间土被振密、挤密。挤密砂石桩复合地基由密实的砂石桩与被振密、挤密的桩间土共同组成。

挤密砂石桩施工方法，根据成孔的方式不同可分为振冲法、振动沉管法等。按填料可分为挤密碎石桩、挤密砂石桩和挤密砂桩。上述三类碎石桩均为散体材料桩，统称为砂石桩。

振冲碎石桩，沉管砂石桩适用于挤密处理松散砂土、粉土、粉质黏土、素填土、杂填土等地基，以及用于处理可液化地基。饱和黏土地基，如对变形控制不严格，可采用砂石桩置换处理。

对大型的、重要的或场地地层复杂的工程，以及对于处理不排水抗剪强度不小于 20 kPa 的饱和黏性土和饱和黄土地基，应在施工前通过现场试验确定其适用性。

不加填料振冲挤密法适用于处理黏粒含量不大于 10%的中砂、粗砂地基，在初步设计阶段宜进行现场工艺试验，确定不加填料振密的可行性，确定孔距、振密电流值、振冲水压力、振后砂层的物理力学指标等施工参数；30 kW 振冲器振密深度不宜超过 7 m，75 kW 振冲器振密深度不宜超过 15 m。

2. 设计内容

(1)处理范围

振冲碎石桩、沉管砂石桩地基处理范围应根据建筑物的重要性和场地条件确定，宜在基础外缘扩大 1～3 排桩。对可液化地基，在基础外缘扩大宽度不应小于基底下可液化土层厚度的 1/2，且不应小于 5 m。

(2)桩位布置

对大面积满堂基础和独立基础，可采用三角形、正方形、矩形布桩；对条形基础，可沿基础轴线采用单排布桩或对称轴线多排布桩。

(3)桩径

可根据地基土质情况、成桩方式和成桩设备等因素确定，桩的平均直径可按每根桩所用填料量计算。振冲碎石桩桩径宜为 800～1 200 mm；沉管砂石桩桩径宜为 300～800 mm。

(4)桩间距

应通过现场试验确定，并应符合下列要求：

①振冲碎石桩的桩间距应根据上部结构荷载大小和场地土层情况，并结合所采用的振冲器功率大小综合考虑；30 kW 振冲器布桩间距可采用 1.3～2.0 m；55 kW 振冲器布桩间距可采用 1.4～2.5 m；75 kW 振冲器布桩间距可采用 1.5～3.0 m；不加填料振冲挤密孔距可为 2～3 m。

②沉管砂石桩的桩间距，不宜大于砂石桩直径的 4.5 倍，初步设计时，对松散粉土和砂土地基，应根据挤密后要求达到的孔隙比确定，可按下列公式估算：

等边三角形布置

$$s=0.95\xi d\sqrt{\frac{1+e_0}{e_0-e_1}} \tag{6.15}$$

正方形布置

$$s=0.89\xi d\sqrt{\frac{1+e_0}{e_0-e_1}} \tag{6.16}$$

$$e_1=e_{max}-D_{r1}(e_{max}-e_{min}) \tag{6.17}$$

式中 s——砂石桩间距，m；

d——砂石桩直径，m；

ξ——修正系数：当考虑振动下沉密实作用时，可取 1.1～1.2；不考虑振动下沉密实作用时，可取 1.0；

e_0——地基处理前砂土的孔隙比：可按原状土样试验确定，也可根据动力或静力触探等对比试验确定；

e_1——地基挤密后要求达到的孔隙比；

e_{max}，e_{min}——砂土的最大、最小孔隙比；

D_{r1}——地基挤密后要求砂土达到的相对密实度，可取 0.70～0.85。

(5)桩长

可根据工程要求和工程地质条件，通过计算确定并执行以下原则：

①当相对硬土层埋深较浅时，可按相对硬层埋深确定；

②当相对硬土层埋深较大时，应按建筑物地基变形允许值确定；

③对按稳定性控制的工程，桩长应不小于最危险滑动面以下 2.0 m 的深度；

④对可液化的地层，桩长应按要求处理液化的深度确定；

⑤桩长不宜小于 4 m。

(6)桩体材料

振冲桩桩体材料可采用含泥量不大于 5%的碎石、卵石、矿渣或其他性能稳定的硬质材料，不宜使用风化易碎的石料。对 30 kW 振冲器，填料粒径宜为 20～80 mm；对 55 kW 振冲器，填料粒径宜为 30～100 mm；对 75 kW 振冲器，填料粒径宜为 40～150 mm。沉管桩桩体材料可用含泥量不大于 5%的碎石、卵石、角砾、圆砾、砾砂、粗砂、中砂或石屑等硬质材料，最大粒径不宜大于 50 mm。

(7)垫层

桩顶和基础之间宜铺设厚度为 300～500 mm 的垫层，垫层材料宜用中砂、粗砂、级配砂石和碎石等，最大粒径不宜大于 30 mm，其夯实度(夯实后的厚度与虚铺厚度的比值)不应大于 0.9。

(8)承载力计算

复合地基的承载力初步设计时，可按式(6.13)估算，处理后桩间土承载力特征值，可按地区经验确定，如无经验时，对于一般黏性土地基，可取天然地基承载力特征值，松散的砂土、粉土可取原天然地基承载力特征值的 1.2～1.5 倍；复合地基桩土应力比 n，宜采用实测值确定，如无实测资料时，对于黏性土可取 2.0～4.0，对于砂土、粉土可取 1.5～3.0。

(9)变形计算

复合土层的压缩模量等于该层天然地基压缩模量的 ξ 倍，按式(6.14)计算。

(10)对处理堆载场地地基，应进行稳定性验算

6.2.12 土桩、灰土桩

1. 概　　述

利用横向挤压成孔设备成孔，使桩间土得以挤密，用灰土(素土)填入孔内分层夯实形成灰土(土)桩。灰土桩、土桩适用于处理地下水位以上的粉土、黏性土、素填土、杂填土和湿陷

性黄土等地基，可处理地基的厚度宜为 3～15 m。

当以消除地基土的湿陷性为主要目的时，可选用土挤密桩；当以提高地基土的承载力或增强其永稳性为主要目的时，宜选用灰土挤密桩。当地基土的含水率大于 24%、饱和度大于 65%时，应通过试验确定其适用性；对重要工程或在缺乏经验的地区，施工前应按设计要求，在有代表性的地段进行现场试验。

2. 设计内容

(1)处理范围

当采用整片处理时，应大于基础或建筑物底层平面的面积，超出建筑物外墙基础底面外缘的宽度，每边不宜小于处理土层厚度的 1/2，且不应小于 2 m；当采用局部处理时，对非自重湿陷性黄土、素填土和杂填土等地基，每边不应小于基础底面宽度的 25%，且不应小于 0.5 m；对自重湿陷性黄土地基，每边不应小于基础底面宽度的 75%，且不应小于 1.0 m。《铁路工程地基处理技术规程》(TB 10106—2010)规定：处理范围应大于路基基底面积，一般路基，处理范围应在路堤坡脚外缘扩大 1～2 排桩，且不应小于 2 m；自重湿陷性黄土地基，处理范围应在路堤坡脚外缘扩大不小于 3 m。

(2)处理地基的深度

应根据建筑场地的土质情况、工程要求和成孔及夯实设备等综合因素确定。对湿陷性黄土地基，应符合现行国家标准《湿陷性黄土地区建筑标准》(GB 50025—2018)的有关规定。

(3)桩孔直径

桩孔直径宜为 300～600 mm。桩孔宜按等边三角形布置，桩孔之间的中心距离，可为桩孔直径的 2.0～3.0 倍，也可按式(6.18)估算。

$$S=0.95d\sqrt{\frac{\overline{\eta}_c\rho_{dmax}}{\overline{\eta}_c\rho_{dmax}-\overline{\rho}_d}} \tag{6.18}$$

式中 S——桩孔之间的中心距离，m；

d——桩孔直径，m；

ρ_{dmax}——桩间土的最大干密度，t/m³；

$\overline{\rho}_d$——地基处理前土的平均干密度，t/m³；

$\overline{\eta}_c$——桩间土经成孔挤密后的平均挤密系数，不宜小于 0.93。

(4)桩间土的平均挤密系数$\overline{\eta}_c$

桩间土的平均挤密系数$\overline{\eta}_c$按式(6.19)计算。

$$\overline{\eta}_c=\frac{\overline{\rho}_{d1}}{\rho_{dmax}} \tag{6.19}$$

式中 $\overline{\rho}_{d1}$——在成孔挤密深度内，桩间土的平均干密度，t/m³，平均试样数不应少于 6 组。

(5)桩孔数量

桩孔的数量可按式(6.20)估算。

$$n=\frac{A}{A_c} \tag{6.20}$$

式中 n——桩孔的数量；

A——拟处理地基的面积，m²；

A_c——单根土或灰土桩所承担的处理地基面积，m^2。

(6)桩孔填料

桩孔内的灰土填料，其消石灰与土的体积配合比，宜为 2∶8 或 3∶7。土料宜选用粉质黏土，土料中的有机质含量不应超过 5%，且不得含有冻土，渣土垃圾粒径不应超过 15 mm。石灰可选用新鲜的消石灰或生石灰粉，粒径不应大于 5 mm。消石灰的质量应合格，有效 CaO+MgO 含量不得低于 60%。

(7)孔内填料压实系数

孔内填料应分层回填夯实，填料的平均压实系数 $\bar{\lambda}_c$ 不应低于 0.97，其中压实系数最小值不应低于 0.93。

(8)垫层

桩顶高程以上应设置 300～600 mm 厚的褥垫层。垫层材料可根据工程要求采用 2∶8 或 3∶7 灰土、水泥土等。其压实系数均不应低于 0.95。

(9)复合地基承载力计算

复合地基承载力特征值，可按式(6.13)估算，桩土应力比应按试验或地区经验确定。灰土挤密桩复合地基承载力特征值，不宜大于处理前天然地基承载力特征值的 2.0 倍，且不宜大于 250 kPa；对土挤密桩复合地基承载力特征值，不宜大于处理前天然地基承载力特征值的 1.4 倍，且不宜大于 180 kPa。

(10)变形计算

复合土层的压缩模量等于该层天然地基压缩模量的 ξ 倍，按式(6.14)计算。

6.2.13 水泥土桩

1. 概　　述

将水泥和土按设计比例拌和均匀，在孔内分层夯实形成竖向增强体，称为水泥土桩，为区别于水泥土搅拌桩，又称夯实水泥土桩。水泥土桩适用于处理地下水位以上的粉土、黏性土、素填土和杂填土等地基。处理地基的深度不宜大于 15 m。

水泥土桩岩土工程勘察应查明土层厚度、含水率、有机质含量等。对重要工程或在缺乏经验的地区，施工前应按设计要求，选择地质条件有代表性的地段进行试验性施工。

2. 设计内容

(1)加固范围

水泥土桩宜在建筑物基础范围内布置；基础边缘距离最外一排桩中心的距离不宜小于 1.0 倍桩径。《铁路工程地基处理技术规程》(TB 10106—2010)规定处理范围应大于路基基底面积，一般路基，处理范围应在路堤坡脚外缘扩大 1～2 排桩，且不应小于 2 m；自重湿陷性黄土地基，处理范围应在路堤坡脚外缘扩大不小于 3 m。

(2)桩长的确定

当相对硬土层埋藏较浅时，应按相对硬土层的埋藏深度确定；当相对硬土层的埋藏较深时，可按建筑物地基的变形允许值确定。

(3)桩孔直径及桩间距

宜为 300～600 mm；桩孔宜按等边三角形或方形布置，桩间距可为桩孔直径的 2～4 倍。

(4)桩孔内的填料

应根据工程要求进行配比试验，桩身强度应满足式(6.21)要求；水泥与土的体积配合比宜为 1∶5～1∶8。

(5)桩体填料压实系数

孔内填料应分层回填夯实，填料的平均压实系数 $\overline{\lambda}_c$ 不应低于 0.97，压实系数最小值不应低于 0.93。

(6)垫层

桩顶高程以上应设置厚度为 100～300 mm 的褥垫层；垫层材料可采用粗砂、中砂或碎石等，地层材料最大粒径不宜大于 20 mm。

(7)承载力

复合地基承载力特征值，可按式(6.13)估算，桩间土承载力发挥系数 β 可取 0.9～1.0；单桩承载力发挥系数 λ 可取 1.0。

(8)变形计算

复合土层的压缩模量等于该层天然地基压缩模量的 ξ 倍，按式(6.14)计算。

6.2.14 水泥土搅拌桩

1. 概　　述

水泥土搅拌桩是以水泥作为固化剂的主要材料，通过深层搅拌机械，将固化剂和地基土强制搅拌形成的竖向增强体。水泥土搅拌桩的施工工艺分为浆液搅拌法(湿法)和粉体搅拌法(干法)。可采用单轴、双轴、多轴搅拌或连续成槽搅拌形成柱状、壁状、格栅状或块状水泥土加固体。

水泥土搅拌桩适用于处理正常固结的淤泥、淤泥质土、素填土、黏性土(软塑、可塑)、粉土(稍密、中密)、粉细砂(松散、中密)、中粗砂(松散、稍密)、饱和黄土等土层。不适用于含大孤石或障碍物较多且不易清除的杂填土、欠固结的淤泥和淤泥质土、硬塑及坚硬的黏性土、密实的砂类土，以及地下水渗流易影响成桩质量的土层。当地基土的天然含水率小于 30%(黄土含水率小于 25%)时不宜采用粉体搅拌法。冬期施工时，应考虑负温对处理地基效果的影响。

水泥土搅拌法用于处理泥炭土、有机质含量较高或 pH 值小于 4 的酸性土、塑性指数大于 25 的黏土或在腐蚀性环境中以及无工程经验的地区采用水泥土搅拌法时，必须通过现场和室内试验确定其适用性。

采用水泥土搅拌桩处理地基，除应按现行国家标准《岩土工程勘察规范》(GB 50021—2001)要求进行岩土工程详细勘察外，尚应查明拟处理地基土层的 pH 值、塑性指数、有机质含量、地下障碍物及软土分布情况、地下水位及其运动规律等。

设计前，应进行处理地基土的室内配比试验。针对现场拟处理地基土层的性质，选择合适的固化剂、外掺剂及其掺量，为设计提供不同龄期、不同配比的强度参数。对竖向承载的水泥土强度宜取 90 d 龄期试块的立方体抗压强度平均值。对承受水平荷载的水泥土强度宜取 28 d 龄期试块的立方体抗压强度平均值。

2. 设计内容

(1)加固深度

搅拌桩的长度，应根据上部结构对地基承载力和变形的要求确定，并应穿透软弱土层到达地基承载力相对较高的土层；当设置的搅拌桩同时为提高地基稳定性时，其桩长应超过危险滑弧以下不少于 2.0 m；干法的加固深度不宜大于 15 m，湿法加固深度不宜大于 20 m。

(2)承载力特征值

复合地基的承载力特征值，应通过现场单桩或多桩复合地基静载荷试验确定，可按式(6.13)估算，处理后桩间土承载力特征值 f_{sk} 可取天然地基承载力特征值；桩间土承载力发挥系数 β，对淤泥、淤泥质土和流塑状软土等处理土层，可取 0.1～0.4，对其他土层可取 0.4～0.8；单桩承载力发挥系数 λ 可取 1.0。

(3)单桩承载力

单桩承载力特征值，应通过现场静载荷试验确定，可按式(6.21)估算，桩端端阻力发挥系数可取 0.4～0.6；桩端端阻力特征值 R_a，可取桩端土未修正的地基承载力特征值，并应满足式(6.21)的要求，应使由桩身材料强度确定的单桩承载力不小于由桩周土和桩端土的抗力所提供的单桩承载力。

$$R_a = \eta f_{cu} A_p \tag{6.21}$$

式中 f_{cu}——与搅拌桩桩身水泥土配比相同的室内加固土试块，边长为 70.7 mm 的立方体在标准养护条件下 90 d 龄期的立方体抗压强度平均值，kPa；

η——桩身强度折减系数，干法可取 0.20～0.25，湿法可取 0.25。

(4)固化剂变掺量设计

桩长超过 10 m 时，可采用固化剂变掺量设计。在全长桩身水泥总掺量不变的前提下，桩身上部 1/3 桩长范围内，可适当增加水泥掺量及搅拌次数。

增强体的水泥掺量不应小于 12%，块状加固时水泥掺量不应小于加固天然土质量的 7%；湿法的水泥浆水灰比可取 0.5～0.6。

(5)桩的平面布置

可根据地基承载力和变形的要求，采用柱状、壁状、格栅状或块状等加固形式。《铁路工程地基处理技术规程》(TB 10106—2010)规定处理范围不应小于基底范围。

(6)下卧层地基承载力验算

当搅拌桩处理范围以下存在软弱下卧层时，应进行软弱下卧层地基承载力验算。

(7)变形计算

复合土层的压缩模量等于该层天然地基压缩模量的 ξ 倍，按式(6.14)计算。

6.2.15 旋 喷 桩

1. 概　　述

通过钻杆的旋转、提升，高压水泥浆由水平方向的喷嘴喷出，形成喷射流，以此切割土体并与土拌和形成水泥土竖向增强体称为旋喷桩。

旋喷桩适用于处理淤泥、淤泥质土、黏性土(流塑、软塑和可塑)、粉土、砂土、黄土、素填土和碎石土等地基。对土中含有较多的大直径块石、大量植物根茎和高含量的有机质，以及地下水流速较大的工程，应根据现场试验结果确定其适应性。

旋喷桩施工，应根据工程需要和土质条件选用单管法、双管法和三管法；旋喷桩加固体形状可分为柱状、壁状、条状或块状。

在制定旋喷桩方案时，应搜集邻近建筑物和周边地下埋设物等资料。旋喷桩方案确定后，应结合工程情况进行现场试验，确定施工参数及工艺。

2. 设计内容

(1)加固范围

旋喷桩处理范围应大于基底范围，宜超出路堤坡脚或基础外缘 1～3 m。独立基础下的桩数不应少于 4 根。

(2)桩体强度及直径

旋喷桩加固体强度和直径，应通过现场试验确定，当无现场试验资料时，可参照相似地质条件的工程经验确定，宜为 500～1 500 mm。

(3)桩间距

旋喷桩间距应根据注浆方法、复合地基承载力、容许沉降等因素确定，宜取 2～3 倍桩径。其布置形式宜采用正方形或三角形。

(4)加固深度

竖向承载旋喷桩的长度应根据上部结构对承载力、稳定和变形的要求确定，并宜穿透软弱土层到达承载力相对较高的土层；为提高抗滑稳定性而设置的旋喷桩，其桩长应超过危险滑弧以下不小于 2 m。

(5)垫层

旋喷桩桩顶和基础之间宜铺设一层砂砾石或碎石加筋垫层，厚度宜为 300～600 mm。

(6)承载力特征值

旋喷桩复合地基承载力特征值和单桩竖向承载力特征值应通过现场静载荷试验确定，可按式(6.13)估算，其桩身材料强度尚应满足式(6.21)要求。

(7)变形计算

复合土层的压缩模量等于该层天然地基压缩模量的 ξ 倍，按式(6.14)计算。

(8)下卧层地基承载力验算

当旋喷桩处理地基范围以下存在软弱下卧层时，应进行软弱下卧层地基承载力验算。

6.2.16 CFG 桩

1. 概　　述

水泥粉煤灰碎石桩(cement-flyash gravel pile，简称 CFG 桩)是由水泥、粉煤灰、碎石、石屑或砂加水拌和形成的高粘结强度桩，属于刚性桩复合地基，具有承载力提高幅度大地基变形小等特点。这一复合地基形式，在地基处理领域得到广泛应用，同时粉煤灰等工业废料的综合利用，也有效降低了地基处理的费用。水泥粉煤灰碎石桩可用于处理黏性土、粉土、砂土和已自重固结的素填土等地基，不适用于淤泥和泥炭土地基。对淤泥质土及夹有块石或碎石、卵石层的地基，应按地区经验或通过现场试验确定其适用性。目前 CFG 桩复合地基技术现已成为应用最普遍的地基处理技术之一。

水泥粉煤灰碎石桩复合地基适用于处理黏性土、粉土、砂土和自重固结已完成的素填土地基。对淤泥质土应按地区经验或通过现场试验确定其适用性。

2. 设计内容

(1)加固范围

水泥粉煤灰碎石桩可只在基础范围内布桩,并可根据建筑物荷载分布、基础形式和地基土性状,合理确定布桩参数。《铁路工程地基处理技术规程》(TB 10106—2010)规定处理范围不应小于基底范围,路堤宜处理至填方坡脚,刚性基础则宜适当加宽。

(2)加固深度确定

水泥粉煤灰碎石桩,应选择承载力和压缩模量相对较高的土层作为桩端持力层。

(3)桩径

长螺旋钻中心压灌、干成孔和振动沉管成桩宜取 350~600 mm;泥浆护壁钻孔灌注素混凝土成桩宜取 600~800 mm。铁路路基一般采用 400~500 mm。

(4)桩间距

应根据基础形式、设计要求的复合地基承载力和变形、土性及施工工艺确定:

①采用非挤土成桩工艺和部分挤土成桩工艺,桩间距宜为 3~5 倍桩径;

②采用挤土成桩工艺和墙下条形基础单排布桩的桩间距宜为 3~6 倍桩径;

③桩长范围内有饱和粉土、粉细砂、淤泥、淤泥质土层,采用长螺旋钻中心压灌成桩施工中可能发生串孔时宜采用较大桩距。

(5)垫层

桩筏基础桩顶和基础之间应设置褥垫层,褥垫层厚度宜为桩径的 40%~60%。褥垫材料宜采用中砂、粗砂、级配砂石和碎石等,最大粒径不宜大于 30 mm。桩(帽)网基础桩顶应设置厚度 300~600 mm 砂砾石或碎石加筋垫层。

(6)承载力特征值

复合地基的承载力特征值,应通过现场静载荷试验确定,可按式(6.13)估算,其中单桩承载力发挥系数 λ 和桩间土承载力发挥系数 β 应按地区经验取值,无经验时 λ 可取 0.8~0.9;β 可取 0.9~1.0;处理后桩间土的承载力特征值 f_{sk},对非挤土成桩工艺,可取天然地基承载力特征值;对挤土成桩工艺,一般黏性土可取天然地基承载力特征值;松散砂土、粉土可取天然地基承载力特征值的 1.2~1.5 倍,原土强度低的取大值。按式(6.21)估算单桩承载力时,桩端端阻力发挥系数 α_p 可取 1.0。

(7)变形计算

复合土层的压缩模量等于该层天然地基压缩模量的 ξ 倍,按式(6.14)计算。

6.2.17 螺 杆 桩

1. 概　　述

螺杆桩及其成桩工法是在长螺旋钻孔灌注桩(“九五”国家重点攻关项目)和日本钢纤维全螺纹预制桩的基础上的新桩型。其主要技术特征表现为桩的“上部为直柱型,下部为螺丝型”,桩体几何断面更符合附加应力场由上而下减少的分布规律。采用了变截面的构造形状,满足了附加应力的分布规律和应力分担比及刚度变化的要求,调整了土与桩之间的作用,桩侧土体应力分摊比及应力扩散度提高,桩端荷载减少,使桩身受力与土体受力协调一致。桩归类于半挤土成型桩。螺杆桩改变了桩与土体之间相互作用的模式,桩与土界面构成了机械型咬合。将常识中"螺丝钉比钉子牢固"的道理运用在桩施工中,使其更牢固的特点得以实现。

螺杆桩每立方米混凝土提供的单桩竖向承载力高,桩身下段表面带螺纹,且无泥皮,桩端无沉渣,不塌孔,施工无噪声、无泥浆污染。

在竖向受力方面,附加应力遵循由上至下逐步减小的规律,桩身应力逐步分担,约为10∶1,即桩身的应力集中为上部大于下部。桩的竖向承载力与桩的长细比有着密切的关系,桩断面积的大小和刚度的变化在制约桩的受力及变形方面起重要作用。螺杆桩上部的柱体段在荷载传递过程中,加大了受压面积,提高了桩身刚度和对螺纹段功能发挥,起到承上启下的作用。

螺杆桩适用于淤泥质黏土、粉土、黏土、粉质黏土、中细砂、粒径小于 20 cm 砂砾石层、强风化层、橡皮泥等地层。不受地下水的限制。螺杆桩用于包括复合地基的刚性桩、钢筋混凝土基础的钢筋混凝土桩和复合桩基的基桩,桩径 300～1 200 mm。

2. 设计内容

螺杆桩与 CFG 桩设计内容基本一致,除承载力计算外均参阅第 6.2.16 节相关内容。

单桩竖向极限承载力标准值采用现场静载试验确定时,在同一条件下的试桩数量不应少于总桩数的 1%,且不应少于 3 根,工程总桩数在 50 根以内时不应少于 2 根;并相应做动力测试。螺杆桩是由直杆段,螺纹段和桩端三部分构成,将直杆段侧阻力、螺纹段侧阻力和端阻力公式合拼即得螺杆桩单桩竖向极限承载力计算公式为

$$Q_{uk}=Q_{sk1}+Q_{pk}=u\left[\sum q_{sik}l_{i1}+\sum(c_i+\sigma_i\tan\varphi_i)l_{i2}\right]+q_{pk}A_p \tag{6.22}$$

式中 Q_{uk}——单桩竖向极限承载力标准值,kN;

u——桩身周长,m;

q_{sik}——直杆段桩段第 i 层土极限侧阻力标准值,kPa;

l_{i1}——直杆段穿越第 i 层土的厚度,m;

c_i——第 i 层的黏聚力,kPa;

l_{i2}——螺纹段穿越第 i 层土的厚度,m;

φ_i——第 i 层土的内摩擦角,(°);

σ_i——第 i 层土的抗剪强度对应的垂直向应力,kPa。

6.2.18 预应力混凝土管桩

1. 概　　述

管桩按混凝土强度等级分为预应力混凝土管桩(PC)和预应力高强混凝土管桩(PHC)。预应力混凝土管桩适用于淤泥、淤泥质土、黏性土、粉土、砂土和人工填土等地基处理。

管桩按外径主要分为 300 mm、350 mm、400 mm、450 mm、500 mm、550 mm、600 mm、700 mm、800 mm、1 000 mm、1 200 mm、1 300 mm、1 400 mm 等规格。外径 300 mm 管桩预应力钢筋的混凝土保护层厚度不得小于 25 mm,其余规格管桩预应力钢筋的混凝土保护层厚度不得小于 40 mm。《先张法预应力混凝土管桩》(GB 13476—2009)规定管桩主要技术参数见表 6.7～表 6.9。

表 6.7 管桩的基本尺寸

外径 D/mm	型号	PC、PHC 壁厚 t/mm	长度 L/m	预应力钢筋最小配筋面积/mm²	外径 D/mm	型号	PC、PHC 壁厚 t/mm	长度 L/m	预应力钢筋最小配筋面积/mm²
300	A	70	7～11	240	700	A	130	7～15	1 170
	AB			384		AB			1 664
	B			512		B			2 340
	C			720		C			3 250
400	A	95	7～12	400	800	A	110	7～30	1 350
	AB			640		AB			1 875
	B		7～13	900		B			2 700
	C			1 170		C			3 750
500	A	100	7～14	704		A	130	7～30	1 440
	AB		7～15	990		AB			2 000
	B			1 375		B			2 880
	C			1625		C			4 000
	A	125	7～14	768	1 000	A	130	7～30	2 048
	AB		7～15	1 080		AB			2 880
	B			1 500		B			4 000
	C			1 875		C			4 928
600	A	110	7～15	896	1 200	A	150	7～30	2 700
	AB			1 260		AB			3 750
	B			1 750		B			5 625
	C			2 125		C			6 930
	A	130	7～15	1 024	1 300	A	150	7～30	3 000
	AB			1 440		AB			4 320
	B			2 000		B			6 000
	C			2 500		C			7 392
700	A	110	7～15	1 080	1 400	A	150	7～30	3 125
	AB			1 536		AB			4 500
	B			2 160		B			6 250
	C			3 000		C			7 700

注：根据供需双方协议，也可生产其他规格、型号、长度的管桩。

表 6.8 管桩的抗弯性能

外径 D/mm	型号	PC、PHC 壁厚 t/mm	抗裂弯矩 /kN·m	极限弯矩 /kN·m	外径 D/mm	型号	PC、PHC 壁厚 t/mm	抗裂弯矩 /kN·m	极限弯矩 /kN·m
300	A	70	25	37	700	A	130	275	413
	AB		30	50		AB		332	556
	B		34	62		B		388	698
	C		39	79		C		459	918
400	A	95	54	81	800	A	110	392	589
	AB		64	106		AB		471	771
	B		74	132		B		540	971
	C		88	176		C		638	1 275
500	A	100	103	155		A	130	408	612
	AB		125	210		AB		484	811
	B		147	265		B		560	1 010
	C		167	334		C		663	1 326
	A	125	111	167	1 000	A	130	736	1 104
	AB		136	226		AB		883	1 457
	B		160	285		B		1 030	1 854
	C		180	360		C		1 177	2 354
600	A	110	167	250	1 200	A	150	1 177	1 766
	AB		206	346		AB		1 412	2 330
	B		245	441		B		1 668	3 002
	C		285	569		C		1 962	3 924
	A	130	180	270	1 300	A	150	1 334	2 000
	AB		223	374		AB		1 670	2 760
	B		265	477		B		2 060	3 710
	C		307	615		C		2 190	4 380
700	A	110	265	397	1 400	A	150	1 524	2 286
	AB		319	534		AB		1 940	3 200
	B		373	671		B		2 324	4 190
	C		441	883		C		2 530	5 060

注：根据供需双方协议，也可生产其他规格、型号、长度的管桩。

表 6.9　管桩的抗剪性能

外径 D/mm	型号	PC、PHC 壁厚 t/mm	抗裂剪力 /kN	外径 D/mm	型号	PC、PHC 壁厚 t/mm	抗裂剪力 /kN
300	A	70	96	700	A	130	435
	AB		111		AB		498
	B		124		B		556
	C		136		C		610
400	A	95	173	800	A	110	468
	AB		200		AB		520
	B		224		B		573
	C		245		C		652
500	A	100	239		A	130	526
	AB		271		AB		584
	B		302		B		648
	C		331		C		725
	A	125	284	1 000	A	130	695
	AB		327		AB		774
	B		364		B		858
	C		399		C		1 262
600	A	110	316	1 200	A	150	946
	AB		362		AB		1 056
	B		404		B		1 175
	C		443		C		1 334
	A	130	362	1 300	A	150	1 018
	AB		417		AB		1 149
	B		465		B		1 302
	C		510		C		1 408
700	A	110	390	1 400	A	150	1 092
	AB		437		AB		1 236
	B		481		B		1 385
	C		545		C		1 511

2. 设计内容

参见 CFG 桩。

6.2.19　载 体 桩

1. 概　　述

载体桩又被称为复合载体夯扩桩，是在夯击沉管扩底桩的基础上发展而来的一种新桩型。载体桩是由混凝土桩身和载体构成的桩，施工时采用柱锤夯击，护筒跟进成孔，到达预定桩底高程后，柱锤夯出护筒一定长度，然后分若干次向护筒内加入填充料，用柱锤反复夯实，达到一定要求后再投入干硬性混凝土，并夯实形成载体，最后浇筑混凝土桩身。载体桩由两部分组成，一部分是混凝土桩身，另一部分是载体。桩身材料一般为钢筋混凝土，混凝土强度等级一般不低于 C25，当载体桩作为复合地基的竖向增强体时可以不使用钢筋，用素混凝土施作桩体。载体是由干硬性混凝土（低坍落度混凝土）、夯实的填充料（一般为碎石、碎砖块、碎混凝土块、矿渣等）、挤密土体三部分组成，从里到外载体材料的压缩模量依次降低，使得应力可以逐渐扩散。一般情况下，载体对周围土体的挤密影响直径范围为 2～3 m，深度范围为桩底下 3～5 m，在工程设计计算中为了安全起见，通常取载体的高度为 2 m。载体桩的构造图如图 6.2 所示。

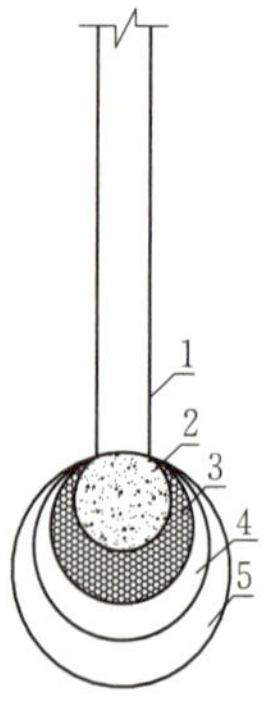

图 6.2　载体桩构造图

1—桩身；2—干硬性混凝土；3—填充料；4—挤密土体；5—影响土体

2. 设计内容

（1）荷载

竖向力

轴心竖向力作用下

$$N_{k}=\frac{F_{k}+G_{k}}{n} \tag{6.23}$$

偏心竖向力作用下

$$N_{ik}=\frac{F_{k}+G_{k}}{n}\pm\frac{M_{xk}y_{i}}{\sum y_{j}^{2}}\pm\frac{M_{yk}x_{i}}{\sum x_{j}^{2}} \tag{6.24}$$

式中　N_{ik}——相应于荷载效应标准组合时，偏心竖向力作用于承台顶时第 i 根载体桩桩顶所受的竖向力，kN；

F_{k}——相应于荷载效应标准组合时，上部结构传到承台顶面的竖向力，kN；

G_{k}——载体桩的承台和承台上土自重标准值，对于地下水以下部分应扣除水的浮力，kN；

M_{xk}，M_{yk}——相应于荷载效应标准组合时，对承台底面通过载体桩群形心的 x、y 轴的力矩，kN·m；

x_{i}，x_{j}，y_{i}，y_{j}——第 i、j 根载体桩至 y、x 轴的距离。

水平力作用下

$$H_{ik}=\frac{H_{k}}{n} \tag{6.25}$$

式中 H_k——相应于荷载效应标准组合时，作用于承台底面的水平力，kN；

n——桩基中载体桩的数量。

(2)单桩竖向承载力

为设计提供依据时，单桩竖向承载力特征值应通过竖向静载荷试验确定。在同一条件下，试桩数量不应少于3根。

单桩竖向承载力特征值应按式(6.26)计算。

$$R_a = Q_u / K \tag{6.26}$$

式中 Q_u——载体桩单桩竖向极限承载力，kN；

K——安全系数，取 $K=2$。

初步设计时，单桩竖向承载力特征值可采用经验公式(6.27)估算。

$$R_a = f_a A_e \tag{6.27}$$

式中 f_a——经深度修正后的载体桩持力层地基承载力特征值，kPa；

A_e——载体等效计算面积，m^2，在没有当地经验时其值按表6.10选用。

表6.10 载体等效计算面积 A_e 单位：m^2

被加固土层土性		三击贯入度/cm				
		<10	10	20	30	>30
黏性土	$0.75<I_L\leqslant1.0$	—	2.0～2.3	1.6～1.9	1.4～1.7	<1.8
	$0.25<I_L\leqslant0.75$	—	2.3～2.6	1.9～2.2	1.7～2.0	<2.1
	$0.0<I_L\leqslant0.25$	2.7～3.2	2.6～2.9	2.2～2.6	2.0～2.3	<2.2
粉土	$e>0.8$	2.4～2.7	2.2～2.5	1.9～2.2	1.6～1.9	<1.7
	$0.7<e\leqslant0.8$	2.7～3.0	2.5～2.8	2.2～2.5	1.9～2.2	<2.0
	$e\leqslant0.7$	3.0～3.4	2.8～3.1	2.5～2.8	2.2～2.5	<2.3
粉砂 细砂	中密	2.7～3.1	2.4～2.8	2.1～2.5	1.8～2.2	<1.9
	稍密	3.1～3.5	2.8～3.2	2.5～2.9	2.2～2.6	<2.2
中砂 粗砂	中密	2.9～3.4	2.7～3.1	2.4～2.8	1.9～2.4	—
	稍密	3.4～3.8	3.1～3.5	2.8～3.2	2.4～2.8	—
碎石土	中密	3.2～3.8	2.9～3.4	2.6～3.0	—	—
	稍密	3.8～4.5	3.4～3.8	3.0～3.4	—	—
杂填土		2.4～2.9	2.1～2.5	1.8～2.2	1.5～1.9	<1.6

(3)桩身强度

桩身混凝土强度应满足承载力要求，桩身强度应按式(6.28)验算。

$$N \leqslant \psi_c f_c A_p \tag{6.28}$$

式中 N——相应于荷载效应基本组合时，作用于载体单桩上竖向力设计值，kPa；

f_c——混凝土轴心抗压强度设计值，kPa；

A_p——桩身截面面积，m^2；

ψ_c——成桩工艺系数，桩身为预制桩时取0.8，现场灌注时取0.75。

(4)下卧层承载力验算

载体桩基础持力层下受力范围内存在软弱下卧层时(见图 6.3),应按式(6.29)进行软弱下卧层承载力验算。

$$\sigma_{pz}+\gamma_i z\leqslant f_{az} \tag{6.29}$$

$$\sigma_{pz}=F_k+G_k-\gamma A d_h-2(L_0+B_0)\sum q_{sik}l_i \tag{6.30}$$

式中 σ_{pz}——相应于荷载效应标准组合时作用于软弱下卧层顶面的附加应力,kPa。

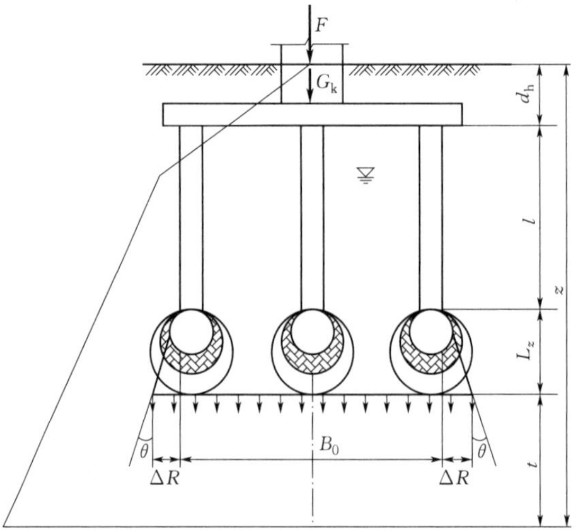

图 6.3 软弱下卧层计算示意

l——混凝土桩身长度,m;

L_z——载体高度,由当地经验确定,无经验是可取 2 m;

γ——承台底以上土的加权平均容重,kN/ m³;

z——地面至软弱下卧层顶面的距离,m;

d_h——承台埋深,m;

A——承台面积,m²;

γ_i——软弱层顶面以上个土层(地下水位以下取浮容重)的加权平均容重,kN/m³;

q_{sik}——第 i 层土极限侧阻力标准值,kPa;

l_i——混凝土桩身长度范围内第 i 层土的土层厚度,m;

t——载体地面计算位置至软弱层顶面的距离,m;

f_{az}——软弱下卧层顶面处经深度修正后地基承载力特征值,kN/m²,深度修正系数 η_s 取 1.0;

L_0、B_0——承台下最外侧桩桩身延竖向投影形成矩形的长边和短边的边长,m,见图 6.3;

ΔR——等效计算距离,m,可取 0.6~1.0,当 A_e 值较小时,取小值;A_e 值较大时,取大值;

θ——应力扩散角,(°),可按表 6.11 取值。

表 6.11 地基压力扩散角

E_{s1}/E_{s2}	压力扩散角	
	$t=0.25B$	$t\geqslant 0.5B_k$
3	6°	23°
5	10°	25°
10	20°	30°

注:1. $B_k=B_0+2\Delta R$;

2. E_{s1} 为上层地基土压缩模量;E_{s2} 为软弱下卧层地基土压缩模量;

3. $t<0.25B_k$ 扩散角取 0°;$t>0.5B_k$ 扩散角取 $0.5B_k$ 对应的扩散角;

4. $E_{s1}/E_{s2}<3$ 时,按均质土层考虑应力分布,不考虑压力扩散角。

(5)沉降计算

载体桩地基竖向沉降变形按照等代实体基础竖向变形验算办法，采用分层总和法理论计算。

$$S=\psi_{p}p_{0}\sum_{i=1}^{n}\frac{z_{i}\bar{\alpha}_{i}-z_{i-1}\bar{\alpha}_{i-1}}{E_{si}} \tag{6.31}$$

独立承台基础

$$p_{0}=\frac{F+G_{k}-\gamma d_{h}A-2(L_{0}+B_{0})\sum q_{sia}l_{i}}{(L_{0}+2\Delta R)(B_{0}+2\Delta R)} \tag{6.32}$$

墙下布桩条形承台基础

$$p_{0}=\frac{F'+G'_{k}-\gamma d_{h}B_{0}-2\sum q_{sia}l_{i}}{B_{0}+2\Delta R} \tag{6.33}$$

式中 S——桩基最终沉降量，m；

ψ_{p}——沉降计算经验系数，根据地区观测资料及经验确定；

p_{0}——对应荷载效应准永久组合时压缩土层顶部的附加压力，kPa；

r_{i}——桩基沉降计算范围内划分的土层数；

z_{i}, z_{i-1}——载体桩基沉降计算面至第 i 层、第 $i-1$ 层土底面的距离，m；

$\bar{\alpha}_{i}, \bar{\alpha}_{i-1}$——载体桩基础底面(或沉降计算面)计算点至第 i 层、第 $i-1$ 层土底面深度范围内平均附加应力系数；

E_{si}——桩基沉降计算范围内第 i 层土的压缩模量，取土的自重压力至土的自重压力与附加压力之和的压力段计算，MPa；

q_{sia}——桩侧阻力特征值，kPa；

A——承台面积，m^2；

d_{h}——承台埋深，m；

F——相应于正常使用极限状态时，荷载效应准永久组合下作用于承台顶面的竖向力，kN；

F'——相应于正常使用极限状态时，荷载效应准永久组合下上部结构传递到承台梁上单位长度的竖向力，kN/m；

G'_{k}——承台和承台时上土的单位长度上自重标准值，kN/m。

载体桩沉降计算深度应满足附加应力与土自重应力 σ_{c} 符合式(6.34)的要求。

$$\sigma_{z}\leqslant 0.2\sigma_{c} \tag{6.34}$$

式中 σ_{z}——z_{n} 深度处的附加应力，kPa；

σ_{c}——土的自重应力，kPa。

(6)桩间距

载体桩桩间距不宜小于 3 倍桩径；当被加固土层为含水量较高的黏性土时，桩间距不宜小于 2.0 m。

6.3 工程实例

6.3.1 京津城际铁路 DK84 路基工程

1. 工程概况

京津城际轨道交通工程 DK84＋000～＋210.22 段路基位于武清车站与永定新河特大

桥之间，地形平坦，线路左侧为既有京山铁路，路堤高度约 6.2 m。

勘探揭示的地层情况参见表 6.12～表 6.14。

表 6.12 DK84＋050 断面地基土层

层 号	土 质	层底深度/m
2-31	粉土	1.75
2-81	淤泥质粉质黏土	4.425
2-31	粉土	5.3
3-81	淤泥质粉质黏土	7.675
3-31	粉质黏土	9.2
3-21	粉质黏土	12.6
4-21	粉质黏土	21.2
5-31	粉土	22.9
5-21	粉质黏土	26.7
6-21	粉质黏土	31.1
7-21	粉质黏土	47.95
8-21	粉质黏土	80

表 6.13 DK84＋150 断面地基土层

层 号	土 质	层底深度/m
2-31	粉土	3.4
2-21	粉质黏土	6.5
3-81	淤泥质粉质黏土	9.25
3-21	粉质黏土	10.875
3-31	粉质黏土	12.375
3-21	粉质黏土	16.725
4-21	粉质黏土	22.075
5-31	粉土	26.075
5-21	粉质黏土	28.575
5-31	粉土	30.075
6-21	粉质黏土	39.075
7-21	粉质黏土	63.6

表 6.14 DK84+200 断面地基土层

层 号	土 质	层底深度/m
2-81	淤泥质粉质黏土	2.25
2-21	粉质黏土	2.9
2-31	粉土	4.35
3-21	粉质黏土	6.1
3-81	淤泥质粉质黏土	8.15
3-31	粉质黏土	9
3-21	粉质黏土	12.5
4-21	粉质黏土	20.5
5-31	粉土	22.5
5-21	粉质黏土	23.35
5-31	粉土	25.15
5-21	粉质黏土	29.5
6-11	粉土	30.9
7-21	粉质黏土	50.4
8-21	粉质黏土	80

2. 主要技术标准

京津城际铁路为无砟轨道高速铁路，设计时速 350 km，路基工后沉降要求不大于 15 mm。

3. 设计方案

线路两侧设置扶壁式挡土墙。地基采用 CFG 桩及预制管桩加固，桩顶设置钢筋混凝土筏板。预制桩桩板之间不设碎石垫层，CFG 桩采用了桩板之间设置 0.15 m 厚碎石垫层与不设置垫层两种方案。路基基床底层填筑完成后进行堆载预压，预压土高度 3.5 m，工后沉降满足要求后卸除预压土，填筑基床表层、铺设轨道。横断面设计参见图 6.4，具体设计参数参见表 6.15。

表 6.15 设计方案

序号	起讫里程	加固桩型	桩径/m	桩顶高程/m	桩底高程/m	桩长/m	桩顶结构
1	DK84+000～+114.22	CFG 桩	0.4	2.49	25.01	27.50	0.15 m 碎石垫层+0.5 m 钢筋混凝土板
2	DK84+114.22～+162.22	CFG 桩	0.4	2.64	25.01	27.65	0.5 m 钢筋混凝土板
3	DK84+162.22～+210.22	预制桩	0.45	2.64	27.36	30	0.5 m 钢筋混凝土板

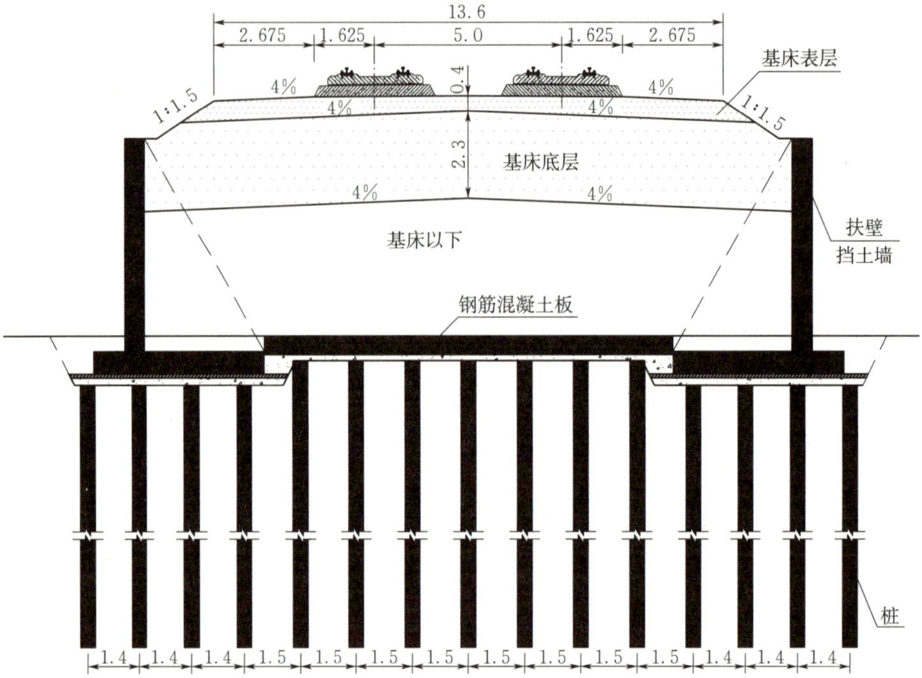

图 6.4 设计横断面(单位:m)

4. 施工方法

路基地基加固 CFG 桩施工采用长螺旋钻孔泵压灌注工艺,预应力管桩采用锤击法。

5. 主要技术特点

京津城际铁路首次在铁路工程采用桩筏基础结构,并验证了深厚松软地基路基沉降控制满足无砟轨道变形控制要求的可行性。同时进行了复合模量法、Mindlin应力法、等效作用法计算沉降与实测沉降及计算压缩层厚度与实测压缩层厚度的对比,确认了复合模量法在深厚压缩层地基高速铁路路基工程的适用性。

(1)计算沉降与实测沉降对比

图 6.5~图 6.7 是实测与计算的分层沉降对比结果。

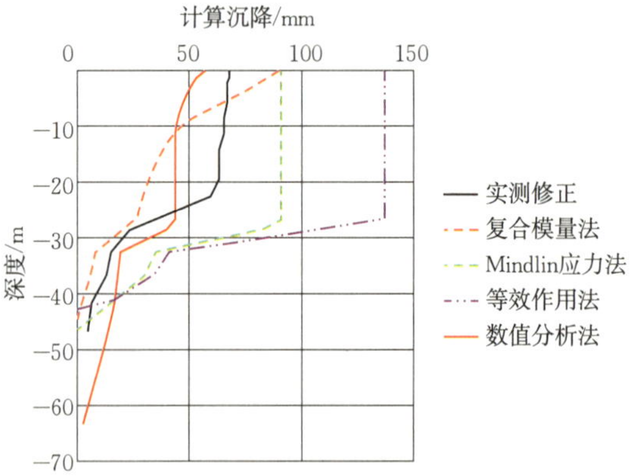

图 6.5 DK84+050 断面实测与计算分层沉降对比

各断面不同计算方法修正系数见表 6.16。Mindlin 应力法与等效作用法计算沉降均明显偏大,尤其是等效作用法偏差最大;复合模量法虽然分层沉降与实测沉降具有较大偏差,但总沉降吻合程度较好。修正后 Mindlin 应力法和等效作用法与实测分层沉降较为接近;从修正系数的取值可以看出,除复合模量法外,均较为接近。

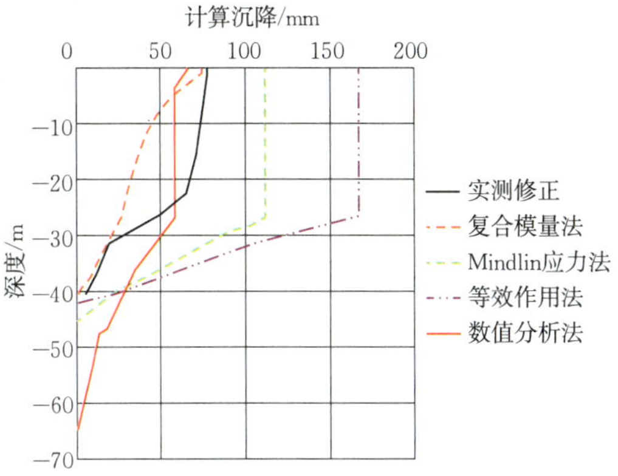

图 6.6　DK84＋150 断面实测与计算分层沉降对比

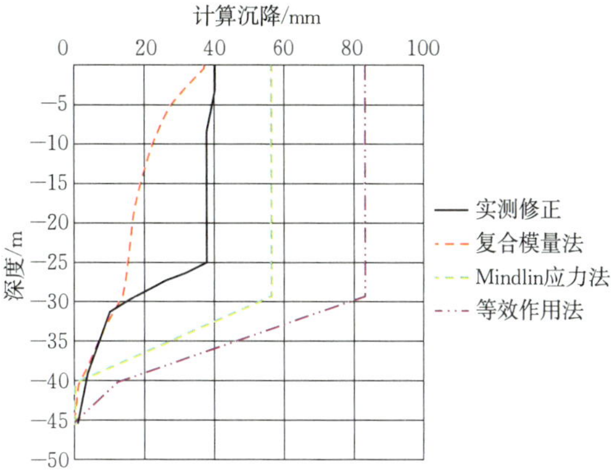

图 6.7　DK84＋200 断面实测与计算分层沉降对比

表 6.16　各断面不同计算方法修正系数

类　目	复合模量法		等效作用法		Mindlin 应力法	
	计算取值	修正取值	计算取值	修正取值	计算取值	修正取值
DK84＋050	0.369	0.277	1.11	0.543	1	0.751
DK84＋150	0.327	0.344	1.2	0.560	1	0.702
DK84＋200	0.2	0.217	1.143	0.552	1	0.716
平均值	0.299	0.279	1.151	0.552	—	0.723
与均值差最大值/均值	33.0%	22.3%	3.6%	1.6%	—	2.9%

简化沉降计算方法中复合模量法虽然在理论上尚欠完善，但由于积累了丰富的经验，总沉降计算精度较高；Mindlin 应力法计算结果根据实测数据修正后与实测数据吻合较好，修正系数取值较为接近，具有很好的应用前景；等效作用分层综合法修正系数取值虽已纳入《建筑桩基技术规范》(JGJ 94—2008)，但其取值明显偏大，有必要进一步修正，修正后其沉降分布规律与 Mindlin 应力法计算结果较为接近。

(2)关于压缩层厚度

本次测试最大深度为 60 m，根据各测试断面中心实测的沉降—深度分布曲线可以得到各断面中心的压缩层厚度：DK84＋050 断面 52 m，DK84＋150 断面 43 m，DK84＋200 断面 47 m(平均为 47.3 m)，均大于简化计算方法确定的厚度(40.23～46.25 m)。

6.3.2　津保铁路 DK24 路基工程

1. 工程概况

路基试验段位于津保铁路 DK24＋380～DK25＋480，路基面宽度 13.4 m，基床厚度 3.0 m，路堤填高 5.85～6.60 m。

试验段地层以粉质黏土、粉土、黏土为主，基本承载力小于 150 kPa 的土层主要位于地表至地表以下 22～26 m，其下土层基本承载力 160～220 kPa，局部夹粉砂。地下水埋深 4.0 m左右。

为配合本次试验工作，特别安排了基于试验目的的地质勘察工作，本次研究计算分析选取了其中 4 个钻孔的资料，其位置详见表 6.17。

表 6.17 计算分析采用钻孔资料位置表

钻孔编号	里　程	钻孔编号	里　程
Z-8	DK24+350	Z-3	DK24+830
Z-1	DK24+430	Z-5	DK25+130

2. 主要技术标准

津保铁路为双线有砟轨道铁路，设计时速 250 km。

3. 设计方案

试验段地基采用 CFG 桩及预应力管桩加固，桩顶基础形式有筏板、桩帽加筋垫层(简称帽网)和无桩帽加筋垫层(简称网)三种。观测断面沉降观测采用单点沉降计，施工期间通过人工现场采集数据，线路封闭后测试数据通过无线传输系统自动采集。试验段工程方案及观测断面布置情况详见表 6.18。

表 6.18 试验段工程方案及观测断面汇总表　　单位：m

序号	起讫里程	加固桩				桩顶基础结构	观测断面	
		桩型	桩径	桩间距	桩长		里程	填高
1	DK24+380～+480	CFG 桩	0.4	2.0	15	筏板	DK24+430	6.53
2	DK24+480～+580	CFG 桩	0.4	1.6	18	网	—	—
3	DK24+580～+680	CFG 桩	0.4	1.6	20	帽网	DK24+630	6.29
4	DK24+680～+780	CFG 桩	0.4	1.6	18	网	DK24+830	6.05
5	DK24+780～+880	CFG 桩	0.4	2.0	25	筏板	DK24+930	5.93
6	DK24+880～+980	CFG 桩	0.4	2.0	20	筏板	DK24+996	5.85
7	DK24+980～DK25+080	CFG 桩	0.4	1.6	18	网	—	—
8	DK25+080～+180	CFG 桩	0.4	1.6	20	筏板	DK25+130	6.19

续上表

序号	起讫里程	加固桩				桩顶基础结构	观测断面	
		桩型	桩径	桩间距	桩长		里程	填高
9	DK25+180～+280	CFG 桩	0.4	2.4	20	筏板	DK25+230	6.07
10	DK25+280～+380	CFG 桩	0.4	2.8	20	筏板	DK25+330	6.14
11	DK25+380～+480	管桩	0.4	2.8	20	筏板	DK25+430	6.60

4. 施工方案

CFG 桩施工采用长螺旋钻孔泵压灌注工艺，预应力管桩施工采用锤击或静压施工工艺。

5. 主要技术特点

试验段虽然位于有砟轨道高速铁路，但试验段设计立足无砟轨道沉降控制要求，基于筏板结构对不同加固深度、不同桩间距计算沉降与实测沉降进行了对比，其中最大桩间距达 7 倍桩径。

利用四个钻孔的化验资料采用复合模量法对地基采用 CFG 桩加固的 6 种工况、采用等效作用法对采用 CFG 桩加固的 5 种工况进行了沉降计算，并将计算沉降与实测沉降进行了对比，对比情况分别参见表 6.19 和表 6.20。需要说明的是，等效作用法少算 1 种工况的原因是桩间距 2.8 m 超出了等效作用法的适用范围。

表 6.19 复合模量法计算沉降与实测沉降对比表

序号	桩型	桩径/m	加固深度/m	桩间距/m	实测沉降 S_s/m	Z-8		Z-1		Z-3		Z-5	
						计算沉降 S_c/m	S_c/S_s	计算沉降 S_c/m	S_c/S_s	计算沉降 S_c/m	S_c/S_s	计算沉降 S_c/m	S_c/S_s
1	CFG 桩	0.4	20	1.6	0.053 6	0.104 9	1.96	0.058 4	1.09	0.051 1	0.95	0.053	0.99
2	CFG 桩	0.4	20	2	0.070 4	0.140 1	1.99	0.089 9	1.28	0.082 8	1.18	0.081	1.15
3	CFG 桩	0.4	20	2.4	0.078 2	0.173 3	2.22	0.121 3	1.55	0.116 4	1.49	0.110	1.40
4	CFG 桩	0.4	20	2.8	0.125 6	0.203 3	1.62	0.149 5	1.19	0.147 3	1.17	0.136	1.08
5	CFG 桩	0.4	15	2	0.112 7	0.190 0	1.69	0.133 9	1.19	0.126 8	1.13	0.130	1.15
6	CFG 桩	0.4	25	2	0.039 6	0.098 8	2.50	0.050 7	1.28	0.053 6	1.35	0.051	1.30

表 6.20 等效作用法计算沉降与实测沉降对比表

序号	桩型	桩径/m	加固深度/m	桩间距/m	实测沉降 S_s/m	Z-8		Z-1		Z-3		Z-5	
						计算沉降 S_c/m	S_c/S_s	计算沉降 S_c/m	S_c/S_s	计算沉降 S_c/m	S_c/S_s	计算沉降 S_c/m	S_c/S_s
1	CFG 桩	0.4	20	1.6	0.053 60	0.187 6	3.50	0.085 6	1.60	0.074 1	1.38	0.096 0	1.79
2	CFG 桩	0.4	20	2	0.070 39	0.192 9	2.74	0.088 0	1.25	0.076 2	1.08	0.098 7	1.40
3	CFG 桩	0.4	20	2.4	0.078 16	0.196 1	2.51	0.089 5	1.14	0.077 5	0.99	0.100 4	1.28
4	CFG 桩	0.4	15	2	0.112 68	0.224 3	1.99	0.128 9	1.14	0.120 8	1.07	0.145 8	1.29
5	CFG 桩	0.4	25	2	0.039 57	0.126 8	3.20	0.031 8	0.80	0.033 2	0.84	0.064 0	1.62

可以看出，采用 Z-8 钻孔资料的计算结果，复合模量法与等效作用法的计算结果均与实测值具有较大差异，且与采用 Z-1、Z-3、Z-5 钻孔化验资料的计算结果差异较大。采用 Z-1、Z-3、Z-5 钻孔资料的计算结果较为接近且与实测值差别较小。因此在沉降分析时，可考虑舍弃该钻孔资料。需要注意的是，Z-8 钻孔资料揭示的地层情况与附近其他钻孔并无明显差异，压缩试验资料的差异也不一定是钻孔、取样或化验过程中出现了更大的误差导致的。

复合模量法采用 Z-1、Z-3、Z-5 钻孔资料计算的沉降与实测沉降的比值范围为 0.95～1.55，等效作用法其比值范围为 0.80～1.79，对于岩土工程而言，在不同桩间距及加固深度条件下取得这么高的吻合程度是非常令人满意的。说明这两种经过大量工程实践获取的沉降计算方法及经验系数取值具有良好的适用性；复合模量法较等效作用法计算结果与实测值吻合性更好。

为进一步提高沉降计算精度，将复合模量法与等效作用法进行组合计算并与实测沉降进行了对比，试算发现，当采用 0.6 倍复合模量法计算沉降与 0.4 倍等效作用法计算沉降进行组合时，其吻合程度提高，其计算结果参见表 6.21。

表 6.21 组合方法计算沉降与实测沉降对比表

序号	桩型	桩径/m	加固深度/m	桩间距/m	实测沉降 S_s/m	Z-1		Z-3		Z-5	
						计算沉降 S_c/m	S_c/S_s	计算沉降 S_c/m	S_c/S_s	计算沉降 S_c/m	S_c/S_s
1	CFG 桩	0.4	20	1.6	0.053 60	0.069 3	1.29	0.060 3	1.12	0.070 4	1.31
2	CFG 桩	0.4	20	2	0.070 39	0.089 1	1.27	0.080 2	1.14	0.088 0	1.25
3	CFG 桩	0.4	20	2.4	0.078 16	0.108 6	1.39	0.100 8	1.29	0.105 9	1.35
4	CFG 桩	0.4	15	2	0.112 68	0.131 9	1.17	0.124 4	1.10	0.136 1	1.21
5	CFG 桩	0.4	25	2	0.039 57	0.043 1	1.09	0.045 4	1.15	0.056 4	1.42

可以看出，计算沉降与实测沉降的比值范围为 1.09～1.42，计算沉降均大于实测沉降且不超过 50%，较单纯采用复合模量法或等效作用法的计算结果更接近实测沉降。

6.3.3 京沪高速铁路 DIK58 路基工程

1. 工程概况

DIK58＋867.03～DIK59＋350 路基位于京沪高速铁路廊坊大外环内，既有京山铁路线右侧，路堤中心最大填高 3.5 m。地质纵断面如图 6.8 所示。

2. 主要技术标准

京沪高速铁路为无砟高速铁路，设计时速 350 km，路基工后沉降要求不大于 15 mm。

3. 设计方案

DIK58＋867.03～DIK59＋350 路基地基加固分别采用载体桩、预应力管桩和 CFG 桩，具体段落如图 6.8 所示，具体设计参数见表 6.22。管桩加固段无预压措施，载体桩及 CFG 桩加固方案均结合预压措施，预压土高度为 3.5 m。

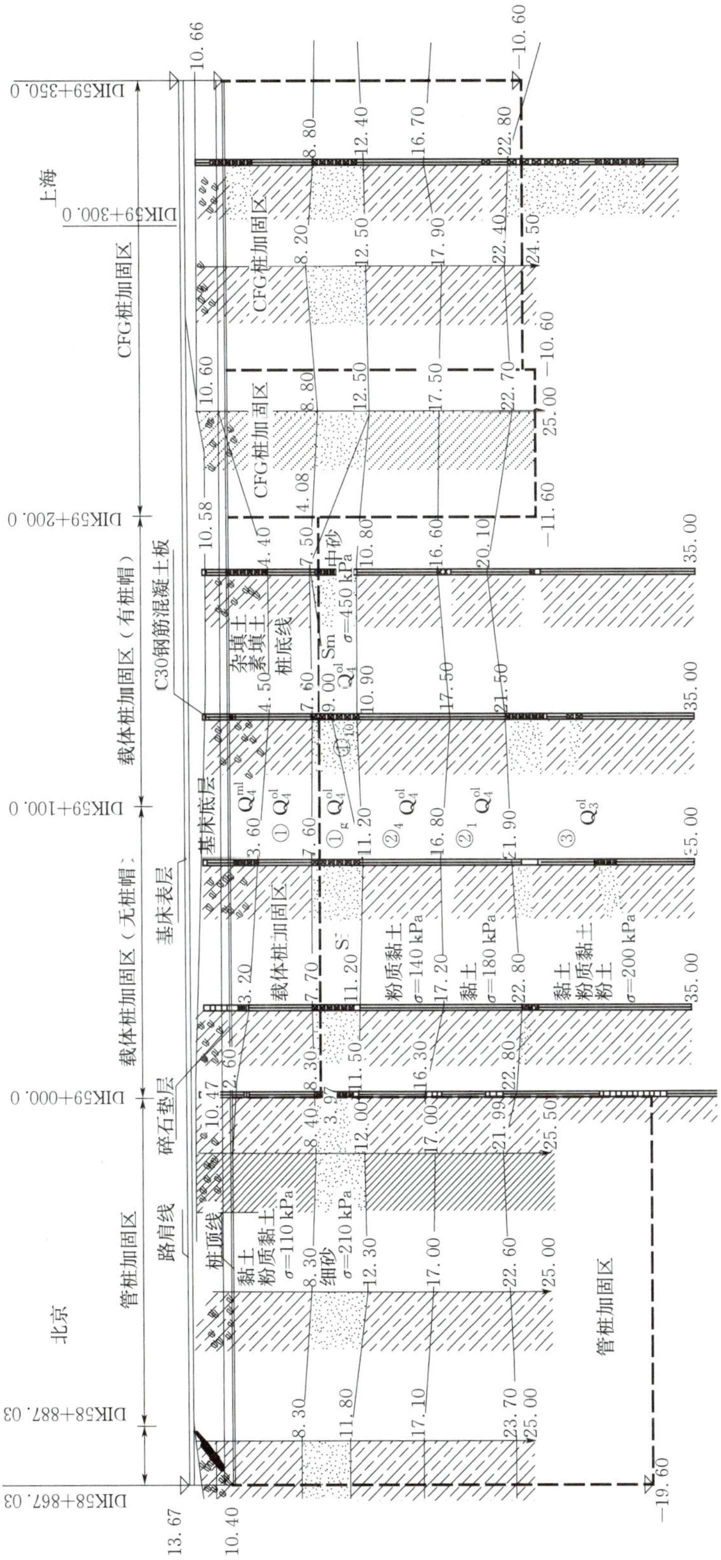

图6.8 试验工点地层剖面图(单位：m)

表 6.22　各试验断面情况一览表

试验断面名称	里　　程	基底加固宽度/m	桩长/m	桩径/m	桩间距/m	桩　　帽	褥垫层厚/m	刚性基础形式
管桩	DIK58＋944.147	22.5	30	0.50	2.2	无	0.15	U形槽
载体桩1号	DIK59＋050.406	30	6.5	0.43	2.0	无	0.15	筏
载体桩2号	DIK59＋092.056	30	6.5	0.43	2.0	无	0.15	筏
载体桩3号	DIK59＋107.070	30	6.5	0.43	2.0	直径1.0m	0.15	筏
载体桩4号	DIK59＋126.090	30	6.5	0.43	2.0	直径1.0m	0.15	筏
CFG桩	DIK59＋218.826	25.6	22.6	0.40	1.6	无	0.15	U形槽

4. 施工方法

载体桩采用细长锤冲击成孔灌注施工，CFG桩采用长螺旋钻泵压灌注施工，预应力管桩采用锤击施工。

5. 主要技术特点

首次在高速铁路采用载体桩，通过加强和利用地表下6～8 m的细砂层，有效降低了地基加固深度，工后沉降满足无砟轨道路基要求。

载体桩(桩身长度6.5 m)计算总沉降约10 cm，实测沉降40.09～99.64 mm，具体详见表6.23。可见，载体桩较CFG桩(桩长22.6 m，实测沉降48.12～50.89 mm)、预应力管桩(桩长30 m，实测沉降20.98 m)偏大，但工后沉降均小于15 mm，说明地表以下6～8 m的中砂层是可以通过夯密作为持力层的。

表 6.23　各断面实测沉降及压缩层厚度汇总表

<table>
<tr><th rowspan="3">项　　目</th><th colspan="4">实测沉降量/mm</th><th rowspan="3">压缩层底部位置/m</th><th rowspan="3">压缩层厚度/m</th></tr>
<tr><th colspan="2">路基中心处</th><th rowspan="2">路肩处</th><th rowspan="2">坡脚处</th></tr>
<tr><th>桩间土</th><th>桩顶</th></tr>
<tr><td>预应力管桩</td><td>30.78</td><td>20.98</td><td>9.59</td><td>3.4</td><td>≥75</td><td>≥45</td></tr>
<tr><td>载体桩1号</td><td>79.57</td><td>78.64～81.46</td><td>—</td><td>—</td><td>≥40</td><td>≥31.5</td></tr>
<tr><td>载体桩2号</td><td>99.64</td><td>94.94</td><td>65.45</td><td>52.36</td><td></td><td></td></tr>
<tr><td>载体桩3号</td><td>88.11</td><td>85.49</td><td>75.08</td><td>—</td><td></td><td></td></tr>
<tr><td>载体桩4号</td><td>51.41*</td><td>40.09**</td><td>—</td><td>—</td><td>—</td><td>—</td></tr>
<tr><td>CFG桩</td><td>—</td><td>48.12～50.89</td><td>41.93</td><td>21.82</td><td>≥45</td><td>≥22.4</td></tr>
</table>

注：*桩间土最大沉降为58.7 mm；**桩顶最大沉降为49.6 mm。

载体桩加固地基各断面沉降量实测值及预测值对比情况详见表 6.24。

表 6.24 各试验断面路基中心桩顶沉降预测曲线分析评估表

项　目	载体桩 1 号	载体桩 2 号	载体桩 3 号	CFG 桩
预测最终沉降/mm	84.75	97.12	94.79	50.20
截至 2011 年 2 月 22 日实测沉降/mm	81.46	94.94	85.49	48.17
剩余沉降/mm	3.29	2.18	9.30	2.03

值得注意的是，工后沉降与总沉降不存在严格的线性关系，地基沉降与时间的关系需要进一步研究。

7 施工技术

作为软土地区高速铁路建造技术的有机组成，软土地区高速铁路施工技术主要是基础施工及地基处理施工，本章主要选取软土地区路基、桥梁常用基础和地基处理施工方式，就其施工技术和装备进行说明，并对高速铁路基桩检测、试桩技术及软土地基基坑防护等进行简要介绍。

7.1 常用基础施工技术及装备

7.1.1 钻孔灌注桩

1. 概　　述

随着我国高速铁路建设的快速发展，对桥梁桩基础的需求量和技术要求越来越高，钻孔灌注桩具有施工速度快、承载力高、质量稳定、受气候环境影响小、对地质适应能力强等优点，是大中型桥梁基础的首选形式。

钻孔灌注桩是采用不同的钻孔设备，在地层中按要求形成一定形状（断面）的井孔，孔深达到设计高程后，将钢筋骨架吊入井孔中，再灌注混凝土，形成钢筋混凝土桩。钻孔灌注桩作业基本适用于所有的地质情况，被广泛应用于铁路桥梁基础中。

2. 施工技术

(1)功能架构

①基本原理

钻孔灌注桩的钻孔设备主要分为旋挖钻、正循环钻、气举反循环钻和冲击钻，根据不同的地质情况选用不同的钻机。前三者在软土地基桥梁桩基础施工中应用较广泛，而后者一般用于坚硬岩石或密实碎石类地层，在软土地基应用较少。

旋挖钻是通过底部带有活门的桶式回转钻头破碎岩土，并直接将其装入钻斗内，然后再由钻机提升装置和伸缩钻杆将钻头提出孔外卸土，这样循环往复，不断地取土卸土，直至钻至设计孔底高程。

正循环钻是用钻头切削土体钻进，泥浆泵将泥浆压进钻杆顶部泥浆笼头，通过钻杆中心从钻头喷入钻孔内，泥浆携带钻渣沿钻孔上升，从护筒顶部排浆孔排出至沉淀池，钻渣沉淀而泥浆流入泥浆池循环使用。

气举反循环钻是利用钻机的转动盘带动传动杆和钻头切削岩土成为钻渣，安装在钻杆内的风管由空压机压缩空气进入钻杆内，空气与泥浆在导管内形成一种密度小于泥浆的浆气混合物，浆气混合物因其比重小而（携钻渣）上升，在导管内混合器底端形成负压，不断补浆形成泥浆循环。

冲击钻是利用钻锥被卷扬机提升后自由下落的动力冲击孔底土层，把土层中的泥沙、石块打成碎渣，一部分钻渣挤入孔壁，一部分钻渣悬浮于泥浆中，利用抽渣设备将悬浮钻渣的泥浆提取到泥浆沉淀池。

②施工工艺流程

钻孔灌注桩施工流程如图 7.1 所示(图中沉渣厚度系摩擦桩要求)。

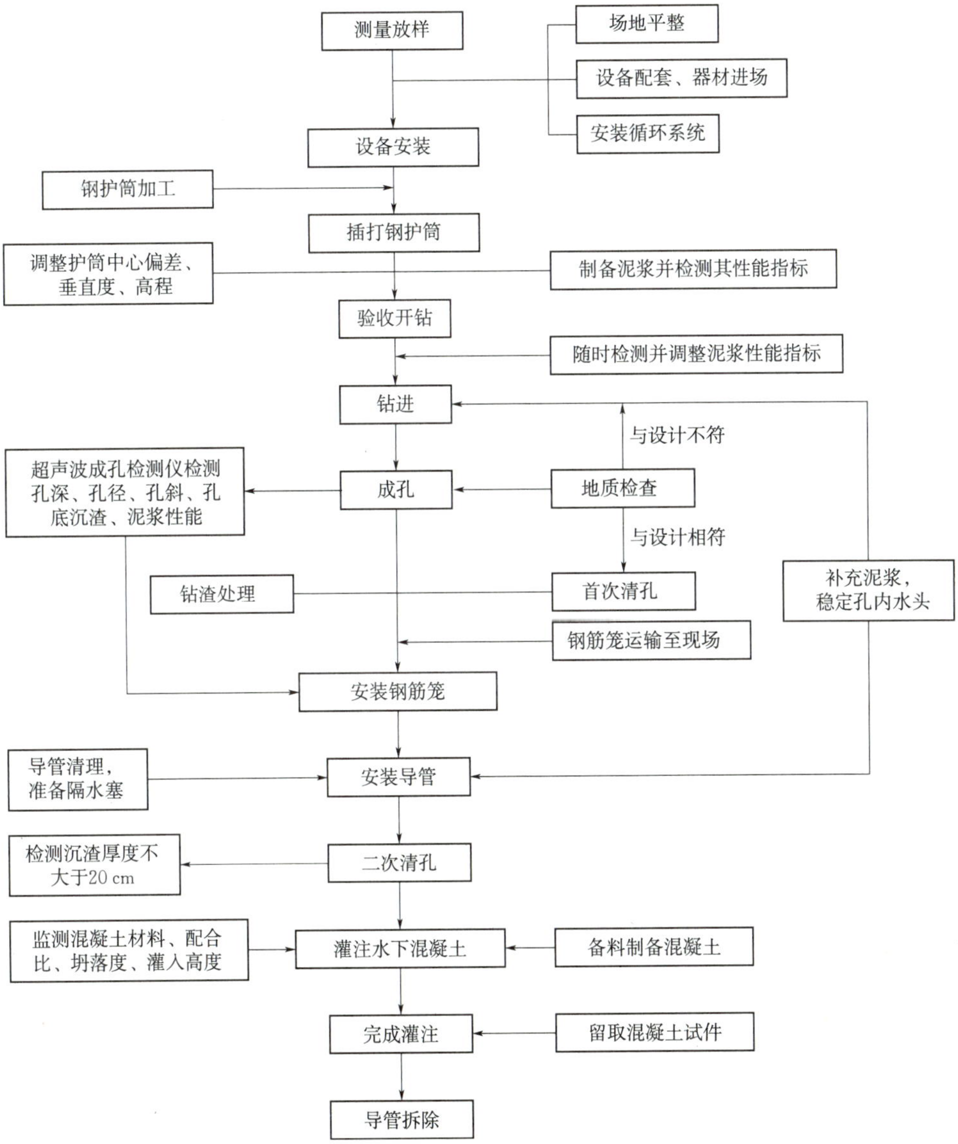

图 7.1　钻孔灌注桩施工流程示意图

(2)技术架构

①施工准备

根据现场地质条件和施工环境编制施工方案，施工人员经过安全、技术交底，并经培训，熟练掌握各工序和设备操作要领；施工前首先要调查场地内地下、地上管线的影响，并对场地进行平整、桩位放样；对进场钢筋及混凝土原材料进行检查验收，合格后方可使用；施工所需的机械设备和周转材料提前进行检修、调试和保养，确保状态良好。

②桩位放样

采用全站仪精确定位桩孔的位置，根据桩定位点拉十字线钉放四个控制桩，以四个控制护桩为基准控制护筒的埋设位置和钻机的准确就位。护桩要做好保护工作，防止施工过程中被扰动。

③钢护筒埋设

护筒一般采用10 mm钢板卷制成型，其内径比设计桩径大0.2～0.4 m，上下口外围加焊加劲环。护筒安装时，钻机操作手利用扩孔器将桩孔扩大，之后通过大扭矩钻头将钢护筒压入设计高程。护筒压入前及压入后，通过靠在护筒上的精确水平仪调整护筒的垂直位置。护筒顶一般高于原地面0.3 m，以便钻头定位及保护桩孔。

④钻机就位

钻机就位时，要事先检查钻机的性能状态是否良好，保证钻机工作正常。

钻机的安放要平正、稳固，确保施工中不倾斜，不移位。钻机就位后先用线锤将钻机钻杆的垂直度调节好，再将钻头的中心点与护桩的十字交叉点调整在一条垂直线上，用线锤控制。钻头中心与孔位中心的偏差不得大于2 cm。钻机就位后，接通水、电，检测钻具，进行试运转。

⑤泥浆制备

钻孔前，根据地层情况及钻孔方法进行泥浆护壁，设置泥浆循环系统，包括：制浆池、贮浆池、沉淀池、循环槽、泥浆分离器。

一般采用优质膨润土、纤维素、烧碱造浆，新造泥浆控制指标如下。

比重：正循环旋挖钻机使用管形钻头钻孔时，入孔泥浆比重可为1.1～1.3；反循环钻机入孔泥浆比重为1.05～1.15；松散易坍塌地层为1.15～1.25；

黏度：一般地层为16～22 s；松散易坍地层为19～28 s；

含砂率：新制泥浆不大于4%；

胶体率：不小于95%；

pH值：应大于6.5。

钻孔过程中，及时清理循环系统，定期对泥浆性能指标进行检测，泥浆性能指标不满足钻孔泥浆要求时，及时进行更换。

⑥钻孔

钻孔前先开动泥浆泵，待泥浆循环正常后再启动钻机慢速下放钻头，开钻时均匀慢速钻进，待钻头全部进入护筒底部后，方可加速钻进。钻机钻进时应分班连续作业，无故不得中途停止。钻机钻进时应根据设计土层类别、钻孔深度及供浆量情况，严格控制钻进速度。当进入砂层时宜控制钻进速度，防止塌孔。详细记录实际进尺过程中不同地质的变化情况，根据实际进尺深度以及现场采集渣样的特性确定出不同地质层的高程、深度及分层厚度。钻进时应及时补充泥浆，保持孔内泥浆面高出护筒底部50 cm以上。勤检查成孔的平面位置，抽查泥浆指标，发现问题及时处理。每个钻进过程中如发生斜孔、塌孔和护筒周围冒浆时应停钻，待采取相应的措施后再行钻进。

旋挖钻机钻孔取土时，依靠钻杆和钻头自重切入土层，斜向斗齿在钻斗回转时切下土块向斗内推进而完成取土，遇到硬土时，自重力不足以使钻斗切入土层，可通过加压油缸对钻杆加压，强行将钻斗齿切入土中，完成钻孔取土。钻斗内装满土后，由起重机提升钻杆及钻斗至地面，拉动钻斗上的开关即打开底门，钻斗内的土依靠自重作用自动排出。钻杆向下放并关好斗门，再回转到孔内进行下一斗的挖掘。每一循环视孔深不同在1～5 min内完成。

⑦首次清孔

当钻孔达到设计深度后即停止钻进，钻机在此深度空转，泥浆循环继续排渣，尽量减少沉渣。随后，立即进行一次清孔。清孔时，将附着于护筒壁的泥浆清洗干净，并将孔底钻渣及泥砂等沉淀物清除。清孔应符合下列规定：孔底的泥浆比重应不大于1.10，含砂率小于2%，黏度16～20 s。经现场技术人员与实验人员在孔口、孔中部、和孔底采集泥浆样品，分别试验，记录整理后求得平均值，经现场确认清孔合格后，钻机提钻进行成孔检测。

⑧成孔检测

当钻孔深度达到设计要求时，对孔深进行检查，待首次清孔后各项指标均满足要求后，对孔径、孔位、孔形倾斜度等采用超声成孔检测仪进行检测。检测前准备好检测工具。检测标准：孔的中心位置偏差不大于50 mm；孔深、孔径不小于设计规定；钻孔倾斜度偏差不大于1%。确认满足设计要求后，方可进行孔底清理及安放钢筋笼的准备工作。

⑨吊放及安装钢筋笼

钢筋笼按照设计图纸在钢筋加工场完成制作。通过编制下料通知单，明确下料长度，加工过程中严格按照规范要求加工。钢筋笼出厂前由质量员检验，质量满足设计和规范要求方可运至施工区域。

钢筋笼在接长时，上节钢筋笼起吊垂直以后再行连接，同时注意检测用钢筋和综合接地钢筋的焊接质量。吊放时不得碰撞孔壁，防止坍孔。吊入后校正轴线位置，防止扭转变形。

⑩安装混凝土导管

导管采用内径为300～380 mm的钢导管，导管的分节长度视工艺要求确定，接头采用双螺纹丝扣快速接头。导管安放前应计算导管孔深和导管总长度，底节导管一般为4～6 m长，标准节一般为2～3 m，上部可放置2～3根1.0 m的短节，用于调节导管总长度。导管对接过程中要加密封圈，防止漏水，并上紧丝扣；导管使用前应试拼、试压，试水压力不应小于孔内水深1.5倍的压力，也不应小于导管壁和焊缝可能承受灌注混凝土时最大内压力的1.5倍。

导管安放时应保证导管在孔中的位置居中，防止碰撞钢筋笼骨架。导管提升时应防挂住钢筋笼，所以下放过程中必须保证导管从成孔中心线竖直下放。

首斗灌注必须加隔板，未加隔板不得灌注。在灌注混凝土开始时，导管底部至孔底留有0.4 m的空间。导管上口设置储料漏斗，同时在储料斗上方设置一个大料斗，料斗底口设置可靠的隔水设施。

⑪二次清孔

为达到正式施工时灌注水下混凝土的条件，应复查桩底沉渣厚度(对于摩擦桩，不大于

200 mm)，不满足要求时进行二次清孔，二次清孔采用泵吸换浆法或气举反循环换浆法，即在混凝土灌注前，对孔底利用导管及高压风管向孔底高压注射空气形成真空，使孔底泥浆及沉渣抽出孔口，并及时从孔口补充合格浆液以保持水头。

二次清孔应达到以下标准：孔内排出或抽出的泥浆手摸无 2～3 mm 大小的颗粒，泥浆比重：1.03～1.10；黏度：17～20 s；含砂率小于 2%；胶体率大于 98%。

⑫灌注水下混凝土

灌注前，对孔底沉淀厚进行测定。混凝土拌合物运至灌注地点时，对混凝土的坍落度等进行检测，在经检测合格后应立即灌注水下混凝土。先灌入首批混凝土，首批混凝土数量通过计算确定，满足混凝土自由下落孔底扩散及导管埋深要求，使其有一定的冲击能量。首批混凝土灌注计算导管埋置深时导管离孔底 40 cm，导管埋深控制在 2～6 m 之间。混凝土要连续浇筑，浇筑过程中做好记录。

为确保桩顶质量，在桩顶设计高程以上加灌一定高度，一般为 0.5～1.0 m，以保证在凿除浮浆后，桩顶高程符合设计要求。混凝土灌注结束后，导管提升保持轴线竖直和位置居中。拔出临时钢护筒时，注意保护桩头。

3. 关键技术

(1)在大直径、超长钻孔桩施工过程中，尤其是水上平台钻孔灌注桩施工过程中，使用钢筋笼打稍盘配合吊装设备将分节安装的钢筋笼吊挂在打稍盘上(见图 7.2)，从而将钢筋笼荷载均匀地传递至钻孔平台上，可有效提高钢筋笼的下放效率及安全性。

图 7.2　打稍盘吊挂钢筋笼

(2)根据不同地质选取不同钻头(见图 7.3)可以提高施工效率及成孔质量：在黏土厚度超过 10 m 且坚硬层厚度小于 3 m 的地层中使用三翼刮刀钻头施工，加大泥浆循环空间，减小糊钻可能，并在钻头上部增加配重从而增大钻头的稳定性与切削能力，最大限度减少提钻次数，大大增加了钻机的工效；对黏土厚度不超过 10 m 且坚硬层厚度小于 5 m 的地层，不易发生糊钻现象，使用四翼刮刀钻头比三翼刮刀钻稳定性好，能充分发挥钻机工效；在坚硬层厚超过 5 m 的地层中改用组合式牙轮钻头，研磨破碎效果较好，且不易损坏，能够充分发挥钻机功效，但在黏土地层中容易出现糊钻现象，进尺速度很慢，相较于刮刀钻头工效较低，在穿过坚硬层后改用刮刀钻头扫孔并继续施工。

(3)采用超声波成孔检测仪对成孔质量进行检测(见图 7.4)，对孔径、孔位、孔形倾斜度等进行检查，可输出三维成孔情况效果图，成孔质量直观可靠。

（a）三翼钻头　　（b）四翼钻头　　（c）牙轮钻头

图 7.3 钻 头

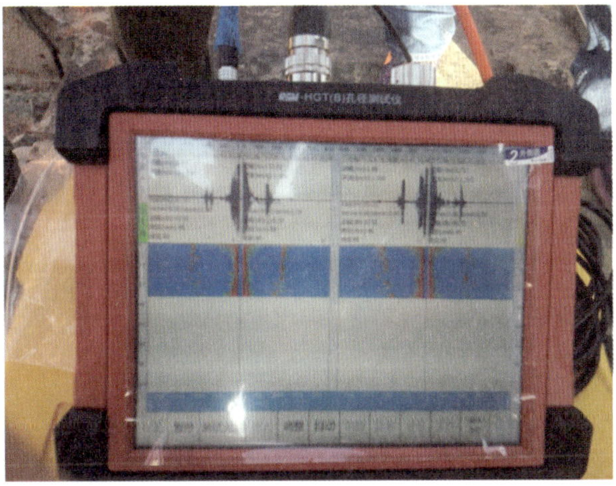

图 7.4 超声波成孔检测仪成孔检查

7.1.2 预制管桩

1. 背景和意义

目前，我国桥梁桩基础施工主要以人工绑扎、现场浇筑为主，在施工中也暴露出一系列弊端，如需要大量的劳动力、施工周期长，对既有道路交通影响大，社会影响面大，粉尘、泥浆、噪声、灯光等对环境干扰大，难以满足文明施工要求。另外，粗放型的施工模式导致行业整体能耗高等，对已经是建成区的城市造成了更大的压力。

预制管桩作为基础形式广泛应用于工业和民用建筑、公路、铁路、港口、机场、水利等工程。日本、韩国是对预制管桩开发应用最早、技术最为成熟、应用范围最广的国家，制定了相应的技术标准。马来西亚近年来也在大力研发预制桩并推广应用。国内在房屋建筑市场较早进行了预制桩的开发和应用。中华人民共和国住房和城乡建设部在 2009 年发行了《先张法预应力混凝土管桩》（GB 13476—2009）规范，并批准了《预应力混凝土管桩》（10G409）图集。上海、江苏等主要海相地层地区也进行了预制桩的应用实践和图集颁布。

预制混凝土管桩常用的包括预应力混凝土管桩（代号 PC 管桩）、预应力高强混凝土管桩（代号 PHC 管桩）及先张法薄壁预应力混凝土管桩（代号 PTC 管桩）。

预制管桩及沉桩技术一般适用于地层为黏土和粉土地区，多用于建筑结构地基加固，且应用桩径一般小于 0.8 m。近些年才开始用于铁路桥梁基础工程，如在连镇铁路、沪杭铁路、蒙华铁路等项目中，选取部分段落，有选择性地进行了预制桩的研究和应用。

PHC 预制管桩具有强度高、质量可靠、用材节省、绿色环保、承载力高等特点，但在铁路行业的应用较少。尤其是大直径 PHC 预制桩(直径 1 m)在 350 km/h 高速铁路桥梁基础中的应用，在国外及国内更是极其少见。目前，在建项目如京雄城际铁路做了有益尝试，是该技术首次在华北地区砂层地质条件下使用，并将大直径 PHC 预制桩成功应用于高速铁路桥梁桩基础，意义尤为重大。

2. 制造技术

(1)功能架构

①概述

目前，国内管桩生产已实现工厂化预制，并逐渐向工艺装备及生产线的机械化和自动化、生产过程的节能环保等方向发展。由于管桩具备先进的生产工艺及完善的标准体系，产品质量得到了良好保证，管桩经过钢筋骨架编笼，配制混凝土拌和物，混凝土喂料、合模、施工预应力、高速离心、蒸养、预应力放张、拆模、(压蒸养护)等工艺流程制作而成。

PC 桩、PHC 桩按外径分为 300 mm、350 mm、400 mm、450 mm、500 mm、550 mm、600 mm、800 mm、1000 mm 等规格；PTC 桩按外径分 300 mm、350 mm、400 mm、500 mm、550 mm、600 mm、700 mm 和 800 mm 等规格。PTC 桩和 PC 桩的混凝土强度等级不得低于 C60，PHC 桩不得低于 C80。

②制造工艺流程

工程用预制管桩一般采用厂制成品桩。其制造流程因各自技术和工艺不同稍有差异，一般工艺流程如图 7.5 所示。

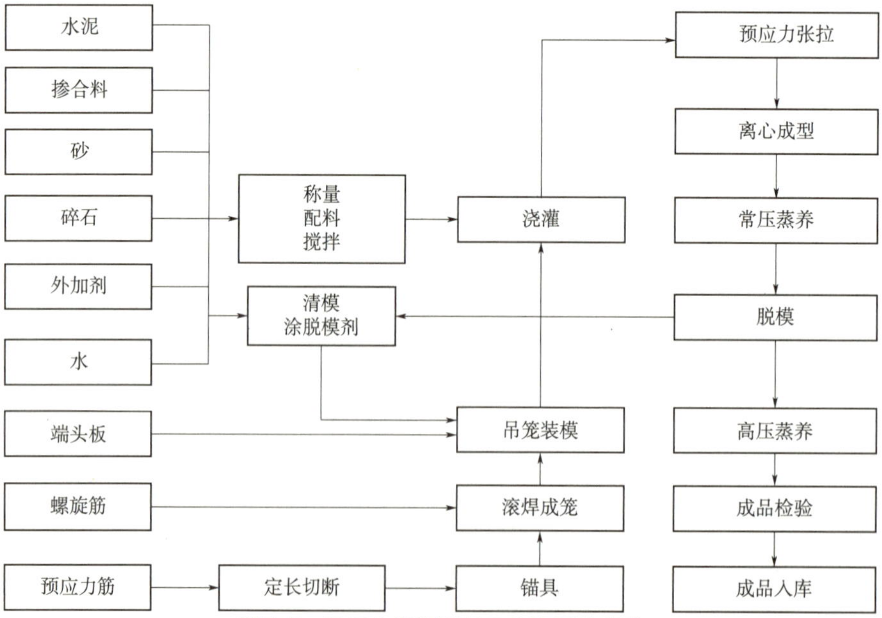

图 7.5 预应力管桩预制工艺流程示意图

(2)技术架构

①混凝土制备

混凝土原材料的计量、搅拌。根据设计好的配合比,将砂、石、水泥、水、外加剂和掺合料等经精确计量,用混凝土搅拌机制成满足设计要求强度的混凝土。

②钢筋笼绑扎

工厂一般采用机械化操作,效率高、成型好。

③入模

当钢筋笼绑扎完成后,使用吊车将钢筋笼置于模具底模,安装端头板及张拉锚具,如图 7.6 所示,钢模中孔洞即为张拉空隙。当钢筋笼安装完成以后,将其吊入混凝土灌注区。

④混凝土灌注

在混凝土灌注区,采用灌注车将混凝土填筑进底模中。混凝土灌注完成后,吊装另一半的钢模,进行封闭。

⑤预应力张拉

通过张拉机械将预应力钢筋拉伸至规定的长度,赋予其往回收缩的应力,使成型后的管桩有一个压应力,以克服吊运时因重力产生的拉应力。

图 7.6　钢筋笼入模

⑥离心成型

将张拉好的管桩放入离心槽,离心作用按慢速、低速、中速、高速四个阶段进行,使其均匀分布,并排水,以保证混凝土密实。离心的时间控制在 15 min 左右,一般根据离心速率确定。环形钢板的中空部分用橡胶圆封堵,便于离心成型,且当桩成型后可拔出,排除多余的浆液,保证桩内部平整,如图 7.7 所示。

⑦蒸压养护

经离心成型的桩应采用常压蒸养和高压蒸养。常压蒸养是指将经离心成型后的混凝土构件,在 85 ℃的水蒸气环境下养护 6 h,促进混凝土的水化和凝固,使其达到管桩的脱模强度,以保证模具的正常周转。高压蒸养是指将从模具内脱出的管桩放进高压釜内,在压力为 1 MPa 的蒸汽环境下养护一定时间,使混凝土强度迅速达到设计强度,以满足施工要求。

图 7.7　预应力管桩离心成型

⑧脱模

将常压蒸养后达到脱模强度的管桩从模具内取出的过程,空模用于下一个生产周期;制成的预应力混凝土管桩经高压蒸养后统一存放。

⑨成品检验

由质检人员对成品管桩的外观、尺寸等按相关标准进行检验,并在一定批次内对管桩的物理性能进行抽检。

⑩成品入库

经检验合格后的管桩，转运至成品库，等待发货。

3. 预制桩的存放和运输

运输一般采用汽车运输或火车运输。需要在现场设置场地，且堆放层数需要满足《先张法预应力混凝土管桩》(GB 13476—2009)要求。

4. 预制管桩施工技术

(1)功能架构

①概述

管桩的施工方法一般包括锤击法、静压法及中掘法等，其适用性及优缺点见表 7.1。

表 7.1 管桩施工方法

施工方法	适用性	优点	缺点
锤击法	适用于软土、黏性土、粉土、砂土、软质岩石等；当存在较厚的密实砂层、卵石层时难以穿过；重型柴油锤可穿透 5～6 m 的密实砂层，如图 7.8(a)所示	穿透能力强，移动方便，造价低	噪声大，振动大，不适宜在建筑物多的城市里施工
静压法	适用于覆盖层易压穿、桩端持力层为强风化、全风化岩层；软土、一般可硬塑的黏性土层；只能穿透 2～3 m 密实砂层；桩尖只能进入强分化岩表面；静压桩比锤击桩短 1.5～4.0 m；适用于上覆层较软、桩端持力层较好的图层，如图 7.8(b)所示	无噪声、无振动、无冲击力、无污染等	穿透力弱，对场地要求比较高
中掘法	适合施工 ϕ800 mm 以上大直径 PHC 管桩；适用地层广：粉土、砂土、砾石、碎石、软岩等地层，如图 7.8(c)所示	节能环保，施工噪声小，振动小，无粉尘及排浆污染	费用高，机械设备大

针对大直径预制桩中空特点和现场施工地质条件，结合振动桩锤和钻机引孔施工方法，充分发挥各自优点，既利用钻机在预制桩孔内引孔取土、减小桩端阻力，又利用振动减小桩侧阻力达到沉桩目的。利用振动桩锤反复跳动冲击力和桩体的自重，克服桩身的侧壁摩阻力和桩端土层的阻力，将桩体沉到一定高程；当 PHC 预制桩打入到砂层时，贯入度发生明显改变，通过采用长螺杆钻机引孔挤土，减少基桩通过砂层时的桩端阻力，使 PHC 预制桩顺利穿过砂层。

②施工工艺流程

大直径 PHC 管桩引孔施工流程如图 7.9 所示。

(2)技术架构

①施工准备

熟悉施工图纸，根据现场地质条件和施工环境编制施工方案，施工人员经过安全、技术交底，并经培训，熟练掌握各工序和设备操作要领；施工前首先要调查场地内地下、地上管线

（a）锤击法

（b）静压法

（c）中掘法

图 7.8 管桩施工方法

的影响，并对场地进行平整、桩位放样；对进场预制桩规格、型号、尺寸偏差、外观质量、端头板桩套箍以及桩尖进行检查验收，合格后方可使用；施工所需的机械设备和周转材料提前进行检修、调试和保养，确保状态良好。

②桩位放样

打桩前使用全站仪采用逐桩坐标法放样桩位点，放样后四周设护桩并复测，误差控制在 5 mm 以内，待监理验收合格后方可进行沉桩施工。

③桩机就位

在对施工场地内的表层土质试压后，确保承载力满足沉桩机械施工及移动过程中不至出现沉陷的要求，对局部软土可采用换填或铺垫钢板等处理措施。

桩机安装完成后，检查各部件及仪表是否灵敏有效，确保设备运转安全正常后，按照打桩顺序，移动调整桩机对位、调平、调直。

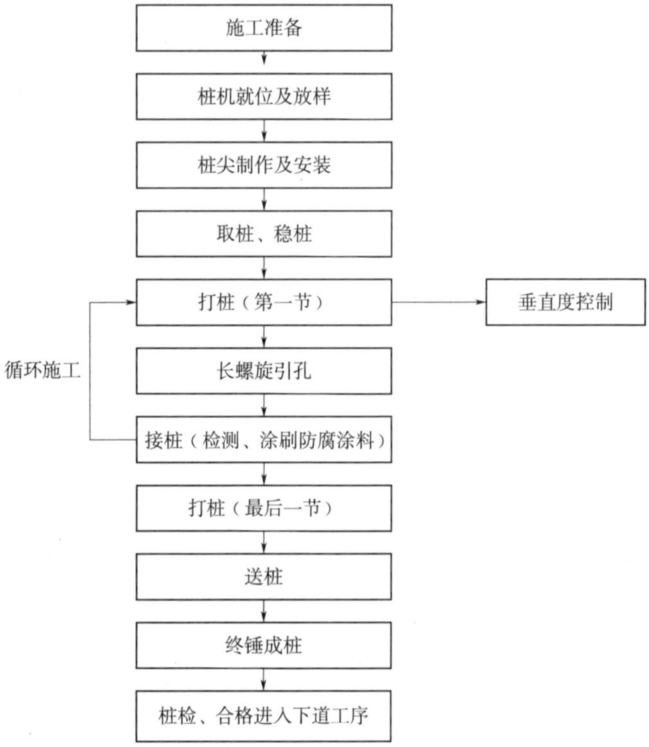

图 7.9 预制管桩施工流程示意图

④取桩、稳桩

采用打桩机自行取桩。取桩时用铁钩钩住预制桩的后端，并捆绑在预制桩的前端缓缓吊起。桩提升到垂直状态后，送入桩架导杆内，准确对好桩位，即可除去索具，然后利用全站仪将预制桩垂直度调直到规范要求的位置。

桩底就位后对中和调直工序对成桩质量起关键作用。“调直”是要使桩身垂直，垂直度第一节偏差不大于 0.3%，第二、三节偏差不大于 0.5%，并保证上下节预制桩在同一轴线上。测量预制桩桩身包括打桩架导杆的垂直度，施工时采用两台全站仪成 90°角方向进行测量，垂直度不满足要求时使用打桩机进行调直，调直完成后使用靠尺进行复核，当桩身打入一定深度后不再进行调直，防止预制桩不均匀受力而破碎。

⑤打桩（沉桩）

施工通常采用 DD160 型柴油导杆锤和 HHP20 型液压冲击锤，DD160 型柴油导杆锤冲击体质量为 16 t，最大冲程 3.0 m；HHP20 型液压冲击锤冲击体质量为 20 t，最大冲程 1.5 m。

打桩前先在桩身使用反光贴标记出每米的刻度，以便在打桩时观测和记录每下沉 1 m 需要的锤击数。打桩时用重锤以自由落体进行打桩，锤的落距为 1.5 m。打桩过程中随时用全站仪或靠尺检查桩的垂直度。

⑥引孔

引孔施工主要采用长螺杆钻机引孔挤土，以减少预应力混凝土预制桩通过砂层或密实土层时的阻力，使其顺利穿过砂层打至设计深度，并确保沉桩施工质量。

预制桩进入砂层后采用长螺旋钻机引孔，引孔直径为 0.5 m，引孔深度根据地质情况确定，引孔深度为穿透砂层但不超过设计孔深，垂直度偏差不大于 0.5%。引孔过程中如发生塌孔现象时，则立刻停止引孔作业，长螺旋由反钻改为正钻，防止塌孔现象加重。

预制桩试打施工时在每节桩打入完成后采用螺旋钻机分别进行引孔施工。螺旋钻杆中心对准预制桩孔位中心，施工过程中保持钻孔垂直(利用钻机塔身的前后、左右的垂直标杆检查塔身导杆，校正位置)，使钻杆垂直对准孔位中心，垂直度小于 0.3%。施钻应先慢后快，减少钻杆摇摆并及时检查钻孔的偏差。钻孔中如发现钻杆摇摆或难钻时，放慢进尺，及时检查设备情况及垂直度，否则容易导致钻孔偏斜、位移，甚至钻杆、钻具的损坏。当钻至设计深度时，应在钻机塔身作醒目标志，作为控制钻孔深度的依据。

施工过程中人工配合挖掘机清理孔口积土，防止土体回落桩孔内。清理出的积土及时使用自卸车运输至弃渣场处理。

⑦接桩

受预制桩每节长度限制，每一节预制桩打入土层后留 0.5 m 桩头在地面以上，预留接桩焊接条件。

稳桩完成后使用桩机自带拉绳将预制桩固定放置。下节预制桩与上节预制桩桩身顺直，两端面紧密贴合，贴合前将上下端面的泥土等杂物清除干净。不得在接头处出现间隙，管节间错位偏差需满足规范要求。

采用对称焊的方式焊接成型，先对称焊接四个点稳定预制桩，然后将预制桩焊满。焊接采用二氧化碳气体保护焊，在焊接前检查焊接设备参数及保护气体压力，以免造成焊缝不饱满、不平顺；焊接时间在 30～45 min 之间，自然冷却时间不小于 8 min。焊缝饱满，焊接没有咬边、焊瘤、夹渣、气孔、裂缝、漏焊等外观缺陷。冷却后对焊缝及端板进行防腐处理，防腐材料采用环氧树脂涂料，且涂刷不少于 2 遍，不得漏涂。

⑧送桩

当上节桩沉至离地面 0.5～1.0 m 时停锤，注意桩垫的完整性，必要时应更换新桩垫。套送桩杆并调节桩架，使送桩杆帽与桩顶接触平实，送桩杆与桩轴线成一条直线后开锤送桩，直至达到桩顶设计高程。

施工前在送桩杆上刻长度标志，以便桩顶高程控制。沉桩及送桩过程中，通过观测桩的入土情况，并记录锤击数，计算贯入度。桩顶高程由水准仪测量控制，保证桩长满足设计要求。

⑨终锤成桩

当桩端位于一般土层时，成桩要求为高程为主，贯入度为辅。当桩端达到持力土层时，进入持力层不小于 1.5 m，以贯入度控制为主，高程为辅。贯入度达到设计要求而桩端高程未达到设计高程时，应连续锤击 3 次，并按每次 10 击的贯入度不大于 50 mm 为准。在确认桩端进入设计持力层后，若连续 3 次均达不到设计指标，应采取送桩、接桩、变更桩长等措施。根据设计文件要求和现场实际，桥梁预制桩采用锤击法施工，最后 1 m 锤击数不超过 300 击。

成桩后对预制桩桩顶覆盖，并在装周拉网防护。

预制管桩施工如图 7.10 所示。

图 7.10 预制管桩施工

5. 关键技术

(1)在软土、松软土地区黏土层和砂土层地基,通过调整预制管桩沉桩工艺,采用长螺旋引孔方式,结合贯入度及锤击数,可解决穿越砂夹层及硬夹层等特殊地质难题,具有广阔的推广应用价值。

(2)随着该类桩基的实践运用,可以通过对不同地区、不同地基、不同工况、不同桩径和桩头构造、各种施工工艺的信息收集和数据分析,逐步优化施工工序,提高工艺水平,为 PHC 预制管桩进一步拓展应用范围创造条件。

(3)目前管桩施工设备多以柴油锤为主,对环境污染较大,无法满足国家节能减排和绿色建筑的战略要求,要贯彻绿色施工理念,应管桩施工设备进行改造升级,达到自动化、智能化和绿色环保要求。

(4)向多样化、大直径、新型快速接头及组合桩设计等方向发展。

7.1.3 CFG 桩

1. 施工技术

(1)可选用下列施工工艺。

①长螺旋钻孔灌注成桩:适用于地下水位以上的黏性土、粉土、素填土、中等密实以上的砂土地基;

②长螺旋钻中心压灌成桩:适用于黏性土、粉土、砂土和素填土地基,对噪声或泥浆污染要求严格的场地可优先选用;穿越卵石夹层时应通过试验确定适用性;

③振动沉管灌注成桩:适用于粉土、黏性土及素填土地基;挤土造成地面隆起量大时,应采用较大桩距施工;

④泥浆护壁成孔灌注成桩:适用于地下水位以下的黏性土、粉土、砂土、填土、碎石土及

风化岩层等地基;桩长范围和柱端有承压水的土层应通过试验确定其适应性。

(2)长螺旋钻中心压灌成桩施工和振动沉管灌注成桩施工应符合下列要求。

①施工前,应按设计要求在试验室进行配合比试验;施工时,按配合比配制混合料;长螺旋钻中心压灌成桩施工的坍落度宜为160～200 mm,振动沉管灌注成桩施工的坍落度宜为30～50 mm;振动沉管灌注成桩后桩顶浮浆厚度不宜超过200 mm;

②长螺旋钻中心压灌成桩施工钻至设计深度后,应控制提拔钻杆时间,混合料泵送量应与拔管速度相配合,不得在饱和砂土或饱和粉土层内停泵待料;沉管灌注成桩施工拔管速度宜为1.2～1.5 m/min,如遇淤泥质土,拔管速度应适当减慢;当遇有松散饱和粉土、粉细砂或淤泥质土,当桩距较小时,宜采取隔桩跳打措施;

③施工桩顶高程宜高出设计桩顶高程不少于0.5 m;当施工作业面高出桩顶设计高程较大时,宜增加混凝土灌注量;

④成桩过程中,应抽样做混合料试块,每台机械每台班不应少于一组。

CFG桩成桩过程主要包括成孔和灌注两个阶段,是同一设备钻进和提拔的两个过程,前后工序紧密联系,施工过程不可分割,其流程如图7.11所示。

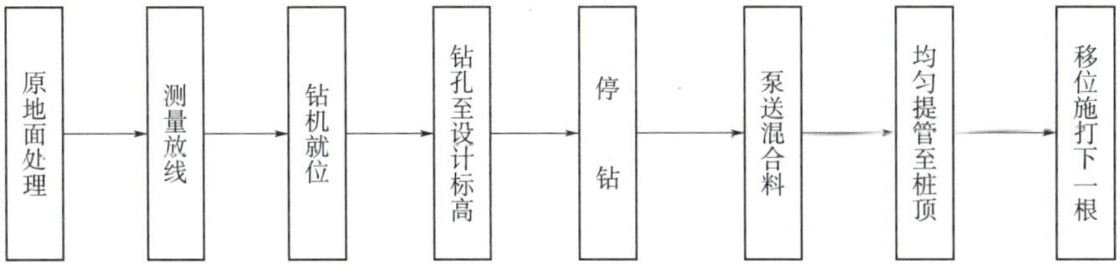

图7.11 长螺旋钻管内泵压混合料灌注施工流程图

(3)冬期施工时,混合料入孔温度不得低于5 ℃,对桩头和桩间土应采取保温措施。

(4)清土和截桩时,应采用小型机械或人工剔除等措施,不得造成桩顶高程以下桩身断裂或桩间土扰动。

(5)褥垫层铺设宜采用静力压实法,当基础底面下桩间土的含水率较低时,也可采用动力夯实法。

2. 钻孔设备

长螺旋钻机按走行方式不同可分为履带式和步履式两种,两种螺旋钻的适用范围基本相同。不同型号长螺旋钻机在施工工艺上的对比分析如下:

(1)履带式桩机(见图7.12)

优点:①钻孔深;②钻孔直径大;③移机方便,速度快;④钻机功能好,能很好控制钻孔和提钻的速度;⑤机身重,平稳,很好控制垂直度。

缺点:①造价高;②自重大,要求施工面平整度很高,以防钻机倒塌;③履带容易破坏施工放样点,且容易挤压旁边浇筑好的CFG桩;④不适合间距小的桩。

(2)步履式桩机(见图7.13)

优点:①造价低;②适合间距小,较浅较小的钻入桩。

缺点:①钻孔较浅;②钻孔直径较小;③移机缓慢,对点就位慢;④靠支腿移动,局部点位破坏;⑤钻孔时全依靠支腿支撑,沉降大垂直度较差。

图 7.12 履带式桩机

图 7.13 步履式桩机

设备选用时需根据工程数量及工程进度安排，以及试桩结果选择了不同型号长螺旋钻机。

3. 关键技术

建立能适时、精准把控软基处理全过程的数字化施工系统。系统由高精度定位模块、测深传感器、计量传感器等组成，实时解算并记录桩基处理过程中的拔桩速度、灌入量、电流值、桩深等信息并上传施工管理平台，实时预警，并引导操作手进行施工。

7.1.4 螺杆桩

螺杆桩的施工顺序应根据桩间距和地层的渗透情况，按编号顺序进行，或按凝固时间间隔进行，桩孔间应防止串浆。桩机就位后必须调平并稳固，确保成孔垂直度。

下钻过程中桩机自控系统严格控制钻杆下降速度和旋转速度，使两者匹配，要求钻杆旋转两周以上，螺杆钻杆下降一个螺距，钻至螺杆桩直线段设计深度，在土体中形成圆柱状；钻杆旋转一周，螺杆钻杆下降一个螺距，钻至螺杆桩螺纹段设计深度，在土体中形成螺纹状。

钻头钻到设计高程后，桩机反向旋转提升钻杆，提钻过程中自控系统应严格控制钻杆提升速度和旋转速度，与下降时一样，保持同步和匹配。与此同时制备好的细石混凝土或砂浆迅速填充(泵送)因钻杆旋转上升所产生的带螺纹状空间和钻杆直接提升或正向旋转提升所产生的带圆柱形空间，形成螺杆桩。

提钻时钻头到达一定位置可停止泵压细石混凝土或砂浆，由钻杆内的混凝土充填至桩顶高程。混凝土必须连续施工，每根桩的浇筑时间按初盘混凝土的初凝时间控制，对浇筑过程中的一切故障均应记录备案。控制最后一次灌注量，桩顶不得偏低，必须保证暴露的桩顶混凝土达到强度设计值。钢筋笼采用后置式安装。

7.1.5 水泥土搅拌桩

水泥搅拌桩的施工技术如下所述。

(1)用于建筑物地基处理的水泥土搅拌桩施工设备,其湿法施工配备注浆泵的额定压力不宜小于 5.0 MPa;干法施工的最大送粉压力不应小于 0.5 MPa。

(2)水泥土搅拌桩施工现场施工前应予以平整,清除地上和地下的障碍物。

(3)水泥土搅拌桩施工前,应根据设计进行工艺性试桩,数量不得少于 3 根,多轴搅拌施工不得少于 3 组。应对工艺试桩的质量进行检验,确定施工参数。

(4)搅拌头翼片的枚数、宽度、与搅拌轴的垂直夹角、搅拌头的回转数、提升速度应相互匹配,干法搅拌时钻头每转一圈的提升(或下沉)量宜为 10～15 mm,确保加固深度范围内土体的任何一点均能经过 20 次以上的搅拌。

(5)搅拌桩施工时,停浆(灰)面应高于桩顶设计高程 500 mm,在开挖基坑时,应将桩顶以上土层及桩顶施工质量较差的桩段,采用人工挖除。

(6)施工中,应保持搅拌桩机底盘的水平和导向架的竖直,搅拌桩的垂直度允许偏差为 ±1%;桩位偏差边桩沿线路方向为桩径的 ±1/4,沿横断面方向为桩径的 ±1/6,其他为桩径的 40%;成桩直径和桩长不得小于设计值。

(7)水泥土搅拌桩施工应包括下列主要步骤:

①搅拌机械就位、调平。

②预搅下沉至设计加固深度。

③边喷浆(或粉),边搅拌提升直至预定的停浆(或灰)面。

④重复搅拌下沉至设计加固深度。

⑤根据设计要求,喷浆(或粉)或仅搅拌提升直至预定的停浆(或灰)面。

⑥关闭搅拌机械。

在预(复)搅下沉时,也可采用喷浆(粉)的施工工艺,确保全桩长上下至少再重复搅拌一次。对地基土进行干法咬合加固时,如复搅困难,可采用慢速搅拌,保证搅拌的均匀性。

(8)水泥土搅拌湿法施工应符合下列要求:

①施工前,应确定灰浆泵输浆量、灰浆经输浆管到达搅拌机喷浆口的时间和起吊设备提升速度等施工参数,并应根据设计要求,通过工艺性成桩试验确定施工工艺。

②施工中所使用的水泥应过筛,制备好的浆液不得离析,泵送浆应连续进行。拌制水泥浆液的罐数、水泥和外掺剂用量以及泵送浆液的时间应记录,喷浆量及搅拌深度应采用经国家计量部门认证的监测仪器进行自动记录。

③搅拌机喷浆提升的速度和次数应符合施工工艺要求,并设专人进行记录。

④当水泥浆液到达出浆口后,应喷浆搅拌 30 s,在水泥浆与桩端土充分搅拌后,再开始提升搅拌头。

⑤搅拌机预搅下沉时,不宜冲水,当遇到硬土层下沉太慢时,可适量冲水。

⑥施工过程中,如因故停浆,应将搅拌头下沉至停浆点以下 0.5 m 处,待恢复供浆时,再喷浆搅拌提升;若停机超过 3 h,宜先拆卸输浆管路,并妥加清洗。

⑦壁状加固时，相邻桩的施工时间间隔不宜超过 12 h。

(9)水泥土搅拌干法施工应符合下列要求：

①喷粉施工前，应检查搅拌机械、供粉泵、送气(粉)管路、接头和阀门的密封性、可靠性，送气(粉)管路的长度不宜大于 60 m。

②搅拌头每旋转一周，提升高度不得超过 15 mm。

③搅拌头的直径应定期复核检查，其磨耗量不得大于 10 mm。

④当搅拌头到达设计桩底以上 1.5 m 时，应开启喷粉机提前进行喷粉作业；当搅拌头提升至地面下 500 mm 时，喷粉机应停止喷粉。

⑤成桩过程中，因故停止喷粉，应将搅拌头下沉至停灰面以下 1 m 处，待恢复喷粉时，再喷粉搅拌提升。

⑥水泥土搅拌桩干法施工机械必须配置经国家计量部门确认的具有能瞬时检测并记录出粉体积计量装置及搅拌深度自动记录仪。

7.1.6 旋喷桩

旋喷桩的施工技术如下所述。

(1)施工前，应根据现场环境和地下埋设物的位置等情况，复核旋喷桩的设计孔位。

(2)旋喷桩的施工工艺及参数应根据土质条件、加固要求，通过试验或根据工程经验确定。单管法、双管法高压水泥浆和三管法高压水的压力应大于 20 MPa，流量应大于 30 L/min，气流压力宜大于 0.7 MPa，提升速度宜为 0.1～0.2 m/min。

(3)旋喷注浆，宜采用强度等级为 42.5 级的普通硅酸盐水泥，可根据需要加入适量的外加剂及掺合料。外加剂和掺合料的用量，应通过试验确定。

(4)水泥浆液的水灰比宜为 0.8～1.2。

(5)旋喷桩的施工工序为：机具就位、贯入喷射管、喷射注浆、拔管和冲洗等。

(6)喷射孔与高压注浆泵的距离不宜大于 50 m。钻孔位置的允许偏差应为±50 mm。垂直度允许偏差应为±1%。

(7)当喷射注浆管贯入土中，喷嘴达到设计高程时，即可喷射注浆。在喷射注浆参数达到规定值后，随即按旋喷的工艺要求，提升喷射管，由下而上旋转喷射注浆。喷射臂分段提升的搭接长度不得小于 100 mm。

(8)对需要局部扩大加固范围或提高强度的部位，可采用复喷措施。

(9)在旋喷注浆过程中出现压力骤然下降、上升或冒浆异常时，应查明原因并及时采取措施。

(10)旋喷注浆完毕，应迅速拔出喷射管。为防止浆液凝固收缩影响桩顶高程，可在原孔位采用冒浆回灌或第二次注浆等措施。

(11)施工中应做好废泥浆处理，及时将废泥浆运出或在现场短期堆放后作土方进行运出。

(12)施工中应严格按照施工参数和材料用量施工，用浆量和提升速度应采用自动记录装置，并做好各项施工记录。

7.2 基桩检测

随着铁路建设工程的快速发展，桩基础得到了广泛应用。基桩可以把上部荷载传递到较深和较好的土层，但它是隐蔽工程，施工难度大，质量问题易被隐藏，尤其是灌注桩，由于地质条件、地下水、施工工艺、施工管理水平和人员素质的差异等因素，更容易发生隐性质量问题。正因为基桩是传递并承受上部荷载的重要结构，其质量直接影响桥梁、路基等整体结构安全，所以基桩检测工作是整个桩基工程中不可缺少的环节。

传统的基桩质量检测方法是通过静载试验和钻芯法进行。但是，随着灌注桩桩径和桩长的日益增大、承载力要求的日益提高，对加载设备的要求也显著提高。只进行传统静载试验和钻芯法检测不但费用高，检测频度也很难满足工程建设的高精度需要。因此，为了有效解决桩基工程质量的检测评价，利用理论和实践渐趋成熟的动测技术势在必行。与传统的检测方法（静载法、钻芯法）相比，动测法对检测人员的素质经验与理论水平要求高。基桩检测应尽量采用动测法与传统检测方法相结合，才能弥补单一检测方法的不足，科学、客观、正确地评定基桩成桩质量，避免误判。因此，统一基桩检测方法，使基桩检测技术标准化、规范化，才能促进基桩检测技术进步，提高检测工作质量，保证精度，减少费用，缩短工期，为设计和施工验收提供可靠依据，确保工程质量。

7.2.1 基桩检测技术

本节所指的基桩是指混凝土灌注桩、CFG 桩、混凝土预制桩、预应力管桩。其他类型的桩基检测技术可参照《建筑基桩检测技术规范》(JGJ 106—2014)等相关规范、规定及各类基桩的技术要求执行。

基桩的承载力和桩身完整性是基桩质量检测中的两项重要内容。单桩承载力检测是确定桩基承担荷载的能力。检测试验又包括为设计提供依据，确定单桩极限承载力值；检验工程桩承载力是否满足设计使用要求。桩身完整性检测是检验桩基础施工质量，发现由于特殊地质条件和施工质量造成的缺陷桩，评价工程桩桩身质量，并借助其他检测手段验证和判断存在缺陷的性质、位置以及对桩基础承载力是否造成影响。

1. 高速铁路基桩检测相关技术标准

高速铁路混凝土桩桩身质量检测及验收，应严格执行《高速铁路桥涵工程施工质量验收标准》(TB 10752—2018)、《高速铁路桥涵工程施工技术规程》(Q/CR 9603—2015)、《铁路工程基桩检测技术规程》(TB 10218—2019)。所有混凝土灌注桩桩身质量均应进行检测及验收。

2. 基桩检测方法及分类

目前，高速铁路常用桩基础基桩检测主要有低应变反射波法、声波透射法、高应变法、钻芯法、单桩竖向抗压静载试验、单桩竖向抗拔静载试验、单桩水平静载试验等。

(1)低应变反射波法

采用低能量瞬态激振方式对桩顶施加冲击荷载，实测桩顶部的加速度(或速度)时程曲线，通过波动理论的时域频域分析，对桩身完整性进行判定的检测方法。

本方法适用于检测规则截面混凝土桩的桩身完整性，判定桩身缺陷的程度及位置。

本方法检测的基桩桩径应小于 2.0 m，桩长一般不大于 40 m；检测地基处理桩(如 CFG 桩、管桩、素混凝土桩等)时，检测桩长不宜大于 20 m 或长径比不宜大于 40。当现场组织试验时，其桩长标准可根据现场试验数据确定。

对桩身截面多变或变化幅度较大的灌注桩，应采用其他方法辅助验证低应变反射波法检测结果。如试桩时发现因土阻抗或桩身截面多变造成低应变无法识别或不能有效判定桩身完整性时，应埋设声测管，采用声波透射法检测。

(2)声波透射法

在桩身预埋声测管之间发射并接收声波，通过实测声波在混凝土介质中传播的声时、频率和波幅衰减等声学参数的相对变化，对桩身完整性进行判定的检测方法。

本方法适用于检测混凝土灌注桩桩身缺陷位置、范围和程度，判定桩身完整性类别。

桩径大于等于 2 m 或桩长大于 40 m 或复杂地质条件下的基桩应采用声波透射法检测。当现场组织试验时，其桩长标准可根据试验数据确定。

(3)高应变法

高应变法为在桩顶施加高能量冲击荷载，实测桩顶部的速度—力时程曲线，通过波动理论分析，对单桩竖向抗压承载力和桩身完整性进行判定的检测方法。

本方法适用于检测预制桩及混凝土灌注桩的竖向抗压承载力和桩身完整性；检测预制桩打入时的桩身应力和锤击能量传递比，为沉桩工艺参数及桩长选择提供依据。

(4)钻芯法

用钻机钻取桩身混凝土及桩底持力层芯样，判定桩身完整性及桩底岩土性状的检测方法。

钻芯法适用于检测混凝土灌注桩桩长、桩身混凝土强度、桩底沉渣厚度，鉴别桩端岩土性状，判定或验证桩身完整性类别。当采用本方法判定或鉴别桩端持力层岩土性状时，钻探深度应满足设计要求。

(5)静载试验

在桩顶部逐级施加竖向压力、竖向上拔力或水平推力，观测桩顶部随时间产生的沉降、上拔位移或水平位移，以确定相应的单桩竖向抗压承载力、单桩竖向抗拔承载力或单桩水平承载力的试验方法。

单桩竖向抗压静载试验，适用于检测混凝土桩及软基处理作为竖向增强体的单桩的竖向抗压承载力，宜采用慢速维持荷载法；当有成熟的地区经验时，工程桩验收检测可采用快速维持荷载法。当埋设有相应的测试元件时，本方法也可用于桩身应力、桩侧摩阻力和桩端阻力的测试。

单桩竖向抗拔静载试验，适用于检测单桩的竖向抗拔承载力，试验方法为慢速维持荷载法。当埋设有桩身应力、应变测量传感器时，或桩端埋设有位移测量杆时，可直接测量桩侧抗拔摩阻力或桩端上拔量。

单桩水平静载试验，适用于桩顶自由时的单桩水平静载试验，用于检测桩顶自由时的单桩水平承载力，推定地基土抗力系数的比例系数。当埋设有桩身应变测量传感器时，可测量相应水平荷载作用下的桩身应力，并由此计算桩身弯矩。

3. 基桩检测的一般规定

(1)铁路工程基桩检测应根据检测目的合理地选择检测方法。

在具体选择检测方法时，应根据检测目的、内容和要求，结合各检测方法的适用范围和检测能力，考虑设计、地质条件、施工因素和工程重要性等情况确定。

(2)基桩完整性及承载力检测应在桩顶设计高程位置进行。

为保证检测结果的准确性与可靠性，避免因桩顶超灌部分的质量问题造成误判或检测完毕后机械开挖等因素对桩头的破坏，从工程安全的角度出发，基桩完整性及承载力检测应在桩顶设计高程位置进行。

(3)基桩检测开始时间应符合下列规定：

当采用低应变反射波法或声波透射法检测时，受检桩桩身混凝土强度不得低于设计强度的70%且桩身强度应不低于15 MPa。

单桩静载试验与高应变法检测前桩身混凝土强度应达到设计强度外，桩侧和桩端土的间歇时间尚应满足下列要求：对打入桩，砂土7 d，粉土10 d，非饱和黏性土15 d，饱和黏性土25 d；对于泥浆护壁混凝土灌注桩，宜较上述规定适当延长间歇时间。

(4)基桩完整性及承载力检测数量应符合铁路工程设计和相关验收标准的要求；对于抽样检测工程，检测前应制定明确的抽样原则或方法。

(5)当对检测结果有怀疑或有争议时，可进行验证检测。

对低应变反射波法检测结果有怀疑或争议时，可采用钻芯法、高应变法或直接开挖进行验证；对声波透射法检测结果有怀疑或争议时，可采用钻芯法或直接开挖进行验证；低应变反射波法和声波透射法具有使用方便、速度快等特点，但都属于间接法，方法本身存在一定局限性。当遇到难于定论的情况时，应采用直接法如钻芯法、静载法、现场开挖法验证。

此外，当钻芯法进行验证时，可结合孔内摄像进行辅助验证；对高应变法提供的单桩承载力有怀疑或争议时，应采用静载试验验证，并应以静载试验的结果为准。

(6)当抽样检测结果不满足设计要求时，应对同一批次进行扩大抽检。当采用低应变反射波法检测桩身完整性时，按所发现Ⅲ、Ⅳ类桩的桩数加倍抽检；单桩承载力或钻芯法抽检结果不满足设计要求时，应分析原因并按不满足设计要求的桩(点)数加倍抽检。

7.2.2 检测方法及原理

本节着重介绍软土地基最常用的三种检测方法，即低应变反射波法、声波投射法和钻芯法。

1. 低应变反射波法

低应变反射波法(瞬态激振时域频域分析法)是目前国内外使用最广泛的一种基桩无损检测方法，它采用瞬态激振方式，通过实测桩顶加速度或速度信号的时域、频域特征，借一维弹性波动理论分析来判定基桩桩身完整性，其中包括桩身存在的缺陷位置及其影响程度。

该方法是建立在一维杆波动理论的基本原理上，将桩等价为一细长的杆，当横截面积为A，杨氏模量为E，质量密度为ρ的均质弹性体桩受到一纵向锤击力时，由平衡关系及虎克定律可得桩的纵向运动方程：

$$\frac{\partial^2 u}{\partial t^2}-c^2\frac{\partial^2 u}{\partial x^2}=0 \tag{7.1}$$

式中 c——沿桩身传播的纵波波速，$c=E\rho$。

测量传感器应安装在桩顶面，传感器安装点及其附近不得有裂缝或浮动砂粒存在，具体如图 7.14 和图 7.15 所示。

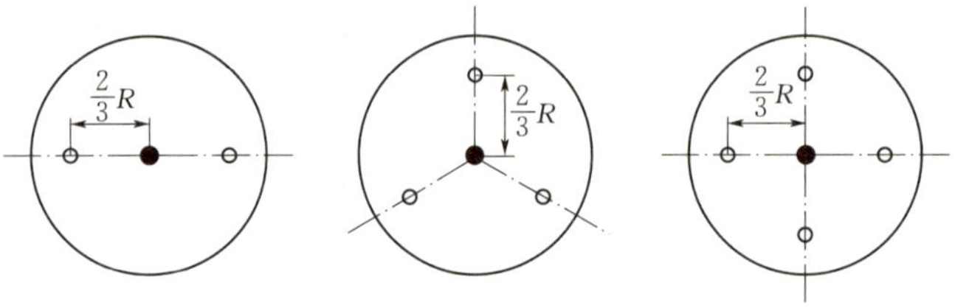

● 激振点
○ 传感器安装点

$D\leqslant0.8$ m　　0.8 m$<D\leqslant1.25$ m　　1.25 m$<D<2.0$ m

图 7.14 实心桩不同桩径激振点和传感器安装点布置示意图

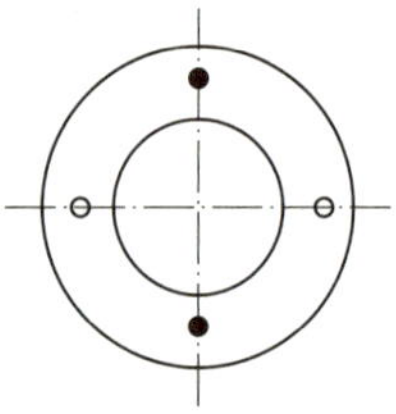

● 激振点
○ 传感器安装点

图 7.15 空心桩激振点和传感器安装点布置示意图

工作流程如图 7.16 所示。采用小能量锤对桩顶进行锤击，激发弹性波，弹性波沿桩身向下传播，当遇到波阻抗界面（桩底、桩身缺陷、桩身几何面积变化等）时，产生反射和透射，由安装在桩顶的速度或加速度传感器接收来自桩身的反射波信号，对反射波信号进行时域和频域的分析，对桩身的完整性进行评价，评价标准依据规程规定进行。

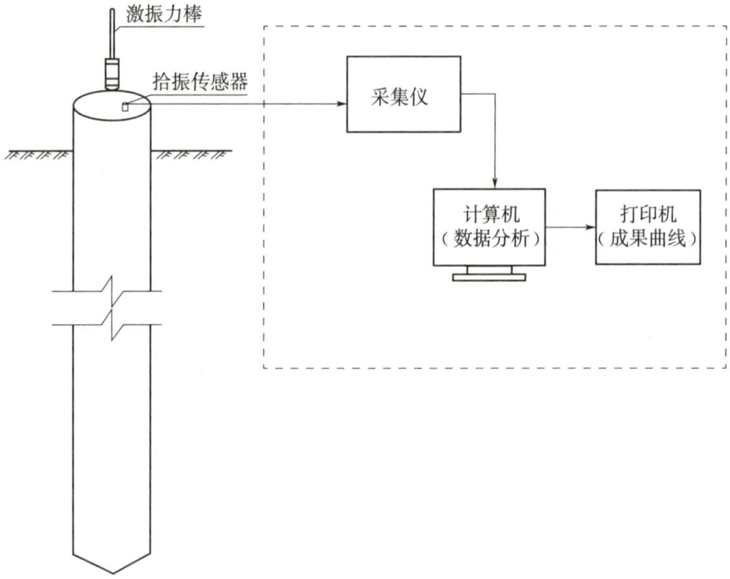

图 7.16 低应变检测示意图

桩顶激振产生的下行压缩波在桩身波阻抗发生变化处会产生上行反射波。在某一桩身截面处波阻抗降低，如缩颈、松散、离析、夹泥或断裂等缺陷，反射波与入射波的相位相同；在某一桩身截面处波阻抗增大，如扩径或桩身嵌岩等，反射波与入射波的相位相反。对于桩身不同类型的缺陷，低应变测试信号主要反映桩身波阻抗减小的信息，缺陷的具体类型较难区分。应结合地质、施工情况综合分析。

一维理论要求应力波在桩身中传播时平截面假定成立，所以对混凝土竹节桩、挤扩支盘灌注桩和类似于 H 型钢桩的异型桩，本方法不适用。

由于桩的尺寸效应、测试系统的幅频相频响应、高频波的弥散、测试误差等造成的实测波形畸变，以及桩侧土阻力和桩身阻尼的耦合影响因素的存在，本方法对桩身缺陷只作定性判定。

2. 声波透射法

声波透射法是在桩身预埋一定数量的声测管，通过水的耦合，声波从一根声测管中发射，在另一根声测管中接收，可测出被测混凝土介质的声学参数。当桩身混凝土质量存在缺陷时，接收波的声时、波幅、主频及波形特征会发生变化，通过对波的声学参数进行分析，判断混凝土桩的完整性及缺陷的位置、范围和程度。

声波透射法检测准确可靠，不受桩长、长径比的限制，可准确评价长大桩的完整性。为了确保检测的准确性以及经济合理性，规定桩径大于等于 2 m 或桩长大于 40 m 或复杂地质条件下的基桩，应采用声波透射法检测，当现场组织试验时，其桩长标准可根据试验数据确定。

声测管应采用金属管，内径不小于 40 mm，壁厚不小于 3.0 mm。声测管布设方式如图 7.17 所示。

桩身直径 $D \leqslant 0.8$ m 时，应埋设不少于 2 根声测管；当 $0.8\ \text{m} < D \leqslant 1.6$ m 时，应埋设不少于 3 根声测管；当 $D > 1.6$ m 时，应埋设不少于 4 根声测管。

声测管下端封闭、上端加盖，管内无异物，连接处应光滑过渡，不漏水。管口应高出桩顶 100 mm 以上，且各声测管管口高度宜一致。

声测管采用焊接或绑扎形式固定在主钢筋内侧，保证声测管垂直并相对平行，可采用相隔一定距离焊接支撑架的方法，声测管在桩中位置应等分桩的圆周。

声测管的连接应尽量采用丝扣连接，以保证声测管内的顺直通畅。声测管底部与桩底等齐。在埋设过程中，应检查声测管是否畅通，并事先灌满清水，做好管底封闭、管口加盖等工作。声测管以线路大里程方向的顶点为起始点，按顺时针旋转方向呈对称形状布置并进行编号，如图 7.18 所示。

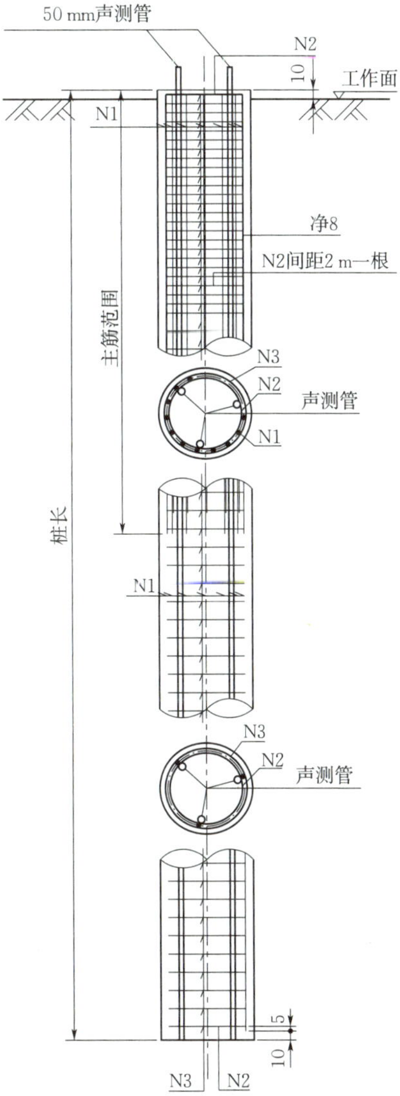

图 7.17　声测管布设方式(单位:cm)

利用超声脉冲波检测混凝土缺陷是依据脉冲波在混凝土传播中遇到缺陷时产生绕

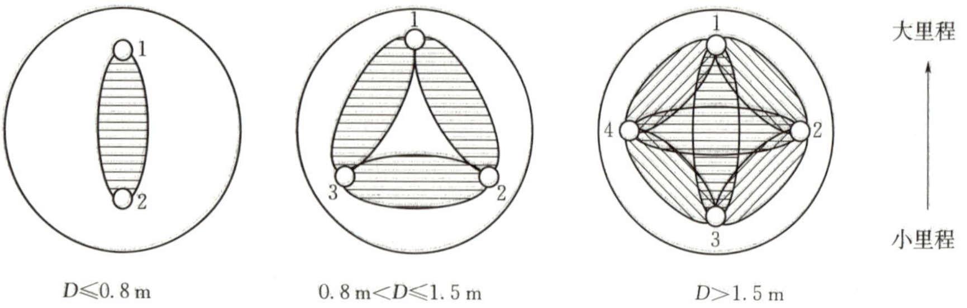

图 7.18 声测管平面布置示意图

射，可根据声时及声程的变化，判别和计算缺陷的大小；在缺陷界面产生散射和反射，到达接受换能器的声波能量(波幅)显著减小，可根据波幅变化的程度判别缺陷的性质和大小；同时各频率成分在缺陷界面衰减程度不同，接收信号的频率明显降低，可根据接收信号主频或频率谱的变化分析判别缺陷情况；超声脉冲波通过缺陷时，部分声波会产生路径和相位变化，不同路径或不同相位的声波叠加后，造成接收信号波形畸变，可参考畸变波形分析判断缺陷。

当混凝土的组成材料、工艺条件、内部质量及测试距离一定时，各测点超声传播速度、首波幅度和接收信号主频等声学参数一般无明显差异。

如果某部分混凝土存在空洞、不密实或裂缝等缺陷，破坏了混凝土的整体性，通过该处的超声波与无缺陷混凝土相比较，声时明显偏长，波幅和频率明显降低。超声法检测混凝土缺陷，正是根据这一基本原理，对同条件下的混凝土进行声速、波幅和主频率等声学参量测量值的相对比较，从而判断混凝土的缺陷情况。

3. 钻 芯 法

钻芯法是一种微破损或局部破损检测方法，可以检测桩身混凝土质量、强度，可准确检测施工桩长、桩底沉渣厚度和桩端持力层岩土性状及厚度，判定或验证桩身完整性类别。

钻取基桩芯样宜采用液压操纵的钻芯机。为了保证芯样质量，除采用符合要求的钻芯机外，还应采用金刚石钻头和符合现行国家专业标准《人造金刚石薄壁钻头》(JC/T 816—1985)要求的钻头进行取样。

每根受检桩的钻芯孔数和钻孔位置宜符合下列规定：

(1)桩径不大于 1.25 m 的桩钻 1 孔，桩径为 1.25 m$<D\leqslant$2.0 m 的桩钻 2 孔，桩径大于 2.0 m 的桩钻 3 孔。

(2)当钻芯孔为一个时，宜在距桩中心 10～15 cm 的位置开孔；当钻芯孔为两个或两个以上时，开孔位置宜在距桩中心 0.15～0.25 倍桩径内均匀对称布置。

(3)对桩底持力层的钻探，每根受检桩不应少于一孔，且钻探深度应满足设计要求。

混凝土芯样试件抗压强度代表值应按一组三块试件强度值的平均值确定。同一受检桩同一深度部位有两组或两组以上混凝土芯样试件抗压强度代表值时，取其平均值作为该桩该深度处混凝土芯样试件抗压强度代表值。受检桩中不同深度位置的混凝土芯样试件抗压强度代表值中的最小值为该桩混凝土芯样试件抗压强度代表值。

基桩成桩质量应按单桩进行评价，不应根据几根桩的钻芯结果对整个工程桩基础进行评价。钻芯法检测时，对混凝土单桩进行成桩质量评定，除桩身完整性和芯样试件抗压强度代表值外，根据需要还应判断桩底沉渣厚度、桩端持力层岩土性状是否满足或达到设计及规范要求。

桩端持力层性状应根据芯样特征、岩石芯样单轴抗压强度试验、动力触探或标准贯入试验结果，综合判定桩端持力层岩土性状。

7.2.3 基桩完整性评定标准

桩身完整性检测评定应提出每根受检桩的桩身完整性类别结论。桩身完整性分类应符合表7.2和各类检测方法技术内容划分的评定标准，见表7.3～表7.6。

表7.2 桩身完整性类别表

桩身完整性类别	分类原则
Ⅰ类桩	桩身完整
Ⅱ类桩	桩身存在轻微缺陷，不会影响桩身结构承载力的正常发挥
Ⅲ类桩	桩身存在明显缺陷，对桩身结构承载力有影响
Ⅳ类桩	桩身存在严重缺陷

表7.3 低应变反射波法评定标准

时域信号特征	幅频信号特征	判定
$2L/c$ 时刻前无缺陷反射波，有桩底反射波	桩底谐振峰排列基本等间距，其相邻频差 $\Delta f \approx c/2L$	Ⅰ类桩
$2L/c$ 时刻前出现轻微缺陷反射波，有桩底反射波	桩底谐振峰排列基本等间距，轻微缺陷产生的谐振峰之间的频差 $\Delta f > c/2L$	Ⅱ类桩
$2L/c$ 时刻前有明显缺陷反射波	缺陷谐振峰排列基本等间距，相邻频差 $\Delta f > c/2L$	Ⅲ类桩
$2L/c$ 时刻前出现严重缺陷反射波或周期性缺陷反射波，无桩底反射波；或因桩身浅部严重缺陷使波形呈现低频大振幅衰减振动，无桩底反射波；或按平均波速计算的桩长明显短于设计桩长	缺陷谐振峰排列基本等间距，相邻频差 $\Delta f > c/2L$，无桩底谐振峰；或因桩身浅部严重缺陷只出现单一谐振峰，无桩底谐振峰	Ⅳ类桩

注：相关参数详见《铁路工程基桩检测技术规程》(TB 10218—2019)。

表7.4 声波透射法评定标准

特征	判定
各检测剖面的声学参数均无异常，无声速低于低限值异常	Ⅰ类桩
某一检测剖面个别测点的声学参数出现异常，无声速低于低限值异常	Ⅱ类桩
某一检测剖面连续多个测点的声学参数出现异常； 50%及以上检测剖面在同一深度测点的声学参数出现异常； 局部混凝土声速出现低于低限值异常	Ⅲ类桩
某一检测剖面连续多个测点的声学参数出现明显异常； 50%及以上检测剖面在同一深度测点的声学参数出现明显异常； 桩身混凝土声速出现普遍低于低限值异常或无法检测首波或声波接收信号严重畸变	Ⅳ类桩

表 7.5 高应变法评定标准

β值	判 定	β值	判 定
$\beta=1.0$	Ⅰ类桩	$0.6\leqslant\beta<0.8$	Ⅲ类桩
$0.8\leqslant\beta<1.0$	Ⅱ类桩	$\beta<0.6$	Ⅳ类桩

注：β为桩身完整性系数，详见《铁路工程基桩检测技术规程》(TB 10218—2019)。

表 7.6 钻芯法评定标准

特 征	判 定
混凝土芯样连续、完整、表面光滑、胶结好、骨料分布均匀、呈长柱状、断口吻合，仅见少量气孔	Ⅰ类桩
混凝土芯样连续、完整、胶结较好、骨料分布基本均匀、呈柱状、断口基本吻合，局部见蜂窝、麻面、沟槽	Ⅱ类桩
大部分混凝土芯样胶结较好，无松散、夹泥、严重离析或分层现象，但有下列情况之一： 局部混凝土芯样破碎且破碎长度小于 10 cm； 骨料分布不均匀； 多呈短柱状或块状； 蜂窝、麻面、沟槽连续	Ⅲ类桩
局部混凝土芯样破碎且破碎长度大于 10 cm； 混凝土芯样任一段松散、夹泥、严重离析或分层； 钻进困难或无法钻进	Ⅳ类桩

Ⅰ类、Ⅱ类桩为合格桩；Ⅲ类桩需由工程建设方与设计方等单位研究，以确定处理方案或继续使用；Ⅳ类桩为不合格桩。

7.2.4 检测方法适用范围及组织模式

1. 适用范围

基桩检测的目的是确保桩基工程的质量，而桩基工程的质量，除和基桩本身的质量有关外，还与地质条件、桩的承载性状、桩型、基础和上部结构的型式等设计条件，以及施工工艺、施工过程的质量控制、施工质量的均匀性、施工方法的可靠性等施工因素密切相关。另外，检测得到的数据和信号也包括了诸如地质条件、桩身材料、桩周土的间歇时间等设计和施工因素的作用和影响，这些也直接决定了所选择的检测方法是否适用和经济，及所选择的受检桩是否具有代表性等。

不同的检测方法在可靠性和经济性均存在一定的局限性，应根据检测目的、不同检测方法的适用范围，综合考虑地质条件、基桩类型、结构尺寸、各种检测方法的特点等因素合理选定，做到安全适用、数据准确、技术先进、经济合理。必要时，还应考虑各种方法合理搭配、优势互补，使各种检测方法能互为补充或验证。

低应变(瞬态时域频域分析法)和声波透射法的应用范围可根据《铁路工程基桩检测技术规程》(TB 10218—2019)参照对比试验结论部分，提出检测方案。钻探取芯作为一种有效的辅助检测方法，可采用按约定比例抽检或者对疑问桩、争议桩检测判定。

2. 高速铁路施工基桩检测组织模式

按照高速铁路建设的组织模式，基桩检测工作一般由设计、施工、监理以外的有资质的第三方检测机构承担。

7.3 基桩试桩技术

铁路工程中每根桩的承载能力能否满足设计要求，设计的桩长、桩径是否恰当，直接影响着基础工程的安全性和经济性。此外，桩基础作为地面下隐蔽工程，它的质量同施工工艺有极为密切的关系，一些新工艺一般都是通过荷载试验的检验鉴定才获得推广应用。因此，桩基础的荷载试验对设计、施工中对沉降量的控制有着重要的意义。

桩基静载试验包括单桩竖向抗压静载试验、单桩竖向抗拔静载试验和单桩水平静载试验。

7.3.1 概　　述

高速铁路桥梁大量采用钻孔桩基础，相关的设计参数(如极限摩阻力)如何取值，是否与普通铁路桥梁桩基础相同，是高速铁路桥梁基础设计的基本问题，直接关系到高速列车的运行安全。鉴于软土地基桩基础对高速铁路列车荷载的反应更为敏感，京沪高速铁路桥梁基础的早期研究就是从深厚软弱地基桩基础开始的。

1997 年，铁道部组织进行了《高速铁路深厚软弱地基上桥梁基础合理形式及设计研究》，采集了苏锡常地区软土地质钻孔土样，在试验室内进行模拟软土桩基动静载试验。为了更充分了解软土地基桥梁桩基础在高速列车动荷载长期作用下的工作性状，在京沪高速昆山试验段现场开展了软土地基桥梁桩基础单桩竖向动静载试验研究工作。其后，在秦沈客运专线、京津城际铁路、京沪高速铁路、京石客运专线等项目中，又陆续开展了一系列工程试桩工作，基本上摸清了大部分土层的工程特性，验证了依据目前规范体系的桩基础设计是安全和经济的，目前采用的施工工艺是可以保证成桩质量控制的。

目前在高速铁路上开展的试桩工作，一般是在特殊地基、特殊地质地段采用，多用于科学研究。

7.3.2 单桩竖向抗压静载试验

本方法适用于检测单桩的竖向抗压承载力。试验方法分为慢速和快速维持荷载法，当有成熟的地区经验时，工程桩验收检测可采用快速维持荷载法。当埋设有相应的测试元件时，本方法也可用于桩身应力、桩侧摩阻力和桩端阻力的测试。

(1)通过单桩竖向抗压极限荷载和竖向位移的测试，确定单桩竖向抗压极限承载力；

(2)测定桩身、桩端的应力、应变，分析桩身轴力分布特性，演算在各级荷载作用下的桩周主要土层的摩阻力和端阻力；

(3)根据确定的单桩轴向极限荷载和轴力分布特性，演算试桩桩周各主要土层的极限摩阻力和极限端阻力，进行荷载传递、位移特性的综合分析。

试验桩身龄期达到 28 d，且对试桩的成桩质量进行评价合格后方可进行竖向抗压静载荷试验。

1. 试验加载装置

试验加载装置一般使用一台或多台油压千斤顶并联同步加载，采用两台以上千斤顶加载时，要求千斤顶型号、规格相同，且合力中心与桩轴线重合。

静载试验加载反力装置可根据现场条件选择，主要有锚桩横梁反力装置、压重平台反力装置和锚桩压重联合反力装置三种模式。加载反力装置宜按预估最大荷载量的 1.3 倍设计，在最大试验荷载作用下，加载反力装置的全部构件不应产生过大的变形，应有足够的安全储备。当采用锚桩横梁反力装置时，锚桩数量不宜少于 4 根，还应对锚桩抗拔力、钢筋与焊缝的抗拉强度进行验算，应监测锚桩上拔量。当采用压重平台反力装置时，压重宜在检测前一次加足，并均匀稳固地放置于平台上，压重施加于地基的压应力不宜大于地基承载力特征值的 1.5 倍。

2. 试桩要求

对工程桩质量验收抽样检测时，最大有效加载量不应小于设计要求的单桩承载力特征值的 2.0 倍；为设计提供依据的试验桩，应加载至破坏；设计另有规定时，按设计规定执行。

(1)试桩宜结合设计、施工等因素合理选择。为设计提供依据的工艺性试桩其成桩工艺和质量控制标准应与工程桩一致。

(2)桩顶部宜高出试坑底面 10 cm，试坑底面宜与桩承台底高程一致。试桩顶部一般应采用混凝土加固，混凝土强度等级不得低于检测桩的强度，并在桩顶配置加密钢筋网 2～3 层，或以薄钢板圆筒做成加劲箍与桩顶混凝土浇成一体，用高强度等级砂浆将桩顶抹平。

(3)在试桩前后宜对试验桩进行桩身完整性检测。

(4)对作为锚桩用的灌注桩或有接头的混凝土预制桩，在试桩前后对其进行桩身完整性检测。

3. 试验加卸载规定

(1)加载应分级进行，采用逐级等量加载；分级荷载宜为最大加载量或预估极限承载力的 1/10，其中第一级可取分级荷载的 2 倍。

(2)卸载应分级进行，每级卸载量取加载时分级荷载的 2 倍，逐级等量卸载。

(3)加、卸载时应使荷载传递均匀、连续、无冲击，每级荷载在维持过程中的变化幅度不得超过分级荷载的±10%。

慢速维持荷载法是我国公认且已沿用多年的标准试验方法，也是铁路工程桩竖向抗压承载力验收检测的唯一标准试验方法。对于工程桩验收，可采用快速维持荷载法，快速维持荷载法的每级荷载维持时间至少为 1 h，是否延长维持荷载时间应根据桩顶沉降收敛情况确定。

本节以慢速维持荷载法为例，介绍单桩竖向抗压静载试验相关内容和要求。慢速维持荷载法由反力钢梁、锚桩、锚拉筋组成反力系统，如图 7.19 所示。

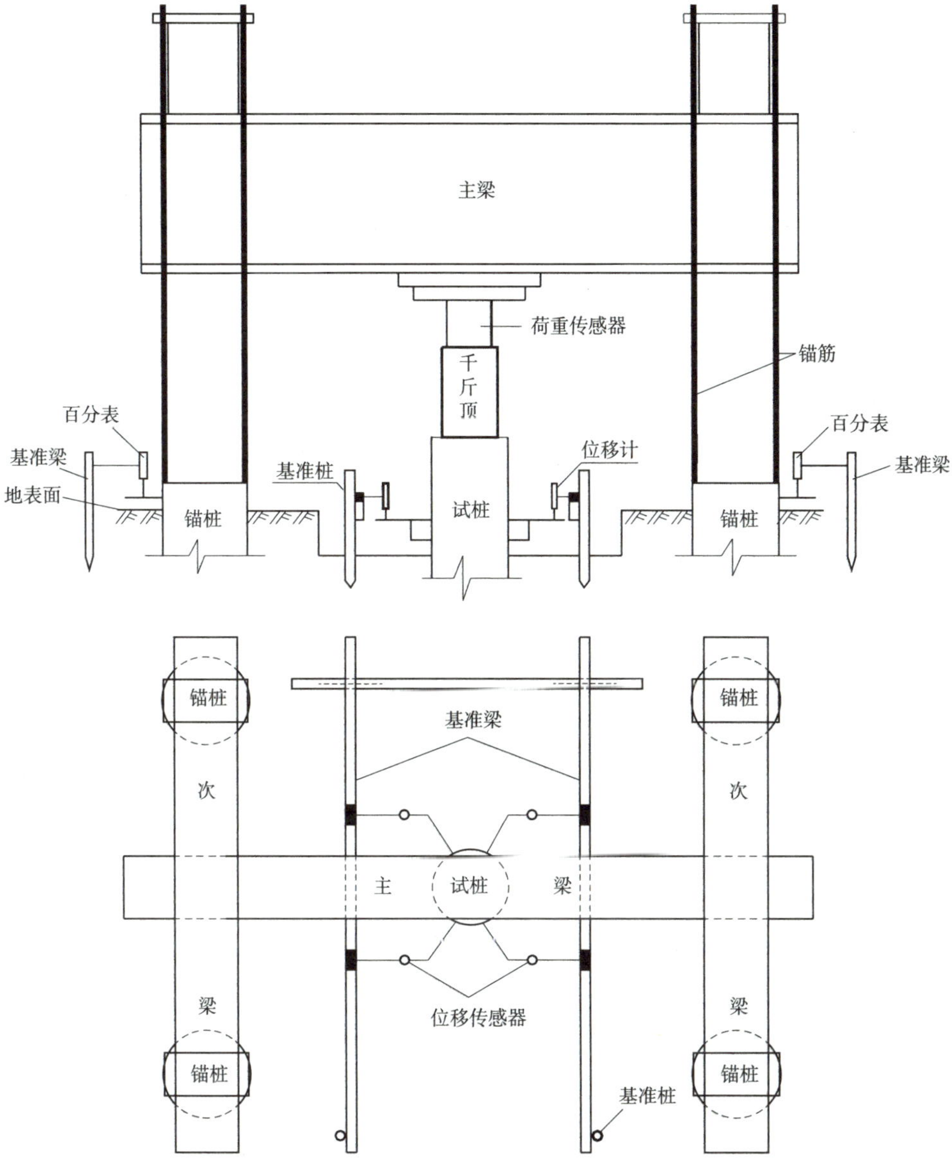

图 7.19 慢速维持荷载法系统

4. 试验原理及加载

通过反力系统，由液压油泵及千斤顶施加荷载至桩顶，对桩顶施加竖向压力。荷载逐级加在桩顶上，通过放置在千斤顶上的荷重传感器检测荷载并即时在主机上显示桩顶所受荷载大小。试验系统自动补载、自动判稳。流量自动控制器控制油泵，使加载、补载平缓进行。桩身产生变形沉降时，通过放置在桩头对称分布的电子位移传感器随时记录各级荷载作用下桩顶的沉降量。电子位移传感器由磁力表座固定在基准梁上，基准梁为 2 根 10 m 长 120 型槽钢制作。基准梁两端由基准桩固定，基准桩距离试桩中心距为 5 m。

试验加载分级进行，每级加载量为单桩设计容许承载力的 1/5，第一级按 2 倍分级荷载加荷。

每级加载后，间隔 5 min、10 min、15 min 各测读一次，以后每隔 15 min 测读一次，1 h 以后，每 30 min 测读一次，直至达到稳定标准。

每 1 h 的沉降不超过 0.1 mm，认为已达到相对稳定，可加下一级荷载。

当出现下列情况之一时，即可终止加载：

(1)在某级荷载作用下，桩的沉量大于前一级荷载作用下沉降量的 5 倍。

(2)某级荷载作用下，桩的沉降量大于前一级荷载作用下沉降量的 2 倍，且经过 24 h 尚未达到相对稳定标准。

(3)已超过设计允许承载力的 2 倍，且已达到反力系统提供的最大反力值。

为了确保试验安全，锚桩按试验分担的最大上拔荷载和必要的安全度来设计。试验时在锚桩桩顶安置百分表，测读锚桩上拔量。

5. 桩身内力测试

在试验中的桩身中预先埋设应力测试元件，以测试桩身轴力在试验过程中的传递变化规律，计算桩周土层的摩阻力和桩端阻力。依据地质地层情况和设计要求，结合主要地层变化深度，沿桩身布设了若干个钢筋计观测断面(每断面 3 个钢筋计)，在桩端埋设钢弦式压力盒 3 个，如图 7.20 所示。

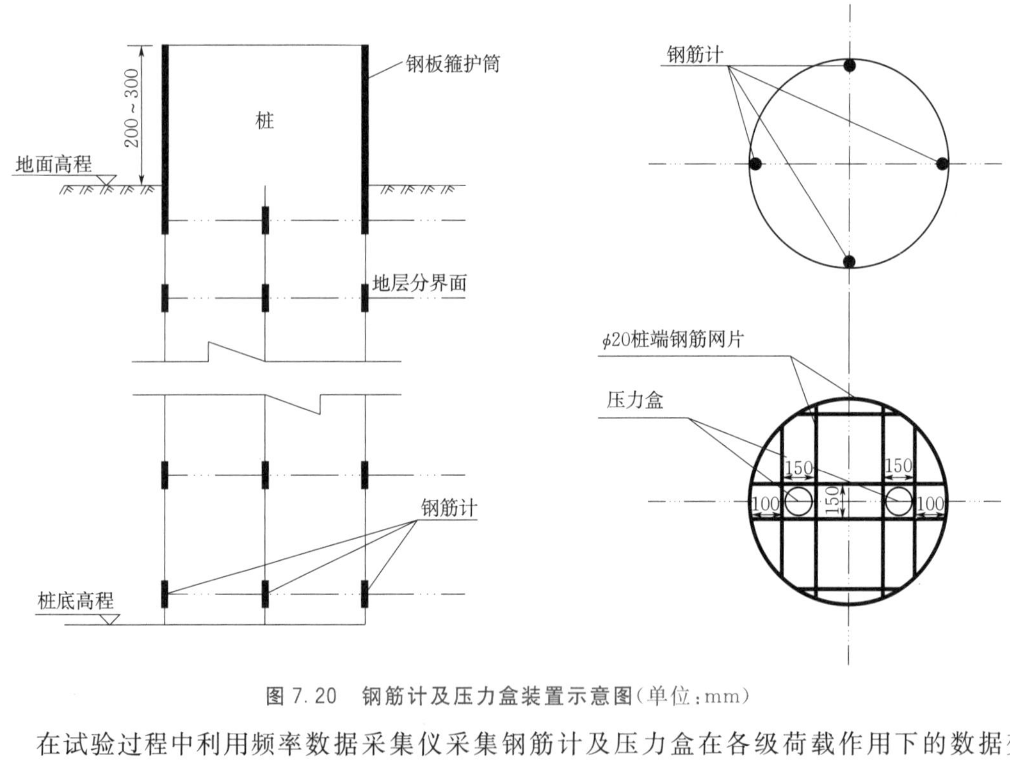

图 7.20 钢筋计及压力盒装置示意图(单位：mm)

在试验过程中利用频率数据采集仪采集钢筋计及压力盒在各级荷载作用下的数据变化，计算各土层的桩周土侧摩阻力、桩端阻力。

在单桩竖向抗压静载荷试验完成后，将各级荷载作用下标定断面钢筋计的实测频率值通过率定系数换算成实测钢筋应力，再计算出此断面处钢筋的应变。

根据施加的桩顶荷载、标定断面的桩身截面积，并按式(7.2)反演荷载作用下桩身混凝土的弹性模量：

$$E=\frac{Q_0}{\varepsilon_0\times A_{0p}} \tag{7.2}$$

式中 Q_0——荷载作用下标定断面的轴向力(桩顶荷载),kN;

ε_0——荷载作用下标定断面处轴向应变;

A_{0p}——标定断面的截面积,m^2;

E——荷载作用下桩身材料的弹性模量,MPa。

由不同荷载作用下桩身测量断面处的应变值、式(7.2)计算出的桩身材料弹性模量,根据式(7.3)计算试桩各测量断面不同荷载作用下的轴力值:

$$Q_i=\varepsilon_i E_i A_p \tag{7.3}$$

式中 Q_i——各级荷载作用下试桩各测量断面处轴向力,kN;

ε_i——各级荷载作用下试桩各测量断面处轴向应变;

A_p——试桩各测量断面的横截面积,m^2;

E_i——各级荷载作用下桩身材料的弹性模量,MPa。

按每级试验荷载下桩身不同断面处的轴力值制成表格,并绘制轴力分布图;再由桩顶荷载下对应的各断面轴力值,通过式(7.4)和式(7.5)计算桩侧土的分层摩阻力和端阻力。

$$q_{si}=(Q_i-Q_{i+1})/A_s \tag{7.4}$$

$$q_p=Q_n/A_0 \tag{7.5}$$

式中 q_{si}——桩第 i 截面与第 $i+1$ 截面间桩土侧摩阻力,kPa;

Q_i——试桩第 i 截面上的轴力,kN;

Q_{i+1}——试桩第 $i+1$ 截面上的轴力,kN;

A_s——试桩第 i 节桩的侧表面积,m^2;

q_p——桩的端阻力,kPa;

Q_n——桩端的轴力,kN;

A_0——桩端面积,m^2。

7.3.3 单桩竖向抗拔静载试验

本方法适用于检测单桩的竖向抗拔承载力,试验方法为慢速维持荷载法。当埋设有桩身应力、应变测量传感器或桩端埋设有位移测量杆时,可直接测量桩侧抗拔摩阻力或桩端上拔量。

单桩竖向抗拔静载试验是检测单桩竖向抗拔承载力最直观、可靠的方法。与抗压静载试验一样,拔桩试验也是采用了国内外惯用的慢速维持荷载法。

对工程桩抽样检测时,加载量不应小于设计要求的单桩抗拔承载力特征值的 2.0 倍。为设计提供依据的试验桩应加载至桩侧岩土阻力达到极限状态或桩身材料达到设计强度;当抗拔承载力受抗裂条件控制时,可按设计要求确定最大加载值。检测时的抗拔桩受力状态,应与设计规定的受力状态一致。预估的最大试验荷载不得大于钢筋的设计强度。

(1)工程桩验收检测时,要求加载量不低于单桩竖向抗拔承载力特征值 2 倍,旨在保证桩侧岩土阻力具有足够的安全储备。

(2)桩侧岩土阻力的抗力分项系数比桩身混凝土要大、比钢材要大很多,因此时常出现设计对抗拔桩有裂缝控制要求时,抗裂验算给出的荷载可能小于或远小于单桩竖向抗拔承载力特征值的2倍,因此试验时的最大上拔荷载只能按设计要求确定。设计对桩上拔量有要求时也如此。

(3)对于钢筋混凝土桩,最大试验荷载不得超过钢筋的强度设计值,以避免因钢筋拔断提前中止试验或出现安全事故。除此之外,检测单位应了解设计条件,如抗裂或裂缝宽度验算、作用和抗力的考虑(如抗浮桩设计时的设防水位、桩的浮容重、抗拔阻力取值等),这些因素会对抗拔桩的配筋和承载力取值产生影响。

对混凝土灌注桩、有接头的预制桩,宜在拔桩试验前及试验后采用低应变反射波法检测受检桩及锚桩的桩身完整性。为设计提供依据的抗拔灌注桩施工时应进行成孔质量检测,发现桩身中、下部位有明显扩径的桩不宜作为抗拔试验桩;对有接头的预制桩,应验算接头强度。

①在拔桩试验前,对混凝土灌注桩及有接头的预制桩采用低应变反射波法检查桩身质量,目的是防止因试验桩自身质量问题而影响抗拔试验成果。在静载试验中,有时会因桩身缺陷、桩身截面突变处应力集中或桩身强度不足造成桩身结构破坏,有时也因锚桩质量问题而导致试桩失败或中途停顿,故建议在试桩前后对试验桩和锚桩进行完整性检测,为分析桩身结构破坏的原因提供证据,并确定锚桩能否正常使用。对于混凝土桩的抗拔静载、水平静载或高应变试验,常因拉应力过大造成桩身开裂或破损,因此承载力检测完成后的桩身完整性检测比检测前更有价值。

②对抗拔试验的钻孔灌注桩在浇筑混凝土前进行成孔检测,目的是查明桩身有无明显扩径现象或出现扩大头,因这类桩的抗拔承载力缺乏代表性,特别是扩大头桩及桩身中下部有明显扩径的桩,其抗拔极限承载力远远高于长度和桩径相同的非扩径桩,且相同荷载下的上拔量也有明显差别。

③对有接头的PHC、PTC和PC管桩应进行接头抗拉强度验算。对电焊接头的管桩除验算其主筋强度外,还要考虑主筋墩头的折减系数以及管节端板偏心受拉时的强度及稳定性。墩头折减系数可按有关规范取0.92,而端板强度的验算则比较复杂,可按经验取一个较为安全的系数。

7.3.4 单桩水平静载试验

本方法适用于检测桩顶自由时的单桩水平承载力,推定地基土抗力系数的比例系数。当埋设有桩身应变测量传感器时,可测量相应水平荷载作用下的桩身应力,并由此计算桩身弯矩。

(1)通过单桩水平荷载和水平位移的测试,确定单桩水平极限承载力。

桩的水平承载力静载试验除了桩顶自由的单桩试验外,还有带承台桩的水平静载试验(考虑承台的底面阻力和侧面抗力,以便充分反映桩基在水平力作用下的实际工作状况)、桩顶不能自由转动的不同约束条件及桩顶施加垂直荷载等试验方法,也有循环荷载的加载方法。这些都可根据设计的特殊要求给予满足,并参考本方法进行。

(2)测定桩身在水平荷载作用下的应力、应变,确定试桩在各级水平荷载作用下的弯矩分布规律,绘制桩身弯矩分布图。

(3)确定地基土水平抗力系数的比例系数 m,进行水平荷载传递、水平位移特性的综合分析。

桩的抗弯能力取决于桩和土的力学性能、桩的自由长度、抗弯刚度、桩宽、桩顶约束等因素。试验条件应尽可能和实际工作条件接近,将各种影响降低到最小的程度,使试验成果能尽量反映工程桩的实际情况。通常情况下,试验条件很难做到和工程桩的情况完全一致,此时应通过试验桩测得桩周土的地基反力特性,即地基土的水平抗力系数。它反映了桩在不同深度处桩侧土抗力和水平位移之间的关系,可视为土的固定特性。根据实际工程桩的情况(如不同桩顶约束、不同自由长度),用它确定土抗力大小,进而计算单桩的水平承载力和弯矩。因此,通过试验求得地基土的水平抗力系数具有更实际、更普遍的意义。

竖向抗压静载荷试验结束后,待试桩停止三天后进行水平静载试验,以确保水平试验的数据的可靠性和代表性。

1. 试验原理及加荷观测系统

采用油压千斤顶施加水平力,水平力作用线应通过地面高程处(地面高程应与实际工程桩基承台底面高程一致)。荷载监控根据油压表和千斤顶的率定曲线进行。桩身产生水平位移时,通过对称安置在桩身上的大量程百分表进行观测(百分表安置在水平力的作用面上),如图 7.21 所示。

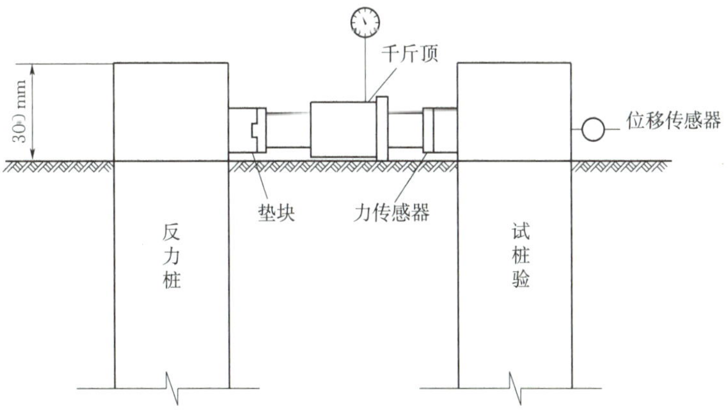

图 7.21 单桩水平载荷试验示意图

2. 荷载分级和试验加载方法

加载分 10～15 级进行,每级加载量为预估加载总量的 1/15～1/10。加载采用单向多循环加卸载法。

每级加载后,恒载 4 min 测读水平位移,然后卸载至零,停 2 min 测读残余水平位移,至此完成一个加载循环,如此循环 5 次便完成一级荷载的试验观测。加载时间应尽量缩短,测量位移的间隔时间应严格准确,试验不得中途停歇。

当桩身折断或水平位移超过 30～40 mm(软土取 40 mm)时,可终止加载。

3. 桩身应力测试

在试验桩的桩身中预先埋设应力测试元件，元件埋设方向与水平加荷方向一致，对称埋设。在水平载荷试验过程中利用数据采集仪采集应力元件在各级荷载作用下的数据变化。计算基桩在承受水平荷载时桩身的内力及弯矩分布。

7.4 软土地区基坑防护

在既有铁路或既有公路等建筑物旁进行基坑施工时，需对既有路基或既有桥涵等建筑物进行防护，以保证既有建筑物及施工的安全。根据以往铁路工程设计及施工经验，软土地区基坑防护类型主要有钢板桩、排桩等；对于受地下水影响的基坑可采用拉森钢板桩、钻孔桩后加搅拌桩形成止水帷幕防护方式。

一般情况下，基坑较浅（≤6 m），基坑土质较好（砂类土或黏性土内摩擦角在25°以上）时可采用钢板桩进行防护；地下水位较高时可以考虑采用拉森钢板桩进行防护。

当基坑较深，土质较差时应采用钻孔桩排桩防护形式。依据受力及基坑深度情况可选用直径1.0 m、1.25 m、1.5 m的钻孔桩。

当基坑四周均为排桩防护时，可在两相对的排桩顶部适当的位置，加以水平支撑，以减小桩长和桩顶位移。

当基坑四周防护桩高度不同时，可以采用不同直径的钻孔桩防护或采用不同形式的防护桩（如在较高的部位采用钻孔桩防护，而在较低的部位采用钢板桩防护）。

当地下水位较高时，基础施工要考虑基坑降水施工。为降低基坑以上主动土压力强度并起到止水作用，还可以在桩后和基坑底部进行注浆形成止水帷幕，或施作搅拌桩形成止水帷幕的施工方法。

以下主要介绍铁路工程软土地区基坑防护常用的钢板桩及混凝土灌注排桩，更多基坑防护措施可详见中国建筑工业出版社出版的《基坑工程手册》（第二版）及《建筑基坑支护技术规程》（JGJ 120—2012）等。

7.4.1 钢板桩防护

钢板桩属板式支护结构之一，不受地下水影响的基坑防护施工，常采用的钢板桩有工字钢、H型钢，钢管桩等；受地下水影响的基坑防护施工，采用止水钢板桩，止水钢板桩是一种带锁口或钳口的热轧（或冷弯）型钢。靠锁口或钳口相互连接咬合，形成连续的钢板桩墙，用来挡土和挡水，具有高强、轻型、施工快捷、环保、可循环利用的优点，铁路建设中常采用的止水钢板桩为“拉森”式（U形）钢板桩。钢板桩支护结构在我国铁路建设领域具有悠久的使用历史。

钢板桩支护结构由打入土层中的钢板桩围护体和内支撑或拉锚体系组成，以抵抗水、土压力并保持周围地层的稳定，确保地下工程施工的安全。从使用的角度可分为永久性结构和临时性结构两大类。永久性结构为钢板桩打入后不能拔出；临时结构则为基础工程施工完后，钢板桩可以拔除重复使用。铁路工程中使用的钢板桩大部分为可以拔除的临时防护结构。

根据基坑开挖深度、工程水文地质条件、施工方法以及邻近建筑和管线分布情况，钢板桩支护结构形式主要可分为悬臂板桩、单撑(单锚)板桩和多撑(多锚)板桩等，此外常见的围护(挡土、挡水)结构还有桩板式结构、双排或格型钢板桩围堰等。

1. 悬臂式结构

悬臂式钢板桩挡墙无撑无锚，完全依靠板桩的结构强度和入土深度来保持挡墙的稳定和整体安全。坑侧土体易产生变形，围护结构的桩顶位移和桩身弯矩值均较大。此外，该结构形式要求坑底及桩板底部土体有足够的强度，以抵抗产生的反力。因此，在基坑底部被动区土体地质条件不良时，可考虑采用土体加固的方式以提高被动区土压力。

2. 单撑(单锚)和多撑(多锚)式结构

单撑(单锚)式钢板桩支护结构由钢板桩围护体系和单道内支撑(或单道墙后铺拉结构)组成。内支撑可以采用钢筋混凝土支撑或钢支撑，墙后锚拉结构根据地基条件的不同可以采用锚杆或(钢或钢筋混凝土)拉杆连接锚桩(或锚碇墙)构成。单锚式钢板桩支护结构同一般的板式内支撑结构类似，但它属于无内支撑支护结构，后方须有足够的场地条件以设置锚拉结构。

多撑(多锚)式钢板桩支护结构由钢板桩围护体系和多道内支撑(或多道墙后锚拉结构)组成。内支撑或锚拉结构的增多使得该结构形式可适用于开挖深度较大的基坑工程中。

由于钢板桩间锁口相互咬合，锁口处止水技术的发展使得单撑或多撑式的钢板桩支护结构也可应用于临水的基坑工程中，临水基坑钢板桩支护结构是在水上施工打设钢板桩，钢板桩自身(或与陆域结构)形成封闭的围护体系，并通过设置单道(或多道)钢(或钢筋混凝土)内支撑(或圆环形支撑)形成的支护结构。

3. 桩板式支护结构

桩板式支护结构是采用工字钢、钢管桩或箱形钢板桩等结合横挡板构成，根据需要设内支撑体系或拉锚结构。该支护结构主要由钢桩承受土压力，由于不能挡水，只能用于地下水位较低的干施工的情况下。该结构形式常用于不受地下水影响基坑深度较浅的施工中。

4. 其他钢板桩结构形式

双排钢板桩围堰结构是将钢板桩围护结构呈两排打入地基中，顶部依靠(钢筋混凝土或钢)拉杆相连，内部填充砂土形成定宽度的墙体。格型钢板桩围堰则是将直线形钢板打设成圆形或圆弧形，在其中间充填砂土以形成连续墙体。两者均可视为一种“自力式”的重力式挡土墙，以钢板桩结构强度和内部填充物的自重和抗剪能力来抵抗外力。该形式适用于深水基坑防护施工。

7.4.2 排桩防护

排桩围护体是利用常规的各种桩体，例如钻孔灌注桩、挖孔桩、预制桩及混合式桩等，按一定间距或连续咬合排列，形成的地下挡土结构。

1. 排桩围护体的类型与特点

按照单个桩体成桩工艺的不同，排桩围护体桩型大致有以下几种：钻孔灌注桩、预制混凝土桩、挖孔桩、压浆桩、SMW 工法(型钢水泥土搅拌桩)等。这些单个桩体可在平面布置上采取不同的排列形式形成挡土结构，来支挡不同地质和施工条件下基坑开挖时的侧向水土压力。图 7.22 中列举了几种常用排桩围护体形式。

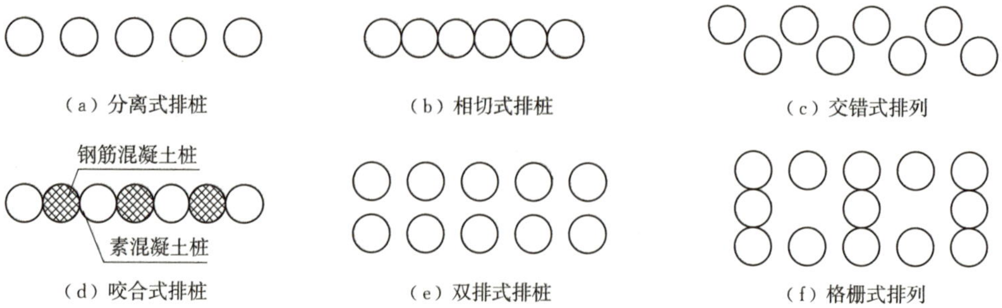

图 7.22　排桩围护体的常见形式

其中,分离式排列适用于无地下水、水位较深、土质较好的情况。在地下水位较高时应与其他防水措施结合使用,例如在排桩后面另行设置隔水帷幕。一字形相切或搭接排列式,往往因在施工中桩的垂直度不能保证及桩体扩颈等原因影响桩体搭接施工,从而达不到防水要求。

当为了增大排桩围护体的整体抗弯刚度时,可把桩体交错排列,如图 7.22(c)所示。有时因场地狭窄等原因,无法同时设置排桩和隔水帷幕时,可采用桩与桩之间咬合的形式,形成可起到止水作用的排桩围护体,如图 7.22(d)所示。相对于交错式排列,当需要进一步增大排桩的整体抗弯刚度和抗侧移能力时,可将桩设置成为前后双排,将前后排沿桩顶的帽梁用横向连梁连接,就形成了双排门架式挡土结构,如图 7.22(e)所示。有时还将双排桩式排桩进一步发展为格栅式排列,在前后排桩之间每隔一定的距离设置横隔式的桩墙,以寻求进一步增大排桩的整体抗弯刚度和抗侧移能力。

因此,除具有自身防水的 SMW 桩型挡墙外,常采用间隔排列与防水措施结合,其施工方便,防水可靠,成为地下水位较高软土地层中最常用的排桩围护体形式。

2. 排桩围护体的止水

对图 7.22 所示的各种形式,仅图 7.22(d)所示的咬合式排桩兼具隔水作用,其他形式都没有隔水的功能。当在地下水位高的地区应用除咬合桩排桩以外的排桩围护体时,还需另行设置隔水帷幕。

最常见的隔水帷幕是采用水泥搅拌桩(单轴、双轴或多轴)相互搭接、咬合形成一排或多排连续的水泥土搅拌桩墙,由于搅拌均匀的水泥土渗透系数很小,可作为基坑施工期间的隔水帷幕。隔水帷幕应设置在排桩围护体背后,如图所示 7.23(a) 所示。当因场地狭窄等原因,无法同时设置排桩和隔水帷幕时,除可采用咬合式排桩围护体外,也可采用图 7.23(b)所示的方式,在两根桩体之间设置旋喷桩,将两桩间土体加固,形成止水的加固体。但该方法常因桩距大小不一致和旋喷桩沿深度方向因土层特性的变化导致的旋喷桩体直径不一而导致渗漏水。此时,也可采用图 7.23(c)、(d)所示的咬合型止水,先施工水泥土搅拌桩,在其硬结之前,在每两组搅拌桩之间施工钻孔灌注桩,因灌注桩直径大于相邻两组搅拌桩之间净距,因此可实现灌注桩与搅拌桩之间的咬合,达到止水的效果。

当采用双排桩时,视场地条件可在双排桩之间或之后设置水泥搅拌桩隔水帷幕,分别如图 7.23(e)、(f)所示。

采用水泥搅拌桩排桩隔水帷幕相对比较经济,当深度超过 10 m 或环境条件有特殊要求时,可增至 2 排搅拌桩,甚至在钻孔桩之间再补以压密注浆。目前国内双轴水泥土搅拌桩成桩深度一般不超过 18 m。

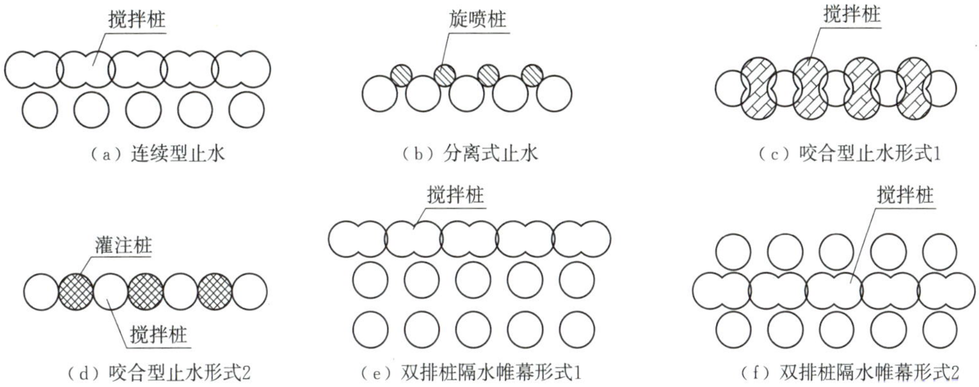

图 7.23　排桩围护体的止水措施

帷幕墙的深度应根据抗渗流或抗管涌稳定性计算确定，墙底通常应进入不透水层 3～4 m，并应满足抗渗稳定的要求。帷幕墙应贴近围护墙，其净距不宜大于 200 mm。帷幕墙顶面及与围护墙之间的地表面应设置混凝土封闭面层，防止地表水渗入，当土层的渗透性较大且环境要求严格时，宜在帷幕墙与围护墙之间注浆，防渗墙的渗透系数不宜大于 10^{-6} cm/s。渗透系数应根据不同的地质条件采用不同的水泥含量，经试验确定，常用的水泥含量为 10%～12%。

3. 排桩围护体的应用

排桩围护体优点在于施工工艺简单，平面布置灵活，缺点是防渗和整体性较差，一般适用于中等深度(6～10 m)的基坑围护，但近年来也应用于开挖深度 20 m 以内的基坑。其中压浆桩适用的开挖深度般在 6 m 以下，在深基坑工程中，有时与钻孔灌注桩结合，作为防水抗渗措施，如图 7.23(d)所示。采用分离式、交错式排列式布桩以及双排桩时，当需要隔地下水时，需要另行设置隔水帷幕，这是排桩围护体的一个重要特点，在这种情况下，隔水帷幕隔水效果的好坏，直接关系到基坑工程的成败，须认真对待。

非打入式排桩围护体与预制式板桩围护相比，具有无噪声、无振害、无挤土等许多优点，从而日益成为国内城区软弱地层中中等深度基坑(6～15 m) 围护的主要形式。

钻孔灌注桩围护体被广泛用于铁路工程基坑的防护施工中，常用的桩径有 1.0 m、1.25 m、1.5 m 等。

为避免钻孔桩施工机械侵入铁路限界影响铁路安全运营的风险，邻近既有铁路的基坑防护施工，常采用人工挖孔桩进行防护。

7.4.3　基坑降水

基坑施工过程中，为避免产生流沙、管涌，防止坑壁土体的坍塌，保证施工安全和减少基坑开挖对周围环境的影响，当基坑开挖深度内存在饱和软土层和含水层或下部承压水对基坑底板产生影响，当无隔水帷幕时，就需选择合适的降低地下水水位或水头的方法对基坑进行降水。基坑降水主要能起到以下作用：

(1)防止基坑坡面和基底的渗水，保证坑底干燥，便于施工开挖。

(2)增加边坡和坑底的稳定性，防止边坡或坑底的土层颗粒流失，防止流砂产生。

(3)减少土体含水量,有效提高土体物理力学性能指标。对于放坡开挖而言,可提高边坡稳定性。对于支护开挖,可增加被动区土抗力,减少主动区土体侧压力,从而提高支护体系的稳定性和强度保证,减少支护体系的变形。

(4)提高土体固结程度,增加地基的抗剪强度。降低地下水位,减少土体含水量,从而提高土体固结程度,减少土中孔隙水压力,增加土中有效应力,相应的土体抗剪强度得到增强。

(5)降低下部承压水水头,减少承压水头对基坑底板的顶托力,防止基坑突涌。常用的降水方法和适用条件见表 7.7。

表 7.7 常用的降水方法和适用条件

降水方法	适用地层	渗透系数/(cm·s^{-1})	降水深度/m
集水明排	含薄层粉砂的粉质黏土,黏质粉土,砂质粉土,粉细砂	$1\times10^{-7}\sim2\times10^{-4}$	<5
轻型井点及多级轻型井点	含薄层粉砂的粉质黏土,黏质粉土,砂质粉土,粉细砂	$1\times10^{-7}\sim2\times10^{-4}$	<6 6～10
喷射井点	含薄层粉砂的粉质黏土,黏质粉土,砂质粉土,粉细砂	$1\times10^{-7}\sim2\times10^{-4}$	8～20
电渗井点	黏土、淤泥质黏土、粉质黏土	$<1\times10^{-7}$	根据选定的井点确定
管井(深井)	含薄层粉砂的粉质黏土,砂质粉土。各类砂土,砾砂,卵石	$>1\times10^{-6}$	>10
砂(砾)渗井	含薄层粉砂的粉质黏土,黏质粉土,砂质粉土,粉土,粉细砂	$>5\times10^{-7}$	根据下卧导水层的性质确定

关于基坑降水的设计与施工可详见《基坑降水手册》(姚天强,石振华主编)。

7.4.4 基坑监测

国家标准《建筑基坑工程监测技术标准》(GB 50497—2019)中明确规定“开挖深度大于或等于 5 m 的极软岩基坑、破碎的软岩基坑、极破碎的岩体基坑以及上部为土体、下部为极软岩、破碎的软岩、极破碎的岩体构成的土岩组合基坑,或者开挖深度小于 5 m 但现场地质情况和周围环境较复杂的基坑工程应实施基坑工程监测”。

需要监测的基坑工程施工前,应委托具备相应资质的监测单位对基抗工程实施现场监测。监测单位应编制监测方案,监测方案须经建设方、设计方、监理方等认可,必要时还需与基坑周边环境涉及的有关管理单位协商一致后方可实施。关于基坑监测的目的、原则、内容及频率等可详见《基坑工程手册(第二版)》(刘国彬,王卫东主编)。

7.4.5 深基坑工程专项施工方案论证

根据《危险性较大的分部分项工程安全管理规定》(建办质〔2018〕31 号)的要求,对于深基坑工程[开挖深度超过 5 m(含 5 m)的基坑(槽)的土方开挖、支护、降水工程],施工单位应组织召开专家论证会对专项施工方案进行论证。

8 区域地面沉降对高速铁路的影响

随着我国国民经济的快速发展，水资源不足且分布不均衡的问题凸显。近几十年来地下水开采量急剧增加，导致我国许多地区不同程度地出现了大面积的区域性地面沉降。当高速铁路穿行于这些地区时，其对高速铁路的设计、建造和运营造成显著的影响和制约。本章着重介绍地面沉降，研究其分布，分析其成因及其对高速铁路的影响，进而提出应对措施。

8.1 软土地区区域地面沉降

8.1.1 地面沉降概述

1. 地面沉降的含义及危害

(1)含义

地面沉降(又称为地面下沉)，是指地壳表面在自然应力作用下或人类活动影响下造成的区域性地面海拔总体缓慢下降的现象，是常见的地质灾害(或工程地质现象)之一。

据统计，目前世界上有 150 多个国家和地区，如美国、中国、日本、墨西哥、意大利、泰国、英国、俄罗斯、委内瑞拉、荷兰、越南、匈牙利、德国、印度尼西亚、新西兰、比利时、南非等都发生过地面沉降。

我国长江三角洲、华北平原、汾渭盆地等地区地面沉降已成重灾区，并伴生了地裂缝灾害。目前，全国遭受地面沉降灾害的城市超过 50 个，分布于北京、天津、河北、山西、内蒙古、辽宁、吉林、黑龙江、上海、江苏、浙江、安徽、福建、山东、河南、湖北、广东、海南、陕西、新疆等省(自治区、直辖市)。地面沉降造成建筑物地基下沉、房屋开裂、地下管道破损、井管抬升、洪涝及风暴潮灾害加剧等一系列问题，给国民经济造成巨大损失。地面沉降灾害具有形成时间长、影响范围广、防治难度大、恢复概率小等特点，已成为影响我国社会区域经济可持续发展的重要因素之一。

(2)地质灾害特点及危害

地质灾害特点为发生缓慢，影响持久，初期不易被察觉，影响范围广，治理难度大。一旦发生，即使采取了控沉措施，已经沉降了的地面也不可能完全复原。

地面沉降的危害主要表现：破坏海堤、河堤，使防潮、防洪能力降低，导致洪水越堤上岸，淹没城市和农田；破坏道路设施及地下管道，改变线状工程的坡率、影响平顺性；城市降雨积水成灾，发生大面积内涝；桥墩下沉、桥下净空减小，通行、通航能力降低；建筑物出现过大沉降、不均匀变形，严重影响稳定和正常使用等。

地面沉降的发生会引发铁路路基、桥梁甚至轨道结构不均匀下沉，威胁高速铁路列车行驶安全。

2. 我国地面沉降的历史、现状和主要分布地区

我国地面沉降最早发生于 20 世纪 20 年代的上海市和天津市，到 60 年代，两市地面沉降灾害已相当严重。20 世纪 70 年代起，长江三角洲的苏(州)—(无)锡—常(州)、杭(州)—嘉(兴)—湖(州)等主要城市和河北平原东部地区也相继出现地面沉降。20 世纪 80 年代以来，地面沉降范围从城区开始向农村扩展，并伴生地裂缝，危害进一步加重。2009 年调查与监测结果显示，全国累计地面沉降量超过 200 mm 的区域达 7.9 万 km^2，发生地面沉降的城市超过 50 个，且其程度和范围有进一步发展和扩大的趋势。

长江三角洲地面沉降区累计沉降量超过 200 mm 的面积近 1 万 km^2，其中上海中心城区和江苏无锡等沉降中心的最大累计沉降量超过 2 500 mm。苏锡常地区因差异性沉降而出现地裂缝。

华北平原是我国地面沉降连片分布范围最大的地区，累计沉降量大于 200 mm 的面积达 6.2 万 km^2。其中天津市和沧州地区地面沉降中心最大累计沉降量超过 2 500 mm。同时，在沧州、衡水和保定等地区不同程度地发生地裂缝。

汾渭盆地地面沉降量累计大于 200 mm 的沉降面积达 7 000 km^2，同时出现大量地裂缝。

(1)上海市从 1921 年发现地面下沉开始，到 1965 年止，最大的累计沉降量已达 2.63 m，影响范围达 400 km^2。有关部门采取了综合治理措施后，市区地面沉降已基本上得到控制。从 1966—1987 年 22 年间，累计沉降量 36.7 mm，年平均沉降量为 1.7 mm。

(2)天津市 1959—1982 年间最大累计沉降量为 2.15 m。1982 年测得市区的平均沉降速率为 94 mm/a。目前，最大累计沉降量已达 2.5 m，沉降量 100 mm 以上的范围已达 900 km^2。

(3)北京市自从 20 世纪 70 年代以来，北京的地下水位平均每年下降 1～2 m，最严重的地区水位下降可达 3～5 m。地下水位的持续下降导致了地面沉降。有的地区(如东北部)沉降量 590 mm。沉降总面积超过 600 km^2。

(4)西安市地面沉降发现于 1959 年，1971 年后随着过量开采地下水而逐渐加剧。1972—1983 年，最大累计沉降量 777 mm，年平均沉降量 30～70 mm 的沉降中心有 5 处。1983 年后，西安市地面沉降趋于稳定发展，部分地区还有减缓的趋势。到 1988 年最大累计沉降量已达 1.34 m，沉降量 100 mm 的范围达 200 km^2。

(5)太原市经 1979 年、1980 年、1982 年三次在市区 600 km^2 范围的测量，发现沉降量大于 200 mm 的面积有 254 km^2，大于 1 000 mm 的沉降区面积达 7.1 km^2。最严重的是吴家堡，其次是小店。吴家堡水准点的累计沉降量：1980 年是 819 mm，1982 年是 1 232 mm，到 1987 年累计沉降量达 1 380 mm。

(6)沧州市从 20 世纪 70 年代至今大约沉降了 2.4 m。地面沉降已成为沧州市的主要地质灾害之一，其危害最为典型、最为严重。多条重大交通干线，由于地面沉降也受到严重威胁。从沧州市地面沉降中心穿过的京沪铁路，为了应对地面沉降的发展，碎石路基一再加高，在地面沉降中心附近对道砟采取了加厚措施，增加了维护成本。

此外，还有宁波市、常州市、苏州市、无锡市、嘉兴市、杭州市等地，均发生了不同程度的地面沉降。

8.1.2 区域地面沉降发生的原因及形成机理

1. 地面沉降发生的原因

地面沉降的原因很多，但经各国科研人员长期的探讨和争论，普遍认为地壳运动导致的地面沉降是存在的，其沉降速率小；地面静、动荷载引起的地面沉降仅在局部地段内存在；抽取地下液体——油、气、水（含卤水），引起贮存层内液压降低、土层压结，从而导致地面沉降，是普遍和主要的原因。

天然气、油的开采深度都比较深，评价其引起的地面沉降非常复杂，总的来看，对工程的影响相对较小；软土、松软土地区的地面沉降主要是开采地下水引起的，产生的沉降对工程影响显著。

2. 地面沉降地区的地质环境

根据对出现地面沉降地区的区域水文、地质资料分析，可以确定发生地面沉降地区的地质环境可分为三种模式：

（1）现代冲积平原模式，如北京、天津、沧州等地的地面沉降。

（2）三角洲平原模式，尤其是在现代冲积三角洲平原区，如长江三角洲。上海、常州、苏州等都属于这类地质环境。

（3）断陷盆地模式，又可分为近海式和内陆式两类。近海式指滨海平原，如宁波市；而内陆式则为湖积平原，如西安市、太原市。

3. 地面沉降的形成机理

开采地下水引起的地面沉降主要有三部分组成，第一为含水层骨架压缩，第二为水体膨胀，第三为黏性土层固结压缩。因此，在含水层（砂类土）和相对隔水层（黏性土层）、弱含水层（粉土层），产生压缩变形引起的机理有一定的差异。

如图 8.1 所示，在抽水前，含水层应力平衡为 $P=U_w+P'$。其中 P 为总压力；P' 为粒间压力，即有效压力；U_w 为孔隙水压力。根据有效应力理论（Terzaghi，1925），抽水以前，上覆土层和水的重力由孔隙水压力和有效压力共同承担。抽水后总压力不变，孔隙水压力降低，有效压力增加，即土颗粒骨架所受应力增加，土层被压缩，微观上表现为颗粒间的孔隙度降低，宏观上表现为土层压缩沉降。

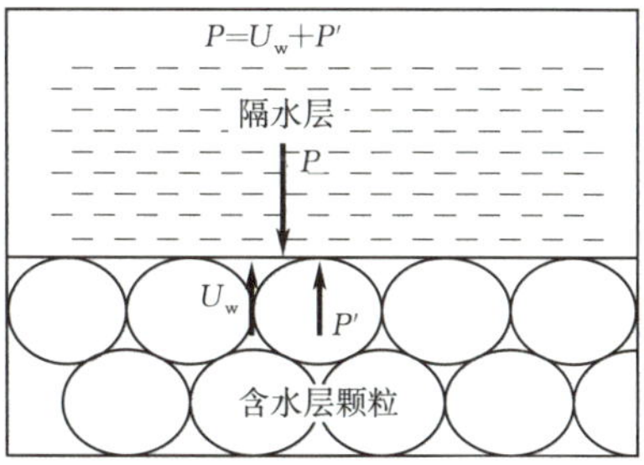

图 8.1 地面沉降土力学原理示意图

对于含水砂层，由于抽水使砂层中孔隙水压力降低，使砂层压密。一般认为，含水层的压缩变形符合线弹性理论，变形是随着水头降低同步发生的，当水位恢复后，压缩变形可以全部反弹。

对于弱透水层来说，在抽水过程中含水层的释水速度比弱透水层快，因而含水层水位下降速度也比弱透水层快。因此，在抽水结束后两类含水层之间水位高度不同，存在水位差，表现为弱透水层向含水层释水，弱透水层因而发生固结沉降，且只要有一定足以克服弱透水层阻力的水头差的存在就会有弱透水层的固结沉降发生。由于弱透水层渗透系数小，其释放水到含水层的过程十分缓慢，在抽取地下水和黏性土固结之间存在一段时间滞后，地表变形就表现为抽水与地面沉降的时间滞后。在释水过程中，伴随着应力由水体支撑慢慢转移到土颗粒支撑，孔隙水也慢慢流向含水层，释水完成后弱透水层和含水层达到水力平衡。

在含水层与弱透水层水压力达到平衡后，由于土粒表面结合水膜蠕变及土粒结构重新排列引起的土体变形，称为次固结。地面沉降中，一般认为次固结占比例很小。

根据土力学理论，黏性土固结变形分为两部分，即弹性变形和塑性（永久）变形。当黏性土有效应力增加小于其前期固结压力，则变形为可恢复变形，如超过前期固结压力，则变形为不可恢复变形。

8.1.3 区域地面沉降的勘察和预测

1. 地面沉降的勘察

地面沉降的勘察应查明地面沉降的原因和现状，预测地面沉降的发展趋势，并提出控制和治理方案。

勘察阶段重点是收集项目沿线有关地面沉降的资料，缺少既有资料的地段，通常采用InSAR技术进行地面沉降的评价工作，确定沉降的分布范围及沉降速率；调查沿线水井的分布，特别是集中采水区的分布位置；调查沿线地下水水位的变化情况，重点是引起地面沉降层位水位的变化情况。

2. 地面沉降的预测

地面沉降的发生发展受多种因素的控制，目前还不能对其进行比较精确的计算，因此对地面沉降的预测只能是在估算的基础上，对其发展变化进行综合分析。

常用的地面沉降的估算方法有：

(1)分层总和法计算地面沉降量

黏性土和粉土

$$S=\sum_{i=1}^{n}\frac{h_i}{1+e_{0i}}\cdot C_{ci}\cdot \lg\left(\frac{p_{0i}+\Delta p_i}{p_{ci}}\right) \tag{8.1}$$

式中 C_{ci}——土层的压缩指数；

p_{0i}——各分层中点自重应力，kPa；

p_{ci}——前期固结压力，kPa，正常固结时 $p_{ci}=p_{0i}$；

Δp_i——水位下降引起的附加应力，kPa；

h_i——土层厚度，m。

地下水位下降以后，附加荷载的大小相当于地下水位下降的水头的大小。因此，由水位下降引起的附加应力为

$$\Delta p_i=\gamma_{水}\cdot \Delta h_i \tag{8.2}$$

式中 Δh_i——为该层以上的水位降深。

砂类土

$$S=\frac{\Delta p_i}{EI}\cdot h_i \tag{8.3}$$

式中　EI——变形模量，MPa。

总沉降量等于各土层沉降量的总和。

(2)回归统计方法

由于地面沉降的发生与该区域的采水量及地层结构相关，在充分收集历年开采量和地面沉降资料的基础上，可以利用一元或多元回归模型，对该地区的地面沉降量分别进行预测，相关性比较显著。

在研究某高速铁路工程时候，分别对沿线的地面沉降进行了分析，建立了回归分析方程，具体如下：

①北京地区

北京市地质工程勘察院早在 1992 年提交的《北京市东郊地面沉降与地下水开采量关系研究报告》中即用八王坟实测地面高程与月承压水混合水位进行了相关分析，发现它们之间存在着很好的直线关系，相关关系式为

$$H=35.551\,28+0.001\,3\times h+2.19 \tag{8.4}$$

式中　H——地面高程值，m；

h——月承压水混合水位平均值，m。

②天津地区

天津深层地下水开采过程中，地面沉降量与地下水位变化总体呈指数相关关系，如图 8.2 所示。回归方程为

$$y=86.028\times e^{0.034\,6x} \tag{8.5}$$

③沧州地区

根据邢忠信等的研究成果，沧州市地面沉降与天津有类似的规律，沉降中心累积沉降量与地下水位下降也呈指数关系，如图 8.3 所示。拟合成曲线方程为

$$y=2.990\,8\times e^{0.069\,5x} \tag{8.6}$$

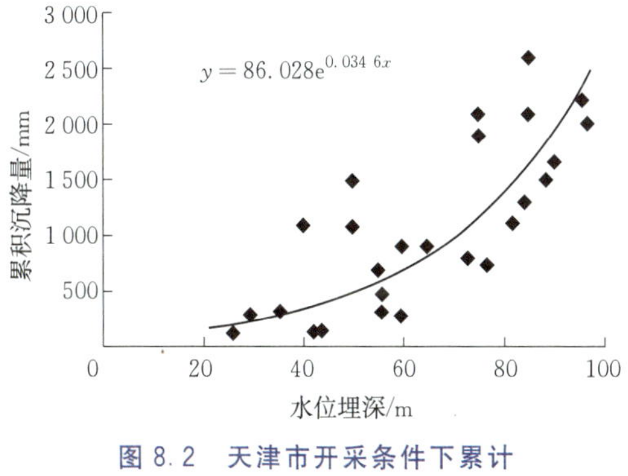

图 8.2　天津市开采条件下累计沉降量与地下水位埋深关系

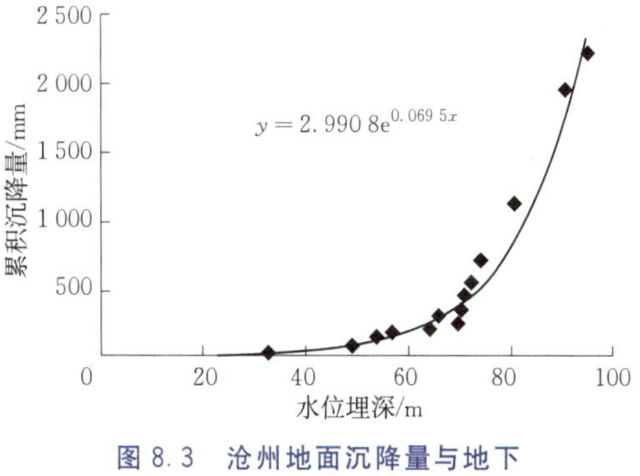

图 8.3　沧州地面沉降量与地下水位降深的关系曲线

(3)数值模拟方法

抽水条件下地面沉降的发生过程，实质是抽水引起的水位降低，导致地层静压力平衡失稳，发生土层压缩变形的过程，是一个地下水渗流场和应力场耦合作用的过程。因此根据地下水渗流场模型和土力学模型以及两者之间的耦合关系，可采用数值模拟的方法估算地面沉降。

8.2 地面沉降对高速铁路工程的影响

高速铁路桥梁在建成后发生不同程度的沉降是难以避免的普遍性问题，就区域地面沉降而言，其直接表现为由于地面高程的整体性降低和局部地段的相对不均匀沉降，降低线路设计高程、改变线路坡率，影响行车的平稳和舒适。严重时还可能造成路基、桥梁、隧道等建筑结构的破坏，影响工程的安全和正常使用。

区域地面沉降具有隐蔽性、持续性和长期性，其从量变到质变的过程虽然缓慢，但如不采取措施加强控制，最终可能因变形积累到一定程度，形成较大的差异沉降，破坏工程的结构，危及正常的运营安全。

地面沉降对高速铁路工程的影响主要体现在三个方面：一是地面高程损失及原始线路坡率改变；二是局部不均匀沉降导致结构变形甚至破坏；三是影响轨道平顺性及安全运营。

8.2.1 影响软土地基沉降主要因素

大范围区域地面沉降是由整体的均匀沉降与局部的不均匀沉降构成。对高速铁路而言，整体的均匀沉降对轨道的平顺性影响小，而局部不均匀地面沉降影响大。这些不均匀沉降主要发生在水源地、基坑降水、新增水井抽水等水位下降漏斗区，以及受周边施工开挖、堆载等因素影响的地区，导致其发生的主要因素有以下几个方面。

1. 地质及水文条件变化

引起地面沉降的原因可分为自然因素及人为因素。自然因素包括地质构造活动、软弱土层的自重压密固结和海平面上升等；人为因素包括过量开采地下水和油气资源等导致黏性土层的释水压密固结。

由于存在深厚覆盖层缓冲，地壳活动和新构造运动引起的区域地壳变形对地面沉降的影响较小。而地裂缝的产生和发展，地下砂土层的液化，地下水水位的变动等都可能会引起路桥隧结构基础的沉降。近年来地下水、地下气、地下油的过度开采，也成为影响地面沉降和结构地基变形的重要因素之一。图 8.4 给出了地基变形的三种类型，即正余弦形、错台形和折角形。

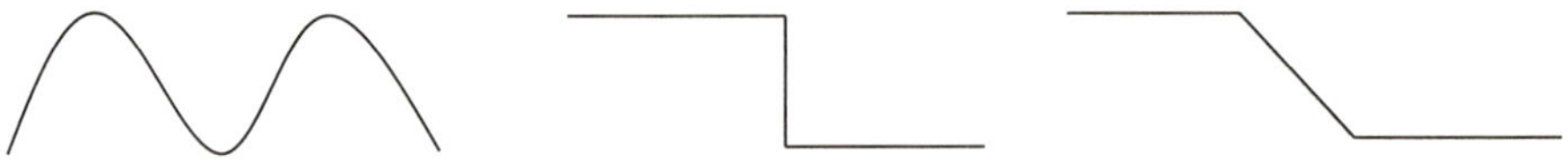

(a) 正余弦形　　(b) 错台形　　(c) 折角形

图 8.4 地基变形示意图

例如，京沪高速铁路北京至济南段地质条件较差，分布着厚度达 600 m 的新生界第四系松散堆积层，黏性土、砂类土、粉土为主要土质。由于各土层的厚度、颗粒度、黏滞性、塑性系数、膨胀压缩特性各不相同，地基承载力也不同，受外部因素干扰时该区段容易发生地面沉降，同时沉降还可能存在一定的差异性，进而形成不均匀沉降。

2. 地基上部荷载变化

造成高速铁路地基沉降的恒载主要包括路基、桥梁结构本身和上部桥面系及无(有)砟轨道结构系统的自重。可以假设高速铁路轨道系统锁定时，地基上部荷载作为一种初始状态，如果地基均匀，没有其他因素干扰时，区域地面沉降将呈均匀变化，一般不对高速铁路结构造成威胁；然而在高速铁路列车动力反复作用下产生的形变，铁路墩台基础及路基基床会通过“捣实”现象使地基发生塑性形变，如果又在路基、桥梁某区段出现应力集中区域，便产生了差异沉降。

此外，更直观的是调研发现，在桥梁桥墩周边建有的大量建筑物，或地表堆载着大量的石材、废料等，都会引起桥梁墩台基础产生不均匀沉降。而路基周边堆载造成的地基沉降变化相对均匀，对其影响相较桥梁来说要轻微一些。

此外，地表大面积堆载会对其周围的高速铁路桥梁墩台基础产生两方面的不利影响：其一，桩周土发生水平向位移，造成桩的挠曲变形过大，桩身承受的弯矩较设计值大，进而导致上部结构产生偏移甚至不能正常使用；其二，桩周堆填土在桩周产生负摩阻力，桩的竖向荷载增加并容易产生不均匀沉降。

相应地，如果在高速铁路下方和周边建设相关工程或者开挖基坑，都会对地基上部荷载状态产生影响，进而影响地基沉降(或上拱)，严重时导致结构破坏、轨道不平顺等情况发生。例如：某城际铁路桥梁，现场调查发现 379 号和 380 号桥墩左侧有一新填筑的土堆，为半年前新填建筑垃圾土，最大填高达到 15 m，坡脚已经侵入桥墩边缘。土堆及分布情况如图 8.5 所示。经过检测发现，该堆载导致 379 号、380 号桥墩发生偏移的同时，这两个桥墩及其附近桥墩的基础产生较大工后沉降，而且两墩与邻近桥墩间差异沉降量急剧加大，严重威胁行车安全。

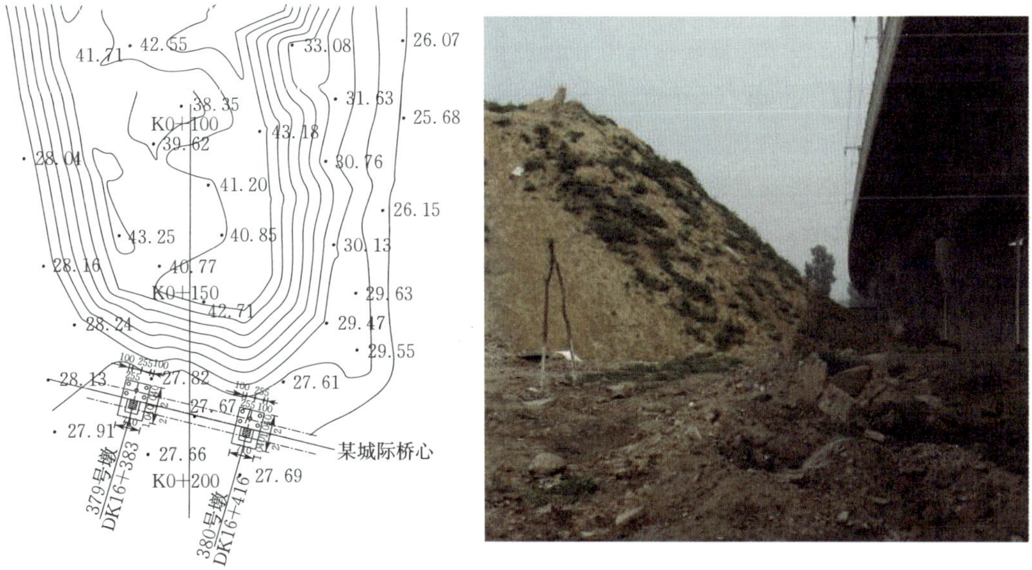

图 8.5　某城际铁路桥梁侧土堆及分布图

3. 施工不完善的影响

施工组织计划的安排过程中，在技术组织措施上对施工地段、结构各部件的建造时间未作为重点内容考虑，由于已建结构荷载对地面作用的时间长短有所不同，以致造成局部地段基础下沉量差异较大，从而形成不均匀沉降。另外在施工过程中，施工人员操作不当或技术不过关，不按规范要求进行量测，致使施工质量不满足设计要求，在后续施工阶段未及时消除，从而产生较大的工后“差异沉降”。

8.2.2　地面沉降对高速铁路的影响

地面沉降对高速铁路工程的影响主要体现在两个方面：一是对高速铁路建设的影响，二是对运营高速铁路的影响。

1. 地面沉降对高速铁路建设的影响

(1)影响线路方案

在铁路选线设计中，应尽可能绕避地面沉降变形较大的区域，包括地面沉降中心区域、沉降速率大及沉降差异较大的区域。如在京沪高速铁路北京—济南段选线中，铁路设法避开了天津武清杨村、杨柳青及河北沧州等沉降严重的沉降漏斗中心区域，使线位总体走行在沉降相对均匀的区域内。

(2)影响铁路建设成本

铁路工程建设中需采取适宜的轨道形式及针对性的工程措施，增强铁路工程本身对地面沉降的适应性。控制地下水开采、采用可调高支座、加强地面沉降系统监测及建立灾害预警预报系统等工程措施均会相应引起铁路建设的成本增加。

(3)工程风险增大

地面沉降主要是引起桥梁的竖向变形，轻则影响轨道的平顺性需要调整轨道几何尺寸，严重的要拆除轨道结构重新施工，甚至改变桥梁结构受力，使其稳定性和耐久性受到影响，从而造成工期延误和建设成本增加。如某在建铁路因周边市政配套工程基坑抽水导致区域地面沉降，影响到铁路无砟轨道铺设而不得不将部分轨道板拆除并改铺有砟轨道，造成一定的工程浪费并延误了工期。

2. 地面沉降对高速铁路运营的影响

(1)改变地面高程及原始线路坡率

地面沉降的影响直接表现为地面高程的降低及区域性不均匀沉降，这种表现已经被大量的监测数据证实。同时，沉降区内不同部位沉降速率和幅度均有所不同，即地面沉降在宏观上是不均匀的。

以京沪高速铁路为例，铁路沿线不同段落地面沉降幅度是不同的，其中天津段及河北沧州段的地面沉降相对严重，对高速铁路工程的影响较大。其次为河北廊坊、南皮县—东光县、吴桥和山东的德州。根据对京沪高速铁路北京至济南段地面沉降现状及发展的分析预测，1967—2004 年，累积沉降量天津段为 1.52～1.55 m，1983—2005 年，沧州段为 0.45～0.95 m，预测至 2025 年，最大累积沉降量天津段内可达 2.75 m，沧州段可达 1.85 m。工程沿线包括两侧 3 km 范围内，地面沉降累计量差异较大，纵向不均匀沉降明显，如图 8.6 所示。

近年来，各沉降漏斗区的年沉降速率也相对不同。天津段内武清杨村、杨柳青、静海 3 个沉降漏斗，沉降速率分别为杨村 30～50 mm/a、杨柳青 50～60 mm/a、静海 60～70 mm/a，在沉降漏斗附近不均匀沉降较为明显。从天津段铁路沿线 2005 年沉降速率图分析，年沉降速率

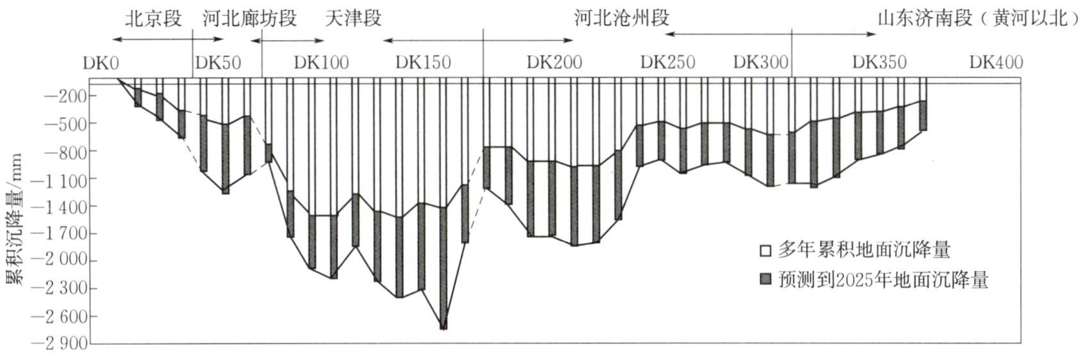

图 8.6　京沪高速铁路沿线地面沉降现状及预测剖面图

在不同段落有所不同，呈现波浪式起伏变化，大部分段落年沉降速率在 30～50 mm/a 之间，在杨柳青至静海之间的部分段落沉降比较严重，年沉降速率大于 50 mm/a，最严重的地段达到 90 mm/a，如图 8.7 所示。

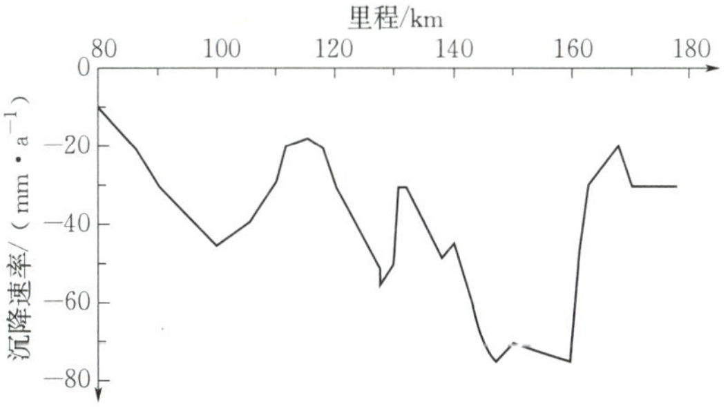

图 8.7　京沪高速铁路天津段 2005 年沉降速率立体图

在平均沉降预测的基础上，根据铁路沿线附近水准点资料，在一定的地下水开采条件下，对铁路沿线沉降进行预测，如图 8.8 和图 8.9 所示。

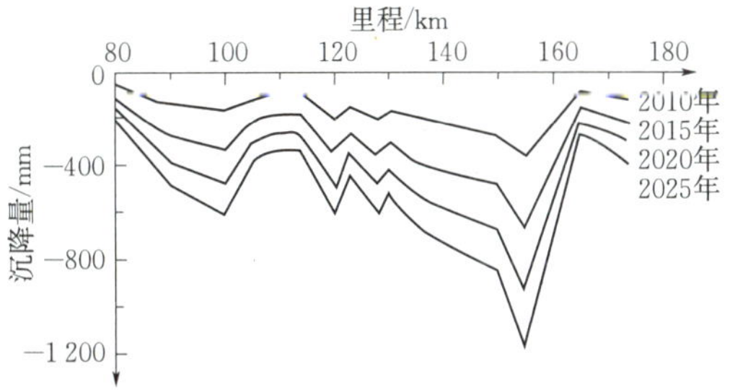

图 8.8　地下水开采量年减采 2%～3%

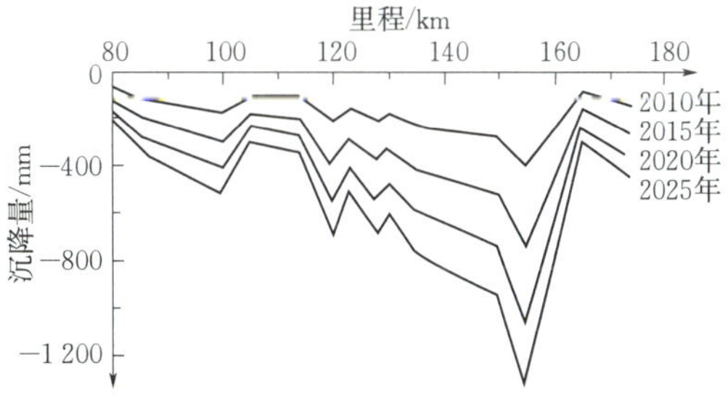

图 8.9　地下水开采量年减采 2%～5%

可见，在减采条件下，铁路沿线沉降速率逐渐递减。至 2025 年，西青区和静海的地面沉降平均速率从 41～43 mm/a 减小到 20～22 mm/a，在 DK155 附近的地面沉降速率可从 80 mm/a减小到 45～50 mm/a。

由于沉降速率的空间差异，在一定年限内，两点间造成的地面沉降漏斗坡率变化按式(8.7)计算。

$$i=\Delta h/L=n(a_2-a_1)/L \tag{8.7}$$

式中　Δh——地面两点沉降差，m；

n——沉降年限；

a_1，a_2——两点的沉降速率；

L——地面两点直线距离，m。

经计算，武清杨村段最大沉降漏斗年均坡率变化为0.005 2‰，杨柳青段为0.012 7‰，静海段为0.021 8‰。河北段年均坡率变化在0.008‰～0.04‰之间，其中DK62＋000～DK62＋500、DK189＋000～DK190＋500、DK295＋000～DK301＋000三段产生的附加坡率较大，分别为0.04‰、0.026‰和0.034‰。山东德州段DK300～DK340以及DK360～DK370之间存在较明显的沉降差异，预计造成的年均坡率变化为0.001 5‰和0.001 6‰。沿线100年后因沉降差异导致的最大坡率变化为4‰。初步的计算结果表明，区域地面沉降使高速铁路坡率有所改变，将沉降区域内最大沉降坡率和现有的坡率相互叠加、拟合，调整后的坡率均在该工程技术标准最大坡率20‰之内，满足列车的运行要求。对存在不均匀沉降的个别地段，不均匀沉降较小时，在拟合的坡段上采用调高量较大的扣件、轨道板或调高支座用以调整轨面的平顺度后，也可满足列车高速运营及舒适的要求。

应该说明的是，区域性的不均匀地面沉降对京沪高速铁路坡率的改变，虽然都在该工程技术标准限制坡率20‰之内，但这种影响随着时间的推移会逐渐增加，同时不排除局部的不均匀地面沉降会对轨道的平顺性产生影响。

(2)影响轨道平顺性

一般来说，对软土地区地面不均匀沉降对高速铁路桥梁结构的影响，可分为以下两种：①其中某一个桥墩发生沉降而其他桥墩不发生沉降；②多个桥墩发生沉降但各个墩的沉降量不同，存在沉降差。而无砟轨道桥梁差异沉降引起的梁端的位移(转角和高差)是对轨道结构产生最大影响的因素。

相邻墩台基础不均匀沉降、温度荷载、列车荷载、结构弹性变形等均会导致梁端支座处发生竖向位移和转角位移，对于有砟轨道而言，道砟的流动性会对这些微小的位移起到补偿作用，因而对轨道结构扣件系统的影响可忽略不计；但对于无砟轨道来说，由于轨道结构与桥梁连接的刚度较大，轨道结构对梁的变形非常敏感，特别是对于板式无砟轨道，桥梁与轨道之间是通过构造措施连接在一起的，这种微小的变形势必导致梁端局部钢轨隆起，进而引起钢轨和扣件系统的附加拉力或压力，当附加拉力大于扣件系统扣压力时，将引起钢轨与垫板间脱空；当附加压力超过一定限值后，弹性垫板将在列车反复荷载作用下产生疲劳破损。

图8.10给出了三种不同梁端位移形式对无砟轨道的影响示意。基础不同侧的沉降差则会导致桥墩偏斜，这种偏斜将导致桥墩顶沿某一方向出现位移。桥墩发生偏转后，当桥墩较高时，可能会引起梁端的错位，导致相邻梁端发生横向或竖向的位移，进而影响上部轨道结构的受力及轨道平顺性。研究表明，梁体的纵向位移对桥上无缝线路纵向受力影响较大；梁体横向位移对桥上无缝线路的轨向不平顺影响较大。

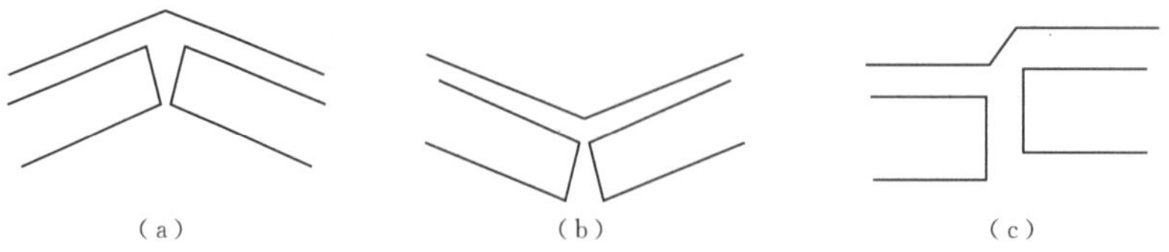

图8.10 不同梁端位移形式对无砟轨道的影响示意图

轨道不平顺性轻则影响旅客乘车的舒适性，严重时将造成线路限速运营，甚至产生运营安全风险。

(3)影响桥梁结构稳定性

桥梁设计中沉降计算只是考虑桥梁本身由于恒载引起的沉降，对于地面下沉引起的桥梁沉降在设计中是无从考虑的。

对于简支结构，均匀沉降不会对其造成影响。同样以京沪高速铁路为例，即使考虑简支梁处于区域沉降的变坡点，按最大坡差考虑，32 m 简支梁两端的沉降差为 0.01 m[0.005+0.011 9(最大坡差)×32.7≈0.01 m]，也不会对桥梁结构的安全和使用产生影响。

对于连续梁，如果连续梁各墩沉降位于同一坡率上，则不会影响结构受力。如果在连续梁上出现沉降不同坡率的变坡点，则沉降会引起结构受力变化，如果这种沉降差超过了设计允许值，则会使结构的稳定性受到影响。

对于上部为简支结构的桥梁来说，区域地面沉降产生的结构变位，对桥梁结构本身不会造成破坏，而对上部结构为超静定结构时，较大的相邻墩台沉降差，会对结构造成一定影响，导致结构裂缝加大及耐久性指标下降，甚至结构破坏。比如连续梁设计时一般会考虑 10～20 mm 的支点不均匀沉降量，如果运营监测期间发现差异沉降超过结构设计不均匀沉降量时，应采取相应措施消除过大差异沉降，避免对结构安全造成影响。

(4)对铁路跨河桥梁防洪、通航等产生间接影响

地面沉降给城市防洪带来压力，给铁路正常运营造成威胁。在京沪高速铁路北京—济南段途径的天津、沧州等地面沉降相对严重的城市，地面沉降已经给城市防洪带来巨大压力。

以天津为例加以说明：天津市地处海河流域下游，是流域内各大河流的入海尾闾，流域内蓟运河、潮白新河、永定新河、永定河、海河、大清河、独流减河、子牙新河等主要泄洪河道呈扇形分布，洪水从北、西、南三面汇集入海。1.19 万 km^2 的天津市承担着海河流域 26.5 万 km^2 中 25%的洪水宣泄任务。同时，天津濒临渤海，有 153 km 的海岸线，极易遭受风暴潮袭击，因而宣泄洪水又受海潮的顶托，天津市区防洪任务受上下两方面夹击，给防洪带来极大困难。此外，天津降雨量 80%集中在汛期，又因地势低洼，极易造成内涝。由于几十年来的地面沉降，市区及塘沽区累积沉降量最大处已超过 3.0 m，武清杨村镇已达 2.898 m。地面沉降已改变了这些地区的地貌形态，可以说已成为新的洼地。由于地面沉降、沿海风暴潮对城市影响的频率和强度增加、河道及河口泄洪能力下降、市区排污管道坡率改变等，这些又增加了防洪压力。

永定新河是城市防洪圈的北部重要行洪河道，原设计行洪能力为 1 400 m^3/s，但由于淤积、地面沉降等原因，行洪能力只有 500 m^3/s，经清淤、复堤加固等工程后，泄洪能力仅提高到 900 m^3/s，仍未达到原设计标准。其余行洪河道也是类似的情况。

由于地面沉降还在继续发展，河流的淤积作用也在持续。地面沉降、淤积等作用下桥梁净空减小，河道坡率减缓，也会影响河流泄洪。一旦遇到百年一遇的大暴雨，沉降中心很容易大面积积水，对铁路造成威胁，并影响正常运营。

当铁路跨越通航河流，位于地面沉降漏斗中心附近的桥梁的净空会有所减小，将会影响跨河桥梁的通航净空。同理，在极端情况下，对桥下其他公铁立交净空也会造成一定影响。

(5)增加高速铁路运营期间的维修养护成本

区域沉降地区铁路的地面沉降系统监测及灾害预警预报、对沉降段落桥梁及轨道结构

的治理等,都大大增加了高速铁路运营期间的维修养护成本。

按照目前所掌握的地面沉降速率来看,由区域地面沉降引起的路基沉降变形基本不会影响路基强度和使用功能。但随着长时间地面沉降导致路基变形与相邻结构物的沉降差异可能加大,进而影响轨道平顺性。

8.3 软土地区区域地面沉降防治措施

软土地区区域地面沉降对高速铁路存在较大影响,发生的不均匀沉降除造成轨道不平顺,影响乘客乘坐舒适性外,严重时会导致轨道大的变形甚至结构破坏,导致运营事故的发生。因此,穿行该区域的高速铁路项目,在项目研究、设计、施工和运营阶段,都应采取相应的措施,以预防和避免结构过大变形,避免安全事故的发生。

8.3.1 路基工程沉降应对措施

由于区域沉降发生的主要地层位置较深,目前采用工程措施来控制区域沉降的投资巨大,效果不明显,仅能处理控制浅层的沉降。对于已经建成的无砟轨道高速铁路,一般路基工程均未预留变形调整量或调整条件。但是可以通过以下几个方面进行综合防治:

(1)区域沉降范围较大,对于路基及路基与其他结构物过渡段的影响,在不同地区的铁路项目表现不同,在铁路建设期间发生的区域沉降,根据线路沉降情况一般采用线路调坡满足轨道平顺性要求。

(2)由于荷载和地基处理深度差异,路基在设计阶段可采用加强路桥和路涵过渡段地基处理措施的方式减少后期差异沉降,如加深桩基、桩顶设置筏板、设置桩板结构等。

(3)区域沉降严重或伴随地裂缝地段路基可采用有砟轨道结构,路基本体内分层加筋,同时可适当加宽路基面宽度,满足后期抬道要求。

(4)加强区域沉降观测及预警预报工作,根据前期工作成果,加强对区域沉降的预测分析。区域沉降地段路基与桥涵过渡段可设置监测措施,早期预警,避免突发灾害发生。

(5)调查清楚抽水井位置数量深度等,尽可能关闭沿线水井,辅以地下水回灌的方法,以控制区域沉降的发展速率。

(6)对无砟轨道区段路基,路基本体无法预留沉降调整量,沉降量较小时需调整线路坡率及调节轨道扣件来保证正常运营,当沉降量超出调坡、扣件调节范围时,只能通过在轨道板下填充垫层的方式来修复或圆顺轨面高程。由于无砟轨道修复较为麻烦,类似U形槽等路基刚性结构内无砟轨道需改为有砟轨道,并适当预留路基面加宽值,以减小后期工务维修的工作量。

(7)对于运营的无砟轨道高速铁路,区域沉降引起的路桥、路涵差异沉降,可采用注胶抬升、揭板抬高CA砂浆层等方式进行整治。

8.3.2 桥梁工程沉降应对措施

区域沉降对于线下结构来说,对桥梁影响占比是最大的。除了过大的差异沉降量对桥梁结构本身安全造成影响外,反映到高速铁路运营安全角度,也是因为地面沉降引发的高速铁路桥梁相邻墩台差异沉降超限,对轨道结构平顺性及安全造成影响。一般情况下采取的措施有:当桥梁沉降量较小时,可采用调整轨下垫板扣件的方案来满足线路的平顺性;当沉降量较大超过扣件的调整能力时,可采用在可调高支座加垫钢板的方式进行调高;桥梁处在沉降漏斗地段时,可采用抬梁顶升措施处理桥梁差异沉降。

1. 一般应对措施

(1)根据高速铁路穿越地区区域地面沉降情况,进行仔细研究分析和预判,必要时采用适应性强的结构通过,比如采用路基结构和有砟轨道等。

(2)如果必须以桥梁形式通过时,尽量采用自重轻、变形适应能力强的结构,比如轻型结构、简支梁等,桥上采用有砟轨道。

(3)墩梁连接部位考虑采用较大调高量的支座,为消除后期相邻墩台差异沉降预留可调空间。

(4)施工及运营期间,无论有砟轨道区段还是无砟轨道区段,均按照无砟轨道桥梁沉降的观测要求进行。在架梁及铺轨之前,进行沉降评估工作,对于存在异常情况的结构部位,采取应对措施,尽可能消除施工期间的沉降影响。

(5)施工期间,可根据铺轨(或架梁)工期按年沉降速率计算此段时间内的沉降值,并对支承垫石高度适当调整,预留沉降高度,保证铺轨(或架梁)时的轨面高程。

(6)考虑运营一定时间后,调整线路纵断面适应区域沉降造成的地基沉降差,对于个别差异沉降可考虑采用调整支座高度、道砟厚度、轨道扣件等措施加以应对。

(7)对于重要结构(超静定结构),必要时采取长期(自动化)监测手段,如发现超出结构安全范围的差异沉降量时,及时采取应对措施,如梁部顶升等。

(8)对已建成的高速铁路桥梁下方及邻近区域的相关工程建设采取必要的评估,并根据评估意见采取切实的工程措施。同时要求加强施工监测,对过程中发生的异常情况及时采取措施。

(9)严禁临近范围的地下水开采及堆载、土方开挖等。

2. 运营高速铁路相邻桥墩差异沉降超限的处理措施

当地面沉降引发的高速铁路桥梁相邻墩台差异沉降超限,对轨道结构及桥梁结构造成影响时,可采取的应对措施:

(1)当桥梁沉降量较小时,可采用调整轨下垫板扣件的方案来满足线路的平顺性。按照规范规定的沉降区曲率半径 $R_a \geqslant 0.4v_c^2$(v_c 为线路运营速度),如图 8.11 所示,将沉降曲线圆顺为一定半径的竖曲线,可用式(8.8)推算出沉降量限值 ΔS。

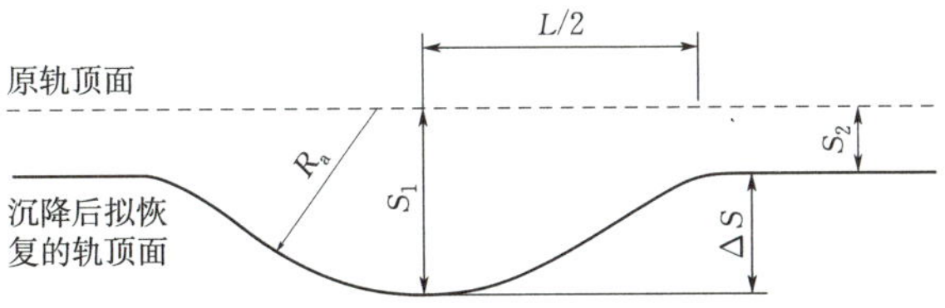

图 8.11 不均匀沉降竖曲线拟合示意

$$\Delta S \leqslant 2R_a - \sqrt{4R_a^2 - \left(\frac{L}{2}\right)^2} \tag{8.8}$$

该方法可操作性较强,便于施工质量的控制,但调高量不足,限制了其应用范围。如京津城际铁路采用 CRTSⅡ型板式无砟轨道,扣件系统理论扣件调高量为 56 mm。

(2)当沉降量较大超过扣件的调整能力时,可通过调整可调高支座的高度进行调节,我国可调节支座的一般最大调高量为 60 mm。

(3)更严重时,可采用抬梁顶升措施处理桥梁差异沉降。目前梁体的顶升方式主要有两种:①采用支座本身自带油腔顶升,用临时支撑加以辅助;②采用液压千斤顶顶升。两种方法均需在梁底或墩顶加塞钢垫板来实现调高。

以上三种调整方法,在京津城际铁路等项目中均已得到了成功应用。

3. 抬梁顶升的原则及要求

抬梁顶升影响面较大,一般是在道砟厚度调整、扣件调整、支座调整等措施无法满足要求,或者沉降已威胁到结构安全的情况下采用。采取该措施时需要慎重研究后确定。

(1)调整原则及要求

①对于影响行车平顺性地段,差异沉降在扣件调整范围的,应结合动检情况和扣件可调能力,根据长、短波要求进行扣件调整。

②对于差异沉降较大,影响轨道结构耐久性及安全性地段,应结合实际情况,采取抬梁处理措施适时进行下部结构的调整,确保轨道结构的安全。

(2)抬梁要求

①通过梁部抬升尽量消除两桥墩之间的不均匀沉降,有条件的情况下尽量使不均匀沉降控制在 5 mm 以内。

②梁部抬升高度应控制在支座最大调高量的 60 mm 以内。如梁部抬升量已达到 60 mm,但两墩之间的相邻沉降差仍然未满足 5 mm 以内的要求,一般不再加大抬升量。

③运营桥梁区段顶升应加强监测,其内容主要包括:梁体的应力、应变、位移变形,桥上轨道结构的应变、位移、裂缝发展,顶升力、顶升位移等。

4. 支座调高的原则及要求

支座调高采用在支座顶部加垫钢板的方式进行调高,施工时针对不同轨道类型桥梁制定相应的施工工艺,支座多次调高时需要整体更换调高钢板,原则上不容许使用多层钢板。

(1)支座进行调高前应先测量梁体高程确定支座所需调高量,根据支座类型及反力加工调高用钢板,支座的实际调高量应不大于设计调高量。设计调高量及超顶量应根据梁设计检算及必要的检定确定,避免梁部因超顶而开裂。

(2)在需要调高的支座处及两侧邻跨的墩台顶顶梁位置布设千斤顶,千斤顶的最大顶升力应根据支座的设计荷载确定。

(3)根据设计要求放松相邻区段轨道的扣压力,并拆除支座与梁体的联结螺栓。

(4)千斤顶起顶,顶梁位置应满足梁体设计文件要求,同一墩、台上的支座应同步顶升,保证不同位置顶升高差满足梁体安全要求。超顶高度高出设计高程 2～3 mm 后锁定千斤顶,并安装临时支撑,然后将加工好的调高钢板插入梁体与上座板之间,拧上上支座板与梁体的联结螺栓,但不拧紧。

(5)顶梁千斤顶缓慢回油,使支座承压,安装上支座板联结锚栓,拆除临时支撑和千斤顶。

(6)调整轨道扣件的扣压力至设计值,并检查轨道状态。

(7)当支座需要更换时,在需要更换的支座的墩台顶布置千斤顶,并连接油路,拧出支座上地脚螺栓和下地脚螺栓，采取梁体防侧倾措施后将梁顶高，拆除现有支座后，即可将新支座整体就位，拧紧支座上、下地脚螺栓即可。连续梁支座更换时，需考虑梁体允许顶梁点和允许相对顶梁高度差的要求。

(8)为方便支座调高及更换，安装前应采取在上支座板顶面和下支座板底面加油漆涂层等可靠措施，以利于支座与混凝土脱离。更换螺栓时，须采用与原支座螺栓相同材质和规格的螺栓。

(9)支座使用期间应定期对支座进行检查、养护，检查项目按《铁路桥隧建筑物劣化评定标准　第3部分：支座》(Q/CR 405.3—2016)执行。每次检查时，如有必要应对支座地脚螺栓进行清洗、涂油或更换，防止锈蚀。

8.3.3 线路变形应对措施

高速铁路工程实施后，当发生的地面差异沉降对高速铁路运行的安全性和舒适性造成影响时，除结合监测成果分析清楚其发生的原因和采取相关措施外，还需要采取线路纵断面配合工程措施，对轨面高程进行拟合，进而指导线下结构及轨道进行相关差异沉降整治工作。

纵断面模拟的思路：由于不同区段内轨面存在差异沉降，如果直接采用原设计资料的长坡段，模拟坡率的轨面设计抬降值较大，超出轨道扣件允许调整的范围，因此，结合京津城际铁路及京沪高速铁路类似问题的经验，为满足轨道扣件允许调整的范围，减少设计轨面高程与模拟轨面高程的抬降值，应尽量采用较小的坡段长进行模拟，控制抬降值。

此外，由于工程本体的沉降主要集中在建设期及运营前期，可在全线铺轨前，复测全线的路基高程、桥梁墩台顶(或梁面)高程及相关控制点高程，根据测量结果调整纵断面，将施工期误差、施工期区域差异沉降消除。

相关线经验：如果要达到模拟后的纵断面高程变化值与沉降变化值基本一致，纵断面的最小坡段长将会减小，最小值将会达到200 m，虽然不能满足高速铁路规范要求，但结合京津城际铁路及京沪高速铁路的经验来看，坡段长200 m模拟出的纵断面能很好地适应轨道扣件调整量的要求；但对于不均匀沉降较大的段落，纵断面相邻部分会有比较大的抬降，这种段落已经不能通过调整纵断面、填加道砟、抬轨道板等单一方法解决。

8.3.4 轨道变形应对措施

轨道工程应对区域地面差异沉降采取的工程措施总体有限，主要通过扣件和道床来对不均匀沉降进行轨面高程补偿性有限调整，应对措施主要有扣件调整、拟合竖曲线调整(配合纵断面拟合)、轨道板揭板整治等。

1. 轨道变形主要应对措施

对于有砟轨道，下部基础不均匀沉降应对措施较为简单，主要通过道砟调整，因此其对于基础沉降适应能力也较强。

无砟轨道对基础沉降适应能力较差，故主要针对以下几个不同阶段采取措施：

(1)第一阶段：下部基础工程建设期至无砟轨道工程铺板前

本阶段需在无砟轨道施工前，对下部基础高程数据进行复测，根据复测高程数据拟合调坡，轨道工程根据调整后新的纵断面施工，轨道板精调时通过调整层及底座把建设期间的不均匀沉降消除掉。

(2)第二阶段:无砟轨道铺轨后至联调联试静态验收前

本阶段线路沉降对轨道工程影响较大,如发生不满足轨道静态验收要求的沉降,需通过扣件调整,甚至揭板来重新调整轨道高程。

(3)第三阶段:静、动态验收后的运营期间

此阶段轨道几何平顺状态主要通过动态检测数据确定,如发生较大的轨道不平顺,主要通过调整扣件和下部结构的抬升进行处理,考虑对运营线路的影响,一般不进行揭板处理。

2. 无砟轨道调整方法

对新建线路轨道整修调整主要集中在上述介绍的第二个阶段,由于临近线路静态验收时间节点,轨道调整工期往往较为紧张,一般只有几个月时间。

(1)相关技术要求

《高速铁路设计规范》(TB 10621—2014)对无砟轨道静态铺设精度标准规定见表 8.1。

表 8.1　无砟轨道静态铺设精度标准

项　目	容许偏差	备　注
轨距	±1 mm	相对于标准轨距 1 435 mm
	1/1 500	变化率
轨 向	2 mm	弦长 10 m
	2 mm/测点间距 8a(m) 10 mm/测点间距 240a(m)	基线长 48a(m) 基线长 480a(m)
高低	2 mm	弦长 10 m
	2 mm/测点间距 8a(m) 10 mm/测点间距 240a(m)	基线长 48a(m) 基线长 480a(m)
水 平	2 mm	不包含曲线、缓和曲线上的超高值
扭曲	2 mm	基长 3 m,包含缓和曲线上由于超高顺坡所造成的扭曲量
与设计高程偏差	10 mm	站台处的轨面高程不应低于设计值
与设计中线偏差	10 mm	

注:表中 a 为扣件节点间距。

(2)扣件调整

采用更换扣件调高垫板实现轨面高程的调整,调整后轨面高程满足轨道平顺性标准要求,适用于不均匀沉降变形较小、调整量在扣件调高量范围(+26 mm)之内的沉降地段。

(3)竖曲线拟合调整

通过调整扣件将变形的轨面调整为圆顺的竖曲线,竖曲线半径应满足行车速度要求(要求 $R \geqslant 0.4v^2$,R 为竖曲线半径,v 为设计速度)。适用于变形相对较小且比较均匀,同时扣件调整能力满足的地段。

例如某高速铁路一车站范围路基地段发生沉降后,后期运营阶段,在动态检测安全的前提下,采用了拟合竖曲线的轨道调整方案进行调整,如图 8.12 所示。

(4)轨道板拆除整治

当地面不均匀沉降较大,无法通过扣件调整、竖曲线拟合调整时,可以考虑拆除轨道结构(钢轨、轨道板、道床板),重新施工轨道实现轨面高程调整。

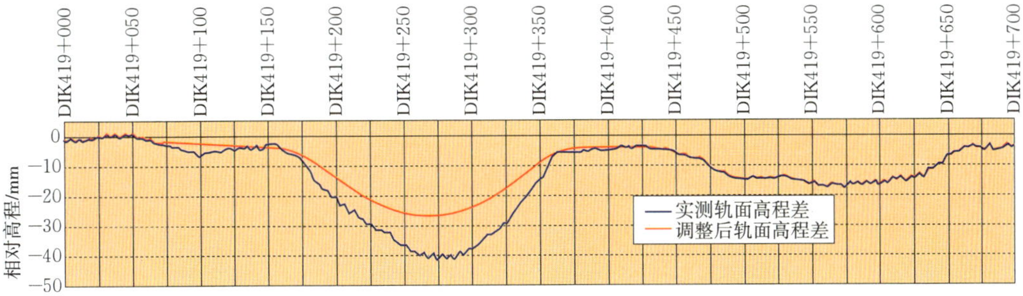

图 8.12 竖曲线拟合调整工程实例

8.3.5 综合防治措施

区域地面沉降是一种具有隐蔽性、累进性等特点的地质灾害，防治的基本原则应该是以监测、预防为主，防治结合，并坚持依法治理地面沉降。其防治措施主要从以下几个方面进行：

1. 综合管理措施

主要从完善防灾组织和强化施工管理、坚持依法治理地面沉降、优化城市发展规划等方面，对工程沿线区域地面沉降进行宏观的控制。此外，由建设或运营主管部门根据国土资源部门提供的地面沉降监测信息，在确保高速铁路工程安全运营的基础上，建立地面沉降监测、预警和应急处置体系，有效防范工程建设及运营期间的地面沉降灾害。

2. 地下水开采控制

过量开采地下水是引起地面沉降的主要原因，实现对地下水的合理开发是防治地面沉降的根本途径。压缩高速铁路沿线两侧一定范围内的地下水开采量，是治理高速铁路沿线区域地面沉降的根本措施。为实现这一目标，需与相关部门对工程沿线范围内的地下水开采及地面沉降情况进行分析研究，确定地下水压采的方案；在区域地面沉降严重地段的铁路沿线一定区域内，严格控制地下水的开采。

根据《铁路安全管理条例》(中华人民共和国国务院令第 639 号)第三十五条：高速铁路线路经过地面沉降区域，抽取地下水危及高速铁路安全的，应当设置地下水禁止开采区或者限制开采区。

除地下水压采措施外，还可以结合水资源规划情况，对地面沉降严重不均匀段落开展地下水的人工回灌工作，以便在短期内有效地控制住地面沉降发展。按照有关规定，高速铁路建设及运营、维护单位应当与当地政府部门密切协调，在铁路两侧一定范围内(一般为3 km)控制地下水开采、适当增加人工回灌、禁止在影响区范围内开发新的水源地、完善水资源管理制度。尤其须禁止在铁路附近浅井集中抽取地下水。

3. 加强铁路沿线地面沉降和地下水监测

加强地面沉降系统监测及灾害预警预报研究，建设地下水位、地面沉降及铁路工程变形的地面沉降综合监测网，加强施工和运营中的沉降观测，实时监控地下水位变化、地面高程变化、地表变形情况、铁路工程不均匀变形、纵横向轨道平整度、变形等指标，以便及时采取有效的处理措施。监测的内容主要为地面沉降区域监测、针对铁路工程的地面沉降专门监测，地下水各含水组水位动态监测等。必要时，结合沿线地裂缝发育情况一并开展监测预警工作。

4. 加强区域地面沉降灾害及对工程影响的研究

通过研究可进一步厘清区域地面沉降发生发展的规律，更好地预测地面沉降的发展趋势；为控制区域地面沉降的发展、分析地面沉降对不同类型工程的影响等提供更为可靠的技术支撑。

5. 强化施工管理，避免工程建设加剧地面沉降

据有关统计资料显示，仅北京施工降排地下水量每年近 1×10^8 m^3，工程施工降水造成的局部地面沉降不可忽视，所以制定了有关法规，加强监督管理，禁止随意排放施工抽汲的地下水，制定回灌方案，将抽汲的地下水回灌到地下。同时，在工程建设过程中，有关的基坑设计、施工方案、施工工艺、地面沉降影响监测等资料，均应汇交给相关地面沉降监管部门，为后期的监测和研究等提供大量可靠的基础资料。

6. 采取适当的工程措施

根据现阶段区域地面沉降监测、研究的既有成果，结合具体工程类型，采取切实有效的措施，减轻工程可能遭受的危害，如合理选择工程及轨道类型、结构形式、预留变形量、加强结构抗变形能力、采用较大调高量的可调高支座等。

(1)加强地质勘察

地质勘察对项目运营期使用安全以及养护维修成本起到关键作用。在高速铁路后期运营阶段出现较大的沉降变形问题多数与地质因素有关，因此，有效控制高速铁路沉降变形，首先要解决勘察质量管理和勘察技术问题，强化监理作用，切实避免出现勘察深度不够、施工质量不到位的情况。对于可能沉降的地段，应细化地质勘察的内容、技术手段，增加勘察的广度和深度，为设计方案提供详细的地质资料。

(2)提高设计的系统性

高速铁路车辆系统对轨道平顺性的要求高，进而使不同轨道结构对选线、基础工程沉降变形等提出更高的要求，因此在设计中应突出不同专业系统设计的原则。根据线路经过的特殊地质条件，仔细分析不同线路走向与轨道结构选型的关系，尽量避开地面沉降严重的区域。在地面沉降区内，桥梁应优先选择以简支梁为主的结构形式。对设计中不可避免出现的特殊结构桥梁，应进行桥—轨—车的耦合计算分析，统一计算的边界条件，分析可能发生的实际工况下运营速度和安全值的对应关系，确定轨道适中的平顺曲线，用于指导轨道调整和线路维护。

(3)施工质量控制

高速铁路建设中因施工质量引起沉降问题造成工程补救、拆除重做等，既延误工期，也会造成较大的经济损失。因而施工中，应强化对施工工艺流程的控制，以过程控制保证质量；加强有技术管理经验的工程师队伍建设，能够预判可能出现的技术质量问题，从而采取措施予以避免；加强监理工程师的监督作用，对关键工序、关键部位进行全过程旁站监理。

(4)基于建设项目全生命周期的养护措施

对地面沉降段落，设计阶段进行运营安全保障性分析，提出施工(轨道、结构调整)指导意见和特殊的维护措施；使用阶段制定精细化的维护细则，保证轨道结构的平顺性，必要时适当调整运输组织；测量观测对制定合理的维护措施十分关键，采取自动化监测手段，做到实时监测、连续检测。

9　沉降监测与评估

高速铁路在施工和运营期间，受到多种因素的影响，会产生沉降变形，超出规范限值的变形将严重危及铁路运营安全，给经济和社会带来巨大的影响和损失。软土及松软土地区，土层多以淤泥质土、黏土及粉土组成，其强度相对较低，压缩性高、持续时间长，位于该地区结构的工后沉降与其他地区相比较大。为了保证高速铁路结构状态安全，大部分软土、松软土地区高速铁路都开展了沉降监测的工作。

9.1　沉降监测的目的与意义

相对于普通铁路而言，高速铁路对设计、施工、监测、维护等提出了新的挑战。高速铁路运行速度快，对安全性、平稳性和准时性要求高，对线路结构的稳定性也有更高的要求。高速铁路线下工程构筑物的变形直接关系到轨道结构的质量状态，关系到高速铁路的运营安全。

高速铁路线下工程主要由附带横向穿越结构的路基、桥梁、隧道及过渡段等构筑物组成，这些构筑物自身及其相互衔接的状态，直接影响其上轨道结构的形态，进而影响列车运行的安全和舒适。为了保证这些构筑物满足高速行车的要求，在建设和运营期间，应根据设计文件进行沉降变形监测。高速铁路建设期的变形监测是为了满足轨道铺设条件的要求，而运营期的变形监测是为了保证运营安全。线下结构的变形监测以沉降监测为主，并需结合监测值对结构物的安全状态进行分析和评价。

开展沉降监测可以验证设计参数，为改进设计和规范标准提供依据和参考。由于地质资料及土工试验报告提供的参数不能完全真实地反映千变万化的土层状况，在设计过程中，往往采用经验公式、实验系数进行简化，无法将影响结构的各种因素完全考虑并进行精确计算，这就会造成设计计算结果与实际发生情况之间可能产生偏差。对结构进行沉降监测，可以根据监测结果进行反演分析，验证设计参数的正确性，修正不合理的参数和计算方法，减小理论计算值与真实沉降值之间的偏差。

开展沉降监测可以掌握沉降变形规律，预测未来沉降的大小。软土及松软土地区由于地层特点，极容易发生大范围的区域地面沉降，从而对铁路工程结构造成危害。通过对结构进行大范围的长期沉降监测，可以从中获取大量的数据信息，并对其进行分析，找出被观测地区沉降变形的基本规律及特征，从而为预测结构变形发展趋势和采取应对措施提供科学有效的决策依据。

总之，沉降监测工作是确保高速铁路轨道铺设质量和运营状态的关键环节，施工期间通过沉降监测可监测路基、桥涵、隧道工程的变形，分析、推算线下工程的最终沉降量和工后沉降量，合理确定轨道铺设时间。运营期间通过沉降监测可以及时发现这些构筑物在竣工验收后新出现的不良变化，进而及时整治，确保轨道结构满足平顺性的运营要求。做好沉降监测工作对于高速铁路的安全运营具有十分重大的意义。

9.2 沉降监测要求及系统设计

9.2.1 监测内容及要求

1. 监测内容

高速铁路线下工程的沉降监测期包括施工期、轨道铺设前静置期和铺轨完成后运营期三个部分。

路基的沉降监测主要包括路基面的沉降监测、路基基底的沉降监测以及路堤本体的沉降监测；桥梁的变形监测主要包括墩台基础的沉降监测和预应力混凝土梁的徐变观测；涵洞的沉降监测包括涵洞基础沉降监测和涵洞路基沉降监测；过渡段的沉降监测主要包括路桥、路涵等过渡段的路基面沉降及其不均匀性的监测。具体观测项目见表 9.1。

表 9.1 观测项目一览表

观测项目		观测元件	测量仪器	备注
路基及过渡段	路基面沉降	观测桩	水准仪	路基面和地基沉降观测点应设在同一断面上
	路基基底沉降	沉降板	水准仪	
	路基基底全断面沉降	剖面管	PVC 管剖面沉降仪	
桥梁	桥梁墩台沉降	观测点	水准仪	
	梁体徐变	观测点	水准仪	
涵洞	涵洞基础沉降	观测点	水准仪	洞顶路基沉降观测断面沿涵洞轴线布设
	涵洞路基沉降	观测桩	水准仪	

2. 基本要求

(1)仪器设备及人员素质

高速铁路沉降监测具有精度要求高的特点，一般要求测量中误差小于允许变形值的1/20～1/10，为此沉降监测应采用精密水准仪以及相配套的铟钢水准尺。作业人员须接受专业技能培训，熟练掌握仪器的操作规程，熟悉测量理论，对沉降观测中发现的问题能及时分析原因，适时、精确地完成任务。

(2)观测时间

高速铁路沉降监测前需要制定沉降监测实施方案，选定监测点、规定监测频次。监测过程中零观测(初始值的测量)必须按时完成。施工过程中的监测频次可根据工程进展情况，结合地域特点，按照《铁路工程沉降变形观测与评估技术规程》(Q/CR 9230—2016)的规定进行监测。

(3)“四固定”原则

为了尽量减少监测误差的不定性，使观测结果具有统一的趋向性，沉降监测应做到：采用固定的监测路线和监测方法，使用固定的仪器和设备，固定观测人员，固定基准点和工作基点。

(4)沉降监测成果整理

原始数据须真实可靠,工况信息应记录齐全,按照严谨有序、步步检核的原则进行成果整理与自评。

3. 外业施测要求

(1)沉降监测基准网建立后,注意做好基准点及工作基点的保护工作,发现丢桩或桩位移动后,及时恢复和补测。另外,根据基准网的稳定性,应对其进行定期和不定期复测。

(2)严格按照规范的精度要求进行施测。首次(零观测)应独立观测两次,满足要求后取平均值作为沉降观测的初始值。

(3)观测前和观测过程中,应对所使用的仪器进行检校,并保留检校记录。

(4)观测时,一般按"后—前—前—后"的顺序进行,对于有变换奇偶站功能的电子水准仪,按以下顺序进行。

往测:奇数站为"后—前—前—后",偶数站为"前—后—后—前"。

返测:奇数站为"前—后—后—前",偶数站为"后—前—前—后"。

(5)每一测段均为偶数测站。晴天观测时给仪器打伞,避免阳光直射;扶尺时借助尺撑,使标尺上的气泡居中,标尺垂直。

(6)观测前 30 min,将仪器置于露天阴影处,使仪器与外界气温趋于一致;对于电子水准仪,进行不少于 20 次单次测量,达到仪器预热的目的。测量中避免望远镜直接对着太阳;避免视线被遮挡,无法避免时,遮挡不超过标尺在望远镜中截长的 20%。观测时用测伞遮蔽阳光,对于电子水准仪,施测时均装遮光罩。

(7)观测过程中为保证水准尺的稳定性,应选用 2.5 kg 以上的尺垫。水准观测路线路面必须硬实,观测过程中尺垫踩实以免下沉。观测过程中应避免仪器安置在容易振动的地方,如果临时有振动,确认振动源造成的振动消失后,再激发测量键。水准尺均借助尺撑整平扶直,确保水准尺垂直。

(8)对于较宽的河、湖水中的沉降测量,按照跨河水准测量的要求进行观测。

4. 技术要求

高速铁路沉降变形观测一般按三等垂直位移监测网的技术要求进行观测,对于技术复杂的工点,宜按二等垂直位移监测网的技术要求进行观测,主要技术要求见表 9.2 和表 9.3。

表 9.2 垂直位移监测网的主要技术要求 单位:mm

等级	相邻基准点高差中误差	每站高差中误差	往返较差、附合或环线闭合差	监测已测高差较差	使用仪器、观测方法的要求
二等	0.5	0.15	$\leqslant 0.3\sqrt{n}$	$\leqslant 0.4\sqrt{n}$	DS_{05} 型仪器,宜按国家一等水准测量的技术要求施测
三等	1.0	0.30	$\leqslant 0.6\sqrt{n}$	$\leqslant 0.8\sqrt{n}$	DS_{05} 或 DS_1 型仪器,宜按《高速铁路工程测量规范》二等水准测量的技术要求施测

表 9.3 变形测量等级及精度　　单位:mm

变形测量等级	垂直位移测量	
	变形观测点的高程中误差	相邻变形观测点的高差中误差
二等	±0.5	±0.3
三等	±1.0	±0.5

(1)路基、涵洞沉降监测

路基变形监测主要以地基沉降监测、路基面沉降监测以及过渡段沉降监测为主,多采用监测桩法和沉降板法进行监测。路基沉降监测的监测精度为 1.0 mm,高程结果取位至 0.1 mm。

路基沉降监测桩和沉降板的沉降监测应按照二等水准测量的技术要求进行,宜将路基和涵洞一起监测,涵洞沉降监测以自身的沉降监测为主,主要为涵洞和涵顶填土的沉降监测,采用附和水准路线形式,观测路线如图 9.1 和图 9.2 所示。

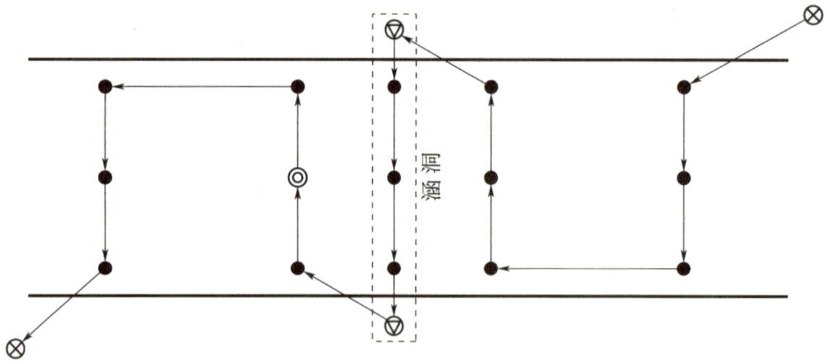

图 9.1 路基、涵洞沉降观测水准路线示意图(A)

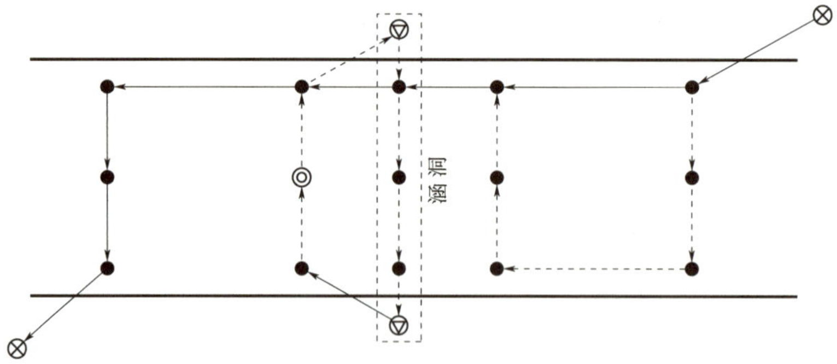

图 9.2 路基、涵洞沉降观测水准路线示意图(B)

(2)桥梁变形监测

桥梁变形监测以墩台基础的沉降和预应力混凝土梁的徐变观测为主。桥梁基础沉降和梁体徐变的观测精度为 1.0 mm,高程结果取位至 0.1 mm。

桥梁墩台基础的沉降主要采用水准测量方法,按照二等水准测量的精度要求执行,采用附和水准路线形式，观测路线如图 9.3 所示。

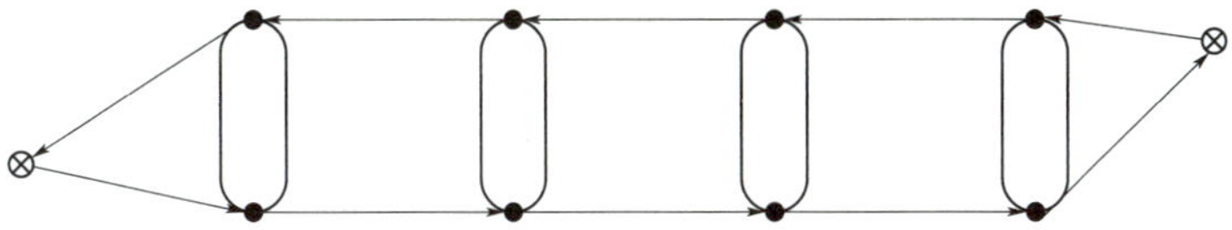

图 9.3 桥梁墩台沉降观测水准路线示意图

对于预应力混凝土梁的徐变观测采用水准测量方法，按照二等水准测量的精度要求执行，观测路线如图 9.4 所示。

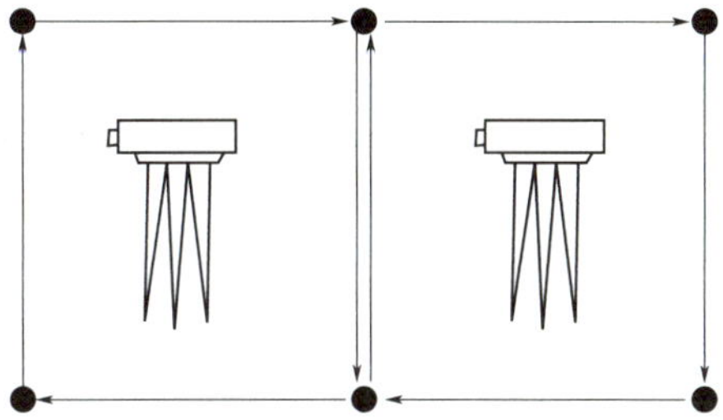

图 9.4 梁体徐变观测水准路线

9.2.2 观测周期与频次

变形观测频次应根据监测目的、变形量的大小和变形速率等因素进行设计。变形监测频次既要系统地反应变形过程，不遗漏变形的时刻，又要科学合理地降低监测的工作量。

1. 路基、涵洞沉降观测频次

（1）路堤地段应从路基填土开始进行沉降观测，路堑地段应从开挖完成后开始进行沉降观测；涵洞沉降观测可在涵洞路基填土后进行，观测频次同路基。具体不宜低于表 9.4 所列观测频次。

表 9.4 路基（涵洞）沉降观测频次表

观测阶段	观测频次	
填筑或堆载	一般	1 次/d
	沉降量突变	2～3 次/d
	两次填筑间隔时间较长	1 次/3d
堆载预压或路基填筑完成	第 1～3 个月	1 次/周
	第 4～6 个月	1 次/2 周
	6 个月以后	1 次/月
架桥机（运梁车）通过	全程	首次通过前 1 次，首次通过后前 3 d 1 次/天，以后 1 次/周
轨道板（道床）铺设后	第 1 个月	1 次/2 周
	第 2～3 个月	1 次/月
	3 个月以后	1 次/3 月

（2）出现下列情况时，应加密沉降观测频次：

①无砟轨道铁路，连续两次观测的沉降差大于 4 mm；

②沉降发生突变；

③外部环境变化，例如暴雨、临近施工、地震等情况。

(3)出现下列情况，可降低沉降观测频次：

①冬休期；

②填筑或堆载暂停超过 10 d。

2. 桥梁变形观测频次

(1)桥梁墩台沉降观测应从墩台基础施工完成后进行，且不宜低于表 9.5 所列观测频次。

表 9.5 墩台沉降观测频次表

观测阶段		观测期限	观测频次	备 注
墩台施工到一定高度			1 次	设置观测点，取得首次读数
墩(台)身混凝土施工		全程	完成后 1 次	相应墩台
预制梁桥	架梁前	全程	1 次/月	相应墩台
	预制梁架设	全程	架梁前后各 1 次	
桥位施工桥梁	制梁前	全程	1 次/月	
	上部结构施工中	全程	荷载变化前 1 次，荷载变化后前 3 d 1 次/天	
架桥机(运梁车)通过		全程	首次通过前 1 次，首次通过后前 3 d 1 次/d，以后 1 次/周	相应墩台
桥梁主体工程完工后		第 1～3 个月	1 次/周	
		第 4～6 个月	1 次/2 周	
		6 个月以后	1 次/月	
轨道铺设期间		前后	1 次	
轨道铺设完成后		第 1 个月	1 次/2 周	工后沉降长期观测
		第 2～3 个月	1 次/月	
		4～12 个月	1 次/3 月	
		12 个月以后	1 次/6 月	

注：1. 观测墩台沉降时，应同时记录结构荷载状态、环境温度及天气日照情况。
2. 相应墩台为架梁引起荷载变化的墩台。

(2)预应力混凝土梁徐变观测应从纵向预应力终张拉前一天开始。梁体徐变观测的频次根据表 9.6 的要求进行。

表 9.6 梁体徐变观测频次表

观测阶段	观 测 频 次		备 注
	观测期限	观测周期	
梁体施工完成	—	—	设置观测点
预应力张拉期间	—	张拉前一天、张拉后一天各 1 次	测试梁体弹性变形

续上表

观测阶段	观测频次		备　注
	观测期限	观测周期	
预应力张拉完成～轨道板(道床)铺设前	张拉完成后第 1 d	1 次	
	张拉完成后第 3 d	1 次	
	张拉完成后第 5 d	1 次	
	张拉完成后 1～3 月	1 次/周	
轨道铺设期间	—	铺设前后各 1 次	
轨道铺设完成后	0～3 个月	1 次/月	残余徐变变形长期观测
	4～12 个月	1 次/3 个月	
	12 个月以后	1 次/6 个月	

注:测试梁体徐变上拱变形时,应同时记录梁体荷载状态、环境温度及天气日照情况。

9.2.3 监测点分类及布置

1. 监测点分类

沉降监测点分为基准点、工作基点和沉降监测点,其布设应符合下列规定:

(1)每个独立的沉降监测网应设置不少于 3 个稳固可靠的基准点,基准点的间距不宜大于 1 km。沉降监测网中的基准点应进行定期观测,将观测结果进行统计分析,判断基准点的稳定性。沉降监测网中基准点的稳定性一般采用二等水准测量的方法进行检验。

(2)工作基点应选在比较稳定的位置。对观测条件较好或观测项目较少的工程,可不设立工作基点,在基准点上直接测量沉降监测点。

(3)沉降监测点应设立在变形体上能反应变形特征的位置。

2. 监测点布置

(1)路基(含过渡段)监测点的布置

路基沉降观测断面的设置应根据工程结构、地质条件、地基处理方法、路基结构、路堤高度、堆载预压等具体情况,结合沉降预测方法和工期要求具体确定。

①沉降观测断面的间距应符合下列规定:

a. 无砟轨道铁路沉降观测断面的间距不宜大于 50 m,地势平坦、地基条件均匀良好的路堑、高度小于 5 m 的路堤,间距不宜大于 100 m。

b. 新建时速 250 km 及以上有砟轨道铁路观测断面的间距不应大于 100 m,软土、松软土等特殊路基段观测断面应适当加密。

c. 新建时速 200 km 及以下有砟轨道铁路在软土、松软土等特殊路基段设置断面,间距不宜大于 100 m。

②过渡段观测断面布置应符合下列规定:

a. 路桥过渡段、路隧过渡段,根据过渡段情况在距起点 1～5 m、10～20 m、30～50 m 处各设 1 个观测断面。

b. 涵洞两侧路涵过渡段设置 1 个观测断面,涵洞中心里程路基面应设置 1 个观测断面。

c. 过渡段长度较短时,可根据实际情况调整观测断面。

③软土、松软土路堤地段每 2 个观测断面至少设置 1 个沉降板或单点沉降计,布置于双线路基中心;当设置剖面沉降仪时设置于基底;必要时两侧坡脚外 2 m、8 m 处设置位移观测边桩,如图 9.5 所示。

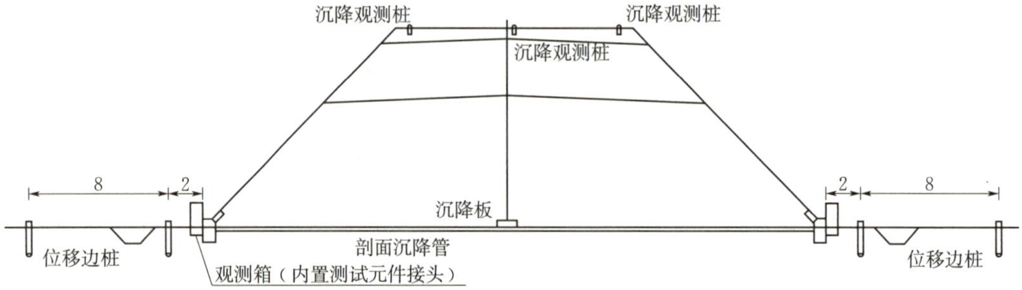

图 9.5　软土、松软土地段观测断面布置示意图(单位:m)

(2)桥涵监测点的布置

①桥涵沉降变形应逐个桥墩(台)、涵洞进行观测。

②徐变观测梁体选择应符合下列规定:

a. 对原材料变化不大、预制工艺稳定、批量生产的预应力混凝土预制梁,每个梁场前 3 片梁进行徐变观测,以后每 100 片梁选测一片。

b. 移动模架施工的简支梁,对前 6 孔梁进行重点观测,以验证支架预设拱度的精度,验证达到设计要求后,可每 10 孔梁选择 1 孔梁设置观测标。

c. 其余现浇梁应逐跨观测。

③桥梁墩(台)观测标埋设应符合下列规定:

a. 桥台观测标应设置在台顶(台帽及胸墙顶),测点数量不少于 2 对,分别设在台帽两侧及胸墙两侧(横桥向)。

b. 墩全高大于 14 m 时,应埋设 2 个观测标;墩全高不大于 14 m 时,埋设观测标不应少于 1 个。墩身观测标宜设置在墩底部高出地面或常水位 0.5 m 左右的位置。特殊情况可按照确保观测精度、观测方便、利于观测点保护的原则,确定合理的位置。

④梁体徐变观测点的布设应符合下列规定:

a. 简支梁的 1 孔梁设置观测标 6 个,分别位于两侧支点及跨中;现浇梁上的观测标,分别在支点、中跨跨中及边跨 1/4 跨附近设置,如图 9.6 所示,相邻跨墩顶观测点可共用。

b. 桥面系防水层等部位施工时,观测标志可转移到防撞墙上。

c. 观测标的设置不应与挂篮、滑道等冲突。

⑤涵洞进出口两侧帽石应各设置 1 个沉降监测点。涵洞顶中心应设置 1 个沉降板,如图 9.7 所示。

9.2.4 沉降监测系统设计

1. 设计原则

设计沉降监测系统,对高速铁路构筑物进行沉降监测,是保证高速铁路平稳、安全的必要措施。

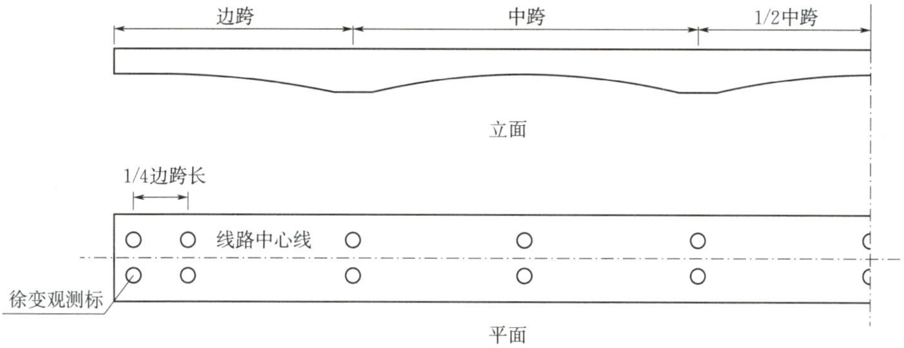

图 9.6 连续梁徐变测点布置示意图

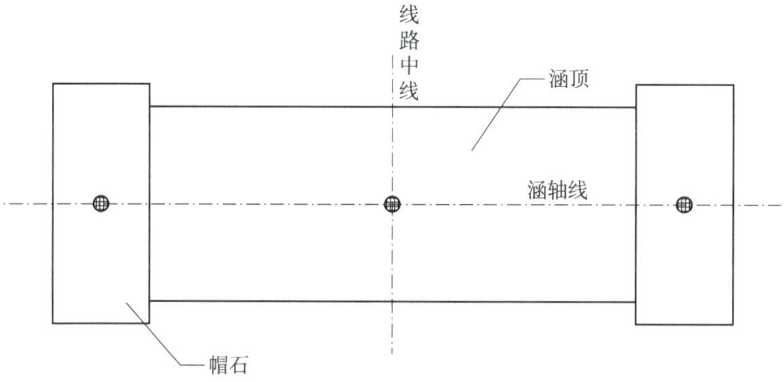

图 9.7 涵洞沉降测点布置示意图

(1)针对性

设计人员应对沉降监测对象非常熟悉，针对不同的构筑物，根据地形、地质、水文及气象等条件进行沉降监测系统设计，以重点工程为主要监测对象，优化沉降监测系统，以最小的投入取得最好的监测效果。

(2)完整性

对沉降监测系统的设计要有整体方案，适用不同的监测方法和手段，通过可靠性、连续性和整体性论证后，优化出最佳的设计方案。高速铁路的沉降监测以二等水准测量为主，可兼用自动化监测等方法进行优化整体设计。

(3)可靠性

观测设备要具有可靠性，二等水准测量通常采用 DS_{05} 或 DS_1 型电子水准仪进行观测，必要时可采用两套不同的观测设备以便进行校核，亦可采用自动化监测设备进行观测，自动化监测设备的选择要便于实现数据自动采集，同时考虑有人工观测接口。

(4)经济性

沉降监测项目宜简化，各种监测手段要相互协调，并考虑监测资料分析的需要，使沉降监测成果既达到预期目的，又能做到经济合理。

2. 设计内容

对于高速铁路沉降监测系统而言，主要包括以下的设计内容：

(1)技术设计书。按照相关的规范及其相应规定,合同主要条款及双方职责等。

(2)观测的原则方案。包括监测工作的重要性、目的和具体要求等的总体说明。

(3)控制点及监测点的布设方案。包括沉降监测系统的监测点布置图、测量精度要求及说明。

(4)测量的必要精度论证。对主要监测方法的精度论证,并说明观测中的注意事项和精度要求。

(5)测量的方法和仪器。包括仪器的种类、数量及精度等,对于特殊仪器应给出观测规程等。

(6)成果的整理方法及建议。成果的整理一般按照规范的要求执行,对于规范中没有明确规定的内容,应进行详细说明。

(7)观测进度计划表。主要说明观测所需要的时间及其安排。

(8)观测人员的安排及预算。

9.2.5 监测技术创新发展

高速铁路沉降监测工作主要以传统的水准测量为主,而伴随着计算机技术、激光技术、空间技术以及传感器技术等的发展,有力地推进了监测技术的发展,主要监测技术如下。

1. 自动化监测技术

沉降监测的自动化基于下述原因:

(1)变形速率快。

(2)监测点多。需要同一时刻获得许多个测点上的沉降值。

(3)监测间隔时间短。沉降变形过程需要大量的短时间间隔的观测数据描述。

(4)监测环境恶劣。噪声、高压、高热、高磁场、人无法到达或者现场干扰大。

(5)监测不能影响生产和运行管理。

目前监测技术的发展使得沉降监测自动化成为可能并得到广泛的应用,例如静力水准仪、单点沉降计等。

2. 光纤监测技术

光纤监测技术是20世纪70年代中期发展起来的一门新技术,光纤传感器是将光纤传感技术应用于测量领域的一种传感器件,它具有灵敏度高、耐腐蚀、电绝缘、防爆性好以及抗电磁干扰等优点,易与计算机连接,而且结构简单、尺寸小、质量轻、频率宽,可进行温度、应力、应变等多种参数的分布式测量。

3. GPS 监测技术

GPS定位技术具有定位迅速、定位精度高、观测自动化、全天候等优点,且自20世纪90年代以后,GPS定位技术和数据处理技术日益完善,GPS测量的速度和精度不断提高,已被广泛应用于变形观测领域。

4. 测量机器人技术

测量机器人由带电动马达驱动和程序控制的TPS系统结合通信、CCD技术设计而成,具有目标识别、自动照准、自动记录等优点,可实现测量的全自动化。

5. 三维激光扫描技术

三维激光扫描技术以格网扫描方式,高精度、高密度、高速度测量变形体的表面点云,具有高时间分辨率、高空间分辨率和高精度等特点，通过点云模型对比，不仅可以对变形体的局部进行监测，同时还可以对变形体进行整体监测。

三维激光扫描技术是一种新型测量技术，是 GPS 技术应用以来测绘领域的又一次技术革命。该技术突破了传统单点测量及数据处理方式的不足，是一种新的变形监测技术，具有广阔的应用前景。

6. 合成孔径雷达(InSAR)干涉技术

合成孔径雷达干涉技术开辟了遥感技术用于监测地表形变的先河。利用合成孔径雷达差分干涉技术可提取厘米甚至毫米级精度的地表形变信息，如地面下沉、山体滑坡等。InSAR 监测地表形变具有高分辨率和连续空间覆盖特征，是已有传统监测方法(如精密水准测量、GPS 测量等)所不具备的，且遥感探测形变覆盖面积大，成本低。

地基合成孔径雷达干涉(ground based InSAR,GBInSAR)将合成孔径雷达干涉技术从空基转化成地基，利用步进频率技术实现雷达影像方位向和距离向的高空间分辨率，克服了星载 SAR 影像受时空失相干严重和时空分辨率的缺点，通过干涉处理可实现优于毫米级精度的变形监测。

9.3 沉降监测方法

9.3.1 人工监测

1. 人工监测分类

高速铁路线下工程人工沉降监测手段一般为沉降观测桩和沉降板等方法。

(1)沉降观测桩法

利用钢钎或混凝土墩嵌入结构中，用水准仪进行水准测量，即可得出路基面、桥梁墩台、涵洞基础及洞顶的沉降量。此方法简便，但只能测量线下工程的表面沉降值，无法测量结构体内部某一位置的沉降，且对施工有干扰。

沉降观测桩布置方法，如图 9.8 所示。

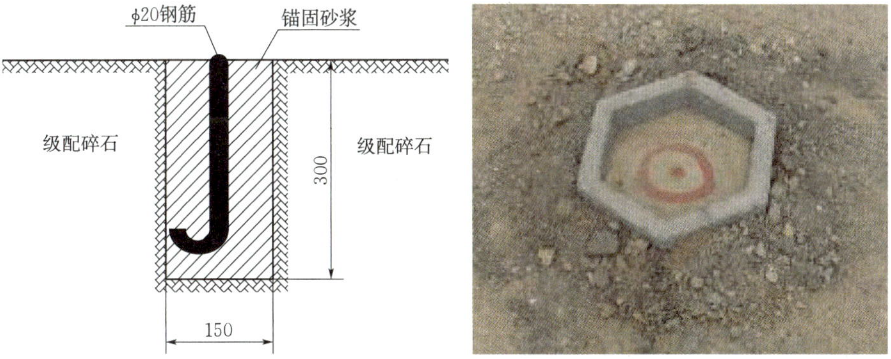

图 9.8 路基沉降观测桩埋设布置图(单位：mm)

选择直径 20 mm 钢筋，顶部磨圆，底部焊接弯钩，待基床表层级配碎石施工完成后，在观测断面通过测量埋置在设计位置，埋置深度不小于 0.3 m，桩周 0.15 m 用 C15 混凝土浇筑固定。路基面两侧观测桩一般设在距左右线路中心 3.2 m 处。观测点钢筋头为半球形，高出埋设表面 5 mm，表面做好防锈处理。完成埋设后测量桩顶高程作为初始读数。

(2)沉降板法

①工作原理

沉降板法是一种简单、普通的沉降观测方法，一般由底板、测杆和 PVC 保护管组成。底板尺寸约为 50 cm×50 cm，厚度 5 cm 钢筋混凝土板或厚度 3 cm 钢板，测杆为直径 40 mm 钢管，第一段垂直固定于底板的中央，随着填土高度的增加，以丝扣的方式接长测杆，测杆外采用 PVC 管进行保护，PVC 保护管的直径约为 75 mm。当沉降板所在土层发生沉降后底板及测杆也随之沉降，通过对露在外部的测杆进行水准测量，前后两次高程差即为底板所在土层的沉降值。

②测量方法及精度要求

沉降观测采用水准仪进行，测量沉降板测杆杆顶高程作为初始读数，随着路基填筑施工逐渐接高沉降板测杆和保护套管，接长前后测量杆高变化量确定接高量，如图 9.9 所示。

图 9.9 沉降板套管剖面图

沉降板法测量原理简单，但对施工有一定的干扰。沉降板法的优点是造价低廉，操作简便，但弱点也很明显，主要为：①影响路基填土的压实施工，沉降板附近 1 m 范围内应采用人工摊平及小型机具碾压，易产生压实死角，降低压实质量，且在实际施工过程中，机械容易撞坏沉降板测杆，破坏后的补埋非常困难；②一个沉降板只能测量某一点的沉降。

2. 主要技术指标要求

人工沉降变形监测的主要技术指标详见表 9.7～表 9.9。

表 9.7 沉降变形观测网主要技术要求 单位：mm

变形等级	相邻基准点高差中误差	每站高差中误差	往返较差、附合或环线闭合差	监测已测高差较差	使用仪器、观测方法的要求
三等	1.0	0.3	$\leqslant 0.6\sqrt{n}$	$\leqslant 0.8\sqrt{n}$	DS_{05} 或 DS_1 型仪器，按二等水准测量的技术要求施测

表 9.8 沉降变形观测点的精度要求和观测方法 单位：mm

变形等级	高程中误差	相邻点高差中误差	观测方法	往返较差、附合或环线闭合差
二等	±0.5	±0.3	按国家一等精密水准测量	$\leqslant 0.3\sqrt{n}$

表 9.9　一、二等水准测量仪器及主要技术要求　　单位：m

等级	仪器	视线长度	前后视距差	在任一测点上前后视距差累计	视线高度（下丝读数）
一等	DSZ_{05}、DS_{05}	≤30	≤0.5	≤1.5	≥0.5
二等	DS_1、DS_{05}	DS_1≤50、DS_{05}≤60	≤1.0	≤3.0	≥0.3

目前高精密水准仪主要有：SDL30 数码水准仪、DNA03/DSZ05 电子测量仪、DINIL2 电子水准仪。

水准尺类型：采用电子水准尺或铟钢水准尺。

沉降水准测量的重复精度不低于±1 mm，读数取位至 0.1 mm。

9.3.2　自动监测

随着传感器、计算机和软件技术的发展，特别是网络、通信和数据库技术的飞速发展，自动化监测技术得到了空前的发展。高精度的自动化监测仪器、海量数据管理和先进实用的数据分析处理理论为自动化技术提供了有力的技术支持。同时，为适应信息化和自动化管理发展的要求，自动化监测正在成为沉降监测的一个发展趋势和方向。

自动化监测技术是 20 世纪 60 年代发展起来的一种全新的监测技术，它是随着计算机技术、网络通信技术的发展而发展起来的。自动化监测主要包括数据采集自动化、数据传输自动化、数据预处理自动化、数据分析自动化以及数据管理自动化。

9.4　智能监测技术

9.4.1　路基自动化监测技术

1. 单点沉降计

(1)仪器组成

单点沉降计由位移计、锚头、法兰沉降盘、测杆等部件组成，如图 9.10 所示。

(2)工作原理

电感调频位移计是利用电磁感应原理，与测杆固接的导磁体活塞杆插入螺管线圈并可来回移动，线圈的电感量与导磁体活塞杆插入线圈的长度有关。当发生位移时，将引起线圈电感量的变化，电感调频电路将线圈电感量的变化变换成频率信号，通过读数仪即可显示位移值。

移计底层锚头锚固到基岩(相对不动点)，当基础下沉时，沉降板(定位销)随基础一起下沉，使传感器与测杆之间发生相对滑移，输出信号，从而获取位移读数。

2. 沉降传感器

(1)传感器构成

沉降传感器外形如图 9.11 所示，由传感器、连接管线和液体构成。沉降传感器和随降保护碟内部结构如图 9.12 和图 9.13 所示。

(2)工作原理

采用固态压力传感技术和连通器原理，通过对液面高度差测量，实现参考点与被测点相对沉降观测。测量原理如图 9.14 所示。实际应用时，相关测点的传感器通过一个液体管道彼此相连，一个或部分传感器作为参考点，其他传感器用于相对沉降测量。

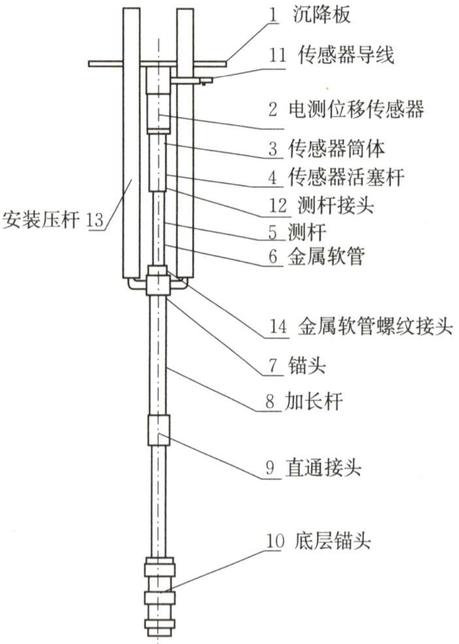

图 9.10 单点沉降计

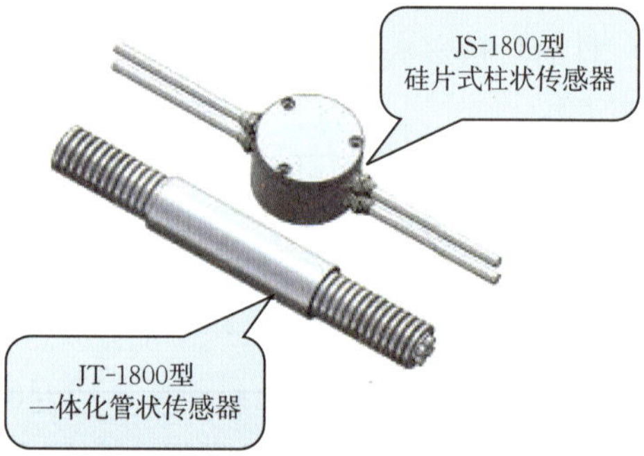

图 9.11 沉降传感器外形示意图

图 9.12 传感器内部图

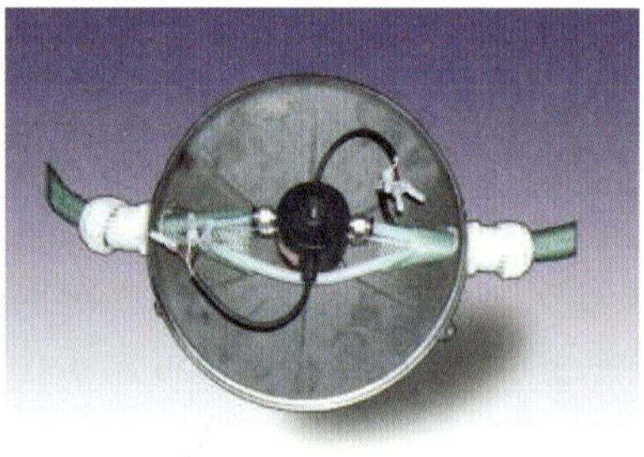

图 9.13 随降保护碟内部图

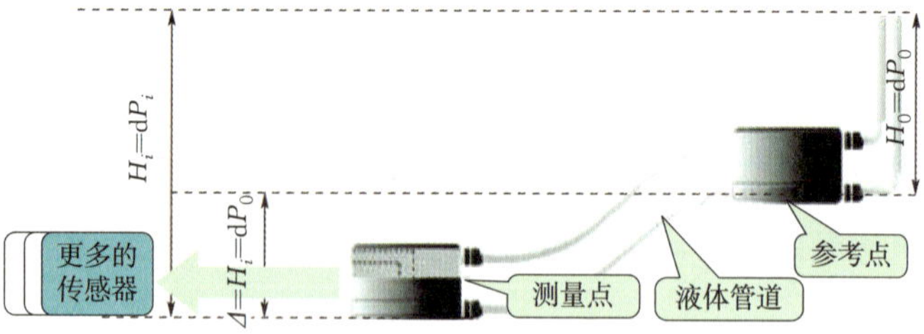

图 9.14 沉降传感器原理示意图

3. 剖面沉降仪

(1)测试系统组成

剖面沉降仪系统主要由测头、电缆、读数仪及剖面管等组成，如图 9.15 和图 9.16 所示。

图 9.15 测头 电缆 读数仪

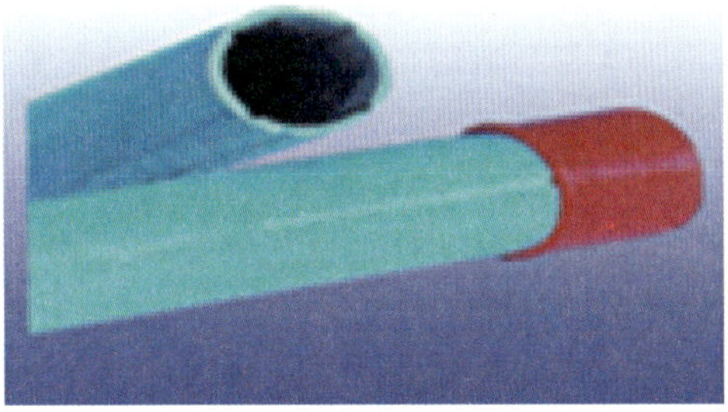

图 9.16 剖 面 管

①测头:测头上下有两组导轮,便于沿剖面沉降管的导槽滑动,测头尾部有一吊环,便于与拉绳连接。

②电缆:电缆把测头和测试仪连接起来,它除了向内部倾角传感器供电和传输信号外,还是测头测试的刻度尺和测头拉动的绳索。为了使电缆在负重时有最小的长度变化,采用了特制的设有加强钢芯的专用电缆。电缆上每隔 0.5 m 的间距设标记,标记所示距离从测头的两组导轮中点起记。

③在路基断面水平埋设有测斜导管。

(2)工作原理

在路基断面水平埋设有测斜导管,测头沿管中导槽缓缓滑动,有一定柔性的测斜管与地面同步沉降,将形成一定的倾角,测头的传感器可以测出在某一处的倾角。测头的信号是以测斜管导槽为方向基准,在某一处测头上下导轮标准间距(0.5 m)的倾角正弦函数即为沉降量。剖面沉降仪的探头构造及工作原理如图 9.17 所示。

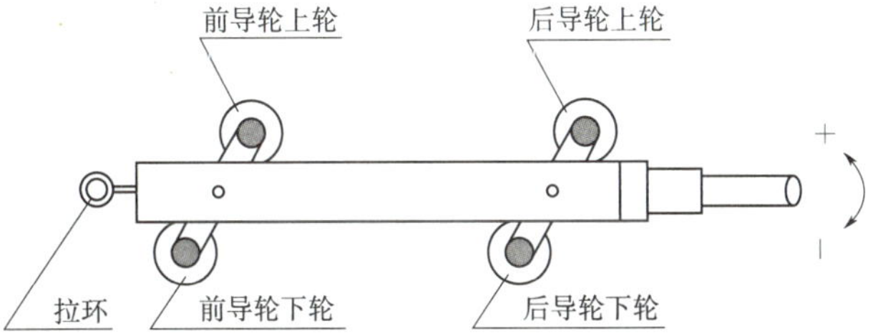

图 9.17 水平测头检测示意图

如图 9.18 和图 9.19 所示,活动式测斜仪沿着测斜管的导槽按设定的间距 0.5 m 移动,在每一测点处输出一个与倾斜角度的正弦值相对应的电信号 U_i,即

$$\sin\theta_i = f(U_i) \tag{9.1}$$

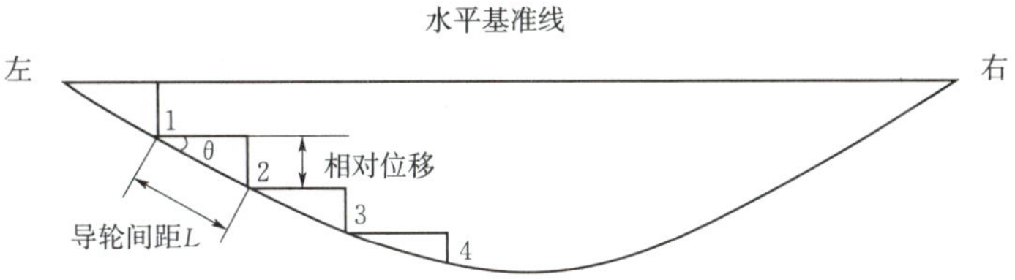

图 9.18 剖面不均匀沉降的量测原理

式中 U_i——测斜仪输出电压，V；

θ_i——测斜仪轴线与水平面的夹角，(°)。

正程测量时

$$\sin\theta_{i正}=a_3U_{i正}^3+a_2U_{i正}^2+a_1U_{i正}+a_0 \quad (9.2)$$

返程测量时

$$\sin\theta_{i反}=a_3U_{i反}^3+a_2U_{i反}^2+a_1U_{i反}+a_0 \quad (9.3)$$

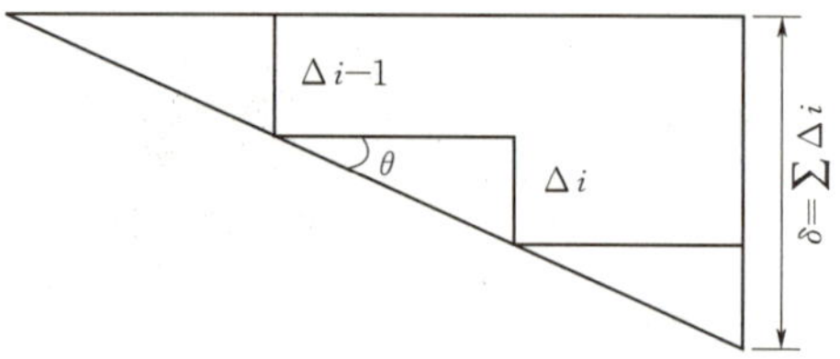

图 9.19 剖面沉降仪工作原理图

每一测点处的测值可按式(9.4)计算。

$$\sin\theta_i=(\sin\theta_{i正}-\sin\theta_{i反})/2 \quad (9.4)$$

对于有 m 个测点的测斜孔的第 j 次测量，每个测点处相对于前一测点的沉降量为

$$\Delta x_{ij}=L(\sin\theta_{ij}-\sin\theta_{i0})/2 \quad (i=1,2,3,\cdots,m;j=0,1,2,3,\cdots) \quad (9.5)$$

式中 $\sin\theta_{i0}$——i 测点的首次测值；

$\sin\theta_{ij}$——i 测点的 j 次测值。

则在第 j 次测量后整个测斜管轴线的竖向位移为各段的相对位移之和，即

$$X_j=\sum_{i=1}^{m}\Delta x_{ij} \quad (9.6)$$

4. 横剖仪(滑动剖面沉降测试压力计)

(1)测试系统构成

此套测试仪器利用横剖管与滑动剖面沉降测试压力计(横剖仪)相配合，如图 9.20 所示。剖面沉降测试压力计分为滑动式压力计和定点式压力计两类，管壁光滑无梯形导槽，堆载时受力均匀，既能准确反映土体沉降情况又不会出现碎裂。该仪器耐腐蚀，寿命长。

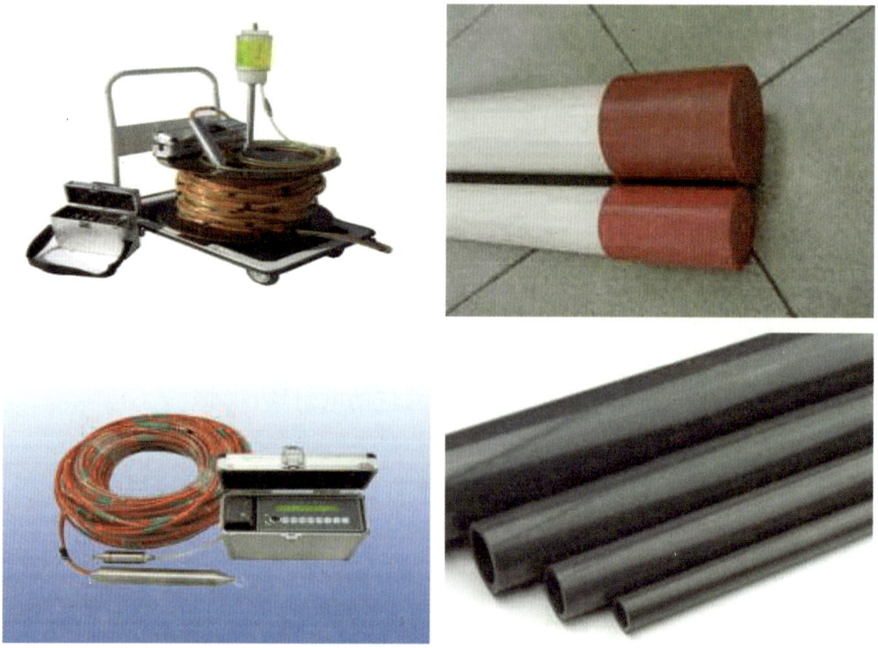

图 9.20 横剖测试系统

横剖管采用直径为 70 mm 的全塑高精度专业管材，先加工造粒，然后一次挤塑成型。管材外壁光滑，没有气泡、裂口及明显凹陷波纹，管头切割平整。

(2)工作原理

横剖面沉降观测方法主要利用连通器原理(如以往的水杯法)，将沉降装置位置发生的沉降，通过液体面高度，或压力的变化反映到路基体外。

5. 分层沉降仪

分层沉降法可以了解不同地基深度的变形值，对影响深度和研究地基变形机理有很大帮助。用于基坑、边坡、坝体、地基监测深部不同层位的沉降。

(1)系统组成

分层沉降观测是针对不同深度、层位的土体进行沉降观测，由精密水准仪、水准标尺、电磁式沉降仪、沉降管、沉降环及其他配套设备构成整个监测系统，如图 9.21 所示，也称磁环式法。

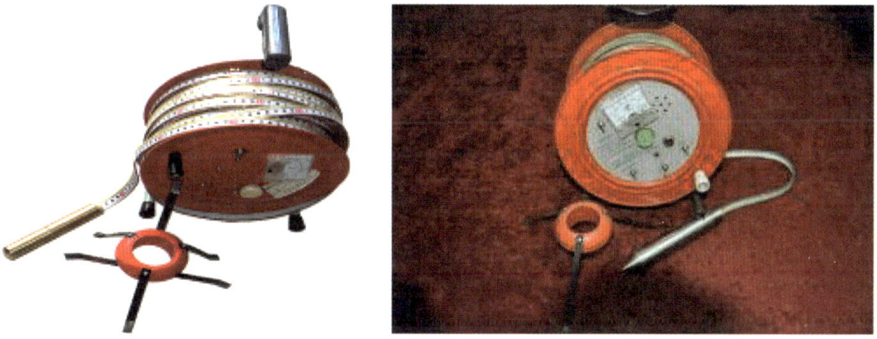

图 9.21 分层沉降监测仪

(2)工作原理

分层沉降监测系统如图 9.22 所示，所用传感器是根据电磁感应原理设计，将磁感应沉降环预先通过钻孔方式埋入地下待测的各点位，当传感器通过磁感应环时，产生电磁感应信号送至地面仪表显示，同时发出声光警报。读取孔口标记点上对应钢尺的刻度数值，即为沉降环的深度。每次测量值与前次测值相减即为该测点的沉降量。

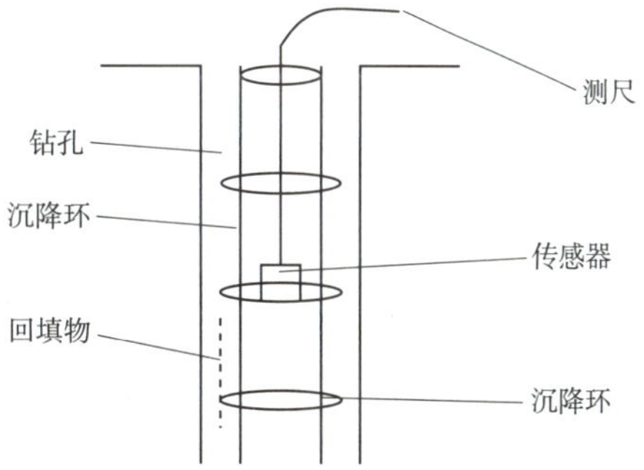

图 9.22 工作示意图

6. 多点沉降计

(1)元件组成

多点沉降计对应于单点沉降计，也称分层沉降计，由多个位移计、锚头、法兰沉降盘、测杆等部件串联组成，如图 9.23 所示。

(2)工作原理

分层沉降计也是一种埋入式智能数码电感调频的位移计。电感调频位移计是应用电磁感应原理，利用电感调频位移计的活动导磁体在其磁通感应线圈内的相对位移，改变线圈的

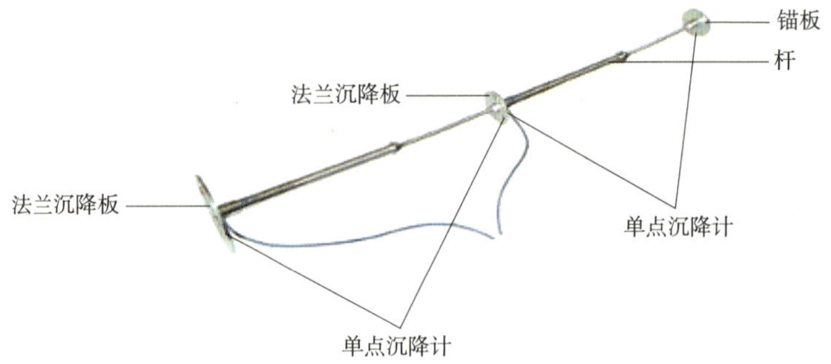

图 9.23 串联式分层沉降计

电感量，再通过电感调频电路将线圈电感量的变化变换成频率信号输出，由读数仪接收测读位移值。

7. 液压位移计

（1）元件组成

在一般路基沉降监测中采用的多是埋入式连通液位沉降计，也称静力水准仪，是一种智能数码电感调频的总线型位移计，由液缸、浮筒、精密液位计、保护罩等部件组成，如图 9.24 所示。

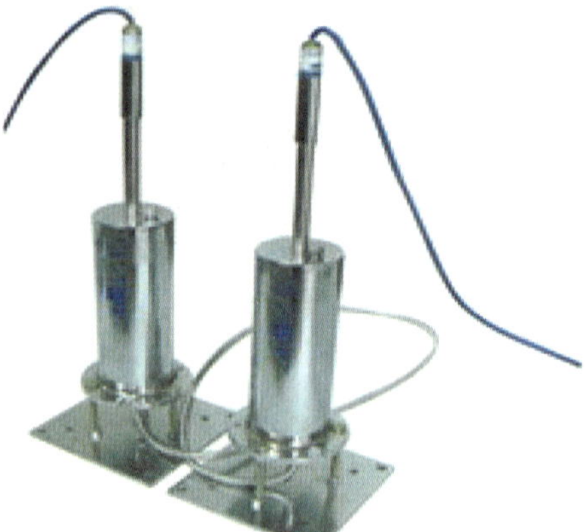

图 9.24 连通液位沉降计

（2）工作原理

连通液位沉降计沉降监测（静力水准）系统如图 9.25 所示，适合于要求高精度监测垂直位移或沉降的场合，测量参考点与测试点之间土体的相对位移，主要用于路堤、大坝的单点沉降，线形沉降和剖面沉降等精密测量，也适用于结构与土体的相对沉降变形监测以及其他结构之间的相对沉降变形监测，可多点监测。

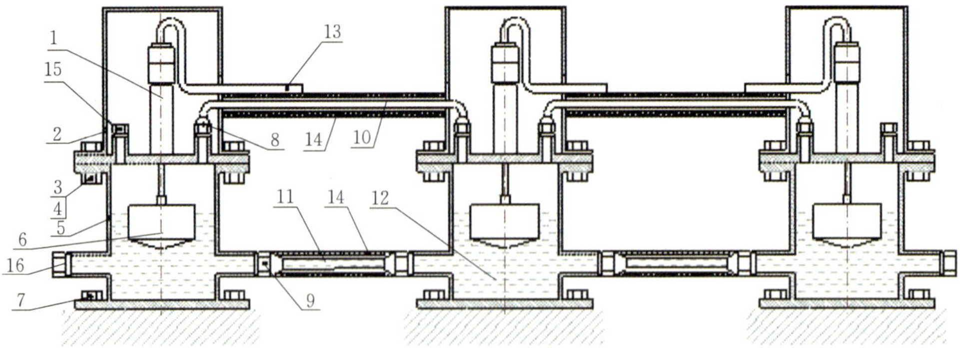

图 9.25 连通液位沉降计

1—液位传感器；2—保护罩；3—螺母；4—螺栓；5—液缸；6—浮筒；7—地脚螺栓；8—气管接头；9—液管接头；10—气管；11—液管；12—防冻液；13—导线；14—PVC 钢丝软管；15—气管堵头；16—液管堵头

基准罐置于一个稳定的水平基点，其他储液罐置于高程大致相同的不同位置，当其他储液罐相对于基准罐发生升降时，将引起该罐内液面的上升或下降。通过测量液位的变化，了解被测点相对水平基点的升降变形。

9.4.2 桥梁自动化监测技术

传统的桥梁沉降监测，大多采用的人工现场测量与内业分析评价相结合的方法。该方法是离散的、非在线的，因此，不能及时地发现高速铁路的沉降变化。此外，高速铁路大多处于封闭状态，传统人工测量方法无法实现实时连续监测。因此，近几年桥梁自动化监测技术得到了前所未有的发展。自动化监测技术具有远程、实时、在线、自动等特点，可以在 24 h 内不间断地进行数据采集和测量。

桥梁自动化沉降监测可以采用静力水准仪测量、自动全站仪测量、激光位移计测量、倾角仪、卫星定位技术测量(GPS)等方法。目前，基于连通器原理的静力水准仪测量为应用较普遍的自动化测量方法。

1. 静力水准仪的工作原理

自动化监测沉降测量采用了静力水准的连通器原理，测量每个监测点内容器液面的相对变化，再通过换算求得各个监测点对于基点的相对沉降量。如图 9.26 所示，假设共布设有 n 个测点，1 号点为相对基准点，初始状态时各测量安装高程相对于(基准)参考高程面 H_0 间的距离则为：$Y_{01}, Y_{02}, \cdots, Y_{0i}, \cdots, Y_{0n}$($i$ 为测点代号 $i=0,1,\cdots,n$)；各测点安装高程与液面间的距离则为 $h_{01}, h_{02}, h_{0i}, \cdots, h_{0n}$，则有

$$Y_{01}+h_{01}=Y_{02}+h_{02}=\cdots=Y_{0i}+h_{0i}=\cdots=Y_{0n}+h_{0n} \tag{9.7}$$

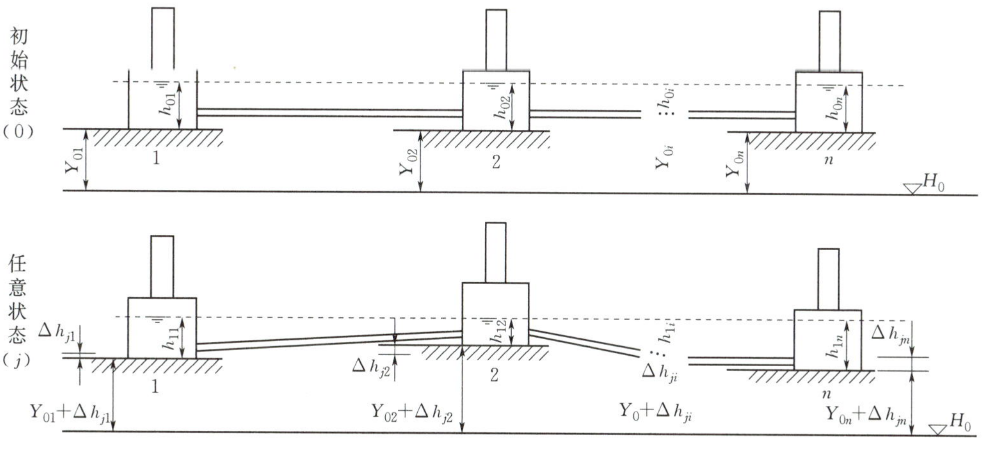

图 9.26　自动监测物位计沉降测量工作原理示意图

当发生不均匀沉降后，假设各测点安装高程相对于基准参考高程面 H_0 的变化量为：$\Delta h_{j1}, \Delta h_{j2}, \cdots, \Delta h_{ji}, \cdots, \Delta h_{jn}$($j$ 为测次代号，$j=1,2,3,\cdots$)；各测点容器内液面相对于安装高程的距离为 $h_{j1}, h_{j2}, \cdots, h_{ji}, \cdots, h_{jn}$。由图 9.26 可得

$$\begin{aligned}(Y_{01}+\Delta h_{j1})+h_{j1}&=(Y_{02}+\Delta h_{j2})+h_{j2}\\&=(Y_{0i}+\Delta h_{ji})+h_{ji}\end{aligned}$$

$$=(Y_{0n}+\Delta h_{jn})+h_{jn} \tag{9.8}$$

则 j 次测量 i 点相对于基准点 1 的相对沉降量 H_{i1}

$$H_{i1}=\Delta h_{ji}-\Delta h_{j1} \tag{9.9}$$

由式(9.8)可得

$$\begin{aligned}\Delta h_{j1}-\Delta h_{ji}&=(Y_{0i}+h_{ji})-(Y_{01}+h_{j1})\\&=(Y_{0i}-Y_{01})+(h_{ji}-h_{j1})\end{aligned} \tag{9.10}$$

由式(9.7)可得

$$Y_{0i}-Y_{01}=-h_{0i}+h_{01} \tag{9.11}$$

将式(9.11)代入式(9.10)得

$$H_{i1}=(h_{ji}-h_{j1})-(h_{0i}-h_{01}) \tag{9.12}$$

即只要用光纤光栅传感器测得任意时刻各测点容器内液面相对于该点安装高程的距离 h_{ji}(含 h_{j1} 及首次的 h_{0i}),则可求得该时刻各点相对于基准点 1 的相对高程差。如把任意点 $g(1,2,\cdots,i,\cdots,n)$ 作为相对基准点,将 f 测次作为参考测次,则按式(9.12)同样可求出任意测点相对 g 测点(以 f 测次为基准值)的相对高程差 H_{ij}。

$$H_{ig}=(h_{ij}-h_{ig})-(h_{fj}-h_{fg}) \tag{9.13}$$

2. 常用静力水准仪设备的类型及技术指标

目前,应用比较成熟的沉降测量设备包括光纤光栅静力水准仪、振弦式静力水准仪和硅压阻式压力传感器。

(1)光纤光栅静力水准仪

1978 年,加拿大通信研究中心的 K. O. Hill 及其合作者首次从接错光纤中观察到了光子诱导光栅。现在一般采用高强度紫外光源通过 PhaseMask 所形成的干涉条纹对光纤进行侧面横向曝光在该光纤芯中产生折射率调制或相位光栅。

在工程应用中一般采用合适的方法,用环氧树脂胶进行封装。外加保护封装来进行保护,从而形成光纤光栅静力水准仪,如图 9.27 所示。光纤光栅静力水准仪主要技术指标见表 9.10。

图 9.27 光纤光栅静力水准仪实物图

表 9.10 光纤光栅静力水准仪主要技术指标

项目	技术指标	项目	技术指标
标准量程	150 mm	波长范围	1 525～1 565 nm
测量精度	0.1%F.S	使用温度	−30 ℃～80 ℃
分辨率	0.1%F.S		

由于光纤光栅只能对某个波长进行反射,反射波长的变化需要通过光纤光栅解调仪来

测量，通过光纤光栅解调仪实现对不同光纤光栅传感器的反射波长的测量，从而转化成压力或应变的数据。

利用连通器原理，用光纤光栅传感器，测量每个测点容器内液面的相对变化，再通过计算求得各点相对于基点的相对沉降量。

在等强度梁受到向下的力的作用下，粘贴在等强度梁上的光栅受力作用后被微小拉伸，拉伸量和拉力呈线性关系。拉伸量和波长呈线性关系，拉力和液位呈线性关系，从而使液位的高低可以用光纤的波长变化来测量，如图 9.28 所示。为了温度补偿，可以在同一根光纤上刻两个光栅，分别贴于等强度梁的正反面，将两个波长的变化相减，这样可以增加灵敏度，抵消温度的作用。光纤光栅静力水准仪由主体容器、连通管、光纤光栅传感器等部分组成。当仪器主体安装墩发生高程变化时，主体容体相对于位置产生液面变化，引起作用在静力水准仪的拉力变化，通过测量装置测出光纤光栅波长的变化即可计算得测点的相对沉降。

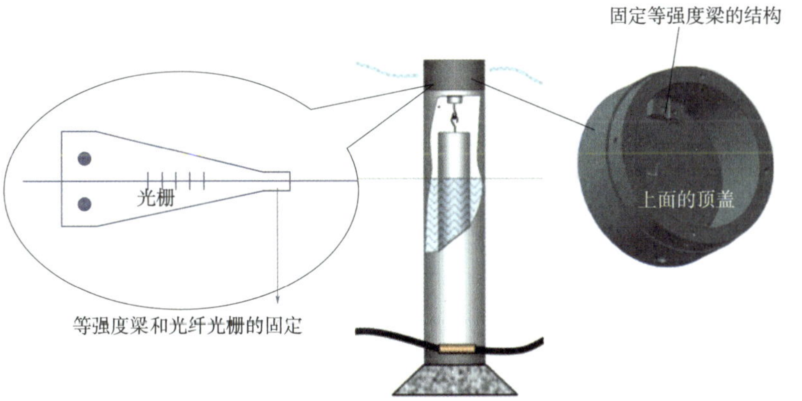

图 9.28　光纤光栅测量原理示意图

(2)振弦式静力水准仪

振弦式静力水准仪是一种精密液位测量系统，该系统设计用于测量多个测点的相对沉降，特别适合于要求高精度垂直位移或沉降的监测场合，如图 9.29 所示。系统由一系列含有液位精密振弦式传感器的容器组成，容器间由充液管互相连通，如图 9.30 所示。振弦式静力水准代主要技术指标见表 9.11。参照点(又称基准点)容器安装在一个稳定的位置，其他测点容器位于同参考点容器大致相同高程的不同位置，任何一个测点容器与参照容器间的高程变化都将引起相应容器内的液位变化，从而获取测点相对于参照点高程的变换。振弦式静力水准仪是以拉紧的金属弦作为测量元件的传感器。当弦的长度确定之后，其固有振动频率的变化量即可表征弦所受拉力的大小，拉力和液位呈线性关系，从而使液位的高低可以用振动频率的变化来测量。

图 9.29　振弦式静力水准仪实物图

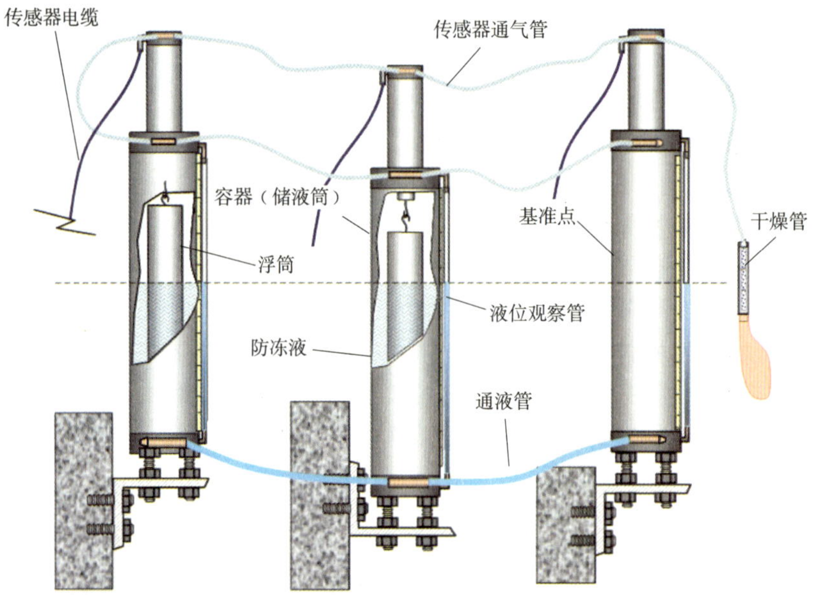

图 9.30 振弦式静力水准系统组成示意图

表 9.11 振弦式静力水准仪技术指标

项目	技术指标	项目	技术指标
标准量程	50 mm、100 mm、150 mm、300 mm、600 mm	传感器灵敏度	0.025%F.S
传感器精度	0.1%F.S	温度范围	−35 ℃～+80 ℃(使用防冻液)

(3)硅压阻式压力传感器

以液体连通器原理为基础，通过不同测点的硅压阻式传感器压力的变化，测量液面的高度差，实现基准点与被测点相对沉降的监测。该传感器利用单晶硅的压阻效应制成，在硅膜片特定方向上扩散 4 个等值的半导体电阻，并连接成惠斯通电桥，作为压力和电信号转换的测量元件，如图 9.31 所示。硅压阻式压力传感器主要技术指标见表 9.12。当膜片受到外界压力作用，电桥失去平衡时，若对电桥施加激励电源，便可以得到与被测压力成正比的输出电压，压力和液位呈线性关系，从而使液位的高低可以用输出电压的变化来测量，从而达到测量的目的。

图 9.31 硅压阻式压力传感器实物图

表 9.12 硅压阻式压力传感器主要技术指标

项　目	技术指标	项　目	技术指标
测量量程	0～1 800 mm	分辨率	0.1 mm
测量精度	±0.5 mm	温度范围	−40 ℃～+80 ℃

3. 自动化监测系统

(1)设计原则

自动化监测系统是一个集结构分析计算、计算机技术、通信技术、网络技术、传感器技术等高新技术于一体的综合系统工程。在该系统设计中遵循以下原则:

①长期可靠性

监测系统长期运行的首要原则是工程可靠,需选择国内外有业绩和应用实例的成熟产品和技术,以保证系统的目标要求和功能得以实现。

②技术先进性

监测系统所采用的技术要与高速铁路结构的重要性相适应,使系统的监测能力达到当前先进水平。

③可操作性和易维护性

监测系统应易于管理和操作,避免因复杂操作带来的困难和失误。系统能方便地升级,避免系统局部功能的维护升级而影响整个系统运行。

④实用性

布设测点与铁路设计、管养等规范紧密结合,监测强调少而精,使系统能够最大限度地满足实际工作需要。

⑤经济性

在遵循功能要求和效益—成本分析两大准则下,优化传感器的布设,以达到用最小的代价来正确把握结构状况,避免无效工作和资源浪费,提高系统的性价比。

(2)系统组成

自动化监测系统(见图 9.32)一般包含以下五个子系统:

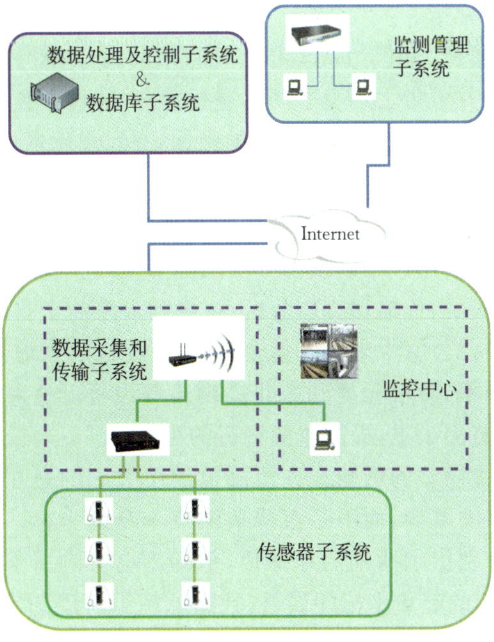

图 9.32 自动化监测系统框架图

①传感器子系统，主要是硬件传感器，包括静力水准仪等。

②数据采集和传输子系统，该部分是整个监测系统的核心部分，包括数据解调仪、自动化数据采集单元硬件以及数据采集和传输软件；一般采用分布式数据采集与传输方式。

③数据处理及控制子系统，该部分主要是进行数据的处理和入库，完成数据处理、整合与存储功能，对现场设备的进行管理与控制。

④数据库子系统，主要是数据库，用于存储海量监测数据，对所需要的信息进行存储和提取。

⑤监测管理子系统，该系统是一个运行在个人电脑上的软件，为用户提供一个可视化的界面对监测项目进行数据查询和项目管理，并可以自动预警和生成监测报告。

9.4.3 智能监测技术的发展及应用

随着现代信息技术的发展，监测技术由自动化向智能化转变。由于高速铁路的监测实施、运营维护等工作只能在天窗期间完成。同时，对于结构的变形监测往往要求连续监测，不能中断，这就使得监测系统应该可以进行精确、稳定、长期的实时采集数据，而传统人工监测方式，通常难以满足这样的要求。因此，依托于现有技术的革新和进步、云技术、大数据手段的不断完善，科研人员在现有技术的基础上，不断发展和研制了新型、可靠以及更加专业的智能化监测系统。

1. GNSS 监测技术

GNSS 监测系统由 GNSS 主机、供电系统、通信设备、避雷系统及配套解算软件组成。

软件实时解算当前观测点的点位三维坐标，将每次测量的数据与第一次测量数据做对比就可以得到监测点的位移量。

(1)测站间无须保持通视。由于 GPS 定位时测站间无须保持通视，从而可使沉降监测网的布设更加自由、方便，并可省去不少中间传递过渡点，节省大量费用。

(2)全天候观测。GPS 测量不受气候条件的限制，在风雪雨雾中仍能进行正常观测。配备防雷电设施后沉降监测系统就能实现全天候观测。

(3)易于实现监测的自动化。由于 GPS 接收机的数据采集工作是自动进行的，而且又为用户预留了必要的接口，故用户可以较为方便地把 GPS 沉降监测系统建成无人值守的自动监测系统，实现从数据采集、传输、处理、分析、报警到入库的全自动化。有必要时，用户可以很方便地从控制中心的办公室中来查看每台 GPS 接收机的板面信息，也可以在办公室中发布命令来更改数据采样率、时段长度和截止高度角等设置。这对于长期连续运行的监测系统是很重要的，可降低监测成本，提高监测资料的可靠性。

(4)可消除或削弱系统误差的影响。在沉降监测中关心的是在两期沉降监测中所求得的沉降监测点的坐标之间的差异，而不是沉降监测点本身的坐标。两期沉降监测中所含的共同的系统误差虽然会分别影响两期的坐标值，但却不会影响所求得的沉降量。进而消除或削弱 GPS 沉降监测网中的起始坐标的误差，数据处理中所用的定位软件本身的不完善以及卫星信号在大气层中的传播误差(电离层延迟、对流层延迟、多路径误差等)中的公共部分的影响。

GNSS 监测系统具有速度快，全天够观测，测点间无须通视、自动化程度高等优点，但该系统的测量精度，随软件解算时间的增加而提高。当测量精度达到毫米或者亚毫米级时，解算时间往往需要数小时以上。

2. 自动测量机器人技术

自动测量机器人(智能全站仪)是一种能代替人进行自动搜索、跟踪、辨识和精确照准目标并获取角度、距离、三维坐标以及影像等信息的智能型电子全站仪。它是现代多项高技术集成应用于测量仪器制造领域的最杰出的代表，测量机器人通过 CCD 影像传感器和其他传感器对现实测量世界中的“目标”进行识别，迅速做出分析、判断与推理，实现自我控制，并自动完成照准、读数等操作，以完全代替人的手工操作。测量机器人再与能够制订测量计划、控制测量过程、进行测量数据处理与分析的软件系统相结合，完全可以代替人完成许多测量任务。

利用智能全站仪进行自动化变形监测，采取的监测形式是：一台智能全站仪与监测点目标(照准棱镜)及上位控制计算机形成变形监测系统，可实现全天候的无人值守监测，其实质为自动极坐标测量系统。测量机器人测点布置如图 9.33 所示。

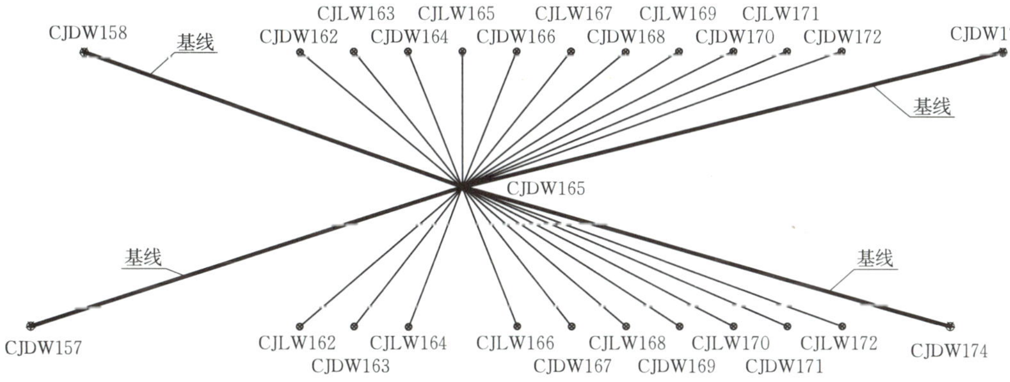

图 9.33　测量机器人测点布置示意图

系统无须人工干预，自动采集、传输和处理变形点的三维数据。利用因特网或其他局域网，还可以实现远程监控管理。该方式的监测点布设成本低，维护管理简单，监测精度高，监测测距精度可达$\pm(1\ mm+1\times10^{-6}D)$($D$ 为监测点与基点的距离)。自动测量机器人监测技术完全实现控制网测量、变形点测量及数据处理的自动化，非常适合较大区域尤其是复杂结构工程的变形监测，已在多个监测工程中得到应用，如图 9.34 所示。

图 9.34　测量机器人现场应用图

3. 激光准直技术

目前的激光准直系统按照光路是否进行真空保护可以分为大气激光准直技术和真空激光准直技术，按照激光测量的原理可以分为菲涅尔波带板技术和激光图像技术。

(1)菲涅尔波带板技术

菲涅尔波带板技术多用于大坝变形监测，是根据光的衍射原理，利用激光源(点光源)、波带板中心和像点中心三点一线，在一端安装激光发射装置，在另一端安装激光接收装置，在中间测点上安装波带板。激光发射装置发射出的激光束在真空中传输，照满波带板，波带板起聚焦作用，在激光接收装置上形成圆形亮点(对圆形波带板)或十字形亮线(对方形波带板)。在激光接收装置上测出亮点或亮线的中心位置，即可计算出测点的测值。

如图 9.35 所示，将激光发射装置置于 A 点，激光接收装置置于 B 点，波带板置于 i 点。当 i 点位移变化时，在激光接收装置的读数值为 l，根据相似三角形原理，计算出成像波带板所在测点的测值 L。

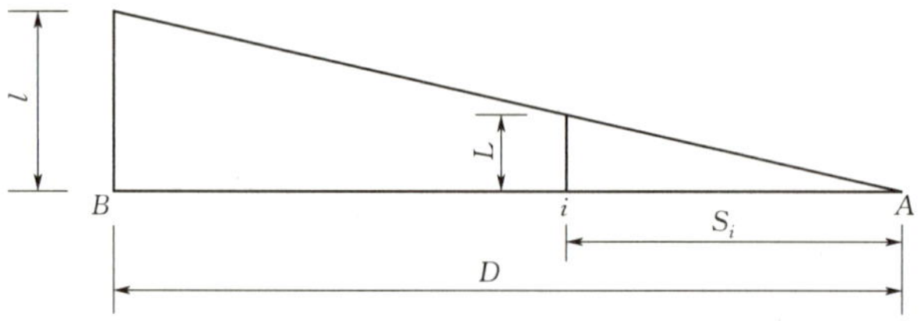

图 9.35 真空激光准直装置测点测值计算示意图

(2)激光图像技术

激光图像技术是将基于网络的图像传感器沿着轴线的方向，相互间隔一定的距离安装在结构上，每个镜头对准自身前方图像传感器背部的目标光源，间歇性地进行拍摄，进过图像数据的采集、存储、传输、处理，监测结构的局部形变和整体沉降。

图像传感器每隔一定的时间对目标光源进行拍摄，通过对该图像数据的采集和处理，计算出目标光源的圆心坐标位置，将所得数据发送到相应的数据库系统中，然后对图像传感器进行初始化并再次进行拍摄。数据库系统通过对同一监测目标多次拍摄处理后的圆心位置进行比较，得到圆心坐标的偏移量，从而得到相邻两个断面测点之间的相对位移，通过对所有断面测点的相对位移数据进行融合与分析，最终得到某一测点的绝对位移。

每个测点装置上包括 CCD、光学镜头、图像处理模块和目标光源等设备，如图 9.36 所示。每个图像传感器监测的目标是一个圆形的光源，由安装前方的图像传感器背部装置发出。图像经过光学镜头成像到 CCD 的光敏面上，图像处理模块完成图像数据的采集、存储、传输与处理，计算出目标光源的圆心位置。

4. 合成孔径雷达监测技术

合成孔径雷达监测技术为遥感测量，也是非接触式测量。根据其雷达搭载形式的不同，可以分为空基雷达监测(InSAR)和地基雷达监测(GBInSAR)。

(1)合成孔径雷达干涉

合成孔径雷达干涉是正在发展中的极具潜力的微波遥感新技术，其诞生至今已近 30 年。起初，它主要应用于生成数字高程模型(DEM)和制图，后来很快被扩展为差分干涉技

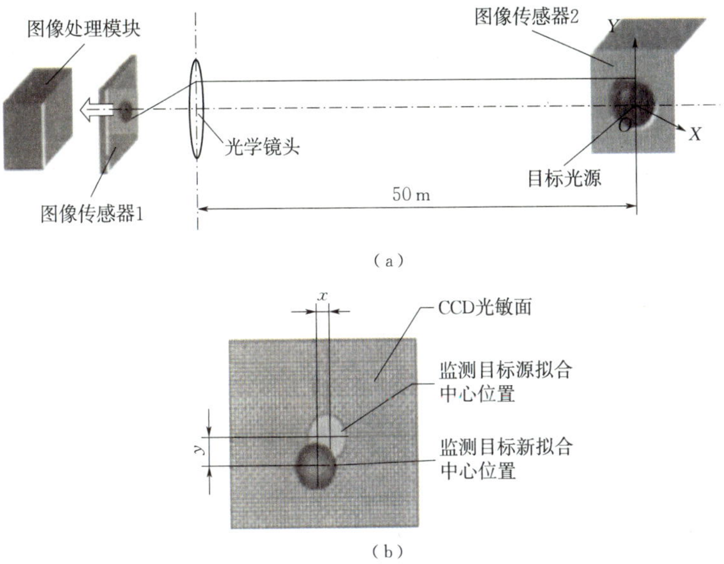

图 9.36 图像传感器测量原理

术(DInSAR)并应用于测量微小的地表形变。DInSAR 具有高形变敏感度、高空间分辨率、几乎不受云雨天气制约和空中遥感等突出的技术优势,因而有人认为它是独特的基于面观测的空间大地测量新技术,可补充已有的基于点观测的低空间分辨率大地测量技术,如全球定位系统(GPS)、甚长基线干涉(VLBI)和精密水准等。

InSAR 技术需要联合从不同空间位置获取的两个 SAR 图像来进行处理。干涉系统可分为两类:①双天线干涉;②单天线重复轨道干涉。一般情况下,机载系统(雷达采用飞机搭载)使用以固定间距分开的两个天线(天线中心连线成为基线,垂直于雷达飞行方向)同时采集信号,其中仅有一个传感器主动发射一定频率的微波信号,而地面反射信号被两个传感器接收,可获得不同视角且覆盖同一区域的两个 SAR 图像,这种干涉配置就是双天线干涉系统。星载系统(雷达采用卫星搭载)一般使用单天线采集信号,对某个局部地区来说一次卫星通过只能获得一幅雷达影像,卫星以一定的时间间隔和轻微的轨道偏离(相邻两次轨道间隔为几十米至一千米左右)重复对该地区成像,重复轨道近似平行,垂直于轨道飞行方向的基线称为合成基线,这种干涉配置就是单天线重复轨道干涉系统。

目前,该技术更多的应用于地震形变、火山运动、区域地面下沉以及山体滑坡等的监测,并且已有专门提供 InSAR 数据服务的公司,其提供给客户的区域地表变形精度可达到毫米级。但由于采用星载系统,其卫星飞过同一地区上方的周期一般为 8 d,故采用该技术开展自动化监测,其数据测量频率较低。

(2)地基合成孔径雷达监测技术

地基合成孔径雷达监测技术将合成孔径雷达干涉变形监测技术从空基转化到地基,融合了 SAR、步进频和干涉测量三项技术,前两项技术可以得到高分辨率的图像,最后一项技术可以获得毫米级别的形变信息。这三项技术保证了高精度、大范围、远距离的形变监测,可以在数分钟内获取一幅高分辨率的雷达图像,可对大坝、滑坡、建筑物等易发生微小形变的物体进行精确的监测。该技术克服了星载 SAR 图像受到时空失相干严重和时空分辨率低的缺点，精度可达毫米级。目前，国内部分学者已经将该技术应用于桥梁等结构的变形测量中。

5. 三维激光扫描技术

三维激光扫描技术通过连续发射激光的扫描方式，将空间结构信息以点云形式记录，通过获取到的点云，形成一个基于三维数据点的三维模型。该技术将传统测量手段从单点测量方式向整体结构测量方式转变，具有测量精度高、密度大、速度快、覆盖全等特点。通过不同时期三维点云模型的数据对比，完成对被测结构物整体或局部变形的监测。

三维激光扫描技术是一种新型的变形测量技术，突破了传统单点测量方式的不足。在结构变形监测、三维建模设计、冲突检测、施工管理等方面具有广阔的应用前景。

9.5 沉降评估技术

高速铁路的沉降变形评估是高速铁路建设提出的一项技术要求，建立科学、系统的沉降变形观测与评估系统，对铺设轨道前的沉降变形观测数据进行分析，预测分析线下工程是否满足铺设轨道的条件对高速铁路的建设具有十分重要的意义。

9.5.1 沉降评估要求

我国在高速铁路沉降变形观测与评估方面积累了一定的经验，在总结国内外经验上，规定了“路基填筑完成或施加预压荷载后沉降变形观测不应少于 6 个月，并宜经过一个雨季。个别情况采取可靠工程措施并经论证保证可确保路基工后沉降满足轨道铺设要求时，路基放置条件可适当调整”。

实施路基施工时，基床表层一般统一铺设，所以有些基床底层填筑完成很长一段时间才能进行基床表层施工，这段时间内需要埋设临时观测桩进行沉降变形观测。桥涵主体工程完工后，沉降变形观测期一般不应少于 6 个月，观测数据不足或工后沉降评估不能满足设计要求时，应适当延长观测期。

9.5.2 预测分析

根据工程实践经验，沉降预测一般要经过 3～6 个月恒载(或预压)的观测才能建立。曲线回归法是变形预测最常用的方法，采用曲线回归法进行预测分析，应符合下列规定：

(1)根据实际观测数据作不少于两种类型曲线回归分析，确定沉降变形的趋势。

(2)根据桥涵实际荷载情况及观测数据，应作多个阶段的回归分析及预测，综合确定沉降变形的趋势。

(3)路基填筑(堆载预压)、桥梁主体结构完成后为预测起始点。

(4)沉降预测的可靠性应经过验证，间隔不少于 3 个月，两次预测最终沉降值的差不应大于 5 mm，新建时速 200 km 有砟轨道不应大于 15 mm。

(5)曲线回归的相关系数不应低于 0.92。

(6)轨道(道床)铺设前最终预测应符合其预测准确性的基本要求,即预测时实际发生的沉降量与预测总沉降量应满足式(9.14)的规定。

$$\frac{S(t)}{S(t=\infty)} \geqslant 75\% \tag{9.14}$$

式中 $S(t)$——预测时实际发生的沉降量,mm;

$S(t=\infty)$——预测总沉降量,mm。

目前常用的曲线回归法有:双曲线法、指数曲线法、灰色理论法、Asaoka 法、三点法等,各方法及相关理论公式详见第 10 章。

9.5.3 判定标准

(1)无砟轨道路基及过渡段沉降变形应符合下列规定:

①工后沉降不宜超过 15 mm。

②沉降比较均匀且调整轨面高程后的竖曲线半径能够满足式(5.3)的要求时,允许的最大工后沉降量为 30 mm。

③过渡段不同结构物间的预测工后差异沉降不应大于 5 mm,不均匀沉降造成的折角不应大于 1/1 000。

(2)有砟轨道路基及过渡段沉降变形应符合规范规定(详见第 4 章),框构、旅客地道及涵洞工后沉降限值与相邻路基工后沉降限值一致。

(3)桥梁墩(台)基础的工后沉降不应超过限值要求(详见第 3 章),特殊条件下设计有预留调整措施来满足轨道平顺性要求时,无砟轨道桥梁沉降限值可结合预留调整量与线路具体情况确定。

区段或全线沉降变形评估工作应该包括下列内容:

(1)各沉降观测点的沉降变形预测结果应该满足判定标准;

(2)根据观测数据、沉降观测点的预测分析成果,对过渡段工后差异沉降和纵向折角、相邻墩(台)或同一桥墩(台)的工后差异沉降等线下工程各构筑物间的沉降变形进行评估,应该满足判定标准;

(3)结合观测点沉降变形预测分析成果、各构筑物间沉降变形分析成果、沉降变形拟合曲线图、工程地质条件、基础类型、结构类型等,综合分析判断线下工程结构物沉降是否满足轨道铺设条件。

9.5.4 沉降评估工作流程

沉降评估工作流程如图 9.37 所示。

根据京沪、兰新二线等多条线路的沉降变形观测实测数据,如果近 3 个月沉降变形观测值的波动幅度小于 3 mm、沉降量在 2 mm 以内时,曲线回归相关系数小于 0.92 时,无法预测评估,可进行沉降稳定判断,如图 9.38 所示;对于沉降阶段沉降量小,在列车荷载作用下沉降仍不稳定,为避免一些小量值沉降的假象,还要要结合勘察、设计、施工及量测资料以及现场调查进行综合判断。

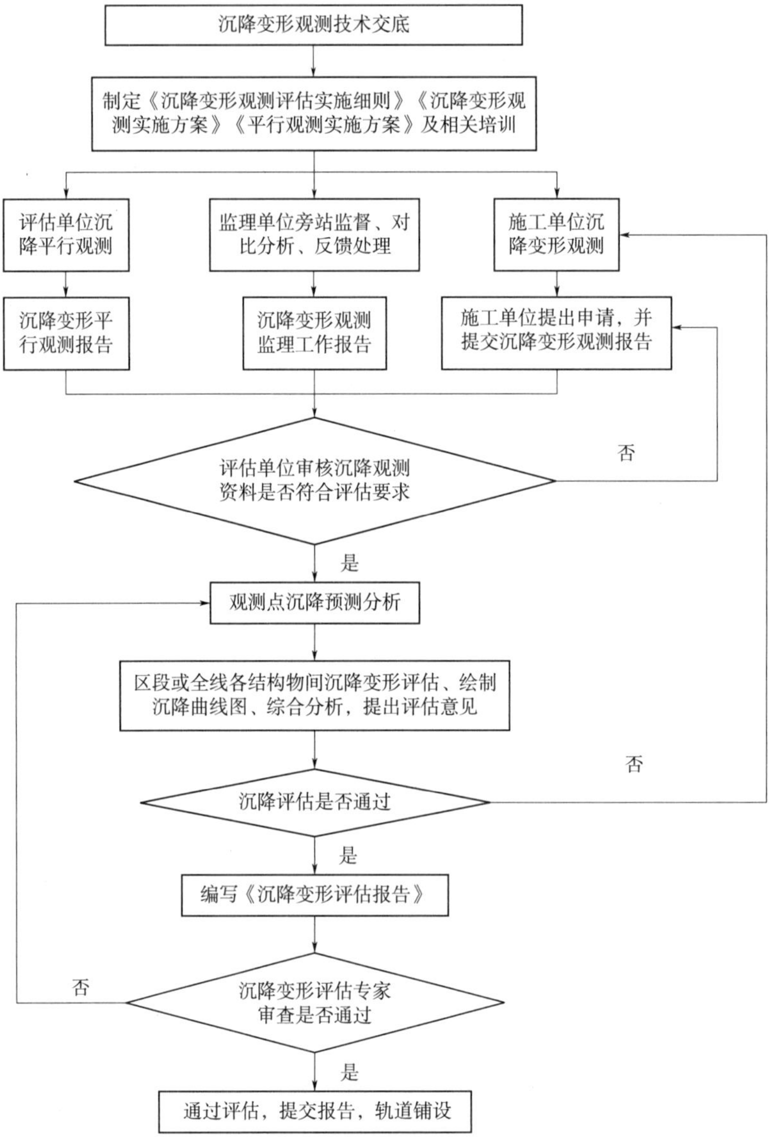

图 9.37 沉降评估工作流程

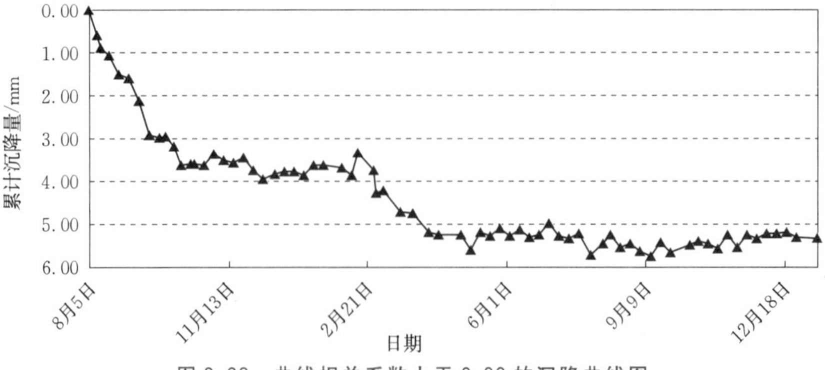

图 9.38 曲线相关系数小于 0.92 的沉降曲线图

10 沉降过程分析及应用

在荷载作用下，软土和松软土地区地基土逐渐固结，高速铁路路基和桥梁基础的沉降随时间发展，表现出明显的时效性。一般可以利用大量沉降监测资料，在数理统计分析的基础上找出地基沉降过程中具有一定实际应用价值的沉降变形曲线，进行回归分析，以预测其沉降发展规律；也可以通过有限元法等数值模拟方法对桥梁基础沉降发展规律进行模拟计算；对于桥梁基础，还可以运用我国高速铁路建设项目课题研究提出的“变形过程指数法”进行预测分析等。第 9 章已就高速铁路建设期间的沉降监测和评估技术进行了介绍，本章着重讲述高速铁路路基和桥梁基础沉降随时间变化的预测方法及运营高速铁路在附加外荷载作用下的沉降变形预测评估技术和应用情况。

10.1 群桩基础沉降量随时间变化的计算和模拟

传统理论方法(即曲线回归法)是沉降量随时间变化的理论计算的方法之一，采用这种方法进行地基沉降预测和评估时，对边界条件和理论基础设置了多个假定条件，且对理论工时进行了大量简化，再基于大量的实际监测成果进行数据分析和预测。因其使用条件局限，误差较大，很难适应不同地基的高速铁路基础对沉降预测和评估的要求。

有限元法是沉降量随时间变化理论计算的又一方法，该方法的难点是有限元计算需要的蠕变参数、蠕变压缩系数等土工试验参数难以确定，即使通过试验也很难取得。这些参数一般根据现有的国内外资料进行估算，利用估算参数进行计算，然后根据实际沉降观测结果，对计算参数进行修正。

沉降量随时间变化的第三种理论计算方法是采用数理统计的方法，对京津城际铁路、京沪高速铁路等全线大量的实际沉降观测资料进行总结提炼，得出在不同荷载工况下的荷载—沉降—时间关系公式。

由基桩与承台组成的群桩，其沉降特性是桩、承台、地基土之间相互影响的综合结果。在竖向荷载作用下，桩基的沉降由三部分组成：一是桩身的弹性压缩变形，由桩顶竖向荷载和桩侧摩阻力及桩端阻力共同作用产生；二是桩端土层的压缩变形，由桩端应力、桩身剪切应力和承台底反力通过桩间土传递到桩端平面后共同作用下产生；三是桩端的刺入变形，由桩端应力引起桩端土层明显的塑形形变产生。以高速铁路桥梁(以简支梁桥为主)桩基负荷加载和沉降产生的历程为例，可分为以下几个阶段：

(1)墩身浇筑：荷载近似线性增加，此阶段荷载一般不大，桩基础主要发生线弹性沉降，以桩身弹性压缩和桩端平面以下地基土的压缩为主。

(2)墩身浇筑后至架梁前：基础在恒定的外荷载作用下，发生主固结沉降。

(3)梁体架设或现浇:如采用预制梁,因在落梁后就产生梁体自重引起的沉降,近似为瞬时加载沉降;如采用现浇梁,荷载可视为线性增加,沉降也可视为随荷载增加而增大。此阶段以桩身的压缩弹性变形、桩端平面以下土体整体压缩变形为主。

(4)架梁(现浇)梁后至铺设轨道工程前:基础在恒定外荷载作用下,主固结沉降不断增大。

(5)无(有)砟轨道结构铺设(二期恒载)期间:随混凝土底座、CA 砂浆调整层、轨道板、扣件和钢轨的依次施工,荷载近似线性加载。此阶段主要以弹性沉降和主固结沉降为主,相比架梁后,沉降速率变慢。

(6)运营阶段:此阶段主要为列车交通荷载,国内学者通过试验及理论分析,表明列车荷载不会产生累计沉降,而主固结沉降基本完成,所以此阶段以恒载作用下的蠕变沉降为主。

以简支梁桥为例,典型桩基荷载—沉降—时间(P—S—t)曲线如图 10.1 所示。

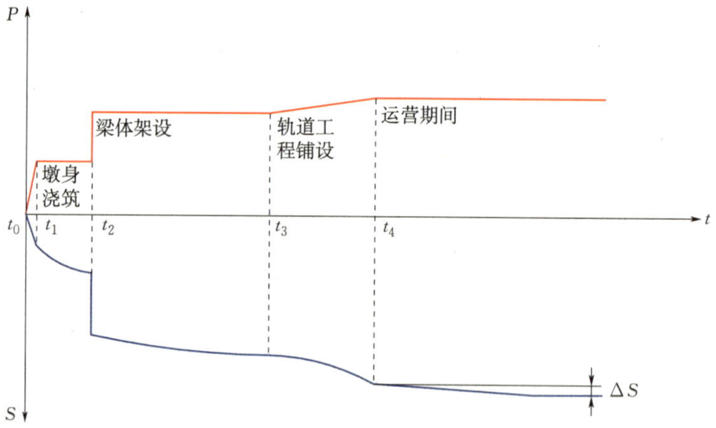

(a) 预制梁

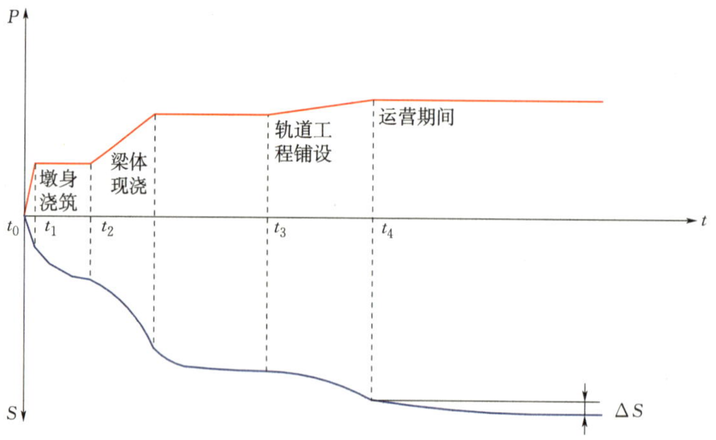

(b) 现浇梁

图 10.1 简支梁桥桩基荷载—沉降—时间(P—S—t)曲线示意图

10.2 传统理论方法

曲线回归法是地基沉降预测和评估最常用的方法，常用的沉降曲线预测方法有三点法（固结度对数配合法）、规范双曲线法、德国双曲线法、指数曲线法、修正指数曲线法和修正双曲线法、星野法、泊松曲线法、Asaoka 法（浅岗法）以及灰色系统 GM(1,1)算法等方法。

10.2.1 简　　介

1. 三点法（固结度对数配合法）

三点法推导的理论基础为曾国熙（1959 年）推导的一维固结度方程，由于固结度的理论解普遍表达式为

$$U=1-\alpha\cdot e^{-\beta t} \tag{10.1}$$

式中　α,β——与地基排水条件、地基土性质等有关的参数。

不论竖向排水、向外或向内径向排水，或竖向和径向联合排水等情况，式(10.1)均可使用，所不同的只是 α,β 值。

根据固结度定义：

$$U_t=\frac{S_t-S_d}{S_\infty-S_d} \tag{10.2}$$

式中　S_d——瞬时沉降量，mm；

S_∞——最终沉降量，mm。

由式(10.1)和式(10.2)联立可得

$$S_t=S_d\alpha e^{-\beta t}+S_\infty(1-\alpha e^{-\beta t}) \tag{10.3}$$

为求 t 时刻的沉降量，式(10.3)右边有四个未知数，即 S_∞、S_d、α、β。在实测初期沉降—时间曲线（S—t）上任意选取三点：(t_1,S_1)、(t_2,S_2)、(t_3,S_3)并使 $t_3-t_2=t_2-t_l$，将上述三点分别代入式(10.3)中，联立求解得参数和最终沉降量 S_∞ 以及 S_d 的表达式，其中 S_d 的表达式中还含有 α 这个变量。一般在求 S_d 时，α 可采用理论值（$\alpha=8/\pi^2$）或根据实测资料计算，将所求得的 β、S_∞、S_d 分别代入式(10.3)中便可得出任意时刻的沉降量。

以下是具体求解过程：

$$S_1=S_\infty(1-\alpha e^{-\beta t_1})+S_d\alpha e^{-\beta t_1} \tag{10.4}$$

$$S_2=S_\infty(1-\alpha e^{-\beta t_2})+S_d\alpha e^{-\beta t_2} \tag{10.5}$$

$$S_3=S_\infty(1-\alpha e^{-\beta t_3})+S_d\alpha e^{-\beta t_3} \tag{10.6}$$

由此解得

$$e^{\beta(t_1-t_2)}=\frac{S_2-S_1}{S_3-S_2} \tag{10.7}$$

$$\beta=\frac{1}{t_2-t_1}\ln\frac{S_2-S_1}{S_3-S_2} \tag{10.8}$$

$$S_\infty=\frac{S_3(S_2-S_1)-S_2(S_3-S_2)}{(S_2-S_1)-(S_3-S_2)} \tag{10.9}$$

$$S_d=\frac{S_t-S_\infty(1-\alpha e^{-\beta t})}{\alpha e^{-\beta t}} \tag{10.10}$$

连接 S—t 曲线时，应对 S—t 曲线进行光滑处理，即：尽量使曲线光滑，使之成为规律性较好的曲线，然后再在曲线上选点。

为了减少推算误差提高预测精度，要求三点的时间间隔尽可能大，即：选取的 t_2-t_1 尽可能大，因此要求预压时间长。

本法要求实测曲线基本处于收敛阶段才可进行，计算原理如图 10.2 所示。

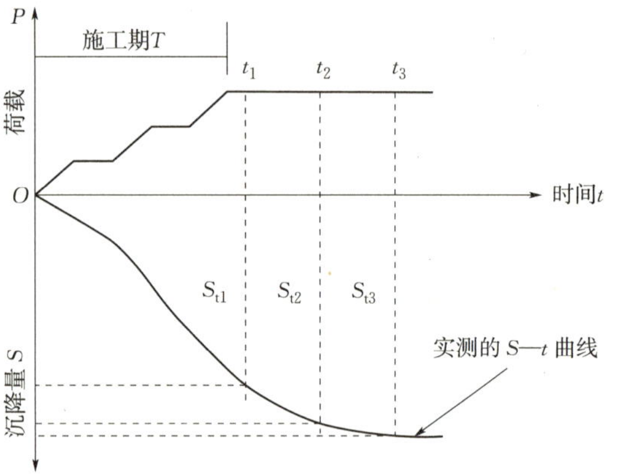

图 10.2 三点法计算原理图

2. 规范双曲线法

(1)曲线方程

众多实测沉降曲线表明，沉降过程曲线接近于双曲线，假定该曲线的数学表达式为

$$S_t=S_0+\frac{t-t_0}{a+b\cdot(t-t_0)} \tag{10.11}$$

$$S_\infty=S_0+\frac{1}{b} \tag{10.12}$$

式中 t_0——计算用的时间起点，d；

t——任意时刻，d；

S_t——任意时刻 $R_a=u_p\sum_{i=1}^{n}q_{si}l_{si}+q_pA_p$ 的沉降量，mm；

S_0——初始沉降量，即 t_0 时刻对应的沉降量，mm；

S_∞——最终沉降量，mm；

a，b——荷载恒定后，根据实测数据求得的回归系数。

将式(10.11)变形可得

$$\frac{t-t_0}{S_t-S_0}=a+b\cdot(t-t_0) \tag{10.13}$$

据此，可采用最小二乘法对其进行线性回归，确定回归系数 a、b。

(2)求解步骤

利用双曲线法进行沉降预测的具体步骤为

①确定拟合起点时间 t_0，可选取不同的时刻作为 t_0 来比较初始时间的选择对计算结果影响；

②就各实测数据，计算 $(t-t_0)/(S_t-S_0)$；

③绘制 $(t-t_0)$ 与 $(t-t_0)/(S_t-S_0)$ 的关系图，利用最小二乘法拟合一条直线，并确定系数 a、b，如图 10.3 所示；

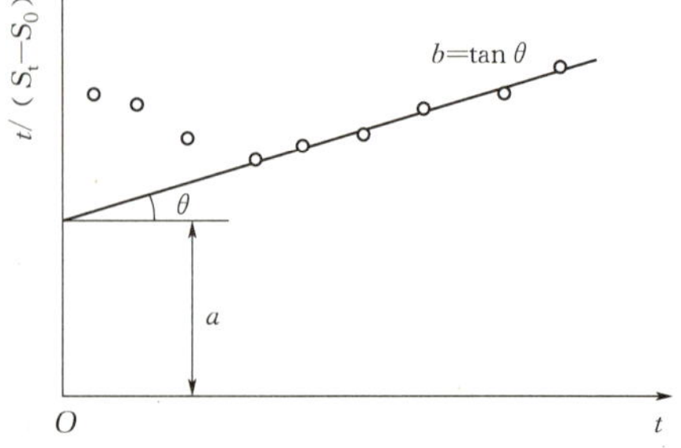

图 10.3 求 a，b 方法

④由双曲线关系计算 S_t 并画出 S—t 曲线，

如图 10.4 所示。

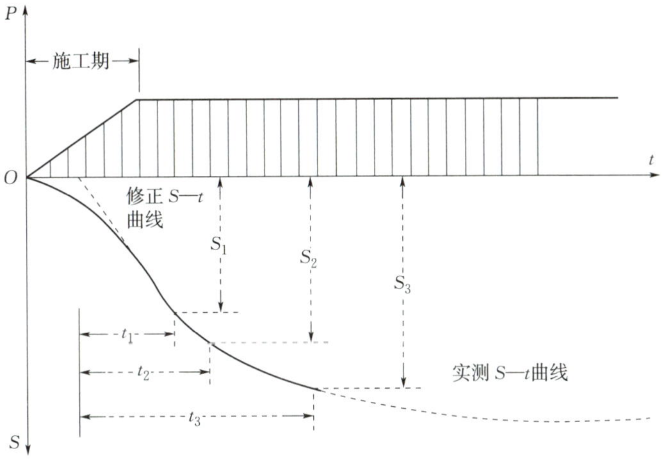

图 10.4 用实测值推算最终沉降的方法

(3)应用注意事项

双曲线法是常用的沉降预测方法之一。按照常规，从 $S—t$ 曲线的后部分取任意两点(此时，沉降变形基本稳定或变化很小)，便可较理想地计算出最终沉降量以及任意时间的沉降变形，但如果沉降变形还处于变化较大的初期阶段，即处于双曲线的前段，若直接利用该方法将会出现较大偏差。因此，实际应用中，要求荷载恒定后的监测时间至少在半年以上，方可利用双曲线法进行沉降预测。

双曲线法是假定下沉平均速率以双曲线形式减少的经验推导法，要求恒载开始后的沉降实测时间至少在 6 个月以上。在分析过程中尚应剔除反常的数据，否则将造成较大的偏差。为了提高对 $t/(S_t-S_0)$ 的关系图用直线拟合的相关程度，恒载初期的沉降监测值宜不参与拟合。

3. 德国双曲线法(近似双曲线法)

修正双曲线公式：

$$S_t=S_0+\frac{t}{\alpha+t}S_\infty \tag{10.14}$$

式中 S_t——t 时刻的沉降量，mm；

S_0——初始沉降，mm；

α——系数；

S_∞——最终沉降量，mm。

本经验公式是在荷载一次突然施加后，沉降随时间变化的近似公式，但实际施工过程常持续很久，甚至是间断施工，这时可以把总荷载分成若干级，在不同的时刻分别施加。某一给定时刻 t_i 的沉降可以认为是该时刻以前各级荷载增量分别作用到 t_i 时刻引起的沉降量的总和，如图 10.5 和图 10.6 所示。

对于多级加荷的情况，式(10.14)可分别改写为

$$S_t=\sum_{k=1}^{m}\left(S_{0k}+\frac{t'_k}{\alpha+t'_k}S_k\right) \tag{10.15}$$

式中 S_k——第 k 级荷载增量所引起的最终沉降量，mm；

t_k——第 k 级荷载增量施加的时刻；

t'_k——从 t_k 到计算沉降时刻 t_i 的时间；

m——加荷的总级数。

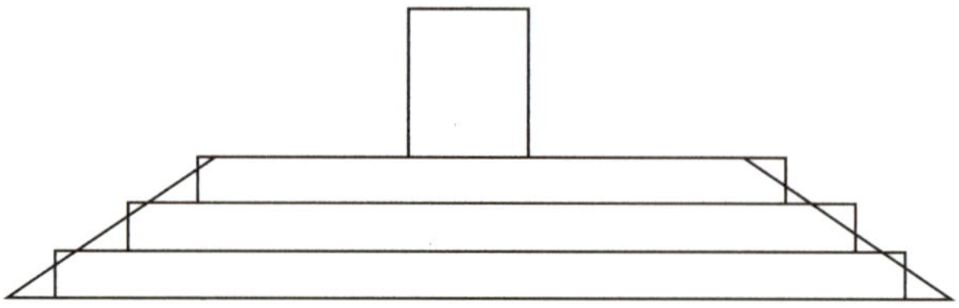

图 10.5 路堤分级填筑加荷及堤顶超载

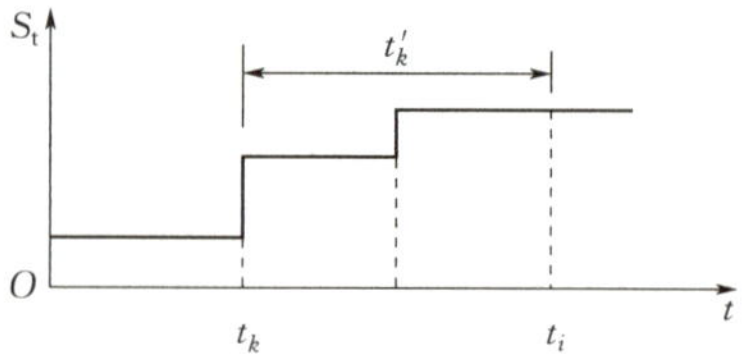

图 10.6 荷载分成若干级在不同的时刻施加

式(10.15)中所含的参数 α 是反映土体固结性质的，与荷载的施加无关，故可作为常量。但各级荷载所引起的最终沉降量 S_k 是与荷载大小有关的，若不考虑地基土的非线性特性，它与荷载大小成正比，可用式 $S_k=c\Delta P_k$ 表示（式中 c 是比例常数），代入式(10.15)可得

$$S_t=\sum_{k=1}^{m}\left(d+\frac{t'_k}{\alpha+t'_k}\right)c\Delta P_k \tag{10.16}$$

式中 $d=S_{0k}/c\Delta P_k$。

设有 m_1级荷载有沉降观测资料，要预测 m_2级荷载作用后的 t_i时刻的沉降（$m_2>m_1$），则先令 $m=m_1$，用实测资料拟合式(10.16)中的参数 α、c、d；再令 $m=m_2$，将拟合的参数代入，可求得 t_i时的沉降。参数拟合用 0.618 优选法，使各观测时刻的计算沉降与实测沉降之差的平方和最小者，即为所要求的参数。

对路堤，填土荷载宽度随路堤的升高而变小。荷载增量在地基中应力扩散影响的深度也变小。参照分层总和法计算沉降的原理，认为与沉降直接相关的是地基中的附加应力。沉降与附加应力沿深度分布图的面积成正比，而不是与作用在地面的荷载强度成正比，因此对不同荷载宽度，按在地基中相应的附加应力沿深度分布图的面积比，将上部填土荷载进行折算来计算沉降。

4. 指数曲线法

指数曲线法就是根据现场实测的统计结果，近似认为沉降量 S 是时间 t 的指数函数，可以表示为

$$S_t=S_\infty-(S_\infty-S_0)e^{\frac{t_0-t}{\eta}}\quad(t\geqslant t_0) \tag{10.17}$$

式中 t_0——某一观测时刻，d；

S_t——推算的某一时刻的沉降量，mm；

S_∞——最终沉降量，为待定值，mm；

η——参数，为待定值。

下面给出求解 S_∞ 和 η 的过程：

对式(10.17)求导得

$$\frac{dS}{dt}=\frac{S_\infty-S_0}{\eta}e^{\frac{t_0-t}{\eta}} \tag{10.18}$$

将式(10.18)中的沉降速率$\frac{\mathrm{d}S}{\mathrm{d}t}$用近似值$\frac{\Delta S}{\Delta t}$代替，得

$$\frac{\Delta S}{\Delta t}=\frac{S_{\infty}-S_0}{\eta}\mathrm{e}^{\frac{t_0-t}{\eta}} \tag{10.19}$$

式(10.19)可变为

$$S_{\infty}-S=(S_{\infty}-S_0)\mathrm{e}^{\frac{t_0-t}{\eta}} \tag{10.20}$$

把式(10.20)代入式(10.19)，得

$$\frac{\Delta S}{\Delta t}=\frac{S_{\infty}-S}{\eta} \tag{10.21}$$

令 $a=-\frac{1}{\eta}$，$b=\frac{S_{\infty}}{\eta}$，则式(10.21)变为

$$\frac{\Delta S}{\Delta t}=aS+b \tag{10.22}$$

式中　a，b——待定系数。

又$\frac{\Delta S}{\Delta t}=\frac{S_i-S_{i-1}}{t_i-t_{i-1}}$，记为$\left(\frac{\Delta S}{\Delta t}\right)_i$，$S=\frac{S_i+S_{i-1}}{2}$，记为$\overline{S}_i$，得

$$\left(\frac{\Delta S}{\Delta t}\right)_i=a\overline{S}_i+b\quad(i=1,2,\cdots,n) \tag{10.23}$$

根据观测资料$\{(t_0,S_0),(t_1,S_1),\cdots,(t_n,S_n)\}$，得到以 a，b 为未知量的方程组：

$$\boldsymbol{MX}=\boldsymbol{V} \tag{10.24}$$

其中

$$\boldsymbol{M}=\begin{bmatrix}\overline{S}_1 & \overline{S} & \cdots & \overline{S}_n\\ 1 & 1 & \cdots & 1\end{bmatrix}^{\mathrm{T}} \tag{10.25}$$

$$X=[a,b]^{\mathrm{T}} \tag{10.26}$$

$$\boldsymbol{V}=\left[\left(\frac{\Delta S}{\Delta t}\right)_1\quad\left(\frac{\Delta S}{\Delta t}\right)_2\quad\cdots\quad\left(\frac{\Delta S}{\Delta t}\right)_n\right]^{\mathrm{T}} \tag{10.27}$$

在方程两边分别乘以 $\boldsymbol{M}^{\mathrm{T}}$，得

$$\boldsymbol{M}^{\mathrm{T}}\boldsymbol{MX}=\boldsymbol{M}^{\mathrm{T}}\boldsymbol{V} \tag{10.28}$$

即得到

$$\begin{bmatrix}\sum_{i=1}^{n}(\overline{S}_i)^2 & \sum_{i=1}^{n}\overline{S}_i\\ \sum_{i=1}^{n}\overline{S}_i & n\end{bmatrix}\begin{bmatrix}a\\ b\end{bmatrix}=\begin{bmatrix}\sum_{i=1}^{n}\overline{S}_i\left(\frac{\Delta S}{\Delta t}\right)_i\\ \sum_{i=1}^{n}\left(\frac{\Delta S}{\Delta t}\right)_i\end{bmatrix} \tag{10.29}$$

解上述矩阵可得

$$a=\left[n\sum_{i=1}^{n}\overline{S}_i\left(\frac{\Delta S}{\Delta t}\right)_i-\sum_{i=1}^{n}\overline{S}_i\sum_{i=1}^{n}\left(\frac{\Delta S}{\Delta t}\right)_i\right]/\Delta \tag{10.30}$$

$$b=\left[\sum_{i=1}^{n}(\overline{S}_i)\sum_{i=1}^{n}\left(\frac{\Delta S}{\Delta t}\right)_i-\sum_{i=1}^{n}\overline{S}_i\sum_{i=1}^{n}\overline{S}_i\left(\frac{\Delta S}{\Delta t}\right)_i\right]/\Delta \tag{10.31}$$

式中 $\Delta = n\sum_{i=1}^{n}(\overline{S}_i)^2 - \left(\sum_{i=1}^{n}\overline{S}_i\right)^2$。

求得 a,b 后,并代入 $a=-\dfrac{1}{\eta}$,$b=\dfrac{S_\infty}{\eta}$,就可以得到最终沉降量 S_∞。

5. 修正指数曲线法与修正双曲线法

指数曲线法和双曲线法简单实用,但是前提是假定荷载为一次施加或者突然施加的,这与实际情况不符,因此其方法尚待改进,下面所述的修正指数曲线法将路堤荷载分为若干个加载阶段,将各级荷载增量所引起的沉降叠加。

修正指数曲线法基于现实中荷载往往是多级加载,由此形成的沉降曲线也成"台阶状"趋势。对于多级加荷的沉降曲线"台阶状"发展的情况,可把常规的指数曲线或双曲线模型拓展为

$$S_t = \sum_{k=1}^{m}(1 - A e^{Bt})S_k \tag{10.32}$$

$$S_t = \sum_{t=1}^{m}\left(S_{0k} + \frac{t}{\alpha + t}S_k\right) \tag{10.33}$$

式中 m——加荷的总级数;

t——沉降预测时刻 t_i 到第 k 级荷载施加时刻 t_k 的时间间隔(见图 10.7);

S_k——第 k 级荷载增量所引起的最终沉降量,当加荷速率与土层状况不变时,不考虑地基土的非线性特性,S_k 与荷载大小成正比,则有 $S_k = C\Delta P_k$,ΔP_k 为第 k 级荷载增量;

A,B,C——反应土体固结性质的参数,设其与荷载的施加无关,视为常量。

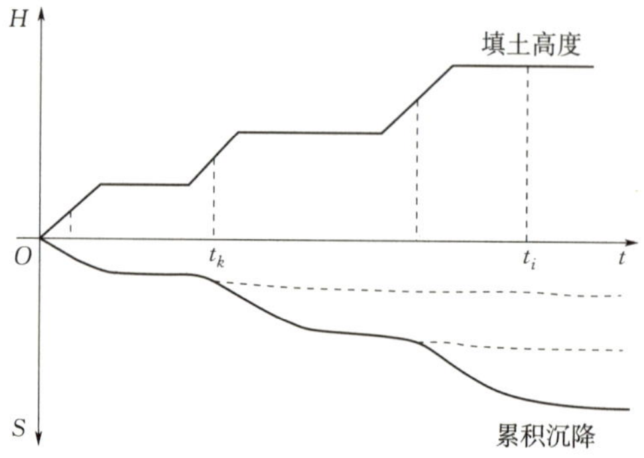

图 10.7 加荷与沉降发展曲线

式(10.32)及式(10.33)就变为

$$S_t = \sum_{k=1}^{m}(1 - A e^{-Bt})C\Delta P_k \tag{10.34}$$

$$S_t = \sum_{t=1}^{m}\left(d + \frac{1}{\alpha + t}\right)C\Delta P_k \tag{10.35}$$

式中 $d = \dfrac{S_{0k}}{C\Delta P_k}$。

根据沉降实测值,采用试算法确定式(10.34)及式(10.35)中的参数 A、B、C、α;将已确定出的参数带回上述经验公式模型中,分别计算各级荷载在 t_i 时刻所引起的沉降量,将各级

荷载在 t_i 时刻所引起沉降量进行叠加，即得 t_i 时刻总沉降量。

修正指数曲线法与修正双曲线法，也可预测后期增加荷载（如对未设预压土地段，对后期增加的轨道及列车荷载）的沉降；设已有 m_1 级荷载有沉降观测资料，要观测 m_2 级荷载作用后的 t_i 时刻沉降，则先令 $m=m_1$，用实测资料拟合式（10.34）中的参数 A、B、C 或式（10.35）中的参数 α、C、d。再令 $m=m_2$ 将拟合的参数代入用上两式中的任何一式可求得 t_i 时的沉降量。参数拟合用 0.618 优选法，使各观测时刻的计算沉降量与实测沉降量之差的平方和最小者，即为所要求的参数。

6. 星 野 法

根据太沙基理论中固结度 U 的解析式：

$$U(t)=\frac{u_0-\overline{u}(t)}{u_0}=1-\sum_{m=1}^{\infty}\frac{2}{M^2}e^{-M^2T_V} \tag{10.36}$$

可知，固结度 U 只与时间因素 T_V 有关，而时间因素 T_V 由式（10.37）确定：

$$T_V=\frac{C_Vt}{H^2} \tag{10.37}$$

又根据固结度确定方法中的时间平方根法可知，当 $U<60\%$ 时，式（10.36）可写成：

$$U-\sqrt{\frac{4T_V}{\pi_0}} \tag{10.38}$$

由上可知，固结度与时间平方根成正比。

星野根据现场实测值证明了总沉降（包括剪切应变的沉降在内）与时间平方根成正比。沉降计算公式为

$$S=S_0+S_t=S_0+\frac{AK\sqrt{t-t_0}}{\sqrt{1+k^2(t-t_0)}} \tag{10.39}$$

将式（10.39）改变为直线方程形式：

$$\frac{t-t_0}{(S-S_0)^2}=\frac{1}{A^2K^2}+\frac{1}{A^2}(t-t_0) \tag{10.40}$$

式中　S_0——假定的瞬时沉降，mm；

S_t——随时间变化的沉降量，mm；

t_0——假定瞬时沉降时的时间；

$\frac{1}{A^2K^2}$——直线截距；

$\frac{1}{A^2}$——直线斜率。

式（10.39）适合于荷载瞬时施加情况下的沉降曲线，但在实际施工中，荷载是逐级增加的，因此必须加以修正，在加载方法规则的情况下，以加载时间的中点作为瞬时起点 t_0，在加载方法不规则的情况下，应根据实测沉降曲线的趋势在加载的初期适当假定一个瞬时加载的起点 t_0 和相应的沉降 S_0。

星野法推求最终沉降量的步骤如下：

①假定几组 t_0 和 S_0，根据实测值点绘 $(t-t_0)/(S-S_0)$—$(t-t_0)$ 的关系曲线，如图 10.8 所示。

②取最符合线性关系的直线，求出相应的系数 A，K；

③将 A、K 值代入式(10.39)计算。

本方法要求恒载开始后的沉降实测时间至少在 6 个月以上。

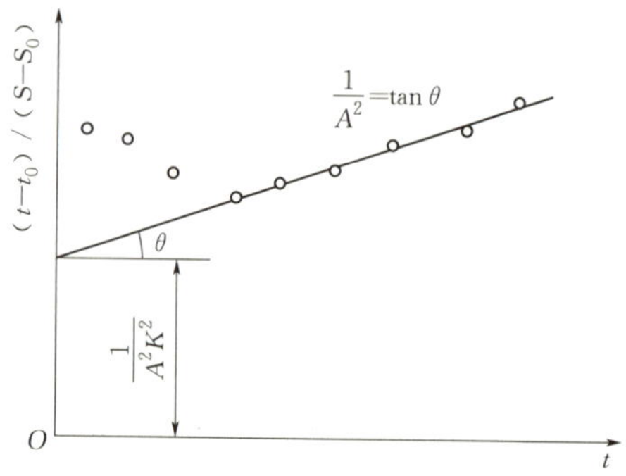

图 10.8 求 A、K 方法

7. 泊松曲线法

泊松曲线又被称为逻辑斯蒂曲线、推理曲线、饱和曲线。

全过程的沉降量与时间的关系包括两个方面：一是曲线不通过原点；二是曲线呈"S"形。不通过原点是因为有瞬时沉降，呈"S"形主要是由于成长曲线反映的实际上是事物发生、发展、成熟并到达一定极限的过程。这一点和荷载逐步增加与测点逐步发生沉降的关系十分相似，加载过程中的沉降也可分为这四个阶段。

在时间序列预测中，泊松曲线的表达式为

$$y_t=\frac{k}{1+a\mathrm{e}^{-bt}} \tag{10.41}$$

式中 y_t——t 时刻对应的预测值；

a，b，k——待定系数，为正。

利用时间序列求出上述三个待定系数，即可建立泊松曲线方程，从而可以对今后的 y_t 进行预测。

模型的求解：

利用三段计算法求泊松曲线方程中的各个参数。

三段计算法求泊松曲线方程中的参数有以下两点要求：

(1)时间序列中的数据项数或时间的期数 n 是 3 的倍数，分为 3 段，每段含 $n/3=r$ 项；

(2)自变量 t 的时间间隔相等或时间长短相等，前后连续，期数 t 由 1 开始顺编，也即取 $t=1,2,3,\cdots,n$。按此要求，则时间序列中各项数分别为 $y_1,y_2,y_3,\cdots,y_n$，将其分为 3 段：第 1 段为 $t=1,2,3,\cdots,r$；第 2 段为 $t=r+1,r+2,r+3,\cdots,2r$；第 3 段为 $t=2r+1,2r+2,2r+3,\cdots,3r$。

设 S_1、S_2、S_3分别为 3 个段内各项数值的倒数和，有

$$S_1=\sum_{t=1}^{r}\frac{1}{y_t}\quad S_2=\sum_{t=r+1}^{2r}\frac{1}{y_t}\quad S_3=\sum_{t=2r+1}^{3r}\frac{1}{y_t} \tag{10.42}$$

即将泊松曲线方程式改为倒数形式

$$\frac{1}{y_t}=\frac{1}{k}+\frac{a\mathrm{e}^{-bt}}{k} \tag{10.43}$$

故3段数值的倒数和分别为

$$S_1=\sum_{t=1}^{r}\frac{1}{y_t}=\frac{r}{k}+\frac{a}{k}\sum_{t=1}^{r}\mathrm{e}^{-bt}=\frac{r}{k}+\frac{a\mathrm{e}^{-b}(1-\mathrm{e}^{-rb})}{k(1-\mathrm{e}^{-b})} \tag{10.44}$$

$$S_2=\sum_{t=r+1}^{2r}\frac{1}{y_t}=\frac{r}{k}+\frac{a\mathrm{e}^{-(r+1)b}(1-\mathrm{e}^{-rb})}{k(1-\mathrm{e}^{-b})} \tag{10.45}$$

$$S_3=\sum_{t=2r+1}^{3r}\frac{1}{y_t}=\frac{r}{k}+\frac{a\mathrm{e}^{-(2r+1)b}(1-\mathrm{e}^{-rb})}{k(1-\mathrm{e}^{-b})} \tag{10.46}$$

由此,有

$$S_1-S_2=\frac{a\mathrm{e}^{-b}(1-\mathrm{e}^{rb})^2}{k(1-\mathrm{e}^{-b})} \tag{10.47}$$

$$S_2-S_3=\frac{a\mathrm{e}^{-(r+1)b}(1-\mathrm{e}^{-rb})^2}{k(1-\mathrm{e}^{-b})} \tag{10.48}$$

为了消去 a 和 k,用 S_2-S_3 除以 S_1-S_2,得

$$\frac{S_1-S_2}{S_2-S_3}=\frac{1}{\mathrm{e}^{-rb}} \tag{10.49}$$

故参数 b 的计算公式为

$$b=\frac{\ln\dfrac{S_1-S_2}{S_2-S_3}}{r} \tag{10.50}$$

又因为

$$\frac{(S_1-S_2)^2}{(S_1-S_2)-(S_2-S_3)}=S_1-\frac{r}{k} \tag{10.51}$$

故参数 k 的计算公式为

$$k=\frac{r}{S_1-\dfrac{(S_1-S_2)^2}{(S_1-S_2)-(S_2-S_3)}} \tag{10.52}$$

得到参数 k,可由

$$\frac{(S_1-S_2)^2}{(S_1-S_2)-(S_2-S_3)}=\frac{a\mathrm{e}^{-b}(1-\mathrm{e}^{-rb})}{k(1-\mathrm{e}^{-b})} \tag{10.53}$$

加以变换,得到参数 a 的计算公式

$$a=\frac{(S_1-S_2)^2(1-\mathrm{e}^{-b})k}{[(S_1-S_2)-(S_2-S_3)]\mathrm{e}^{-b}(1-\mathrm{e}^{-rb})} \tag{10.54}$$

8. Asaoka 法(浅岗法)

该法是 Asaoka(1978年)提出的一种从一定时间所得的沉降观测资料来预测最终沉降量和沉降速率的方法。

对于一维固结问题,Mikasa 的固结微分方程采用应变形式表达如下:

$$\frac{\partial\varepsilon(t,z)}{\partial t}=C_v\frac{\partial^2\varepsilon(t,z)}{\partial z^2} \tag{10.55}$$

式中 $\varepsilon(t,z)$——竖向应变;

t——时间;

z——距黏土层顶面的深度(排水距离),m;

C_v——固结系数。

由沉降量 $S(t)=\int_0^H \varepsilon(t,z)\mathrm{d}z$ ，再结合排水边界条件，Asaoka 认为，以体积应变表示的一维固结方程式(10.55)可近似地用一个以级数形式的微分方程表示：

$$S+a_1\frac{\mathrm{d}s}{\mathrm{d}t}+a_2\frac{\mathrm{d}^2s}{\mathrm{d}t^2}+\cdots+a_n\frac{\mathrm{d}^ns}{\mathrm{d}t^n}=b \tag{10.56}$$

式中　　　S——总固结沉降量(包括瞬时沉降、主固结沉降和次固结沉降)；

$a_1,a_2,\cdots,a_n,b$——取决于固结系数和土层边界条件的常数。

Asaoka 法基本思想就是利用已有的沉降观测资料求出这些参数，然后据此参数预估最终沉降。

沉降—时间关系曲线可分离为：$t_j=j\Delta t(j=1,2,3,\cdots)$，且 Δt 为常数；$S_j=S(t_j)$。如此，式(10.56)可用递推形式表示为

$$S_j=\beta_0+\sum_{i=1}^{n}\beta_iS_{j-1} \tag{10.57}$$

式中　β_0——沉降值；

β_i——无维数的常量。

对大多数实际情况，通常第 1 阶($n=1$)近似就足够了，这样，式(10.56)和式(10.57)可以简化为

$$S+a_1\frac{\mathrm{d}S}{\mathrm{d}t}=b \tag{10.58}$$

$$S_j=\beta_0+\beta_1S_{j-1} \tag{10.59}$$

式(10.58)中的沉降 S 即为待求未知量，由于其本身及导数都是一次的，那么该式属于典型的一阶线性非齐次微分方程。设地基的初始沉降、最终沉降分别为 S_0 和 S_∞，则该方程的通解为

$$S(t)=S_\infty-(S_\infty-S_0)\mathrm{e}^{-a_1t} \tag{10.60}$$

在式(10.60)中令 $t=t_j$，则当时间 t_j 趋向无穷大时，$S(t_j)=S_\infty$，且有 $S_j=S_{j-1}$，代入式(10.60)可得到本级荷载下的最终沉降为

$$S_\infty=\frac{\beta_0}{1-\beta_1} \tag{10.61}$$

由于上述计算中只取了 S 的一阶导数，故式(10.61)中得出的 S_∞ 不包含次固结沉降量。如果沉降数据选自加荷结束以后，则瞬时沉降已经完成。这样 S_∞ 可包含瞬时沉降部分。

图解法推算步骤如下：

①将时间划分成相等的时间段$\triangle t$，在实测的沉降曲线上读出 t_1、t_2。所对应的沉降值 $S_1,S_2,\cdots$，如图 10.9 所示。

②再以 S_{i-1} 和 S_i 坐标轴的平面上将沉降值 $S_l,S_2,\cdots$，以点(S_i,S_{i-1})画出，同时作出 $S_i=S_{i-1}$ 的 45°直线，如图 10.10 所示。

③过一系列点(S_i,S_{i-1})作拟合直线与45°直线相交，交点对应的沉降为最终沉降值。

在 Asaoka 法推算的过程中(见图 10.10)，Δt 的取值对最终沉降量的推算结果有直接的影响。Δt 过小会造成拟合点的波动性较大，拟合直线的相关系数较小；Δt 过大，S_i 点过少，易产生较大的偏差，而且对是否已进入次固结阶段不易作出判断。一般取 Δt 在 30～100 d 之间。在实际的推算过程中，宜同时多计算几个不同的 Δt 得出相应的最终沉降值，而后在其中选取相关系数较好的沉降值作为最终沉降值。

该法突出优点在于其只需要短期的沉降观测资料就能给出较准确的最终沉降值,不足之处在于其仅能对本级荷载下的沉降进行预测。

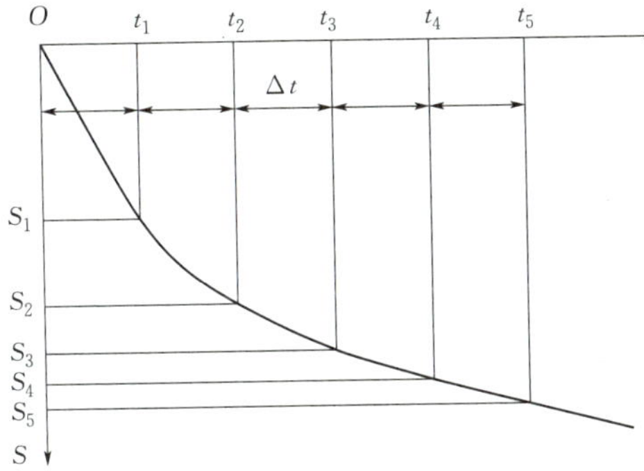

图 10.9 沉降曲线划分为相同的时间段

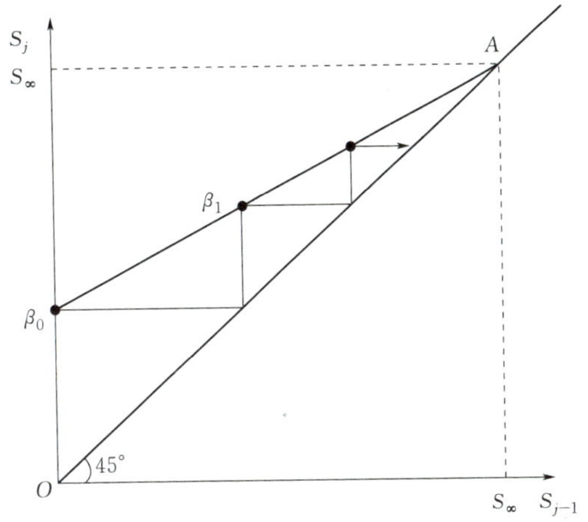

图 10.10 Asaoka 法示意图

(1)Asaoka 法不仅可以用来预测桥梁的沉降变形,而且可以用来反演地基的固结系数,这方面国外的大量学者已做了大量工作,并且证明了它的可行性。

(2)Asaoka 法推算沉降必须是取同一填土高度下的实测沉降来进行预测计算。

(3)按 Asaoka 法推算的固结系数比较大,主要原因是在路堤荷载作用下,地基应为二维固结,而 Asaoka 法是按一维固结进行推算固结系数的。

9. 灰色理论

灰色理论以"部分信息已知,部分信息未知"的"小样本""贫信息"不确定性系统为研究对象,主要通过对"部分"已知信息的生成、开发,提取有价值的信息,实现对系统运行行为、演化规律的正确描述和有效监控。通常,用"黑"表示未知,用"白"表示信息完全明确,用"灰"表示部分信息明确、部分信息不明确。相应地,信息完全明确的系统称为白色系统,信息未知的系统称为黑色系统,部分信息明确、部分信息不明确的系统称为灰色系统。

一般来说,引起桩基础沉降的主要原因是外荷载的作用,但荷载与沉降的关系既非明白清楚的数学关系,也非"黑箱"那样内部结构、参数和特征一无所知,它是介于白的清楚和黑的不清楚之间的一种灰色关系,因此可以用灰色系统理论来描述。

(1)数据处理

灰色系统在建模时,必须采取一定的方式对原始数据进行生成处理,使生成数据序列变成有规律序列。数据生成有两个目的:为建模提供中间信息和弱化原随机序列的随机性。

累加生成,即对原始序列中各个时刻的数据依次累加,从而形成新的序列。设原始数据为

$$x^{(0)}=\{x^{(0)}(1),x^{(0)}(2),\cdots,x^{(0)}(n)\} \tag{10.62}$$

对 $x^{(0)}$ 做一次累加生成(记作 1-AGO),得

$$x^{(1)}=\{x^{(1)}(1),x^{(1)}(2),\cdots,x^{(1)}(k),\cdots,x^{(1)}(n)\},(k=1,2,\cdots,n) \tag{10.63}$$

其中

$$x^{(1)}(k)=\sum_{i=1}^{k}x^{(0)}(i) \tag{10.64}$$

累加数列克服了原始数列的波动性和随机性，转化为规律性较强的递增数列，为建立微分方程形式的预测模型做好准备。

一般地，对非负数列累加生成次数越多，数列的随机性就弱化得多。当累加生成次数足够大时，时间序列便由随机转变为非随机了。在 GM 模型中，一般只对数列作 1-AGO。

(2)建立 GM(1,1)模型

$x^{(0)}(t)+az^{(1)}(t)=b$ 构成灰色微分方程，记为 GM(1,1)。其中，$x^{(0)}(\mathrm{t})=\dfrac{\mathrm{d}x^{(1)}}{\mathrm{d}t}$，$z^{(1)}(t)=\dfrac{1}{2}[x^{(1)}(t)+x^{(1)}(t-1)]$，其白化方程为

$$\frac{\mathrm{d}x^{(1)}}{\mathrm{d}t}+ax^{(1)}=b \tag{10.65}$$

微分方程(10.65)就是灰色预测模型 GM(1,1)，其中 a，b 为常数，可通过最小二乘法拟合得到。

$$\begin{bmatrix}a\\b\end{bmatrix}=(\boldsymbol{B}^{\mathrm{T}}\boldsymbol{B})^{-1}\boldsymbol{B}^{\mathrm{T}}\boldsymbol{Y}_n \tag{10.66}$$

其中

$$\boldsymbol{B}=\begin{bmatrix}-\frac{1}{2}[x^{(1)}(1)+x^{(1)}(2)] & 1\\ -\frac{1}{2}[x^{(1)}(2)+x^{(1)}(3)] & 1\\ \vdots & \vdots\\ -\frac{1}{2}[x^{(1)}(n-1)+x^{(1)}(n)] & 1\end{bmatrix} \tag{10.67}$$

$$\boldsymbol{Y}_n=[x^{(0)}(2),x^{(0)}(3),\cdots,x^{(0)}(n)]^{\mathrm{T}} \tag{10.68}$$

微分方程(10.65)的解(称为时间响应函数)为

$$\hat{x}^{(1)}(k+1)=\left[x^{(0)}(1)-\frac{b}{a}\right]\mathrm{e}^{-ak}+\frac{b}{a} \tag{10.69}$$

式中 a——发展系数，反映了数据的发展趋势；

b——灰作用量，反映了数据变化的关系。

式(10.69)中的 $\hat{x}^{(1)}(k+1)$ 表示以平均时间间隔 Δt 作步长的外推预测值。

由于式(10.69)是对一次累加生成数列的预测值，可通过下式求得数列的还原预测值：

$$\hat{x}^{(0)}(k+1)=\hat{x}^{(1)}(k+1)-\hat{x}^{(1)}(k) \tag{10.70}$$

即可以用 $\hat{x}^{(0)}(k+1)$ 对 $x^{(0)}(k+1)$ 进行预测。

(3)GM(1,1)模型的精度检验

GM(1,1)模型一般采用三种方法检验:残差大小的检验、关联度的检验、后验差检验。本文采用后验差检验。后验差方法一般是按后验差比值 C 和小误差概率 P 两个指标综合评定预测模型的精度。若 C 和 P 均在规定的范围内,则可以认为所建立的模型精度符合要求,可以进行预测;否则,要对残差进行修正,直到精度符合要求为止。

设 k 时刻实际值 $x^{(0)}$ 与计算值(预测值)$\hat{x}^{(0)}(k)$之差为 $q(k)$,则

$$q(k)=x^{(0)}(k)-\hat{x}^{(0)}(k) \tag{10.71}$$

$q(k)$即为 k 时刻的残差。

定义后验差比值 $C=S_2/S_1$,小误差概率 $P=\{|q(k)-\bar{q}|<0.674\,5S_1\}$

其中 S_1——原始数据方差,$S_1=\sqrt{\dfrac{1}{n}\sum\limits_{k=1}^{n}[x^{(0)}(k)-\bar{x}]^2}$;

S_2——残差方差,$S_2=\sqrt{\dfrac{1}{n}\sum\limits_{k=1}^{n}[q(k)-\bar{q}]^2}$;

$\bar{x}$——原始数据均值,$\bar{x}=\dfrac{1}{n}\sum\limits_{k=1}^{n}x^{(0)}(k)$;

$\bar{q}$——残差均值,$\bar{q}=\dfrac{1}{n}\sum\limits_{k=1}^{n}q(k)$。

一般地,将模型的精度分为 4 级,分级标准及相应的 C 与 P 值见表 10.1。

表 10.1 模型精度预测级别

模型精度级别	P	C
1 级(好)	$P\geqslant 0.95$	$C\leqslant 0.35$
2 级(合格)	$0.8\leqslant P\leqslant 0.95$	$0.35\leqslant C\leqslant 0.5$
3 级(勉强)	$0.6\leqslant P\leqslant 0.8$	$0.5\leqslant C\leqslant 0.65$
4 级(不合格)	$P<0.6$	$C>0.65$

指标 C 越小越好。C 越小,表示 S_1 越大而 S_2 越小。S_1 大,表示原始数据方差大,原始数据离散程度大;S_2 小,表示残差方差小,残差离散程度小。C 越小,表示尽管原始数据很离散,而模型所得计算值与实际值之差并不太离散。指标 P 越大越好,P 越大,表明残差与残差平均值之差小于给定值 $0.674\,5S_1$ 的点越多。

(4)预测

利用通过检验的 GM(1,1)模型进行预测与预报

$$\hat{x}^{(1)}(k+1)=\left[x^{(0)}(1)-\frac{b}{a}\right]e^{-ak}+\frac{b}{a} \tag{10.72}$$

$$\hat{x}^{(0)}(k)=\hat{x}^{(1)}(k)-\hat{x}^{(1)}(k-1) \tag{10.73}$$

(5)几种 GM(1,1)模型

设原始序列为 $x^{(0)}=\{x^{(0)}(1),x^{(0)}(2),\cdots,x^{(0)}(n)\}$,则

①用 $x^{(0)}=\{x^{(0)}(1),x^{(0)}(2),\cdots,x^{(0)}(n)\}$建立的模型称为全数据 GM(1,1)模型;

②用 $x^{(0)}=\{x^{(0)}(k),x^{(0)}(k+1),\cdots,x^{(0)}(n)\}$ 建立的模型称为部分数据 GM(1,1)模型；

③设 $x^{(0)}(n+1)$ 为最新信息，将 $x^{(0)}(n+1)$ 置入 $x^{(0)}$，称用 $x^{(0)}=\{x^{(0)}(1),x^{(0)}(2),\cdots,x^{(0)}(n),x^{(0)}(n+1)\}$ 建立的模型为新信息 GM(1,1)模型；

④置入新信息 $x^{(0)}(n+1)$，去掉最老的信息 $x^{(0)}(1)$，称用 $x^{(0)}=\{x^{(0)}(2),x^{(0)}(3),\cdots,x^{(0)}(n),x^{(0)}(n+1)\}$ 建立的模型为等维信息 GM(1,1)模型。

10.2.2 桥梁基础沉降预测应用

在秦沈客运专线、京津城际铁路、京沪高速铁路等项目的设计、科学研究中利用传统理论方法做过一些计算和分析，与实测数据进行了比对，并对各种方法的适用情况进行了研究。以京沪高速铁路为例，选取北京至济南间六座特大桥，其中共计 44 个典型桥墩桩基础测点的沉降，分别采用了变形过程指数法（详见 10.3.1 节）、双曲线法、指数曲线法、Asaoka 法、灰色理论法等五种拟合预测方法进行沉降预测分析。五种预测方法各有优缺点，通过各测点拟合结果分别从拟合相关系数、预测最终沉降量、沉降比三个方面进行对比分析具体见表 10.2～表 10.4。

表 10.2 桥梁基础五种拟合方法拟合相关系数对比表

桥墩编号	拟合相关系数				
	变形过程指数法	双曲线法	指数曲线法	Asaoka 法	灰色理论法
D325	0.96	0.95	0.96	0.96	0.97
D332	0.93	0.73	0.89	0.85	0.92
D441	0.98	0.92	0.94	0.94	0.93
E2	0.99	0.90	0.92	0.92	0.91
E4	0.99	0.91	0.93	0.93	0.92
E8	0.97	0.90	0.92	0.92	0.91
E9	0.97	0.90	0.90	0.90	0.89
E11	0.97	0.91	0.92	0.92	0.91
F173	0.91	0.94	0.95	0.95	0.95
H109	0.93	0.91	0.93	0.93	0.93
H110	0.95	0.91	0.92	0.92	0.92
H111	0.96	0.93	0.93	0.93	0.93
J186	0.96	0.43	0.92	0.88	0.89
J226	0.94	0.86	0.94	0.95	0.95
J227	0.92	0.87	0.92	0.93	0.92
A397	0.92	0.80	0.94	0.93	0.93
A400	0.96	0.88	0.9	0.90	0.90
B34	0.96	0.82	0.83	0.83	0.83

续上表

桥墩编号	拟合相关系数				
	变形过程指数法	双曲线法	指数曲线法	Asaoka 法	灰色理论法
B43	0.95	0.92	0.94	0.94	0.93
B51	0.95	0.94	0.94	0.94	0.93
B87	0.98	0.88	0.9	0.90	0.90
B95	0.92	0.85	0.93	0.93	0.90
A272	0.98	0.94	0.96	0.96	0.96
B91	0.98	0.85	0.9	0.89	0.90
C66	0.97	0.87	0.88	0.86	0.87
D462	0.98	0.51	0.85	0.87	0.87
F48	0.99	0.86	0.90	0.89	0.89
F300	0.97	0.93	0.96	0.96	0.96
H89	0.97	0.84	0.95	0.96	0.95
H93	0.92	0.89	0.89	0.91	0.88
K297	0.98	0.78	0.93	0.94	0.91
K427	0.96	0.81	0.91	0.95	0.93
B170	0.93	0.92	0.93	0.92	0.91
H69	0.93	0.93	0.95	0.95	0.95
G31	0.97	0.85	0.94	0.94	0.93
N33	0.93	0.94	0.94	0.93	0.93
N61	0.97	0.95	0.96	0.96	0.95
N86	0.94	0.81	0.92	0.92	0.91
N103	0.92	0.94	0.95	0.95	0.95
N168	0.97	0.95	0.99	0.98	0.98
S18	0.94	0.94	0.95	0.95	0.95
S19	0.94	0.93	0.94	0.94	0.94
S60	0.93	0.93	0.96	0.96	0.95
S61	0.93	0.95	0.97	0.97	0.97
平均值	0.95	0.87	0.93	0.93	0.92
系数≥0.92	97.7%	40.0%	75.6%	75.6%	62.2%

注：按照相关规范要求沉降曲线拟合相关系数应≥0.92。

表 10.3 桥梁基础五种拟合预测方法预测最终沉降表

桥墩编号	实测沉降量	预测最终沉降量				
		变形过程指数法	双曲线法	指数曲线法	Asaoka 法	灰色理论法
D325	8.22	9.34	10.60	9.34	9.05	9.00
D332	10.00	10.54	—	10.54	10.41	10.08

续上表

桥墩编号	实测沉降量	预测最终沉降量				
		变形过程指数法	双曲线法	指数曲线法	Asaoka 法	灰色理论法
D441	6.04	6.26	—	7.77	7.60	12.32
E2	5.24	5.49	—	6.88	7.39	9.77
E4	5.39	6.30	6.53	6.98	6.75	8.32
E8	5.24	5.35	—	6.66	6.64	21.08
E9	4.99	5.04	9.43	7.42	7.88	—
E11	4.85	4.99	—	7.77	7.96	37.14
F173	4.65	5.36	—	6.84	6.73	7.09
H109	6.23	6.79	6.58	10.42	8.95	15.19
H110	6.53	7.69	9.78	7.30	6.57	6.90
H111	6.42	7.89	9.04	7.63	6.45	6.93
J186	3.68	5.00	3.30	3.68	3.95	4.17
J226	4.81	6.00	—	5.33	5.03	5.16
J227	4.36	5.50	—	4.97	4.42	4.89
A397	6.35	6.78	5.88	11.82	10.67	10.38
A400	5.65	6.30	5.66	6.49	6.16	6.85
B34	6.69	7.33	7.10	9.80	8.94	7.22
B43	6.02	6.61	8.16	6 129.74	14.03	8.08
B51	8.46	9.57	19.06	11.11	12.23	—
B87	7.39	8.97	8.38	7 390.02	1 351.04	—
B95	7.69	8.09	36.91	8.09	7.73	9.46
A272	7.32	8.48	—	9.04	9.01	9.84
B91	6.00	6.52	6.42	6 010.00	7.59	—
C66	5.52	5.99	6.65	5 670.00	5.21	6.20
D462	5.49	5.99	5.18	5.95	5.54	5.70
F48	7.68	8.31	12.82	8.30	8.42	8.34
F300	5.38	6.76	41.42	5.83	5.75	6.62
H89	5.17	5.96	—	5.52	5.24	5.58
H93	5.67	6.73	10.00	6.71	5.91	7.09
K297	5.04	5.60	5.00	5.21	5.10	5.52
K427	6.19	6.60	—	6.81	6.36	6.68
B170	5.33	6.15	6.96	6.17	5.89	6.06
H69	7.08	8.35	10.86	7.30	7.36	7.27
G31	7.33	7.60	—	7.48	7.35	7.91
N33	6.60	7.69	—	46.53	11.08	—

续上表

桥墩编号	实测沉降量	预测最终沉降量				
		变形过程指数法	双曲线法	指数曲线法	Asaoka 法	灰色理论法
N61	8.02	8.24	9.87	8.24	8.23	8.34
N86	6.31	6.88	—	6.88	6.38	6.90
N103	7.47	8.49	121.72	8.75	8.40	10.01
N168	7.62	8.38	—	8.90	9.36	9.97
S18	5.14	5.57	7.86	5.50	5.33	5.65
S19	5.11	5.80	5.66	5.37	5.35	5.55
S60	5.23	5.79	7.33	6.23	5.99	7.88
S61	5.41	6.20	6.55	7.07	7.63	7.63
适合曲线拟合率		100%	61.36%	72.73%	59.09%	68.18%

表 10.4 桥梁基础五种拟合预测方法沉降比对比表

桥墩编号	沉降比				
	变形过程指数法	双曲线法	指数曲线法	Asaoka 法	灰色理论法
D325	0.88	0.78	0.88	0.91	0.91
D332	0.95	—	0.95	0.96	0.99
D441	0.96	—	0.78	0.79	0.49
E2	0.96	—	0.76	0.71	0.54
E4	0.86	0.83	0.77	0.80	0.65
E8	0.98	—	0.79	0.79	0.25
E9	0.99	0.53	0.67	0.63	—
E11	0.97	—	0.62	0.61	0.13
F173	0.87	—	0.68	0.69	0.66
H109	0.92	0.95	0.60	0.70	0.41
H110	0.85	0.67	0.89	0.99	0.95
H111	0.81	0.71	0.84	1.00	0.93
J186	0.74	1.12	1.00	0.93	0.88
J226	0.80	—	0.90	0.96	0.93
J227	0.79	—	0.88	0.99	0.89
A397	0.94	1.08	0.54	0.60	0.61
A400	0.90	1.00	0.87	0.92	0.82
B34	0.91	0.94	0.68	0.75	0.93
B43	0.91	0.74	0.00	0.43	0.74
B51	0.88	0.44	0.76	0.69	—
B87	0.82	0.88	0.00	0.01	—

续上表

桥墩编号	沉降比				
	变形过程指数法	双曲线法	指数曲线法	Asaoka 法	灰色理论法
B95	0.95	0.21	0.95	0.99	0.81
A272	0.86	—	0.81	0.81	0.74
B91	0.92	0.93	0.00	0.79	—
C66	0.92	0.83	0.00	1.06	0.89
D462	0.92	1.06	0.92	0.99	0.96
F48	0.92	0.60	0.93	0.91	0.92
F300	0.80	0.13	0.92	0.94	0.81
H89	0.87	—	0.94	0.99	0.93
H93	0.84	0.57	0.85	0.96	0.80
K297	0.90	1.01	0.97	0.99	0.91
K427	0.94	—	0.91	0.97	0.93
B170	0.87	0.77	0.86	0.90	0.88
H69	0.85	0.65	0.97	0.96	0.97
G31	0.96	—	0.98	1.00	0.93
N33	0.86	—	0.14	0.60	—
N61	0.97	0.81	0.97	0.97	0.96
N86	0.92	—	0.92	0.99	0.91
N103	0.88	0.06	0.85	0.89	0.75
N168	0.91	—	0.86	0.81	0.76
S18	0.92	0.65	0.93	0.96	0.91
S19	0.88	0.90	0.95	0.96	0.92
S60	0.90	—	0.84	0.87	0.66
S61	0.87	—	0.77	0.71	0.71
沉降比满足要求	97.73%	61.36%	72.73%	59.09%	68.18%

通过以上的对比和分析可知：

(1)变形过程指数法拟合预测值与实测值较为接近，适合进行曲线拟合；双曲线法与灰色理论法对于部分测点无法预测最终沉降值；指数曲线法和 Asaoka 法对部分测点预测最终沉降值较大，与工程实际情况不相符。

(2)就曲线拟合相关系数满足相关规范要求(≥0.92%)的比率而言，变形过程指数法达到 97.7%；指数曲线法和 Asaoka 法次之，为 75.6%；灰色理论法为 62.2%；双曲线法最低，为 40%。

(3)就曲线拟合沉降比满足相关规范要求(≥75%)的比率而言，变形过程指数法达到 97.73%；指数曲线法次之，为 72.73%；灰色理论法为 68.18%；双曲线法为 61.36%；

Asaoka 法最低，为 59.09%。

(4)变形过程指数法可以进行沉降全过程的拟合预测，能充分利用桥梁架梁产生的沉降这个关键沉降值进行分析评估，并且拟合预测效果良好；而双曲线法、指数曲线法、Asaoka法、灰色理论等方法不能进行施工全过程预测。

10.2.3 路基沉降预测应用

选取高速铁路试验段典型断面为例，以单点沉降计实测资料为基础，针对目前工程实际中较为常用的沉降预测线型指数曲线、双曲线、Asaoka 法、星野法、泊松曲线法等五种沉降预测方法，进行沉降预测与评估分析。

对 B、E 监测断面的单点沉降计实测数据进行曲线拟合，采用不同时段的监测数据所得相关系数 $|R|\geqslant 0.92$ 的曲线绘制于图 10.11～图 10.13 中。

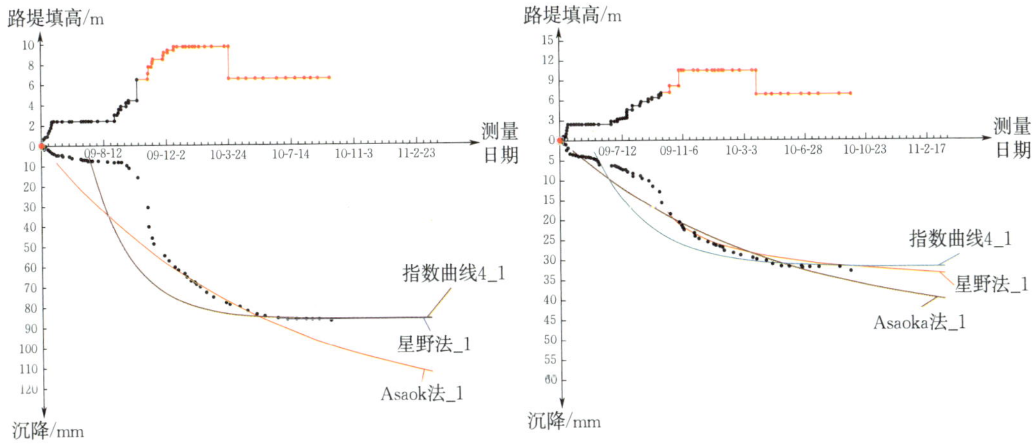

B断面				E断面			
预测方法	当前观测沉降量/mm	最终沉降预测值/mm	相关系数R	预测方法	当前观测沉降量/mm	最终沉降预测值/mm	相关系数R
指数曲线	87.228	86.26	0.891	指数曲线	33.088	32.14	0.926
星野法	87.228	86.33	0.981	星野法	33.088	38.72	0.997
Asaoka 法	87.228	135.35	0.965	Asaoka 法	33.088	47.43	0.977

图 10.11　第 1 次拟合所有数据

由于施工阶段荷载不断变化，不同时间的沉降对应的荷载不同，以此建立的沉降拟合曲线无法与某一特定荷载相对应，如果采用的数据中设计荷载下的沉降观测数据较少，则所建模型对预测工后沉降意义不大。因此，为预测工后沉降，稳定荷载下沉降观测必须有足够的时间。此外，因不同线型对实测数据的匹配程度不同，理论上可以通过相关系数 R 衡量实测数据偏离预测曲线的程度，但是该系数反映的是所有参与拟合的实测数据综合情况，对比较注重后期结果的沉降预测而言，仅仅依靠相关系数来推荐预测曲线，在某些情况下可能出现偏差。

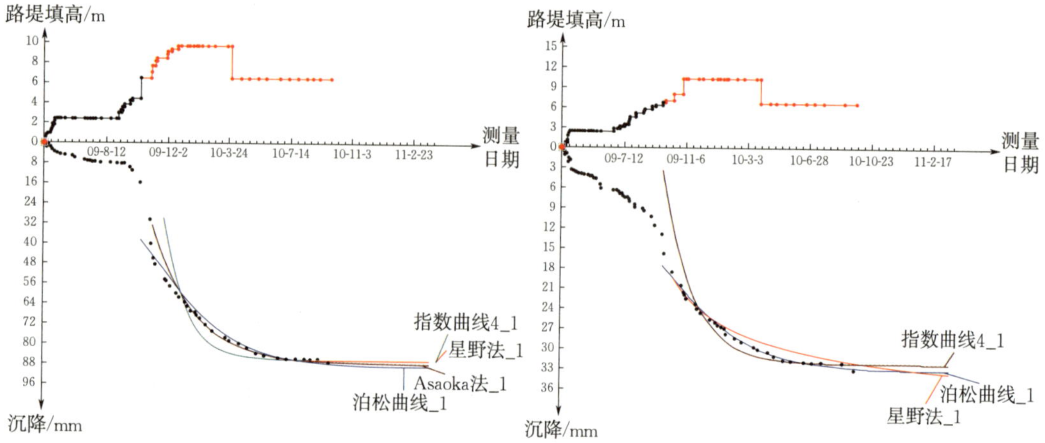

B断面				E断面			
预测方法	当前观测沉降量/mm	最终沉降预测值/mm	相关系数*R*	预测方法	当前观测沉降量/mm	最终沉降预测值/mm	相关系数*R*
指数曲线	87.228	86.25	0.944	指数曲线	33.088	32.12	0.973
星野法	87.228	86.33	0.981	星野法	33.088	38.72	0.997
泊松曲线	87.228	88.79	0.974	泊松曲线	33.088	33.08	0.985
Asaoka 法	87.228	87.67	0.991				

图 10.12 第 2 次拟合停载以后数据

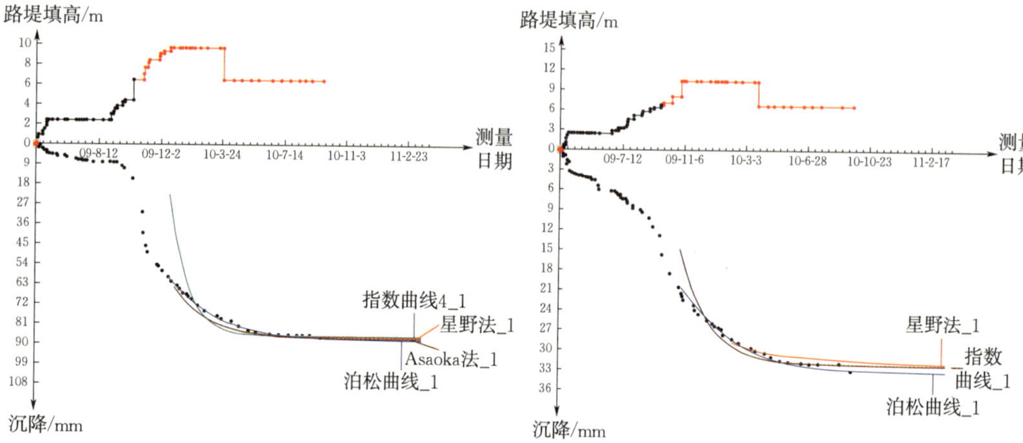

B断面				E断面			
预测方法	当前观测沉降量/mm	最终沉降预测值/mm	相关系数*R*	预测方法	当前观测沉降量/mm	最终沉降预测值/mm	相关系数*R*
指数曲线	87.228	86.25	0.949	星野法	33.088	33.03	0.987
星野法	87.228	86.33	0.981	指数曲线	33.088	32.12	0.974
Asaoka 法	87.228	87.33	0.968	泊松曲线	33.088	33.11	0.919
泊松曲线	87.228	87.85	0.990				

图 10.13 第 3 次拟合超载预压以后数据

10.3 变形过程指数法及有限元法

10.3.1 变形过程指数法

1. 简　　介

由于高速铁路要求轨道结构必须具有高稳定性和高平顺性，那么轨道结构（尤其是无砟轨道）对桥梁沉降控制提出了更高的要求，而一般情况下对桥梁群桩基础的沉降计算只局限于瞬时和最终两种极限情况。常规桥梁设计中，不考虑桩基础沉降的时间效应，桩基础的变形在土体固结过程的变化无从知道。国内外关于桩基沉降的时间效应的研究也很少。

为了克服常用曲线拟合法的不足和缺点，通过各种理论计算和大量沉降监测资料的对比分析、统计归纳，同时考虑对桥梁基础沉降影响最为突出的荷载和时间因素，对桥梁基础沉降曲线全过程进行拟合和预测，在北京至天津城际铁路桥梁工程沉降课题研究中首次提出了“变形过程指数法”。

t 时刻的发生的沉降（S_t）随荷载、时间变化的关系曲线：

$$S_t = S_\infty \frac{N_t}{N_\infty}(1-e^{-\alpha t}) \tag{10.74}$$

式中　t——时间变量，d；

S_t——t 时刻的发生的沉降，mm；

S_∞——最终沉降量，mm，可通过有限元计算或规范计算等方法得到；

N_t——t 时刻的作用在桩基上的累计恒载，kN；

N_∞——作用在桩基上的最终恒载，kN；

α——拟合参数，与土层性质、桩基布置、施工方法和工艺等有关，见表 10.5 和表 10.6。

表 10.5　桩尖下土层沉降变形指数 α 取值

土层分类		土的状态	指数 α 值
黏性土层	黏土、粉质黏土	软塑 $0.25 \leqslant I_L < 0.50$	0.005～0.010
		硬塑 $0 \leqslant I_L < 0.25$	0.010～0.015
砂性土层	粉土	密实、潮湿	0.007～0.010
	粉砂	密实、饱和	0.015～0.020
	细纱	密实、饱和	0.020～0.025
	中、粗砂	密实、饱和	0.025～0.050

表 10.6　桩端持力层参数 α 的取值

桩端持力土层	参数 α 的取值范围	桩端持力土层	参数 α 的取值范围
砂性土	0.01～0.015	非砂性土	0.01～0.030 5

拟合过程简要说明：

(1)计算荷载。根据墩高算出墩重，简支梁梁重，底座板与轨道板重量及其他二期恒载；

(2)据此算出$\frac{N_t}{N_\infty}$；

(3)任意给出一个 α 值，一个 S_∞ 值，根据拟合公式算出 S_t；

(4)求出 $\sum$(预测沉降值 S_t－观测沉降值)^2；

(5)根据最小二乘法原理，控制条件为 $\sum$(预测沉降值 S_t－观测沉降值)^2 为最小值；求解，得出 α 值和对应的 S_∞ 值；

(6)最后求出预测值与观测值的相关系数。

本方法结合实际情况，进行桥梁不同施工阶段连续的沉降变形观测与评估，帮助工程人员了解和掌握桥梁基础实际沉降的发展过程，用以指导无砟轨道铺设时机、运营后沉降控制等，以确保高速列车的安全运营。

该方法在后续的工程如京沪高速铁路工程沉降课题研究中得以进一步验证。利用京沪高速铁路大量的实际沉降监测资料，采用数理统计的方法，继续深入完善了变形过程指数法，其拟合曲线与实测曲线吻合度较高，验证了桥梁基础变形过程指数法拟合预测方法的正确性和实用性。该方法同时考虑了荷载、时间这两个对沉降影响最为重要的因素。再次证明该预测方法为桥梁基础沉降的计算和预测提供了一种全新的思路。

需要指出的是，参数 α 的取值除了地质条件是主要的影响因素外，还与荷载、时间、施工质量等因素有关。

变形过程指数法通过对各种理论计算和大量沉降监测资料的对比分析、统计归纳，提出适合软土、松软土、黏性土地段桥梁基础最终沉降及工后沉降的计算方法。该方法寻求出群桩基础沉降随时间的变化规律，得出沉降和时间的关系曲线，进而帮助高速铁路设计者及建设者提出减少工后沉降所能采取的工程措施。该方法可以进行施工全过程拟合预测，适合高速铁路桥梁基础沉降的分析、评估与预测。

2. 工程实践

在京津城际沉降研究，京沪高速铁路一、二标沉降评估中，利用变形过程指数法，对大量的桥墩桩基础的沉降进行预测，其拟合曲线与实测曲线吻合度较高。

(1)计算荷载

桥墩荷载，包括墩身荷载、垫石荷载、顶帽荷载等。

梁部荷载，梁部预制架设时，为瞬时加载；梁部现浇时，为渐增荷载。

二期恒载，包括轨道结构荷载以及其他线上结构恒载。

(2)拟合工点选取(示例)

以高速铁路某特大桥为例，桥梁全长 127.63 km，梁体以 32 m 简支梁居多，少部分为 24 m简支梁和大跨连续梁，墩台均采用钻孔灌注桩基础。根据地质勘探显示桩周土一般为粉土、粉质黏土、细砂；桩端位于粉土、粉质黏土中，详细地层如图 10.14 所示。

(3)变形过程指数曲线法拟合

本案例选出表 10.7 所列两墩对拟合和预测结果进行举例说明。

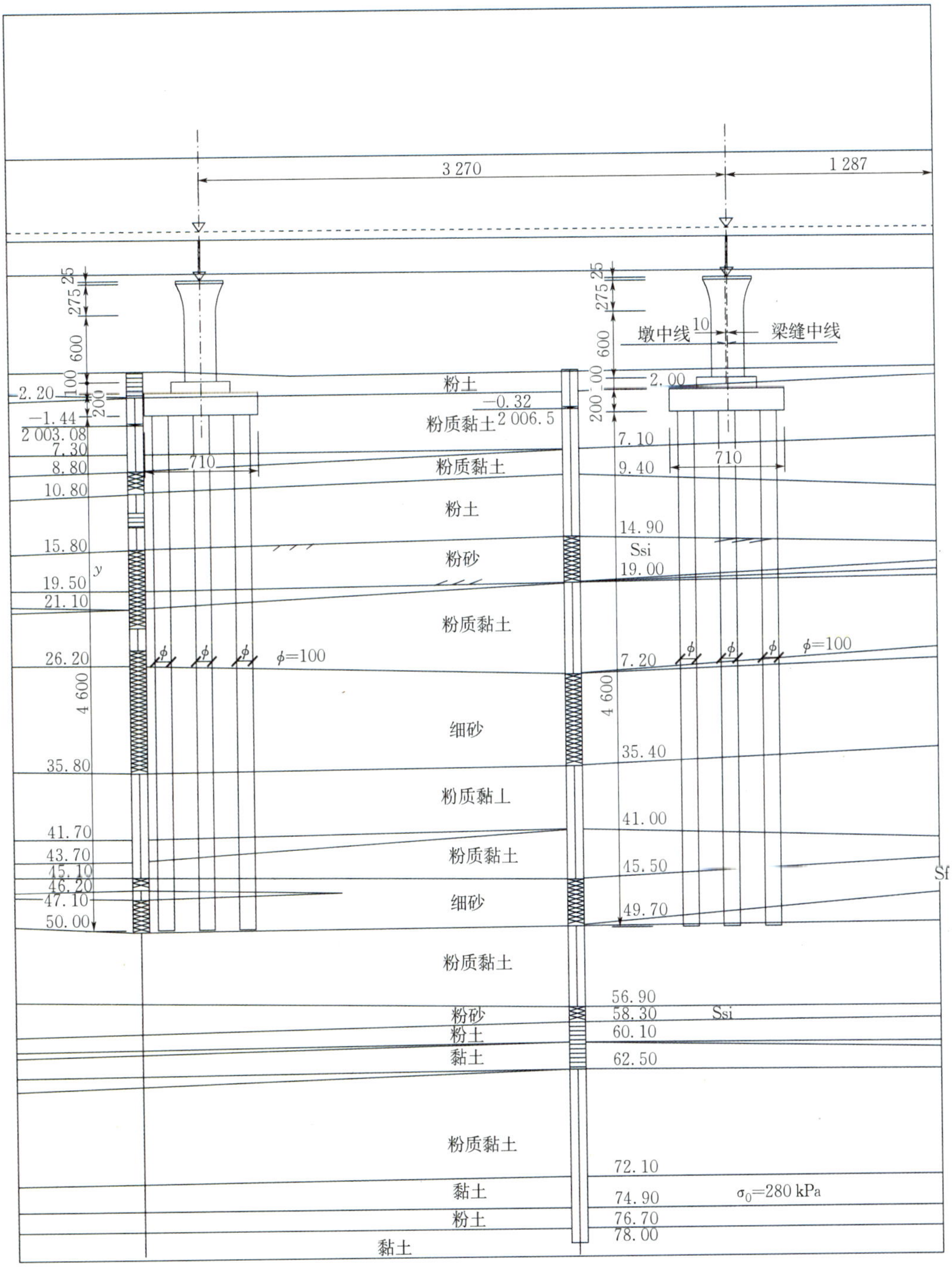

图 10.14 地层分布图(单位:mm)

表 10.7 部分沉降曲线统计表

墩号	墩高/m	持力层	拟合的 α 值	相关系数
J186	7	粉质黏土	0.018 5	0.96
J227	6.5	粉土	0.020 5	0.92

表 10.8 为 J186 号墩沉降预测计算数据，图 10.15 为 J186 号墩沉降曲线拟合结果，表 10.9 为 J186 号墩观测沉降量与预测沉降量对比情况。

表 10.8 J186 号墩计算数据表

荷载类型	桥墩	32 m 简支梁	二期恒载	最终荷载
荷载值/kN	1 950	8 368	3 718	14 036
荷载系数	0.138 9	0.735 1	1	1
系数 α	0.018 5			
最终沉降 S/mm	5.0			
相关系数	0.96			

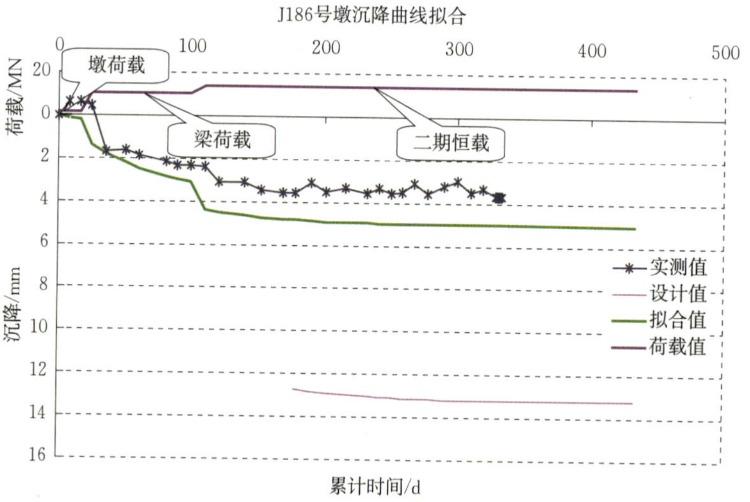

图 10.15 J186 号墩沉降曲线拟合图

表 10.9 J186 号墩观测沉降量与预测沉降量对比表

累计时间/d	累计沉降量/mm	荷载系数	预测沉降量/mm	累计时间/d	累计沉降量/mm	荷载系数	预测沉降量/mm
0	0.00	0.139	0.00	216	3.34	1.000	4.91
8	−0.65	0.139	0.10	232	3.55	1.000	4.93
16	−0.65	0.139	0.18	241	3.33	1.000	4.94
25	−0.47	0.735	1.36	250	3.53	1.000	4.95
36	1.64	0.735	1.79	259	3.50	1.000	4.96
50	1.59	0.735	2.22	268	3.07	1.000	4.96
60	1.83	0.735	2.46	278	3.54	1.000	4.97
81	2.13	0.735	2.85	290	3.19	1.000	4.98
90	2.29	0.735	2.98	300	2.95	1.000	4.98
100	2.33	0.735	3.10	310	3.50	1.000	4.98
111	2.38	1.000	4.36	319	3.33	1.000	4.99
121	3.09	1.000	4.47	329	3.68	1.000	4.99
140	3.09	1.000	4.63	330	3.68	1.000	4.99
153	3.45	1.000	4.71	331	3.68	1.000	4.99
169	3.52	1.000	4.78	332	3.68	1.000	4.99
178	3.52	1.000	4.81	333	3.68	1.000	4.99
190	3.10	1.000	4.85	433		1.000	5.00
201	3.47	1.000	4.88				

表 10.10 为 J227 号墩沉降预测计算数据，图 10.16 为 J227 号墩沉降曲线拟合结果，表 10.11 为 J227 号墩观测沉降量与预测沉降量对比情况。

表 10.10　J227 号墩计算数据表

荷载类型	桥墩	32 m 简支梁	二期恒载	最终荷载
荷载值/kN	1 810	8 368	3 718	13 896
荷载系数	0.13	0.732	1	1
系数 α	0.021 5			
最终沉降 S/mm	5.5			
相关系数	0.92			

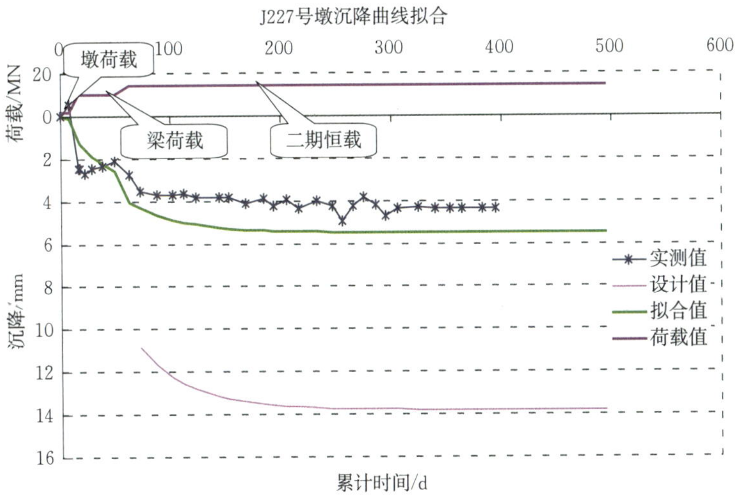

图 10.16　J227 号墩沉降曲线拟合图

表 10.11　J227 号墩观测沉降量与预测沉降量对比表

累计时间/d	累计沉降量/mm	荷载系数	预测沉降量/mm	累计时间/d	累计沉降量/mm	荷载系数	预测沉降量/mm
0	0.00	0.13	0.00	193	4.24	1.00	5.41
8	−0.53	0.13	0.11	205	3.97	1.00	5.43
16	2.50	0.73	1.17	216	4.36	1.00	5.45
18	2.46	0.73	1.29	232	4.02	1.00	5.46
22	2.75	0.73	1.52	247	4.24	1.00	5.47
29	2.46	0.73	1.87	256	4.94	1.00	5.48
38	2.35	0.73	2.25	265	4.28	1.00	5.48
49	2.16	0.73	2.62	275	3.85	1.00	5.49
62	2.79	1.00	4.05	286	4.18	1.00	5.49
72	3.52	1.00	4.33	295	4.75	1.00	5.49
88	3.70	1.00	4.67	306	4.40	1.00	5.49
102	3.73	1.00	4.89	325	4.32	1.00	5.49
112	3.66	1.00	5.01	340	4.36	1.00	5.50
123	3.87	1.00	5.11	353	4.36	1.00	5.50
144	3.87	1.00	5.25	364	4.36	1.00	5.50
152	3.87	1.00	5.29	383	4.36	1.00	5.50
168	4.11	1.00	5.35	395	4.36	1.00	5.50
184	3.91	1.00	5.39	495		1.00	5.50

10.3.2 有限元计算分析法

1. 简　　介

桥墩桩基础设计计算事实上是一个空间问题，特别是群桩基础空间效应显著，把它作为一个空间问题研究，才能较全面地考虑斜(直)桩、桩数、桩间距、桩的平面布置及方向对桥墩基础沉降特性的影响和作用。如前所述，关于桩基沉降人们提出了多种计算方法，这些均为经验方法，优点是易于使用，但是都做了许多简化处理，因此这些方法难免导致桩基设计时沉降计算与实际存在出入。

实际上，群桩基础的三维特性很强，承台、桩和地基土是一个三维作用的整体，为解决在桩基沉降计算时需考虑桩—承台—地基土之间相互作用问题，将承台—桩—地基土的三维矩阵分析方法与桩底持力层分层总和法有机结合起来，如图 10.17 所示，形成一种计算三维空间桩基沉降和变形的数值计算方法，使得桩基沉降计算更符合其实际工作状况。而有限元计算理论恰好是满足这些要求的一种分析方法。

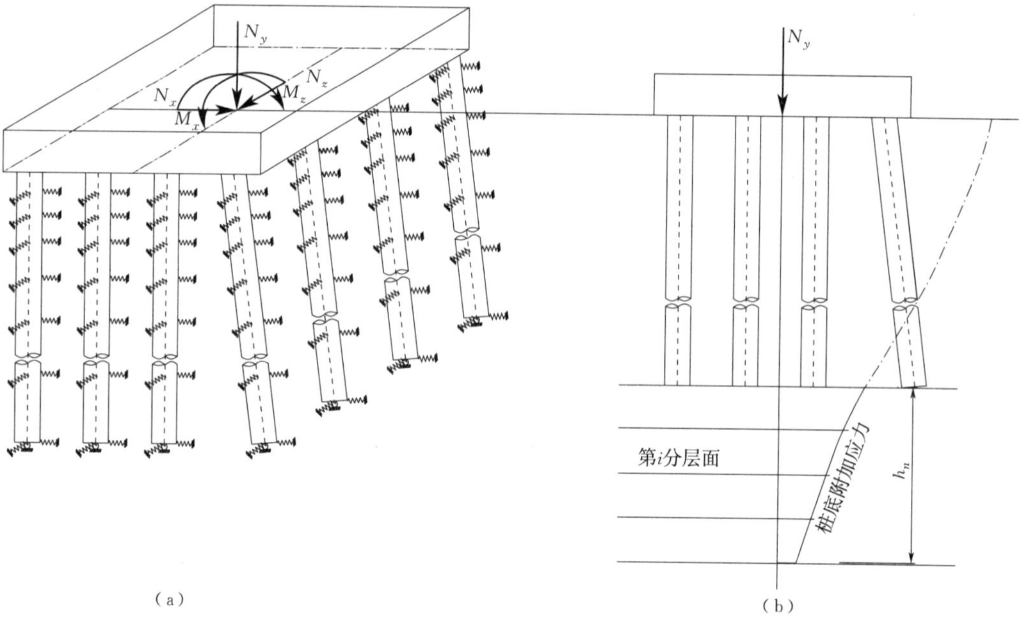

图 10.17　群桩基础空间示意图

注：图中未给出承台底的扭转作用 M_y，不考虑其影响。

有限元法在 20 世纪 50 年代起源于飞机结构的矩阵分析，其基本思想是用有限个离散单元的集合体代替原连续体，采用能量原理研究单元及其离散集合体的平衡，以计算机为工具进行结构数值分析。它解决了经典弹性力学获得连续解的难题(建立和求解偏微分方程)，使大型、复杂结构的计算更易在计算机上完成。

用来模拟岩土力学行为的方法有很多种，但精度各不相同。例如线性及各向同性弹性的胡克定律是最简单的应力—应变关系，但由于其仅涉及杨氏模量和泊松比两个参数，因此这种应力应变关系过于粗糙。对于大量结构单元和土层的模拟，线弹性理论是比较合适的。

比如一些大型有限元软件多采用的线弹性模型、弹塑性摩尔—库仑模型、软土模型、土体硬化模型、小应变土体硬化模型、修正剑桥黏土模型、软土蠕变模型，部分软件还根据用户需要可选取自定义本构模型等。

有限元计算方法中的本构模型选用非线性—弹塑性模型。与线性分析相比，非线性分析中应力与应变之间的关系已不是直线关系，而是曲线关系。弹塑性模型理论认为土体的变形包括弹性和塑性变形两部分，把弹性理论和塑性理论结合起来建立本构模型。土体中的弹塑性本构关系都是用增量形式表示的，因此，计算方法也宜用增量法。某级荷载增量$[\Delta R]$作用下，各单元的应力状态不同。有些可能处于弹性区，则刚度矩阵要用弹性矩阵$[D]$，有些可能产生塑性屈服，则须运用屈服准则、硬化规律和流动法则建立的弹塑性刚度矩阵$[D_{ep}]$来代替$[D]$。

岩土作为一种多相介质，涉及其中的各类岩土工程及构筑物的计算和模拟、土与结构的相互作用分析等需要采取特殊的、适合的方法和理论，目前已有很多此类资料，此处不再赘述。

就目前而言，高速铁路实践中常用的大型岩土工程通用软件基本可以满足模拟各种复杂的材料本构关系，易于处理非均匀介质问题、模拟各向异性材料，进行非线性求解分析，模拟各种复杂的边界条件。

有限元计算理论及分析方法在高速铁路工程中有一定应用，但受限于其大量的数据收据采集、模型及边界模拟、计算分析等工作，对设计人员水平要求高、计算设备及软件应用较复杂、计算分析耗时耗力，因而一般用于特殊问题的解析和计算分析，并未取得大面积的推广应用。

2. 桥梁基础沉降计算应用实例

以京津城际铁路桥墩沉降计算为例进行说明。

建立有限元仿真模型进行计算。与比奥固结理论相结合，从较严格的固结机理出发推导准确反映孔隙水压力消散与土骨架变形相互关系的三维固结方程。该理论将水流连续条件与弹性理论结合求解土体受力后的应力、应变、孔隙水压力的生成和消散过程，一般称为“真三维固结理论”。该理论假设土骨架是线弹性体，变形为小变形，土颗粒与孔隙水均不可压缩，孔隙水渗流服从达西定律。在土工数值计算中，可使用非线性弹塑性模型代替线弹性模型与比奥固结理论耦合求解。计算中采用的本构关系、强度理论等如下：

(1)土的本构关系采用土力学中经典的摩尔—库仑(Mohr—Coulomb)理想弹塑性本构关系；

(2)屈服准则为摩尔—库仑强度理论；

(3)流动理论为相关联的流动法则；

(4)土体材料不承受拉力；

(5)引入接触单元(interface element)，模拟桩土间的接触问题；

(6)荷载为竖向荷载；

(7)桩和承台材料为钢筋混凝土，强度C30，相对于土体而言，钢筋混凝土材料选用为弹性材料；桩和承台刚性连接。

(8)对于群桩采用 3D 有限元方法计算。

根据桥墩立面图、地质柱状图,确定土层界线,对土层进行归类划分。在土工试验报告的基础上,考虑土层深度以及土体天然结构的影响,并结合国内外已取得的最新研究成果和工程经验,确定各土层的物理力学参数:天然容重、饱和容重、渗透系数、压缩模量、泊松比、内摩擦角、黏聚力、弹模增量。现将渗透系数、压缩模量的确定及有限元计算分析简要阐述如下:

(1)渗透系数

各种土的渗透系数数量级范围:

中砂:10^{-3}~10^{-2}cm/s;

细砂:10^{-3}cm/s;

粉砂:10^{-4}~10^{-3}cm/s;

粉土、裂隙黏土:10^{-5}~10^{-4}cm/s;

粉质黏土:10^{-7}~10^{-5}cm/s;

黏土:<10^{-7}cm/s。

(2)压缩模量

土层的压缩模量取值以土工试验报告中的压缩模量以及压缩曲线为基础,结合 *Bangrund-Taschenbuch*, U. Smoltczyk,第五版,2001 中给出的压缩模量计算公式进行计算取值。计算得到地面 10 m 以下不同土层在不同深度处的压缩模量(地面以下 10 m 范围内的土层由于其有效压应力较小,故未考虑其深度变化,取值来源于土工试验报告)。

(3)计算过程

考虑到墩间距计算模型尺寸效应影响,有限元 3 维模型的平面尺寸按 32.7 m 的墩间距或 5 倍承台尺寸考虑,模型深度为设计桩长加 25 m。

模型考虑地下水的存在,计算主要步骤如下:

①生成原状土的初始应力;

②将桩、承台材料附到土层中;

③施加墩+顶帽+垫石的荷载,并固结到指定时间;

④对于简支梁,施加梁的荷载;对于连续梁桥,考虑梁体的悬臂节段施工,故逐步施加梁部恒载,并固结到指定时间;

⑤施加除了底座板和轨道板之外的二期恒载,并固结到底座板开始施工时间;

⑥施加底座板的荷载,并固结到底座板施工结束时间;

⑦固结到无砟轨道板开始施工时间;

⑧施加无砟轨道板的荷载,并固结到无砟轨道板施工结束时间;

⑨固结计算时间考虑到沉降观测截止时间之后延续半年左右。

(4)土层参数

计算工点的土层参数详见表 10.12。

(5)有限元模型的建立

建立有限元模型如图 10.18 所示。

表 10.12 土层参数

土层	渗透系数 /(cm·s⁻¹)	天然容重 /(kN·m⁻³)	饱和容重 /(kN·m⁻³)	压缩模量 /MPa	泊松比	内摩擦角 /(°)	黏聚力 /kPa	土性	层顶高程 /m
1	1.00×10^{-6}	19	20.3	5	0.33	15	30	淤泥质黏土;粉质黏土:软/可/硬塑	7.76
2	1.00×10^{-5}	19.4	20.3	8	0.29	24	11	粉土:密实	−4.49
3	1.00×10^{-5}	19.5	20.6	11	0.29	24	30	粉质黏土、黏土:硬塑	−12.79
4	5.00×10^{-5}	19.4	20.2	15	0.31	18	18	粉质黏土、粉土:硬塑	−27.29
5	5.00×10^{-4}	20.3	21	46	0.27	31	5	粉砂:密实	−34.29
6	1.00×10^{-5}	19.1	20.2	22	0.29	13	36	粉质黏土、黏土:硬塑	−41.09
7	1.00×10^{-3}	20.6	21.1	56	0.27	33	3	细砂:密实	−46.29

(6)基础沉降有限元分析

沉降有限元分析云图如图 10.19 和图 10.20 所示。

(7)计算结果

①实测值与有限元计算值的对比分析见表 10.13。

②实测值、计算值及荷载的时程曲线的对比分析如图 10.21 所示。

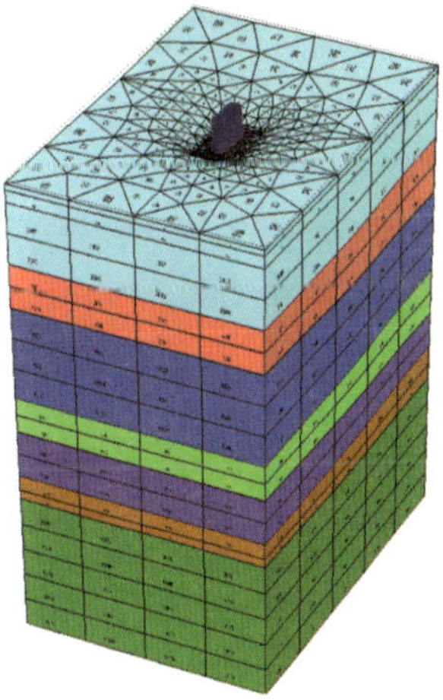

图 10.18 有限元模型总图

3. 路基沉降计算应用实例

(1)工程概况

选择高速铁路路基试验段作为分析段落。试验点土层情况见地质纵断面图 10.22。

以 A 区为例开展分析工作,DK190+140.00～+191.00:桩径 0.5 m,间距 1.7 m,正方形布置,每排 19 根桩,共 30 排。桩顶设直径 1.0 m 桩帽,其上设 0.6 m 厚碎石垫层,垫层内夹铺两层土工格栅。北京方向为预制平底桩帽,厚度 0.4 m,上海方向为现浇平底桩帽,厚度 0.5 m。

(2)有限元分析

模型总体情况:根据平面应变原理,取一排桩进行计算。

①模型几何参数:土体计算域取为宽 120 m,深 80 m,采用摩尔—库仑型进行模拟,垫层采用弹性模型模拟,垫层及土体均采三维八节点孔压单元进行模拟;CFG 桩采用弹性模型进行模拟;承台板为钢筋混凝土,采用弹性模型模拟,单元为三维八节点减缩积分单元。

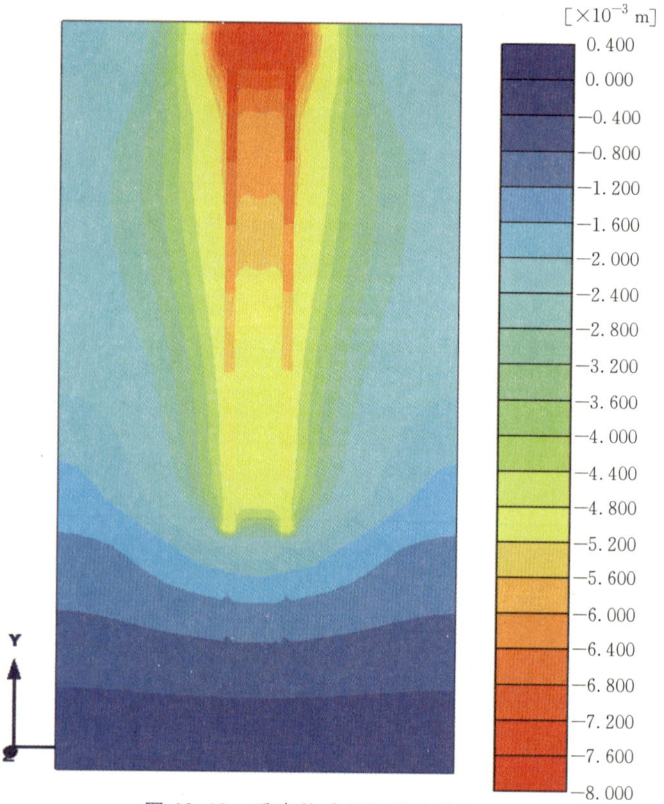

图 10.19 垂直位移云图线路纵剖面

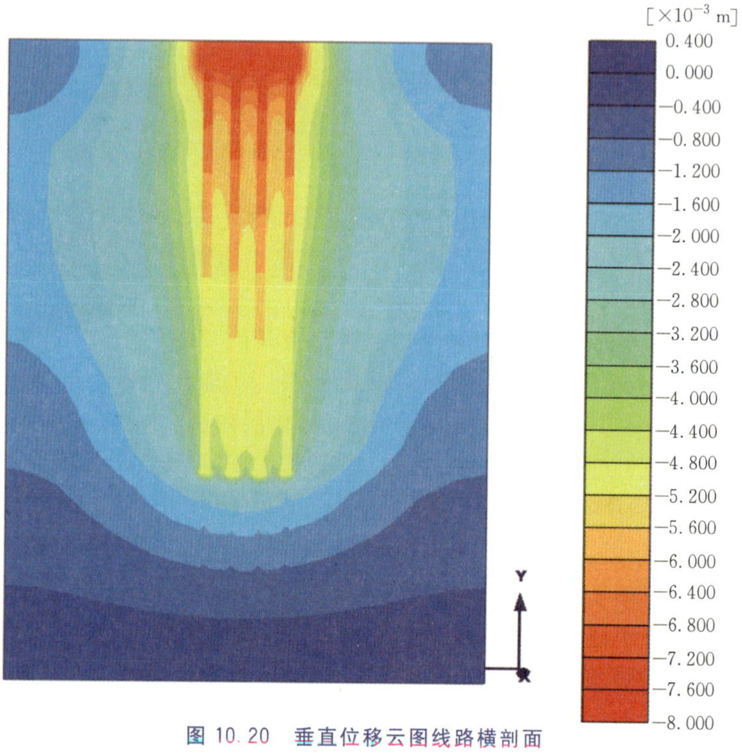

图 10.20 垂直位移云图线路横剖面

表 10.13 沉降—荷载表

天数	实测沉降/mm	计算沉降/mm	荷载/kN	天数	实测沉降/mm	计算沉降/mm	荷载/kN
0	0			340	−6.65		
13	−0.6			354	−6.77		
20	−0.9			354	−6.77		
27	−1.3			368	−7		
28	−1.3			382	−7.13		
44	−1.6			397	−7.19		
59	−1.6	−1.6	0	404	−7.14		
75	−1.78			413	−7.21		
89	−2.18			419		−8.08	12 330.1
105	−2.24			420	−7.28	−8.78	14 184.5
136	−2.27			428	−8.29		
166	−2.72			433	−8.25		
197	−3.17			440	−8.2		
228	−3.34			470	−8.29		
256	−3.57			497	−8.41		
289		−2.97	2 637.6	528	−8.46		
290	−5.29	−5.94	10 500.5	556	−8.39		
291	−5.81			587	−8.57		
298	−6.27			611	−8.46	−9.29	14 184.5
312	−6.59			791		−9.41	14 184.5
326	−6.51						

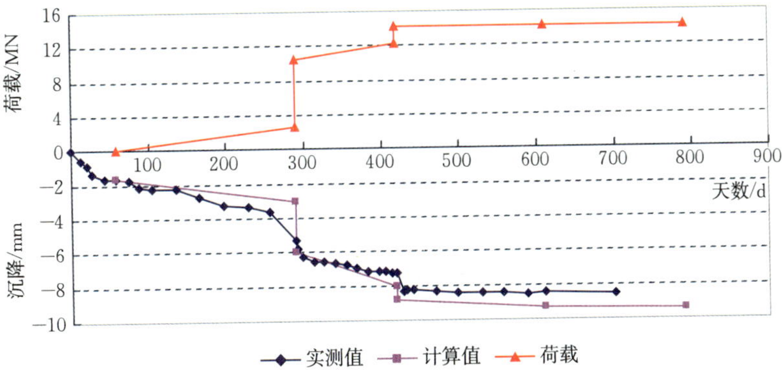

图 10.21 沉降分析曲线

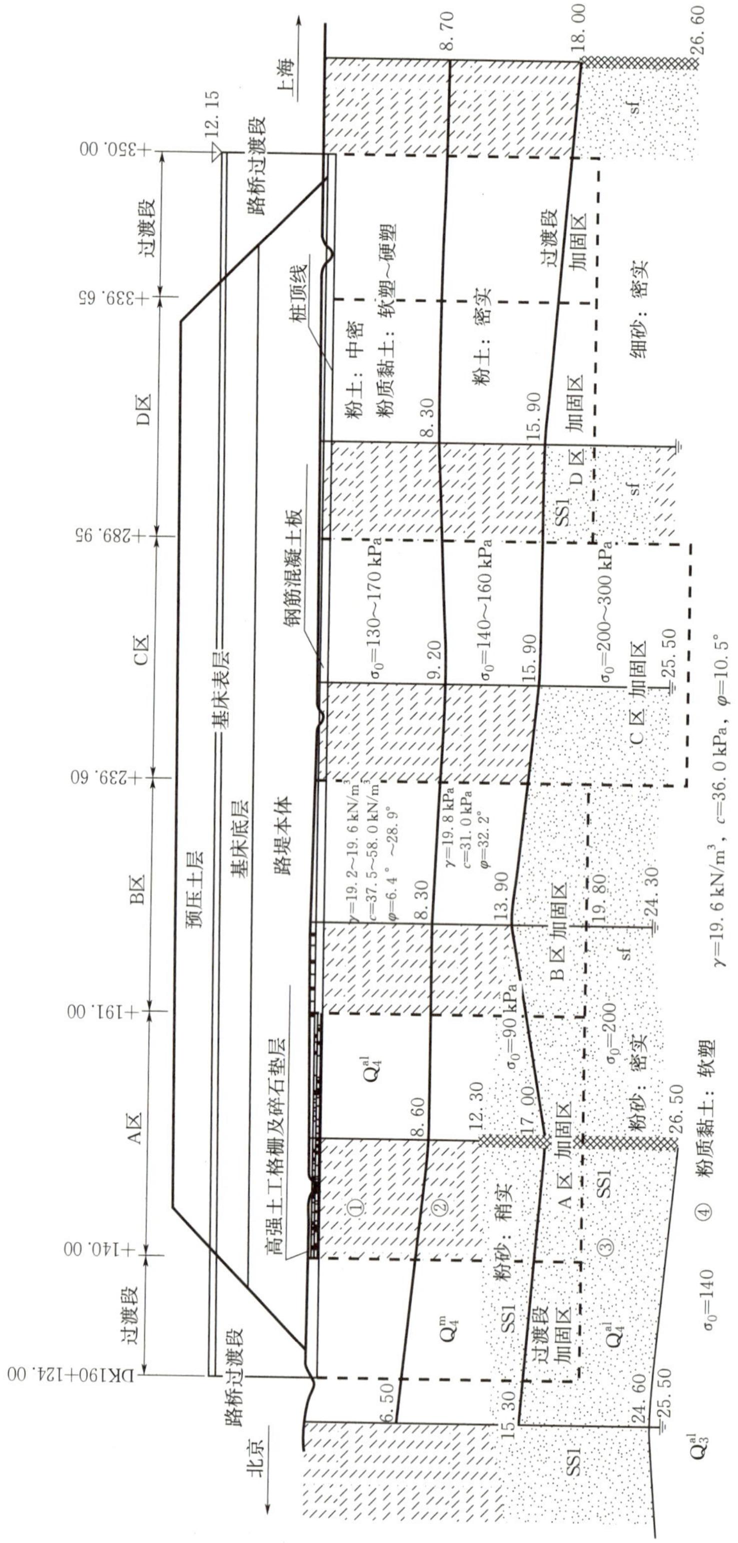

图10.22 地质纵断面图

②荷载情况：为了更好地模拟填筑与预压的施工过程，计算中考虑分级施加填土、基床、路堤及路面结构荷载，按实际施工采用的加载过程进行模拟。

③约束及边界情况：土体及桩的侧面均取为沿面法线方向的约束，土体底面约束三个方向的位移，地面为透水边界。

有限元模型如图 10.23 所示。

桩采用弹性模型模拟，$E=2\times10^4$ MPa，$\nu=0.2$；垫层采用弹性模型，$E=30$ MPa，$\nu=0.25$，$\varphi=28°$；土体采用摩尔—库仑模型，土层分布及参数见表 10.14。

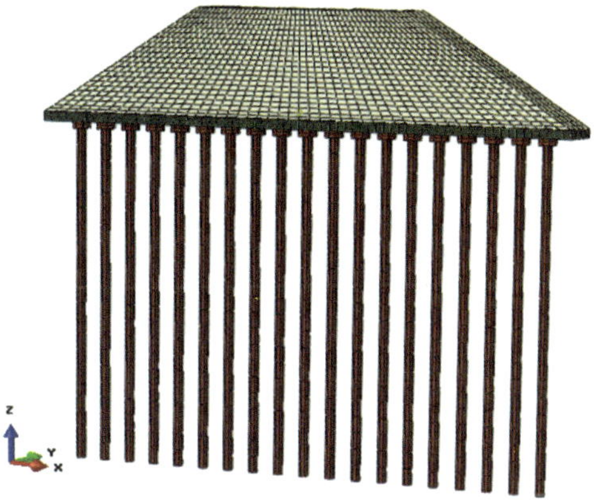

图 10.23　A 断面路堤及桩有限元网格

表 10.14　A 断面土层参数

层号	土质	层底深度/m	黏聚力/kPa	内摩擦角/(°)	压缩模量	孔隙比 e	泊松比 ν	渗透系数/$(m\cdot s^{-1})$
①1	黏土	3	38.4	11	4.61	0.919	0.36	2.00E-09
①3	粉土	4.9	24.7	26.7	9.36	0.72	0.29	1.50E-08
①1	黏土	6.3	38.4	11	4.61	0.92	0.36	2.00E-09
①3	粉土	8.5	24.7	26.7	9.36	0.72	0.29	1.50E-08
②3	粉土	11.9	19.2	30.8	6.87	0.76	0.3	1.50E-08
②2	粉土	16	30.6	21.1	5.45	0.86	0.32	1.50E-08
②11	细砂	18.1	27.3	33.6	13.87	0.71	0.29	1.00E-07
③11	细砂	28.3	19	33	15.12	0.67	0.28	1.00E-07
④2	粉质黏土	32.8	44	9.1	5.39	0.74	0.31	7.00E-09
④11	细砂	35.4	15	33.6	18.25	0.52	0.27	1.00E-07
④3	粉质黏土	37.7	20.3	25	9.42	0.62	0.29	7.00E-09
④11	细砂	80	15	33.6	18.25	0.52	0.27	1.00E-07

(3)数值计算结果与实测结果对比

图 10.24 为计算值与实测值的对比。由图中可以观察到计算结果与实测结果在趋势和数值上拟合较好，说明有限元模型及参数取值合理，基本上可以反映实际情况。

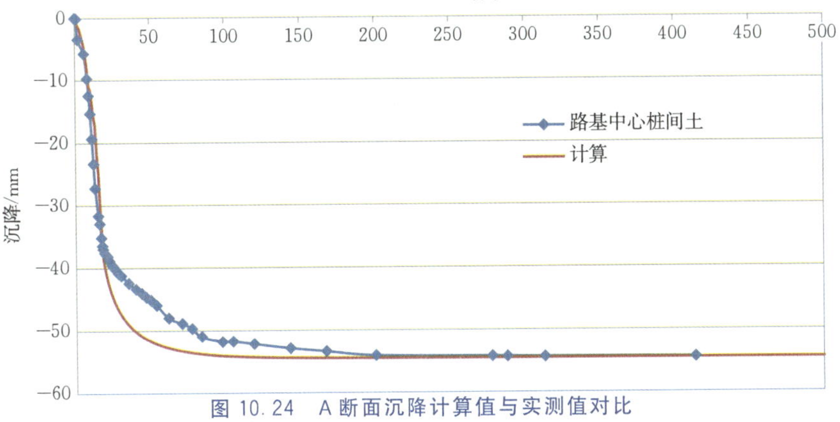

图 10.24　A 断面沉降计算值与实测值对比

10.4 沉降变形安全评估

近年来，随着我国高速铁路的快速建设和大力发展，越来越多的新建工程与既有高速铁路交叉或者并行。高速铁路行车速度快、对轨道的平顺性要求高，临近高速铁路的工程，在实施过程中(如桩基施工、基坑开挖、土体堆载等)，会对既有高速铁路产生附加的沉降变形影响。为此，临近高速铁路工程施工前，常采用数值模拟方法中的有限元法，对施工引起的既有高速铁路的变形影响进行安全评估分析。

10.4.1 临近高速铁路堆载影响评估

(1)工程概况

既有运营高速铁路某桥梁段落，梁部均为标准跨径 32.7 m 的简支梁，桥墩形式为圆端形，墩高为 11.5～12 m，桩基础采用 12 根直径为 1 m 的钻孔桩基础，其中，58 号～61 号桥墩基础桩长 40 m，62 号、63 号桥墩基础桩长分别为 45 m 和 43 m。桥墩立面图如图 10.25 所示。

由于建设工程原因，在上行线一侧既有鱼塘内，堆载了大量土体，堆载土体对应 58 号～60 号桥墩范围内。堆载与桥墩边界最近距离为 20 m，土体堆载面积约为 80 m×100 m(顺线路方向)，高 3.7 m，总堆载土方达到近 3 万 m^3。堆土范围与高速铁路关系如图 10.26 所示。

(2)工程地质条件

根据工程地质勘查，本工程地层为第四系全新统冲积层及第四系上更新统冲积层，局部表覆第四系全新统人工堆积层。地层以粉土、黏土为主，地下水为第四系孔隙潜水，勘测期间地下水水位埋深 0.35～2.40 m。地下水主要由大气降水及地表水补给，水位变幅 2～3 m。场地类别为Ⅲ类，土壤最大冻结深度 0.5 m。土体主要物理力学参数见表 10.15。

表 10.15 地基土层物理力学参数

土层编号	土层名称	土层厚/m	土层深度/m	天然容重/kN·m^{-3}	黏聚力/kPa	内摩擦角/(°)	压缩模量/MPa	泊松比	变形模量/MPa
1	粉土	1.6	1.6	18.4	16	20.2	11.3	0.25	45.2
2	黏土	1.2	2.8	18.8	13	19.2	11.6	0.25	46.4
3	粉土	1.2	4	21	14	17.4	9.6	0.25	38.4
4	黏土	1.5	5.5	19.4	55	12.6	22.1	0.25	88.4
5	粉土	0.9	6.4	19.8	18	18.2	23.4	0.25	93.6
6	黏土	1.4	7.8	20.3	26	14.3	24.2	0.25	96.8
7	粉质黏土	5.4	13.2	19.6	31	12.4	24.8	0.25	99.2
8	粉质黏土	13.7	26.9	19.9	16	18.5	26.0	0.25	104
9	黏土	3.1	30	20.2	31	17.4	27.6	0.25	110.4
10	粉质黏土	17.9	47.9	18.6	27	16.6	28.8	0.25	115.2

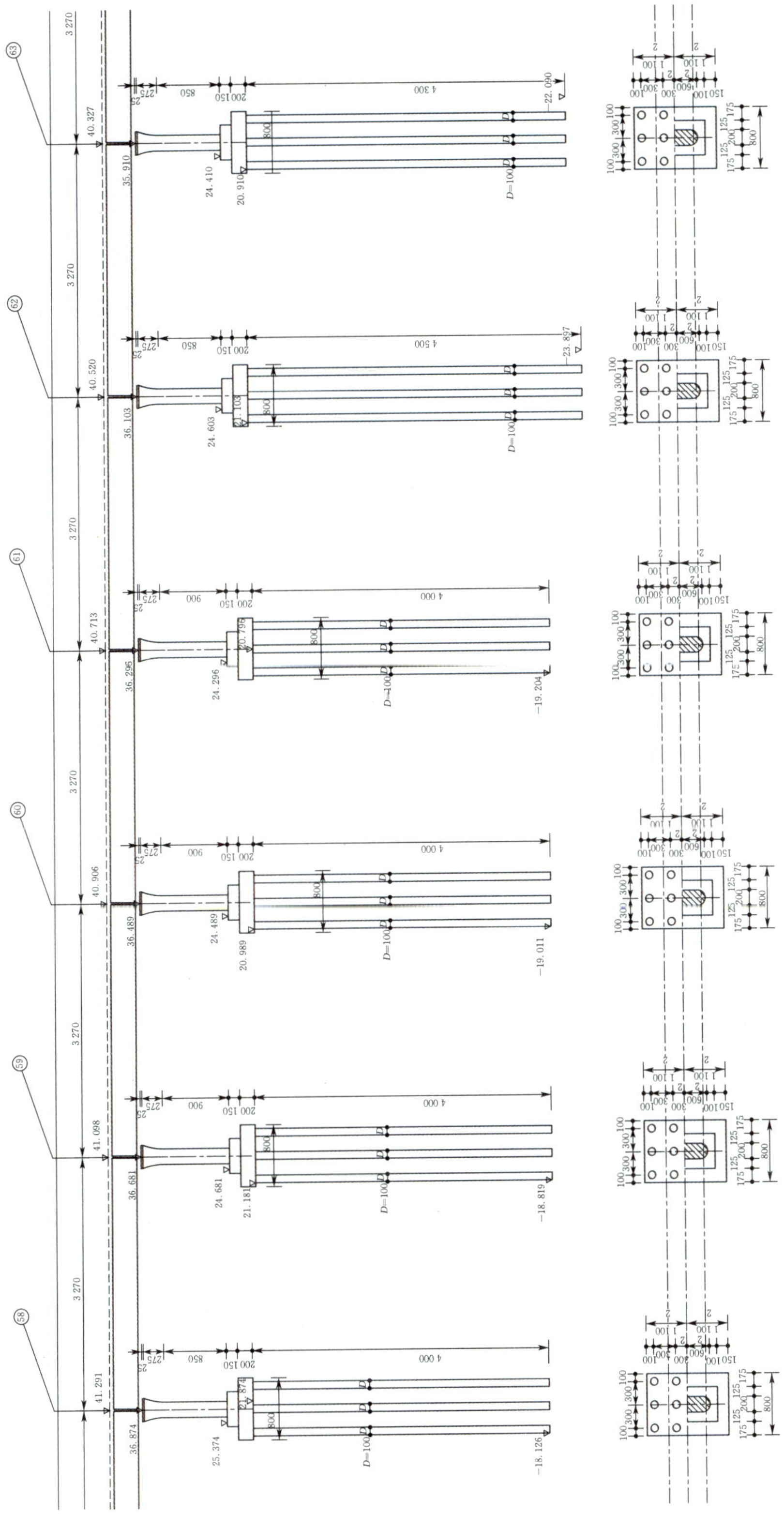

图10.25　桥墩立面图（单位：cm）

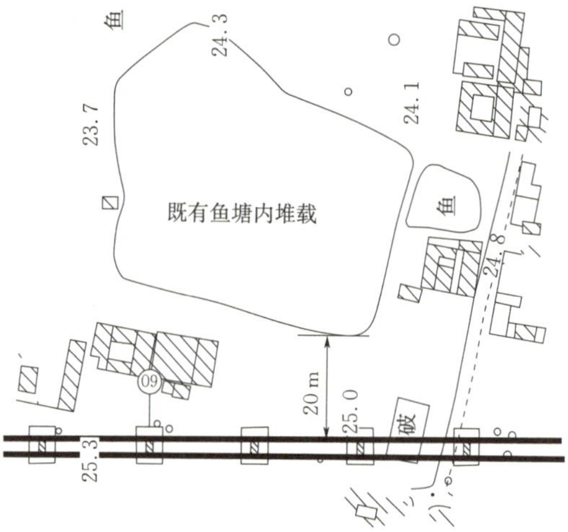

图 10.26 堆载范围平面关系图

(3)有限元数值模拟

①模型建立

按实际尺寸建立三维模型进行数值计算分析。模型中采用三维实体单元对土体、桥梁承台、桩基础进行模拟。根据圣维南原理可知,基坑开挖对周边应力影响范围在开挖范围的3~5倍之间,本例中选取开挖范围的3倍作为土体模型的尺寸,尺寸大小为240 m×300 m(顺线路方向)×100 m(厚度)。计算模型图如图10.27所示。

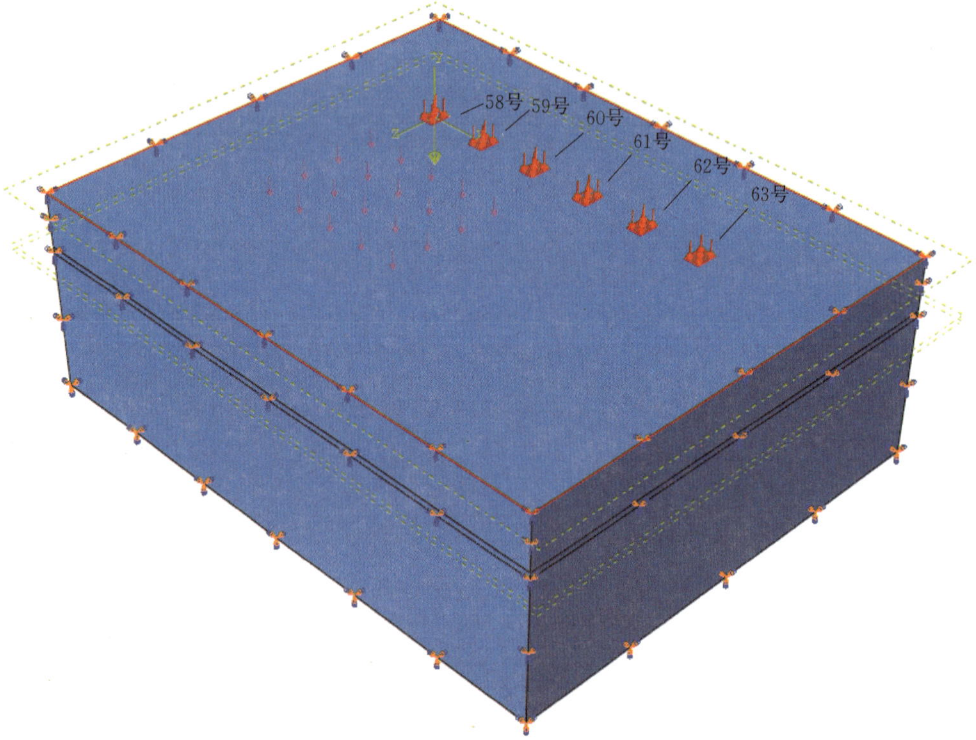

图 10.27 计算模型图

②参数选取

模型中的土体本构模型选用摩尔—库仑模型，桩基础与承台所采用的相关材料参数依据设计资料选取。

③荷载定义

将承台上部结构荷载（桥墩荷载、梁部荷载、二期恒载等）换算为均布荷载，加载至每个桥墩承台位置。根据现场实测得到的桥墩侧堆土体积，将堆载土体换算为均布荷载，加载至58号～60号桥墩范围一侧20 m外。

④工况模拟

在实际情况下，天然土层经过长时间的堆积荷载后已经固结完毕。在模型分析时，应预先平衡地应力，将土体沉降完成的状态作为初始状态，再进行后续结构的分析计算。模型分析工况见表10.16。

表10.16 模型分析工况

分析步序号	分析内容	分析步序号	分析内容
step-1	初始状态平衡土体地应力	step-3	平衡土体地应力
step-2	加载桥梁桩基、承台	step-4	加载堆载土荷载，分析堆载影响

（4）数值结果分析

通过计算分析，高速铁路附近堆载会对临近高速铁路下部结构产生沉降影响，且堆载距离越近对既有结构的沉降影响越大。堆载产生的既有结构最大附加沉降发生在59号桥墩位置，数值为4.50 mm，如图10.28所示。

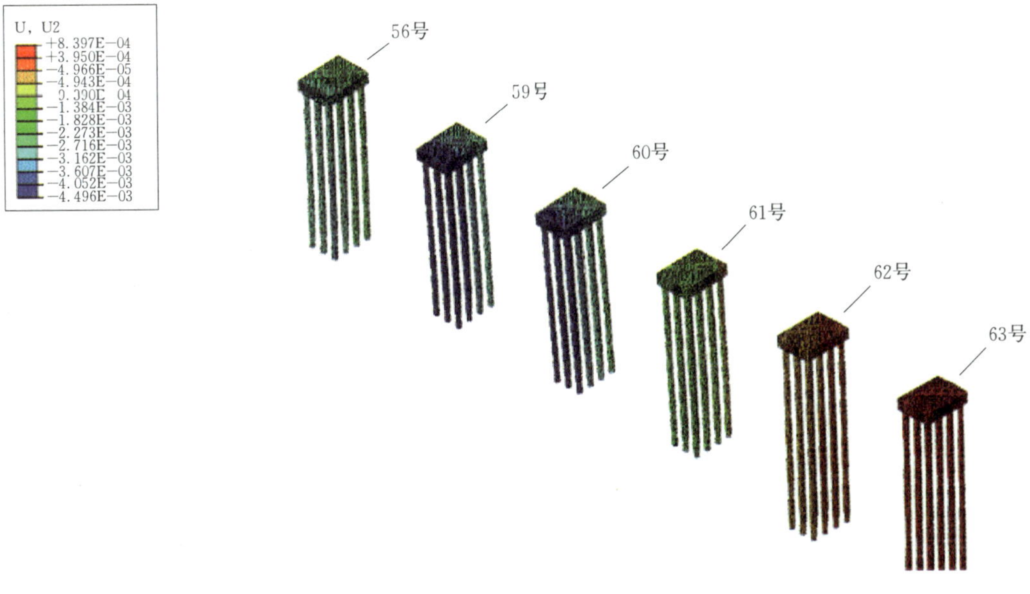

图10.28 竖向位移三维云图

由于堆载集中在58号～60号桥墩附近，将会使得该区域范围内产生明显的沉降漏斗。沉降漏斗影响范围集中在58号～61号范围内，故靠近堆载土体的58号～61号桥墩附加沉降相对明显，而距离堆载区较远的 62 号、63 号桥墩，堆载作用对其附加竖向变形影响相对较小，如图 10.29 所示。

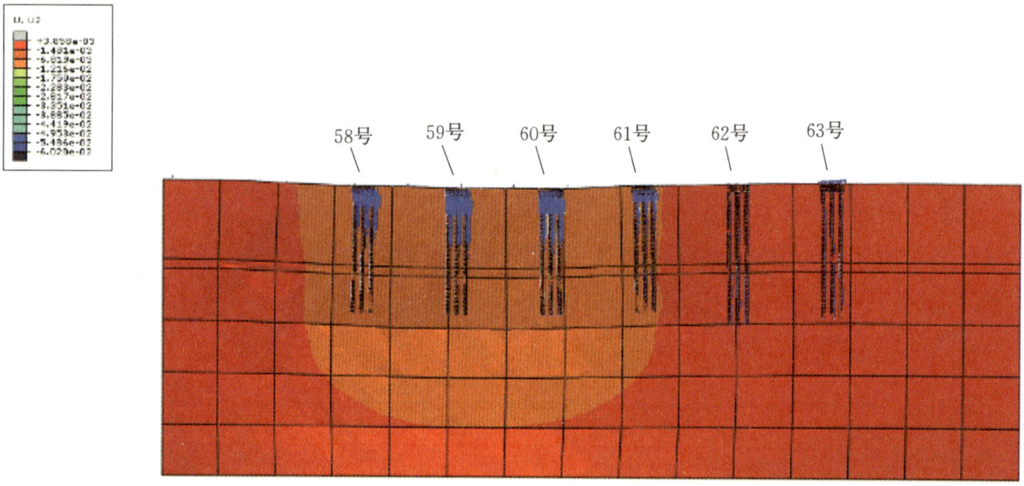

图 10.29 纵断面竖向位移云图

图 10.30 给出了 58 号～63 号桥墩计算沉降及差异沉降断面曲线，从图中可以看出，沉降量与差异沉降量曲线与沉降漏斗影响范围吻合较好，差异沉降最大值发生在堆载范围外沉降槽边缘附近，即 60 号与 61 号桥墩之间，其值为 2.21 mm。

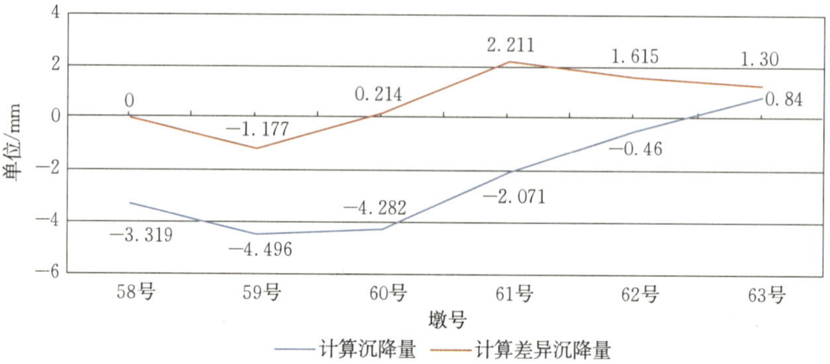

图 10.30 桥墩沉降/差异沉降断面曲线

(5)数值模拟计算与实测结果对比

针对现场情况，收集了临近堆载前后，该段落内的沉降监测数据，得到了临近高速铁路土体堆载前后桥墩的沉降变化，并将实测数据与评估数值进行对比，如图 10.31所示。

根据图 10.31 可知，58 号～60 号桥墩实测附加沉降数据与理论计算值的误差在 0.1 mm 左右，61 号桥墩误差在 1.7 mm 左右。通过数值模拟计算得到的桥墩结构沉降变形结果与实际桥墩监测的累计沉降量数据吻合程度较高，验证了三维有限元分析的正确性和合理性。

61 号桥墩误差较大的原因主要是：①模型等效时未按照实际堆土形状加载；②61 号桥

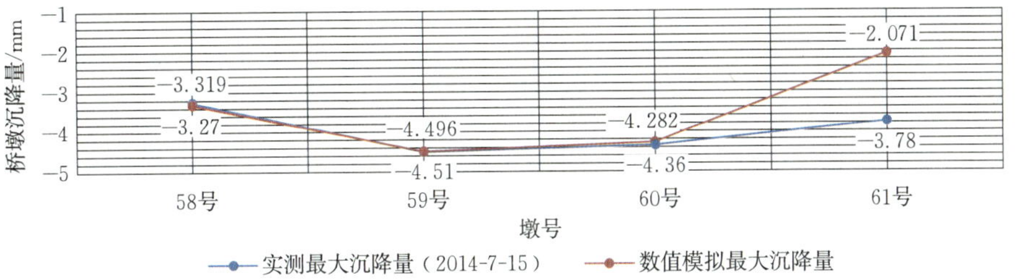

图 10.31 堆载范围桥墩数值模拟与实测附加沉降对比曲线

墩刚好位于沉降漏斗边缘，数值模拟结果具有不一致性。

根据以上分析，相邻桥墩附加差异沉降量数值已经接近《高速铁路设计规范》(TB 10621)规定的相邻桥墩不均匀沉降量5 mm的限值。而且软土地区桥梁结构随时间的推移，沉降变化逐年增加，若任其发展势必将影响高速铁路的运营安全，故应及时对现场堆载的土体进行搬移，确保累计差异沉降量不会继续增加。

10.4.2 公路下穿高速铁路影响评估

(1)工程背景

某新建公路采用分幅下穿既有运营高速铁路，交叉角度为56°。道路标准为城市主干路，设计速度主路 v=60 km/h，辅路 v=30 km/h。受邻近的普速铁路框构桥(已于数年前施工完成)净高限制，纵断面不能抬高，需要采用路堑形式穿越。既有运营高速铁路设计时已预留穿越通道，承台进行了下埋，并且桩基础设计考虑了公路荷载对桩基础承载力的影响。原计划公路与高速铁路同期施工，但由于公路施工滞后高速铁路施工数年，公路施工时地貌发生了变化，需要重新开挖施工路堑，且施工时既有高速铁路已开通运营，需对施工影响进行重新分析。

既有高速铁路为双线无砟轨道，设计速度为350 km/h，结构形式为40 m预应力混凝土简支箱梁，桥墩为圆端形桥墩，墩高10.5 m，基础为桩基础，承台尺寸为11 m×8 m×2 m，桩长26 m，桩径1 m。

新建道路横断面及平面如图10.32和图10.33所示。下穿段道路红线70 m，采用四幅路形式，中间分隔带宽在1.2～7.8 m，两侧机动车道各宽11.5 m，两侧分隔带各宽2～2.2 m，两侧辅路各宽6 m，两侧人行道各宽4.5 m。路堑两侧采用放坡开挖后铺设水泥混凝土网格护坡，道路最大挖深3～5 m，路面结构坡比1∶1.5。道路占压部分既有高速铁路62号墩承台3.5 m、2.88 m，设置了部分桩板结构(板厚0.6 m)，以隔离汽车荷载的影响，板侧设置SS级防撞护栏。

两侧辅路下方及部分主路下方敷设雨水管，雨水管管径为0.6～1 m。雨水管基坑采用放坡开挖，粉细砂层采用1∶2放坡坡率，其他土层采用1∶1。破面喷射80 mm厚C20素混凝土，内挂 ϕ8 mm@150 mm×150 mm钢筋网，打设3 m长砂浆锚杆。施工过程中控制开挖长度，及时回填。

道路施工顺序为：施工场地为管线防护、改移；开挖基坑至辅路高程；施作辅路雨水管道工程；开挖基坑至主路高程；施工桩板结构；施工主路雨水管道；挡墙施工，道路铺装。

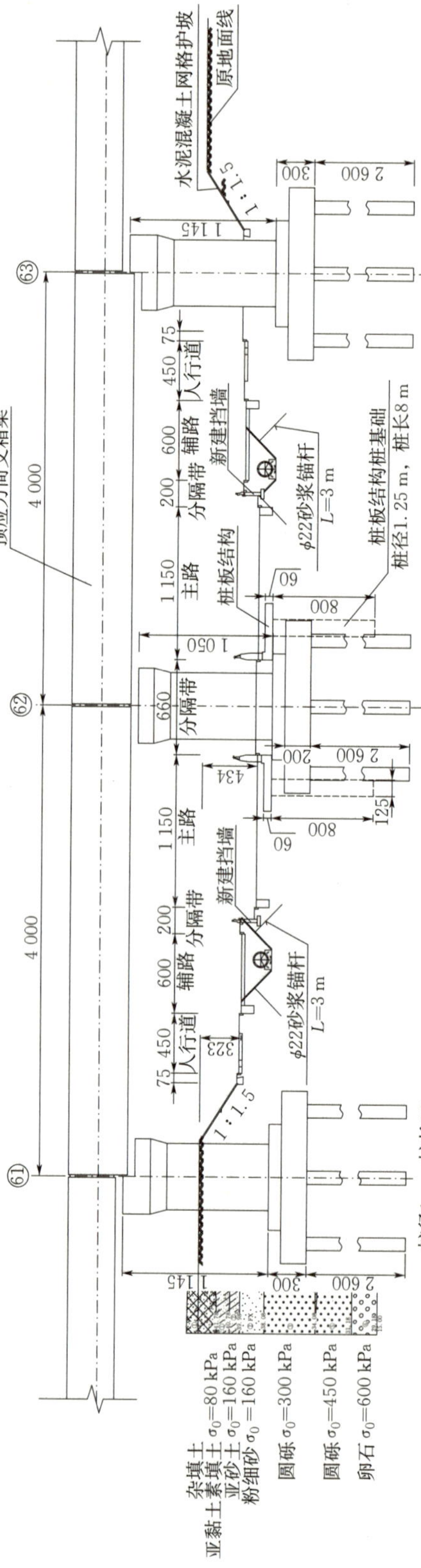

图10.32　公路路暂下穿高速铁路横断面（单位：cm）

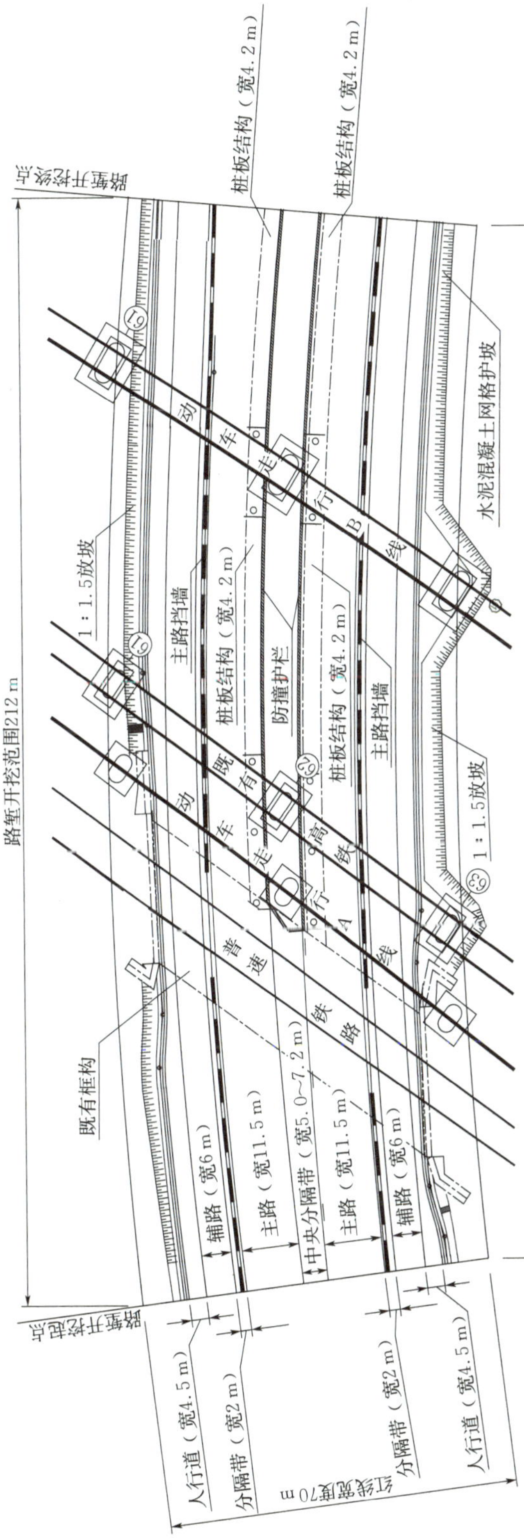

图10.33 公路路堑下穿高速铁路平面布置图

(2)工程地质条件

建设场地地面平缓，地层从上至下依次为：杂填土(80 kPa)、细砂(270 kPa)、细圆砾土(中密 400 kPa)、粗圆砾土(中密 550 kPa)、细圆砾土(密实 500 kPa)、粗圆砾土(密实，650 kPa)和泥岩(强风化，250 kPa)。

(3)有限元分析

采用连续介质模型将土和结构共同建模进行三维弹塑性有限元分析，可以考虑土体的非线性和土体与结构的耦合作用，直接得出因基坑开挖引起的邻近高速铁路桩基础位移变形，这是目前处理较为复杂的岩土问题的通用手段之一。

基坑开挖是一个土与结构共同作用的复杂过程，对土介质本构关系的模拟是采用土与结构共同作用方法的关键，从理论上讲，基坑开挖中的土体本构模型应能同时反映土体在小应变时的非线性行为和土的塑性性质。根据拟分析问题的特点，选择修正摩尔—库仑模型作为土体的本构模型，参数见表 10.17。桥墩及承台采用实体单元模型，桩基单元采用梁单元模拟。

表 10.17　土体参数表

编号	土层名称	层厚/m	层底深度	容重/(kN·m^{-3})	内摩擦角/(°)	黏聚力/kPa	压缩模量/MPa	承载力/kPa
1	杂填土	3.2	3.2	19	10	5	3	80
2	细砂	3.81	7.01	20	28	1	27	270
3	细圆砾土	4.7	11.71	20	32	1	40	400
4	粗圆砾土	2.2	13.91	20	35	1	40	550
5	细圆砾土	2.8	16.71	20	32	1	60	500
6	粗圆砾土	35.3	52.01	20	35	1	60	650
7	泥岩	17.99	70	20	20	40	16.17	250

截取新建路堑下穿段共计 200 m(与高速铁路交叉点前后各 100 m)进行分析，既有高速铁路的分析范围选为新建公路边线外侧各 3 个桥墩(共 9 个桥墩)。模型的侧向边界条件采用垂直于边界平面的约束(零应力边界)，底部边界条件采用三向全约束。为减小边界条件模拟与实际情况不符带来的误差，模型的平面范围不宜过小，本文取为桩基外侧 3 倍桩长范围，模型的深度取为桩尖以下 35 m，模型总尺寸为 510 m×320 m×70 m，网格划分采用四面体网格，共划分为 26 728 个节点，106 361 个单元，如图 10.34 和图 10.35 所示。

由于土体位移尚位于小应变范围，可认为桩、土间不产生相对滑移，因此桩、土采用共节点的形式模拟两者的相互作用。采用生死单元的方式来模拟土体的开挖过程。分析了路堑开挖施工过程中最大开挖阶段引起既有桥墩顶的竖向变形，具体见表 10.18。表中竖向变形正值表示隆起变形，负值表示沉降变形。

由表 10.18 可知，施工过程中的最不利阶段情况下，竖向变形的最大值发生在 62 号桥墩，为隆起变形，最大隆起值为 4.90 mm。

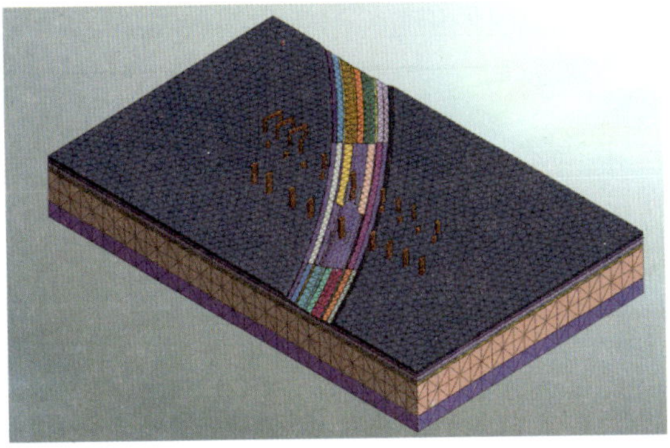

图 10.34 有限元整体网格模型

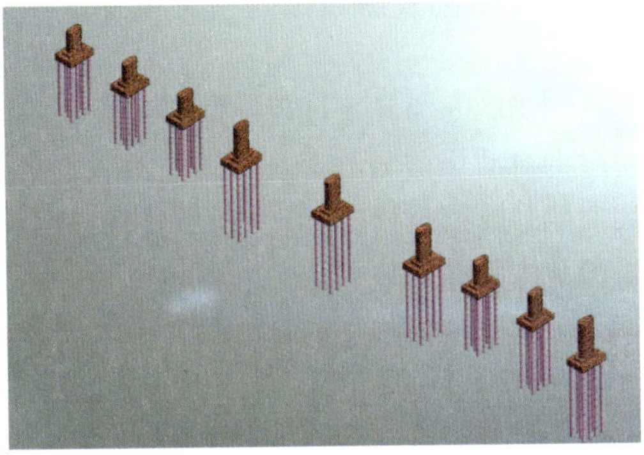

图 10.35 桥基、承台及桥墩网格模型

表 10.18 墩顶变形仿真分析结果表

变形指标	墩号								
	58 号	59 号	60 号	61 号	62 号	63 号	64 号	65 号	66 号
竖向变形/mm	−0.07	−0.01	0.43	2.00	4.90	2.25	0.51	0.03	−0.08

(4)监测数据分析及对比

工程实施过程中，针对既有高速铁路桥墩的隆起变形进行监测，采用了基于振弦式静力水准仪的自动化监测系统和基于电子水准仪的人工监测两种手段进行测量并相互校核。共在桥梁的上下行侧对称布置 2 条测线，布置 2 个基点，18 个测点，监测范围共计 230 m。监测点的布置如图 10.36 和图 10.37 所示。自动化监测测点安装于箱梁内部的两侧腹板上，系统监测频次为 1 次/10min，测量精度为 0.05 mm；人工监测点布置于墩身两侧，监测频次为 2 次/1d，测量精度执行《高速铁路工程测量规范》(TB 10601—2009)中规定的二等标准，高程中误差不大于 0.5 mm，相邻点高差中误差不大于 0.3 mm。

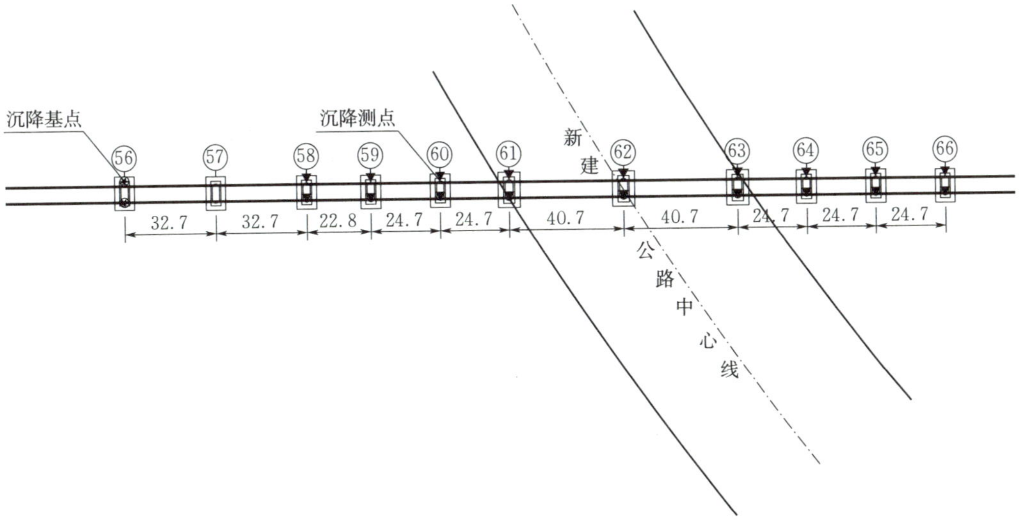

图 10.36 测点平面布置示意图(单位：m)

①自动化监测数据与人工监测数据的对比分析

图 10.38 为开挖过程中位于路堑中心的 62 号桥墩的自动化监测数据与人工监测数据的时程对比曲线。开挖过程中,62 号桥墩持续隆起,自动化监测最大隆起值为 3.991 mm,人工监测最大隆起值为 3.42 mm,自动化测量与人工监测数据趋势一致,吻合良好。

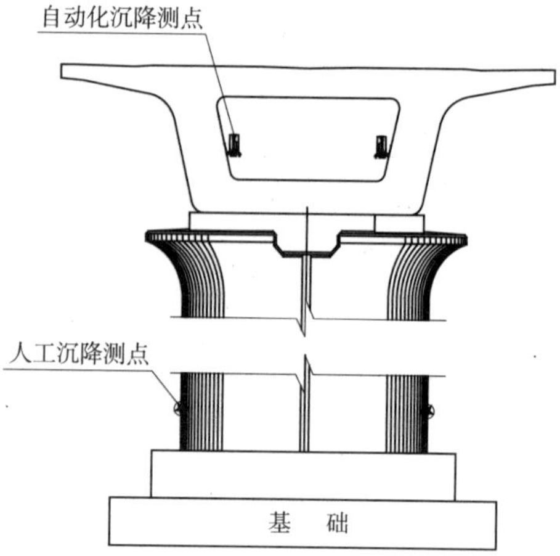

图 10.37　测点立面布置示意图

②自动化监测数据时程曲线分析

图 10.39 为施工过程期间 58 号～67 号桥墩的隆起过程时程曲线,该曲线显示,在 0～60 d 路堑开挖期间,既有高速铁路 61 号、62 号、63 号桥墩发生明显隆起现象,其中 61 号桥墩最大值达到 1.433 mm,62 号桥墩隆起最大值为 3.991 mm,63 号桥墩隆起最大值为 2.046 mm。开挖完成后,随着桥下桩板结构的施工及路面层的施工,桥墩隆起值呈下降趋势。除上述点外,路堑外侧其余桥墩影响较小,在 −0.812～0.903 mm 间波动,也表现出了隆起值先增大后减小的趋势,部分测点最终出现略微沉降的状态。

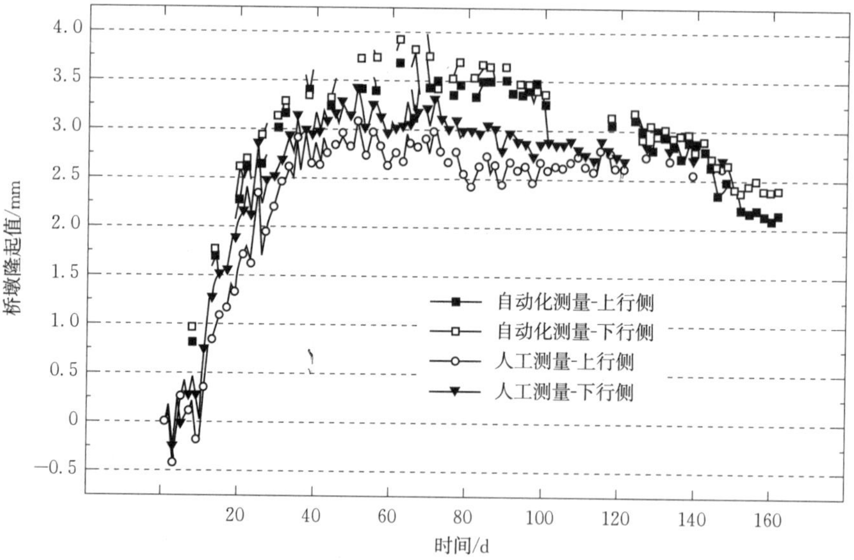

图 10.38　施工过程中自动化测量数据与人工测量数据的时程曲线对比

③监测值与计算值对比分析

针对监测值与计算值进行对比,见表 10.19 和图 10.40。以位于路堑中心的 62 号桥墩为例,采用有限单元法仿真结果为隆起 4.90 mm,实际监测值为隆起 3.99 mm,结果对比吻合良好。

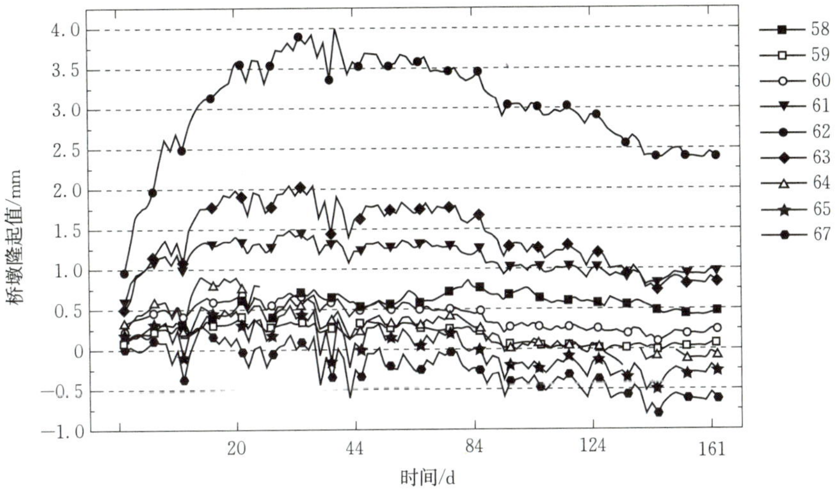

图 10.39 施工过程中桥墩沉降变形时程曲线

表 10.19 监测值与计算值的对比表

项目	墩号								
	58	59	60	61	62	63	64	65	66
弹塑性有限元法计算值/mm	−0.07	−0.01	0.43	2.00	4.90	2.25	0.51	0.03	−0.08
实施监测值/mm	0.70	0.28	0.63	1.35	3.99	1.90	0.47	0.36	0.01

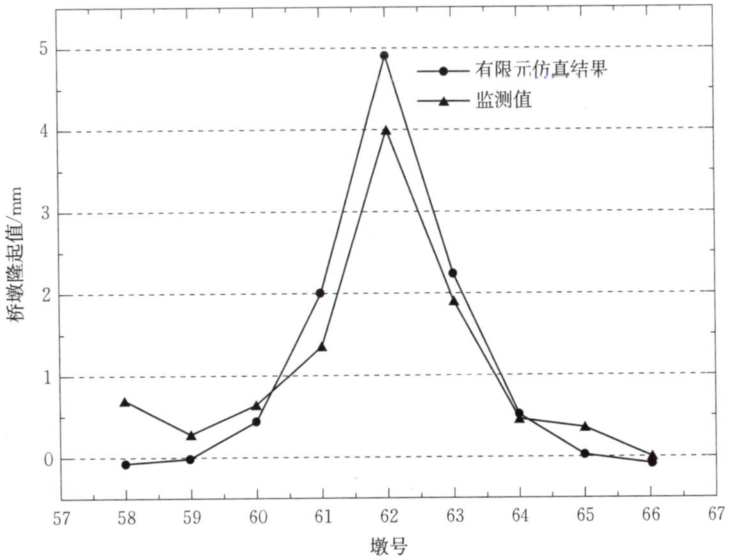

图 10.40 桥墩隆起变形监测值与计算值的断面曲线对比

参考文献

[1] 国务院法制办.铁路安全管理条例:国务院令639号[M].北京:中国铁道出版社,2013.
[2] 国家铁路局.高速铁路设计规范:TB 10621—2014[S].北京:中国铁道出版社,2014.
[3] 国家铁路局.高速铁路设计规范　条文说明:TB 10621—2014[S].北京:中国铁道出版社,2014.
[4] 国家铁路局.铁路路基设计规范:TB 10001—2016[S].北京:中国铁道出版社,2017.
[5] 国家铁路局.铁路桥涵设计规范:TB 10002—2017[S].北京:中国铁道出版社,2017.
[6] 中华人民共和国铁道部.铁路混凝土结构耐久性设计规范:TB 10005—2010[S].北京:中国铁道出版社,2011.
[7] 国家铁路局.铁路工程地质勘察规范:TB 10012—2019[S].北京:中国铁道出版社有限公司,2019.
[8] 中华人民共和国铁道部.铁路工程物理勘探规范:TB 10013—2010[S].北京:中国铁道出版社,2010.
[9] 中华人民共和国铁道部.铁路工程地质钻探规程:TB 10014—2012[S].北京:中国铁道出版社,2012.
[10] 中华人民共和国铁道部.铁路无缝线路设计规范:TB 10015—2012[S].北京:中国铁道出版社,2013.
[11] 国家铁路局.铁路工程地质原位测试规程:TB 10018—2018[S].北京:中国铁道出版社,2018.
[12] 国家铁路局.铁路特殊路基设计规范:TB 10035—2018[S].北京:中国铁道出版社,2018.
[13] 中华人民共和国铁道部.铁路工程特殊岩土勘察规范:TB 10038—2012[S].北京:中国铁道出版社,2012.
[14] 国家铁路局.铁路工程地质遥感技术规程:TB 10041—2018[S].北京:中国铁道出版社,2018.
[15] 国家铁路局.铁路桥涵混凝土结构设计规范:TB 10092—2017[S].北京:中国铁道出版社,2017.
[16] 国家铁路局.铁路工程岩土分类标准:TB 10092—2019[S].北京:中国铁道出版社有限公司,2019.
[17] 国家铁路局.铁路桥涵地基和基础设计规范:TB 10093—2017[S].北京:中国铁道出版社,2017.
[18] 中华人民共和国铁道部.铁路工程土工试验规程:TB 10102—2010[S].北京:中国铁道出版社,2011.
[19] 中华人民共和国铁道部.铁路工程地基处理技术规程:TB 10106—2010[S].北京:中国铁道出版社,2011.
[20] 国家铁路局.公路与市政工程下穿高速铁路技术规程:TB 10182—2017[S].北京:中国铁道出版社,2018.
[21] 国家铁路局.铁路工程基桩检测技术规程:TB 10218—2019[S].北京:中国铁道出版社有限公司,2019.
[22] 中华人民共和国铁道部.高速铁路工程测量规范:TB 10601—2009[S].北京:中国铁道出版社,2010.
[23] 国家铁路局.铁路桥涵工程施工质量验收标准:TB 10415—2018[S].北京:中国铁道出版社有限公司,2019.
[24] 国家铁路局.铁路混凝土工程施工质量验收标准:TB 10424—2018[S].北京:中国铁道出版社有限公司,2019.
[25] 国家铁路局.高速铁路桥涵工程施工质量验收标准:TB 10752—2018[S].北京:中国铁道出版社有限公司,2019.
[26] 中国铁路总公司.铁路大型临时工程和过渡工程设计规范:Q/CR 9149—2018[S].北京:中国铁道出版社有限公司,2019.
[27] 中国铁路总公司.铁路路基填筑工程连续压实控制技术规程:Q/CR 9210—2015[S].北京:中国铁道出版社,2015.
[28] 中国铁路总公司.铁路桥梁钻孔桩施工技术规程:Q/CR 9212—2015[S].北京:中国铁道出版社,2015.
[29] 中国铁路总公司.铁路路基工程施工机械配置技术规程:Q/CR 9224—2015[S].北京:中国铁道出版社,2015.

[30] 中国铁路总公司.铁路桥梁工程施工机械配置技术规程:Q/CR 9225—2015[S].北京:中国铁道出版社,2015.
[31] 中国铁路总公司.铁路工程沉降变形观测与评估技术规程:Q/CR 9230—2016[S].北京:中国铁道出版社,2016.
[32] 中国铁路总公司.高速铁路路基工程施工技术规程:Q/CR 9602—2015[S].北京:中国铁道出版社,2015.
[33] 中华人民共和国铁道部.高速铁路无砟轨道线路维修规则(试行):TG/GW 115—2012[S].北京:中国铁道出版社,2012.
[34] 中华人民共和国铁道部.高速铁路有砟轨道线路维修规则(试行):TG/GW 116—2013[S].北京:中国铁道出版社,2013.
[35] 中华人民共和国住房和城乡建设部.建筑地基基础设计规范:GB 50007—2011[S].北京:中国建筑工业出版社,2011.
[36] 中华人民共和国建设部.岩土工程勘察规范:GB 50021—2001(2009 年版)[S].北京:中国建筑工业出版社,2009.
[37] 中华人民共和国建设部.工程测量规范:GB 50026—2007[S].北京:中国建筑工业出版社,2008.
[38] 中华人民共和国铁道部.铁路工程抗震设计规范:GB 50111—2006(2009 年版)[S].北京:中国计划出版社,2009.
[39] 中华人民共和国住房和城乡建设部.建筑与桥梁结构监测技术规范:GB 50982—2014[S].北京:中国建筑工业出版社,2014.
[40] 中华人民共和国住房和城乡建设部.建筑桩基技术规范:JGJ 94—2008[S].北京:中国建筑工业出版社,2008.
[41] 中华人民共和国住房和城乡建设部.建筑基坑支护技术规程:JGJ 120—2012[S].北京:中国建筑工业出版社,2012.
[42] 中华人民共和国住房和城乡建设部.大直径扩底灌注桩技术规程:JGJ/T 225—2010[S].北京:中国建筑工业出版社,2010.
[43] 中华人民共和国交通运输部.公路桥梁结构安全监测系统技术规程:JT/T 1037—2016[S].北京:人民交通出版社,2016.
[44] 上海市住房和城乡建设管理委员会.基坑工程技术标准(2018 年修订版):DG/TJ 08-61—2018[S].上海:同济大学出版社,2018.
[45] 卢春房.高速铁路建设典型工程实例:路基工程[M].北京:中国铁道出版社,2015.
[46] 郑健,乔健,孙树礼.中国高速铁路桥梁[M].北京:高等教育出版社,2008.
[47] 孙树礼,周四思.高速铁路桥梁设计与实践[M].北京:中国铁道出版社,2011.
[48] 中国科协学会服务中心.中国高速铁路:速度背后的科技力量[M].北京:中国科学技术出版社,2011.
[49] 富海鹰.基础工程[M].3 版.北京:中国铁道出版社有限公司,2019.
[50] 王炳龙.高速铁路路基工程[M].北京:中国铁道出版社,2007.
[51] 钱建固,袁聚云,赵春风.土质学与土力学[M].北京:人民交通出版社股份有限公司,2015.
[52] 东南大学,浙江大学,湖南大学,等.土力学[M].4 版.北京:中国建筑工业出版社,2016.
[53] 赵吉先.精密工程测量[M].北京:科学出版社,2013.
[54] 刘强.工程变形监测[M].北京:高等教育出版社,2019.
[55] 邱发兴.地基沉降变形计算[M].成都:四川大学出版社,2007.
[56] 华锡生.安全监测原理与方法[M].南京:河海大学出版社,2007.
[57] 赵国堂.高速铁路无砟轨道结构[M].北京:中国铁道出版社,2006.

[58] 王炳龙，杨新文，周宇，等.高速铁路路基与轨道工程[M].上海：同济大学出版社，2015.

[59] 陈善雄，宋剑，周全能，等.高速铁路沉降变形观测评估理论与实践[M].北京：中国铁道出版社，2010.

[60]肖军华，王炳龙，王长丹，等.高速铁路路基不均匀沉降及其控制[M].上海：同济大学出版社，2015.

[61] 岳建平，田林亚.变形监测技术与应用[M].北京：国防工业出版社，2012.

[62] 赵建华.现代安全监测技术[M].合肥：中国科学技术大学出版社，2006.

[63] 刘祖强，张正禄，邹启新，等.工程变形监测分析预报的理论与实践[M].北京：中国水利水电出版社，2008.

[64] 铁道部第一勘测设计院.铁路工程地质手册(修订版)[M].北京：中国铁道出版社，1999.

[65] 铁道第三勘察设计院.铁路工程设计技术手册：桥涵地基和基础[M].北京：中国铁道出版社，2002.

[66] 龚晓南.深基坑工程设计施工手册[M].北京：中国建筑工业出版社，1998.

[67] 刘国彬，王卫东.基坑工程手册[M].2 版.北京：中国建筑工业出版社，2009.

[68]《秦沈客运专线工程总结》编委会.秦沈客运专线工程总结[M].北京：中国铁道出版社，2006.

[69] 沪杭铁路客运专线股份有限公司.沪杭高速铁路[M].北京：中国铁道出版社，2012.

[70] 何华武.京津城际铁路科技创新[J].中国铁路，2009(1)：12-18.

[71] 郑健.中国高速铁路桥梁建设关键技术[J].中国工程科学，2008，10(7)：18-27.

[72] 唐作华，杨东晋.广深准高速铁路线路技术[J].中国铁路，1993(11)：14-17.

[73] 李树德.京沪高速铁路研究历程和主要工程概况[J].铁道标准设计，2006(增刊)：1-4.

[74] 文望青，罗世东.京沪高速铁路桥梁设计关键技术[J].铁道建筑技术，2009(2)：30-39，49.

[75] 许三平.京沪高速铁路徐沪段桥梁设计[J].铁道标准设计，2010(7)：41-45.

[76] 魏强.高速铁路沉降与变形分析及对策[J].铁道建筑，2015(10)：13-18.

[77] 李国和，孙树礼，许再良，等.华北平原地面沉降对高速铁路的影响及其对策[J].铁道工程学报，2007(8)：7-12.

[78] 刘向云.京沪高速铁路施工过程中结构物不均匀沉降原因分析及调整措施[J].铁道标准设计，2014，58(8)：73-76.

[79] 王长丹，王炳龙，周顺华，等.高速铁路刚性桩网复合地基沉降计算方法与实测数据对比分析[J].铁道学报，2013，35(8)：80-87.

[80] 顾津申.地面堆载对临近高速铁路桥墩沉降影响分析[J].铁道勘察，2017(1)：41-44.

[81] 冯忠居，张永清，李晋，等.堆载引起桥梁墩台与基础的偏移及防治技术研究[J].中国公路学报，2004，17(3)：74-77.

[82] 马远刚，王艳芬，陈晨.堆载作用下桥梁被动桩偏移受力分析及处理措施[J].桥梁建设，2014，44(4)：22-26.

[83] 孟繁增.临近地面荷载对桩基础竖向位移影响的简化计算[J].高速铁路技术，2017，8(1)：29-33.

[84] 马军海.基于全寿命的桥梁设计过程及其在混凝土连续梁桥中的应用[D].上海：同济大学，2007.

[85] 孟奕光.桥梁长期监测数据完整性研究[D].石家庄：石家庄铁道大学，2016.

[86] 周友权，赵会东.客运专线铁路桩基承台受力分析[J].科技交流，2008(4)：88-93.

[87] 徐勇.影响桥梁下部结构刚度的主要因素[J].铁道标准设计，2005(11)：28-30.

[88] ASHOUR M，PILLING P，NORRIS G. Lateral behavior of pile groups in layered soils[J]. Journal of Geotechnical and Geoenvironmental Engineering，2004，130(6)：580-592.

[89] 李明.自动化监测技术在天津地铁 3 号线金狮桥站—天津站站盾构穿越高速铁路工程中的应用[J].隧道建设，2017，34(4)：368-373.

[90] Goh K S James，Jenkins Paul，黄育君，等.自动化实时监测系统在中国台湾高速铁路浅埋隧道的应用[J].隧道施工技术，2007 (z1)：194-198.

[91] 王琴.高速铁路连续弯梁桥光纤光栅结构监测技术研究[D].武汉:武汉理工大学,2013.

[92] 李晨.铁路路基变形远程自动监测技术研究[D].石家庄:石家庄铁道大学,2013.

[93] 廖世芳.戈壁地区高速铁路沉降变形监测与预测研究[D].西安:西安科技大学,2012.

[94] 姚平.GPS在桥梁监测中的应用研究[D].上海:同济大学,2008.

[95] 王春辉.铁路安全监测数据监控平台的设计与实现[D].济南:山东大学,2018.

[96] 石现峰.高速铁路无砟轨道结构的设计理论研究[D].北京:铁道部科学研究院,2007.

[97] 杨建伟.顶升支垫法整治高速铁路无砟轨道桥梁区段差异沉降实践研究[D].石家庄:石家庄铁道大学,2016.

[98] 田万俊,崔维孝,陈继太,等.高速铁路路基和桥梁基础沉降分析、监测和评估技术试验研究报告[R].天津:铁道第三勘察设计院集团有限公司,2012.

[99] 张文建,王洪波,陈继太,等.高速铁路桥梁沉降超限整治措施研究报告[R].天津:中国铁路设计集团有限公司,2017.

[100] 崔维孝,冷景岩,张兴增,等.高速铁路CFG桩复合地基综合技术研究报告[R].天津:铁道第三勘察设计院集团有限公司,2008.

[101] 苏伟,张文建,高世强,等.京津城际高速铁路桥梁工程技术试验研究报告[R].天津:铁道第三勘察设计院集团有限公司,2008.

[102] 崔维孝,冷景岩,王金艳,等.京津城际高速铁路路基工程技术试验研究报告[R].天津:铁道第三勘察设计院集团有限公司,2008.

[103] 中国铁道科学研究院.高速铁路CFG桩复合地基室内模拟试验研究报告[R].北京:中国铁道科学研究院,2009.

[104] 铁道第三勘察设计院.京沪高速铁路桩基检测方案及工程试桩方案[R].天津:铁道第三勘察设计院,2006.

[105] 孙宗磊,李战胜,王兴荣,等.石济客专与京沪高速铁路并行地段线间距研究报告[R].天津:铁道第三勘察设计院,2012.